国家社会科学基金项目"学科重建以来的中国民族志实践与书写研究"
（批准号：14CSH074）最终成果

U0648489

轮廓

中国人类学南派的
重建伊始

The Reconstruction
of the Southern School
of Chinese Anthropology

马丹丹 ◎ 著

天津出版传媒集团

天津人民出版社

图书在版编目(CIP)数据

　　轮廓：中国人类学南派的重建伊始 / 马丹丹著．
天津：天津人民出版社，2025．2．-- ISBN 978-7-201
-21042-1

　　Ⅰ．Q98

中国国家版本馆CIP数据核字第2025ZA2253号

轮廓:中国人类学南派的重建伊始

LUNKUO : ZHONGGUO RENLEI XUE NANPAI DE CHONGJIAN YISHI

出　　版	天津人民出版社
出 版 人	刘锦泉
地　　址	天津市和平区西康路35号康岳大厦
邮政编码	300051
邮购电话	(022)23332469
电子信箱	reader@tjrmcbs.com
责任编辑	李佩俊
封面设计	汤　磊
印　　刷	天津新华印务有限公司
经　　销	新华书店
开　　本	710毫米×1000毫米　1/16
印　　张	19.25
字　　数	300千字
版次印次	2025年2月第1版　　2025年2月第1次印刷
定　　价	98.00元

序

　　人类学从西方(欧美)扩展到亚洲的百余年过程中,不同区域和国度有不同的历史进程。在西亚、南亚、东南亚和东北亚的日本、韩国、蒙古,以及中国台湾和香港地区,甚至再稍远扩及南太平洋诸岛国,不论是本土学者开展的研究还是西方学者来这些地区开展的调查,基本上都是延续性的,即在学理上没有与西方的发展脉络中断。如果说有变化的话,那也只是人类学学科内部随着理论模型、问题意识和观察视角的更替而发生的转变。但是对于中国大陆而言,情形却颇为不同,给人以"三十年河东,三十年河西"之感。

　　约略来说,从晚清到民国时期,中外人类学家在中国经验中进行的中国人类学实践基本遵循西方的脉络,尽管少数学者融入了部分国学的智慧和线索。但自1949年以来,直到20世纪70年代末,乃至80年代中期,中国人类学(主要指以民族学形式开展的文化人类学)总体是在社会主义框架下发展的,其突出特点是以马克思主义人类学、民族学理论为指导,突出"阶级""剥削与压迫""社会性质""社会制度""社会类型"等内涵或议题,广受苏联民族学范式影响和渗透。然而自1979年中美建交,尤其是进入20世纪80年代以来,中国把自己放在世界范围内谋求发展,遵循市场经济的逻辑,中国人类学由此获得了跟西方人类学再接触乃至再亲密的机会。加之西方各种哲学思想被译介进来,中国人类学由此突破了单一理论指导下的研究范式,变得五花八门,甚至极为驳杂。

　　马丹丹选择了中国南部三个省份的三所大学,即东南沿海的厦门大学、中山大学(这两处在太平洋西海岸)和地处喜马拉雅山脉东南麓深处的云南大学的人类学作为考察对象,结合全国总体的形势和其他地方学者的探索,举例式地说明了中国人类学的这段发展历程,展现了各方行动者的心思与努力,当然也有曾经的焦虑和苦恼,以及成功后的欣慰和喜悦,描绘出一幅幅生动的历史画面。打个比方说,她假定一部机器熄火了,然后着重考察了该机器如何再次被启动。因而,文章具有极强的可读性,引人入胜。叙事之后,她不忘作理论的探讨,即试图在三家单位之间区分出不同的人类学发展路径和模式,显示出其总体的俯瞰与把控能力。

选择中国南部尤其是东南沿海作为考察对象,可能具有特别的意味。我们知道,中国近现代化的启幕就是从这一地理区域开始的。也就是说,来自西方的所谓近代化或现代化浪潮就是从这一海岸线登陆中国的,由此将古老的中国从传统叙事轨道里拖出来,使其迈入了近现代征程。而西南的云南是作为东南沿海的一翼或战略纵深被纳入这个历程的,在近代中国的叙事里,云南往往作为广东的响应而出现(比如蔡锷在护国战争中对孙中山革命的响应与配合)。反观中国北部和西北地区,由于地处广袤的亚洲内陆腹地,其现代化的步伐总是慢了一步。之所以选这三所学校,可能在作者的意识里也潜藏着这样一种她意识不到的认知图式。如果作者没有这种图式,那么中国40多年来重建的人类学就是分有了中国近现代化发展的图式。于是,《轮廓:中国人类学南派的重建伊始》就有了西方人类学家或人类学的影子,如武雅士、德国哥廷根科教电影研究所及留学西方的中国学者等。在学科史文本中,这些被作者视为中国人类学重建的启动引擎之一。当然,另外的引擎就是本土的学科发展诉求及已有的历史积累和传统。可以说,中国人类学40多年来的重建是这三股力量互动的结果。

当今中国大陆许多人类学从业者喜欢用"重建"或"重建以来的中国人类学"这样的词汇或短语来指称40多年来中国大陆人类学的开展,我不这样认为(按:我以往的论述也有过这种糊涂认识)。我觉得,这只是中国人类学在不同时代场域里的实践或表现。不能说集体化时代搞的民族学就不是人类学。在我看来,中国实践的民族学只不过是某一理论主张下的文化人类学实践之一种。所以,要意识到"中国人类学"没有死亡,更没有腰斩和中断,它只是因应不同时代氛围和场域穿上了不同衣服,用不同眼睛或从不同视角打量世界,本质上还是有作为实践者的"中国人类学"存在,哪怕是在集体化时代。语言名称上的暂时隐形或被取缔,并不意味着它消失了。就像一个人有没有名字都在世界上存在一样,我们不能因为没给他起名字、暂时取消其名字或换了名字,就以为他消失了。至于本书中提到部分学者和单位在学科开展中把民族学与人类学分开,即持有分别之心,那也只是想发展自己心仪的某种人类学样态,或者在一个全国性的氛围内刻意跟一些单位和人相区隔,这只是做事的一种策略或借口。但这种策略和借口却反映出了一种狭隘之心,由此失却了人类学的包容胸怀。人类作为在地系统的一个物种,在全球各地有不同的社会与文化,理解他们、尊重他们、包容他们,是人类学最本真的追求和精神。我们不该存有分别之心。

既然是举例式的说明,那就不是全景式的梳理、回顾与建构。只有明白作者的这个思路,读者才不至于因没有提到自己、自家单位或心仪的学者而指责作者的不对或不当。我思考中国文化人类学史习惯于从民族志入手,或以民族志为线索,以各项议题为焦点,去探讨中国人类学的起承转合,尤其习惯于将其放在一个世界知识生产的平台与脉络链条里,看中国人类学家都取得了哪些理论成果。具体而言,包括发明了什么概念和什么样的理论解说模型(不是事后的工作思路总结。国内学者这些年抛出的许多所谓"理论"就是这种工作总结或心得,要不就是自己设计的空架子、空概念,与西方人类学建立在民族志基础上提炼理论学说的方式与逻辑不同)。从这样一个思路出发,我觉得马丹丹遗漏了上述三个单位的许多民族志专著和学者,即便提到也未作深入的理论分析和探讨。相反,她的同代人被介绍得过多,而一些资历更深的学者没有被提及,担心书出版以后,会被读者指责有失衡问题。但如果明白了她的视角和思路,可能这样的困惑和内心的不满就会消失。

客观而论,造成这种局面的原因,就作者而言,可能是:①没有访问到一些重要的学者;②对于过往的情况,作者的阅读范围和兴趣点未及;③由于是国家社会科学基金青年项目,无论是科研经费的情况还是结项时间的要求,都使其无法充分地开展调查、访问和研读;④与她对"南派"的语义理解有关。这些年来,马丹丹致力于梳理和总结40多年来中国人类学学科重建历程。作为一个40多岁的青年人类学学者,她没有与这段历程相始终的经历,即很多事情她没有经历过。此外,当聚焦于一个地域性学派恢复、重建与发展史的时候,她不是局内或圈子里的人,很多事情只能靠文献阅读(出版的和没有出版的)、事后口述访谈和当下的参与观察去了解。当然,被访谈者提供什么样的信息,也会影响到学科史的撰写。

写学科史是最难的事情,尤其是撰写当代学科史,因为被写的人都健在,教学单位和研究机构还在运转。他们可能会因种种原因而对作者充满怨言,甚至有与学科史专家从此不往来者。有的当事人觉得写自己太少,写别人太多,且不愿意让作者分析自己的得失,指出存在的问题,目的是想在学科发展历程中留下更多关于自己的集体记忆和美好形象。这种情况下,他们可能会在接受学科史专家采访时只讲自己的东西,故意夸大自己的成就,刻意隐瞒自己的问题及同行的作为和观点,甚至个别人可能恶意贬低同行,对同行进行丑化乃至扭曲。书成稿以后,交给不同的当事人审阅,他们在看到有关同行的文字时,可能产生对比、攀比甚至嫉妒之心,于是对作者的抱怨之情会更加浓重,常常弄得作者内心很窝火。当然,被访谈者也可能确实对他人或同事的情况不了解,这种情况下也会造成疏漏。更为普遍的一种现象是,中国人忌讳说他人,以免给自己带来麻烦。

鉴于上述种种情形,我们不难想象和理解马丹丹在撰写这部学科史时遇到的困难和遭受的委屈。我想,"出力不讨好"不仅是她当下的一种感受,也是她未来很长一段时间内抹不掉的心理阴影。马丹丹受业于中国民族学与文化人类学学科史专家王建民先生,王建民以著作《中国民族学史》(上、下卷)闻名国内外学术界,个中甘苦他是最有体会的。正因如此,他才不建议弟子们纂修学科史。马丹丹知难而进,其勇气可嘉、可佩。她用种种办法核对被访谈者提供的各种信息,努力辨别真伪,去伪存真,辨义析理。读者了解到这份辛苦后,就不得不尊重这份出版的文本。我想,不管存在怎样的争议和不满,但有一点是可以为大家所共同接受的,即这部作品为我们提供了大量而丰富的信息,借此可以了解中国南部(以三个点为例)人类学恢复、重建与发展的缘起与历程,满足中国人类学学者的好奇心。这正是本书出版的意义和价值所在。

最后我想谈谈南派的问题。从已有学科文献看,最早提出"南派"概念的学者是中国台湾的唐美君。1976年,他在《人类学在中国》一文中指出,南派以台湾"中研院"为中心,与历史学派有深厚的关系。而后是黄应贵,他在《光复后台湾地区人类学研究的发展》一文中认为,"南派即历史学派"。我们根据南派重要人物芮逸夫于1972年出版的《中国民族及其文化论稿》(上、中、下)来看,确实符合这个特征。在这个认识基础上,王建民后来于《中国民族学史》上卷第五章中提出了"中国历史学派"的看法。该学派不仅仅是以"历史的方法"对民族的具体材料进行描述和整理,而且注重引用和研究中国历史文献资料,强调运用民族学的各种理论和方法解释中国的材料,解决中华民族文化的历史难题。"中国历史学派"的主要代表人物以进化论作为主要的理论观点,较多地利用法国民族学派收集资料的方法,吸纳了美国文化历史学派的研究框架和步骤。王建民列出的代表性学者有凌纯声、陶云逵、卫惠林、芮逸夫、林惠祥、马长寿、杨成志、杨堃、徐益棠等人。从王建民的分析来看,他显然接受了唐美君、黄应贵之"南派"的历史意蕴,但又突破了地理空间意义上的"南"字意义。

那么,如果沿袭唐美君和黄应贵的语义,并结合王建民的具体理解和阐释,本书用"南派"作为书名关键字眼,倒也不是不妥,毕竟现在的厦门大学人类学追认林惠祥为鼻祖;中山大学人类学追认梁钊韬(杨成志的学生)为重建人类学系的开基祖;云南大学把杨堃、方国瑜(曾在北京师范大学读本科,在北京大学研究所国学门读研究生,1934年进入"中研院"史语所工作,后至云南大学)、江应樑(20世纪30年代曾经在中山大学研究院工作过,后至云南大学)作为重建人类学系的系谱祖先,而且江应樑还于20世纪80年代在云南大学主导重建了西南边疆民族历史研究所,指导林超民等开展学科筹建工作,当时杨堃也在这里。

但是,从另一角度来看,又存在一定的问题。本书中的"南派"可能在人类学重建初期还有个影子,因为那时梁钊韬、江应樑、林惠祥的弟子们如陈国强、蒋炳钊等都还健在,还有进化论和民族史的探求在里面,但后来随着西方人类学各种理论流派的引进及多元师资力量与研究力量的加盟、汇入,历史的诉求开始从该学派的主线上滑落下去,所以"南派"已经名存实亡。当然,也可以用"新南派"来称它,就像一粒土豆烂掉后,新的土豆才能从中发芽。又,若从谱系学追溯,"南派"这个字眼也应该包括飘零到台湾去的凌纯声、芮逸夫、卫惠林等人及其弟子、再传弟子系列;还应该包括江应樑的学生如杨庭硕一系,他们回到贵州和湘西,在那里开枝散叶。但作者没有涉猎这些人物。若要细细考虑,可能厦门大学历史系、中山大学历史研究中心和云南大学历史学院也可以列入考察之列。故,本书不妨看作一部托名为"南派"的区域人类学学科史著作,或者如上所云"是举例式的说明"。即便澄清到这一步,我想也并不能否定本书的学术价值。我坚信,读者在阅后自会有所收获,对作者有所感激。

语义学上的"南派"或"中国历史学派"之所以在作者的笔下和被访谈者的口述中脱漏,大致有两个原因。其一是理论演化的结果。最近几十年来,中国大陆人类学学者集体性地排斥和抵制进化论思路,批评其线性的思维方式,有时对进化论的批评隐藏在对现代化思路的反思中。其实我个人认为,进化论揭示的思路在一个社会中不是绝对没有存在的道理,因为一个社会总要有个理想类型去牵引,没有方向感,我们就会变成无头苍蝇。试想,有一个历史学家认为人类是不断进步的,从低级到高级;另一个历史学家认为,人类社会越来越倒退;还有一个历史学家认为,人类的历史是循环往复的(如汤因比);最后一个历史学家告诉我们,人类社会是停滞不前的。那么,如果你有孩子,你愿意让他相信哪一种呢?我想多半你会选择第一种,即进化论思想,否则,后三种就会让他产生没有前途、没有进步和没有光明的预期,他的一生都可能处在抑郁而灰色的状态中。所以,进化论作为一种价值学说,不是没有道理的。

其二是,当文化人类学被置于社会学范畴来想象和发展的时候,就会被国家对社会学的期待所塑造。20世纪七八十年代以来,现代化和市场化的推行产生了一些社会问题,国家希望社会学能够调查清楚这些问题,并提供解决问题的方略。这样,人类学转为应对社会问题之学、研究民间疾苦之学,而再也不像五六十年代那样是一种国家顶层设计之学(指各民族社会性质调查和民族识别工作,参与中华民族的国家构建)。所以,中山大学出现了都市人类学、移民人类学,云南大学出现了民族文化生态村实验和建设(当然,我不是说人类学不该对新生事物产生敏感性)。这些从事应用人类学、行动人类学的学者可能觉得历史维度的思考对于解决中国当下现实问题不是太贴切。殊不知,20世纪30年代之所以出现大量民族史著作,南派或中国历史学派登场,均是因应时代重大问题的结果。晚清民国时期,中国的边地有被分裂出去的危险,日本觊觎满蒙、沙俄觊觎新疆、英国觊觎西藏,云南也遭遇了同样危机,等等,这使得中国人类学家要从历史出发,深入论证这些边地自古以来就是中华民族的疆土,其中最响亮的呐喊就是顾颉刚的

"中华民族是一个"。所以,当我们批判南派或中国历史学派的时候,一定要弄清楚我们的人类学前辈何以要做那样的学问,不一定非得按照自己的人类学理解而将这个研究方向排挤出去或压缩其发展空间。

上面说到,南派或中国历史学派的影子要到今日一些历史学院或历史研究机构来寻觅,不是没有证据的。就中国的西南地区研究而言,近年来出版了纪若诚的《亚洲边疆:清代中国云南边疆的转型》(*Asian Borderlands: The Transformation of Qing China's Yunnan Frontier*)、乔荷曼的《云雾之间:中国在贵州的殖民,1200—1700》(*Amid the Clouds and Mist: China's Colonization of Guizhou, 1200-1700*)与《西南边疆的合作与反抗:18世纪初清朝的两线扩张》(*Collaboration and Resistance on the Southwest Frontier: Early Eighteenth-Century Qing Expansion on Two Fronts*)、戴沙·莫滕森的《中国统治下香格里拉的历史:滇西北藏区的记忆、认同与控制权争夺》(*The History of Gyalthang Under Chinese Rule: Memory, Identity, and Contested Control in a Tibetan Region of Northwest Yunnan*)、埃洛伊塞·赖特的《重写大理:建构帝国的边疆地区,1253—1679》(*Re-Writing Dali: the Construction of an Imperial Locality in the Borderlands, 1253-1679*)等,这些书呈现的是中心对边缘的扩张。相反,美国人类学家詹姆斯·斯科特从"无国家"概念出发,在《逃避统治的艺术——东南亚高地的无政府主义历史》一书中提出"佐米亚"理论。而中国年轻的历史学人杨斌的博士学位论文《流动的疆域:全球视野下的云南与中国》试图从"全球视野"来思考云南与中国的关系。这些研究引起了云南大学林超民、罗群与李淑敏等人的批评(具体见林超民的《云南与内地:和谐共融的整体》、罗群和李淑敏的《警惕"去中国化"陷阱——评西方学者的中国西南边疆史研究》等文章)。

可以说,林超民和罗群等人的反击继承了方国瑜等人的成就和思路。在20世纪上半叶,方国瑜等中国学者就与法国汉学家伯希和及日本学者展开过学术争论。以伯希和等为首的西方学者主张,南诏是泰族建立的独立国家或泰族王国;第二次世界大战期间,日本出于侵略目的,不仅在政治上极力支持"大泰国"形成,怂恿暹罗鼓吹"泛泰主义",并将"暹罗"改名为"泰国",而且在学术上也唆使日本学者论证"泰族起源于云南,南诏、大理为泰族",以及"元世祖政府后泰族南迁说"。由此引起暹罗内部一些民族主义分子鼓吹"大泰族主义",宣称中国的云南、贵州和广西的一些非汉民族,尤其云南的摆夷人等都是泰族。以上主张实为意欲"抢夺我们的国土"或分裂中国西南。为了维护国家主权、保卫祖国边疆、捍卫国家统一,方国瑜发表考证文章认为,南诏是受汉文化影响较深的白子(僰人)建立的臣属于唐王朝的地方政权(具体可参见潘先林的《家国情怀 书生本色:方国瑜先生的中国边疆学研究》、葛兆光的《当"暹罗"改名"泰国"——从一九三九年往事说到历史学与民族主义》等文)。类似的学术实践也见诸当今厦门大学历史学学者的研究中。面对"台独"势力及相关的学术观点,厦门大学历史学家陈支平发表了《本末倒置的台湾"南岛语族"问题研究——驳"台湾南岛语族原乡论"》等文章。显然,陈支平继承了林惠祥有关石锛的研究思路和精神,因为林惠祥发现,台湾地区的新石器类型与中国东南沿海地区是一样的,由此证明了两岸的同源性或文化共享性。

所以,如果我们到人类学系之外去寻找历史维度的人类学研究,即不墨守今日学科建制之藩篱,也许就会发现,南派或中国历史学派没有绝迹,这意味着我们必须突破当今学科划分的限制来考察中国人类学的南派。那么,如何思考中国人类学南派在当代的延续及演变?本书无疑会给我们提供思路和启发。

马丹丹丐序于我,余小子眼界有限,加之才识不足,纡徐曲折地写了以上文字,只能勉强为序。请方家指正!

杜靖谨识于青岛崂山金家岭下
甲辰龙年农历冬月初六
(青岛大学法学院教授、中国法律人类学研究中心主任)

目　录

绪　论

　　中国人类学自学科重建以来已经走过了四十多年的道路,在这四十多年中,中国人类学摆脱既有的僵化思维,广泛吸收国外人类学在20世纪以来的理论和方法,逐渐实现与世界的接轨,并根据自身的民族特点,在中国当下的环境中逐步探索实现自己学科独立性的道路。在这四十多年中,中国人类学既以许多丰硕和优秀的研究成果,和其他学科一起丰富了中国社会科学研究的整体景观,也以自己独到的视角和思维模式为之做出了特有的贡献。因而,当下人类学已经成为中国社会科学中一个不可或缺且越来越具有影响力的学科。这四十多年的探索不仅是中国人类学由重生到逐步发展壮大的历史,也是这一学科逐渐成熟、独立,并获得学科自主性发展的历史。

　　民族志的书写在人类学科的知识生产中具有基础性的地位,而中国人类学重建四十多年的历程集中体现在中国民族志的实践和书写方面。在这一时期,中国学者积极与西方人类学研究建立对话,并通过田野回访、书写文化比较、学科制度改革等方式,多角度地积极探索承载"中国经验"的民族志书写模式。笔者试图通过人类学南派学科史重建动向,探索其是如何突破民族学框架和束缚，实践自己的学科路径。①

　　笔者在对这段学术史进行考察时发现，人类学学科恢复的早期阶段，国内学界把重点放在了实践对理论的检验层面，强调如何将理论与实践研究相结合，并对特定理论的实际效用进行探讨，这一阶段的学术探索加深了国内学者对各种理论内涵及其时效性的认识。到了2000年之后，随着理论对经验指导作用的提升，以及田野调查经验的积累和强化，理论对话成为新的发展方向。在21世纪之初，理论在民族志设计中的作用及对理论问题的深入探讨，都被提上了人类学界研究的新日程。彭轲（Frank Pieke）对社会现实之于人类学发展的主导作用进行了强调，他认为："中国新兴的生活现实从根本上重塑了现代中国的人类学。中国人类学再也不会被一个清晰的范式、叙事或支配性学派所操控。田野工作趋向议题导向，也比以前更加多点化。聚焦中国社会的特殊方面的研究也变得更加专门化了。"②在社会现实的喘息之余，刘新尝试对人类学知识生产活动的规律进行解读，他强调思想史是一定时期的历史产物："智识的生活不会在真空中出现；相反，它总是根植于智识竭力将其自身拥抱或者反对社会的其他力量中的社会政治语境中。正如历史被浸润于观念之中一样，一种思想传统、专门化的社会科学或

---

　　① "人类学南派"的术语使用在学术界存在分歧和争议，但在口语中又近乎默认，黄向春称其为"人类学的南方传统"。自20世纪30年代起，人类学在中国的发展逐渐形成南北两大传统：北方形成了以燕京大学、北京大学为基地，以吴文藻、费孝通、林耀华等人为代表的"功能学派"；南方形成了以台湾"中研院"及厦门大学、中山大学为基地，以凌纯声、芮逸夫、林惠祥、杨成志、卫惠林等人为主将，受进化论、传播论和历史具体主义深刻影响且与历史学关系密切的"历史学派"。（黄向春：《中国人类学的南方传统及其当代意义》，《光明日报》2009年6月2日。）黄淑娉默认了"南派与北派"的说法，但强调两者的目标都是寻求人类学中国化的发展道路。王建民认为南北两派是人们饭后闲聊的一种说法，不构成严格意义上的学术流派。在他的定义中，所谓的"人类学南派"接近中国历史学派。（《梁钊韬对近30年中国人类学影响深远》，《南方日报》2013年6月13日。）王铭铭使用了"人类学南派"说法，强调20世纪前期的"南派"人类学是一种受德、法影响的学术类型，视中国为一个由"夷夏"构成的"另类"体系。（王铭铭：《我理解的"人类学"大概是什么？》，《西北民族研究》2011年第1期。）麻国庆谈及南北分野，认为早期北派形成以社会学为取向的特色；南派强调人类学的综合性，即体质人类学与文化人类学融为一体。（高丙中、龚浩群主编：《中国人类学的定位与规范》，北京大学出版社2015年版。）综合这些说法，笔者对"人类学南派"的界定，特指中国人类学重建背景下，厦门大学、中山大学、云南大学三所南方高校在遵循人类学四大分支学科框架共识之上的各自处境及多元化学科发展的实践道路。考虑到云南大学人类学传统以其南北混合为瞩目特色，因此"人类学南派"又是一个笼统的说法。

　　② Frank N. Pieke. Anthropology, China and the Chinese Century, *Annual Review Anthropology*, 2014, 43: 125.

理论同样也是特殊历史的产物。"①理论动向离不开学科机构相关的人事关系、资源配置,以及理论资源的选择与再创造,甚至包括学科点所在的区域地理特点,对于学科机构的实质性分析要大于仅仅罗列学科机构人员构成与开设课程等形式分析。

一、本土—海外

学科史是对分类的综合,民族志所依赖的田野调查经历了从本土到海外的转变。就此而言,"面向世界"不再是口号。笔者认为,人类学本土化是第一个阶段,海外归来的大陆学者也参与其中,田野取向是向内的。第二个阶段则是中国人类学积极向海外开拓,突破民族国家的边界,田野取向是向外的。

中国人类学迈向全球化的发展趋向,还有众多的推动因素。彭轲曾列举了诸如跨国劳工、跨国婚姻,以及国内的农民工流动、海外人口流入、中产阶级的涌现等诸多内外交织的影响因素。通过对这些因素的考察,他认为新时期的中国人类学已经成为世界人类学的一部分,人类学的"中国世纪"虽然还只是萌芽,但已然开始。不过对他而言,这个"中国世纪"和五十多年前弗里德曼所说的"中国世纪"含义是截然相反的,它意味着要在全球化力量中探索中国人类学对作为整体的人类学学科的潜在影响力。换言之,他认为,当下的中国人类学是文化多元性地成长的,其内涵也在逐渐丰富化和复杂化。他关注到改革开放时期政府主体性和市场化力量互动下产生的新事物,即以多种形式同时承载国家和社会双重互动作用的民间组织的增长。在这些民间组织中,共同体意识、共同体感知也随着个体自主意识层面的揭示而逐渐展开,这些社会变化与跨国劳工、跨国婚姻等全球化交流交织在一起,使得当下中国的社会环境日趋复杂。相应地,人类学研究也必须适应这种变化,当代人类学"必须聚焦全球化、文明化和克里奥尔化(creolization)的

---

① Xin Liu. Review Work(s): Sociology and Anthropology in Twentieth-Century China between Universalism and Ingigenism by Arif Dirlik, Guannan Li and Hsiao-Pei Yen, *Anthropos*, Bd. 109, H. 1. 2014,109 (1): 272.

进程,不管是在中国还是在其他地方,只要中国文化是其中一个组成部分"①。彭轲强调中国当代的人类学必须同时具有中国性和现代化的特质,更要兼具文明化和全球化的属性。他认为更加强调对文明化、全球化进程的考察应是中国人类学以民族志方式记录社会变迁的理论贡献所在,而且中国人类学与海外学者的联系让中国人类学的位置越来越凸显。他提醒中国人类学必须具有立足当下的理论和实践意识。人类学应能够不断使自身的意义体系对其所赖以存在的政治经济环境发挥互动性作用,"当我们能把这些(政治经济环境的)限制性作用纳入自己对文明化、全球化的长时段分析考量中时,中国人类学就可以充分对涉及自身学科内外的各种争论做出贡献了"②。

改革开放以来,全球化已经是社会变迁过程中无法忽略的重要因素,海外民族志是对全球化之于中国社会影响的直接描述。在高丙中发起大力发展"海外民族志"的号召后,人类学界已经凝聚了一批致力于海外人类学书写的团队力量。在大洋彼岸,与高丙中呼应但是并未建立实质对话关系的,是内德尔(Laura Nader)发起并付诸实践的"非西方看西方"研究。内德尔搜集了阿拉伯、印度、中国和日本等四个东方国家的学者、旅行家、传教士等文人有关欧美的观察和言论,编辑并评论合为一本著作——《公元600年以来非西方如何看西方》③,文集的中国部分有玄奘、黄遵宪、梁启超、费孝通、许烺光等人的相关作品。其中,梁启超在他的旅美经历中比较了中国人和美国人的差别,例如"中国人的性格是家族和氏族取向,而非市民取向。中国人只有村落精神而无国家精神。……中国人缺乏崇高目标……"④费孝通在20世纪40年代发表关于中国人与美国人比较的著作,20世纪80年代访美时又写下旅美见闻。他称呼美国文化为"大杂烩",认为传统不应成为发明创

---

① Frank N. Pieke. Anthropology, China and The Chinese Century, *Annual Review Anthropology*, 2014, 43: 125.

② Frank N. Pieke. Anthropology, China and The Chinese Century, *Annual Review Anthropology*, 2014, 43: 133.

③ Laura Nader(ed.). *What the Rest Think of the West: Since 600 AD*, University of California Press, 2015.

④ Liang Qichao. "The Power and Threat of America" (1903), in Laura Nader(ed.). *What the Rest Think of the West: Since 600 AD*, University of California Press, 2015, pp. 169−170.

新的桎梏。他回忆童年时祖母刚去世,自己却似乎看到祖母的经历,他不但不怕,反而内心推崇。相反,美国的儿童崇尚的是超人。①费孝通在与美国社会的接触中更加洞悉中国人身上沉重负荷的历史感给予中国人的生活意义。内德尔称费孝通为"给予许多人启发并多产的论著者和公共人类学家"②。在《公元600年以来非西方如何看西方》的序言中,内德尔详尽地阐释了自己反向努力的思考过程。尽管因主体和客体差异造成他者社会中的人看待西方时有差异,其中也不乏偏见、误解,但这并不影响作者使用它们作为分析机制,以表达"我看人看我"的历史真实和文化洞见,而且他们呈现出的是一个多元化的西方。观察者对世界的理解形塑了他/她对不熟悉的社会的看法。这些看法和洞见反过来启发我们重新思考我们认为已知的事物,这些遭遇(encounter)和描述就像一面镜子使我们更好地认识自己。③因而,从编著者的角度出发,费孝通的"我看人看我"也得到了国际同行的赞赏。王铭铭的《无处非中》是其在法国田野调查的基础上写成的,它其实也是与"非西方看西方"相关的实践性工作。④

包智明对海外民族志的界定是:"处在中国的学者身份、汉语写作、从事规范的海外田野调查状态下写成的民族志⋯⋯海外民族志已经成为中国人类学研究的一种新常态。"⑤对于倡导"到海外去"的高丙中而言,全球化时代的到来,迫切需要改变以往"西方是凝视者,非西方是被观察对象"的状态,建立平等的关系。依靠海外民族志的个案积累,"中国的社会科学,从关于中国、关注中国社会、关心中国发展的社会科学,到认知全球社会的科学"的转化过程不断加速。⑥高丙中对海外民族志的事业规划寄予了很大期待,他

① Fei Xiaotong. "The Shallowness of Cultural Tradition",in Laura Nader(ed.). *What the Rest Think of the West: Since 600 AD*, University of California Press, 2015, pp. 189-190, 192.

② Laura Nader(ed.). *What the Rest Think of the West: Since 600 AD*. University of California Press, 2015, p. 184.

③ Laura Nader. "Introduction", in Laura Nader(ed.). *What the Rest Think of the West: Since 600 AD*, University of California Press, 2015, pp. xxi, xxii, xxiii.

④ 王铭铭:《无处非中》,山东画报出版社2003年版。

⑤ 包智明:《海外民族志与中国人类学研究的新常态》,《中央民族大学学报(哲学社会科学版)》2015年第4期。

⑥ 高丙中:《凝视世界的意志与学术行动——海外民族志对于中国社会科学的意义》,《广西民族大学学报(哲学社会科学版)》2009年第5期。

认为其负有繁荣中国社会科学的使命,要使中国学者充分体认他人对我们认知的丰富性和我们自我感受的异质性。他认为海外民族志所要实现的学术目标是"成为中国社会科学的基础知识领域"。就此,高丙中的焦虑溢于言表:"海外民族志是疗治中国社会科学严重落后于时代的病症的一剂良药。"①此外,包智明、高丙中的海外民族志项目因为是中文写作,削弱了团队成果被英语文献世界了解的程度。②这也是中国海外民族志日后的努力方向。

云南大学将海外人类学指向东南亚,虽然依旧遇到种种障碍,例如经费有限、科研条件支持不足,但是走出去、到国外做田野的条件已经有了极大的改善,这与何明的大力支持与推动有极大的关系。由于当时学校对海外民族志等涉及海外科研项目的配套制度支持尚未建立起来,再加上经费有限,大多数时候只能以私人护照的方式出国做调查。③参与东南亚民族志的每个人遇到的困难都不一样,但是最终都得以克服。马翀炜参加两次海外田野调查后最大的感受是时间有限、经费拮据、田野条件艰苦。他说:"不过该做的做了,吃的苦吃了,我也算尽了本分。当时是有压力的。"④云南大学的东南亚民族志项目不同于北京大学、中央民族大学的海外项目的地方在于,它是以团队的方式践行的。首先,田野小分队与作为集体调查的"兵团联合作战"相互交织的组织特点,让这支人类学团队迸发出海外民族志的瞩目力量。其次是鲜明的现实主义取向。边缘并不是浪漫主义青睐的边缘,

---

① 高丙中在《人类学国外民族志与中国社会科学的发展》中继续阐释海外民族志的主体性。1.实现第一手资料的研究信度和独立自主。2.中国的经济实力使人们摆脱了过去和外国人打交道时自卑与屈辱的心理,出国的机会也越来越多。3.非西方的人类学家走出国门,到海外进行实地调查,改变了人类学知识生产关系中殖民主义如影随形的历史,从研究对象转变为知识主体。不过他说道:"这是一个艰难的转型过程,'对象'不是容易成为'主体'的。"笔者遭遇访学交流挫折,对此深有体会。高丙中:《人类学国外民族志与中国社会科学的发展》,《中山大学学报(社会科学版)》2006年第2期。

② 笔者就高丙中发起的海外民族志项目询问王爱华(Aihwa Ong)的意见,她告诉笔者,她对中国的海外民族志项目非常欣赏。她在美国接触过一两个项目成员,他们没有进行太多的语言训练就直接奔向田野,行动是第一位的。越来越多的中国人走出自己的国家,走向世界各地,到处能看到中国旅行者的身影,他们的移动和流动预示着中国国门打开的程度。而海外民族志则表达了这种开放的、向外流动的趋势下,人类学学科活力的激发和理论视野的扩大。笔者对王爱华的访谈,访谈时间:2019年5月23日,访谈地点:加州伯克利。

③ 何明在上海大学的讲座:"海外民族志研究与中国融入世界",时间:2015年10月27日。

④ 笔者对马翀炜的访谈,访谈时间:2016年7月14日,访谈地点:云南大学。

而是争取在国家再分配体系中获取一席之地,期待公民身份及与之相伴的公民福利的平等享有。

　　限于选题和精力,人类学的海外研究暂不列入本书的研究范围,但这并不意味着笔者对海外民族志之于中国民族志实践的价值的低估。海外民族志是"我们解释他们"的学术自主性提高的标志。或许应该改善的是理论舶来品与自我话语体系之间相互交织与混杂的学术交流状况,致力于人类学本土化进程中积累的民族志成果的"可翻译性"。龚浩群将这种本土人类学学者与海外民族志研究者之间的交流看作是"文化间性",强调他们之间平等的对话关系。知识交流增进的是相互的理解,认识到彼此都在对西方理论话语进行选择,并由此产生对于国际人类学话语权威的反思与解构。①人类学不仅要为其他学科提供视角、方法和概念,同时人类学本身也是一个开放性的学科,要吸收其他学科,特别是新兴边缘交叉学科的理论、方法与视野。②

二、民族学为现代化服务——贵州"六山六水"调查

　　顾尤勤(Eugene Cooper)简要描述了1979年中国社会学、人类学和民族学重建的总体状况。1978年12月他访问费孝通的时候,费孝通刚从贵州瑶山调研回来。③当时由于经济发展而导致的本土文化——尤其是少数民族地区文化——和现代化之间的紧张局面给人类学实践研究提出了新的要求。虽然当时"民族"(ethnicity)是实践理论的兴趣所在,但中国社会人类学／社会学也在实践导向中探索出了新的研究趋向,即关心"生活问题",关心理论

---

① 龚浩群:《文化间性与学科认同——基于泰国研究经验的方法论反思》,《广西民族大学学报(哲学社会科学版)》2013年第3期。

② 卢成仁、冯雪红:《"中国研究:他者与自者的视野"研讨会综述》,《北方民族大学学报(哲学社会科学版)》2012年第2期。

③ 费孝通在1987年接受巴博德(Burton Pasternak)的访谈中回忆起顾尤勤对他的那次访谈,他说道:"那大体上代表我那时的看法。甚至现在我也不能真正地说我对他说的一切完全错了……中国在激变中……新中国从旧中国里脱胎出来。在这巨大转变的过程中情形变得这样复杂。"费孝通:《经历、见解、反思——费孝通教授答客问》(1987),载《费孝通文集》(第11卷),群言出版社1999年版。

和实践的结合。顾尤勤补充道，中国将"社会研究"应用到对汉族的研究；中国少数民族的研究(minority research)或多或少被看作和社会人类学对等的事物。费孝通在1979年参与社会学重建的过程中，也在推动对民族地区的社会调查。在东京举行的由22个第三世界国家参加的会议上，他提交的论文题目是《中国少数民族的社会转型》。[1]王铭铭在接受王斯福等人的访谈时对人们之于人类学学科之名的质疑的回应是，社会学、人类学和民族学(ethnology)均以"科学"之名建立，如同社会以同样的方式被人民和国家定义。中国的民族学建立在同样的国家假设上，在中国被称为少数民族(minority nationalities)。[2]刘明新倾向于将人类学与民族学放在齐头并进的位置来处理人类学、民族学在学科重建时期形成的并列关系。例如，她以中央民族大学的民族学系为例，1983年到2000年共培养了民族学和文化人类学毕业生683人，其中包括66名博士生，这样，人类学和民族学开始被中国社会大众所接受。[3]

1983年，由贵州省民族研究学会、贵州省民族研究所牵头，组织了"月亮山区域民族综合考察队"，分为6个调查组，历时两个月，汇编成《月亮山区域民族调查》，完成首部调查报告。1993年，调查范围扩展至麻山地区，聚焦贫困问题，成为后续"贵州'六山六水'民族调查"(1983—2002年)的调查范例，受到贵州省委、省政府乃至中央的高度重视。"贵州'六山六水'民族调查"历时20年，分为两个阶段：第一阶段是1983—1992年，参与者结合个人研究兴趣，进行多学科、多民族的综合调查；第二阶段是1993—2002年，明显地表现出专题调查的特征。[4]截至2023年，已出版19辑民族调查报告，其中经济类的达320篇，整个调查坚定地贯彻民族经济学为现代化服务的方针。[5]解决如何适应市场经济体制下公有制和多种所有制共同发展的问题，给民族学理论提出了新课题。[6]在宋蜀华的"发展民族学为民族地区

---

[1] Eugene Cooper. Current Anthropology in The People's Republic of China, *Current Anthropology*, 1979, 20(30): 648–649.

[2] Stephan Feuchtwang, Michael Rowlands and Wang Mingming. Some Chinese Directions in Anthropology, *Anthropological Quarterly*, 2010, 83(4): 901.

[3] Mingxin Liu. A Historical Overview on Anthropology in China, *Anthropologist*, 2003, 5(4): 220.

[4] 陈国安：《贵州"六山六水"民族调查20周年的回顾与展望》，《贵州民族研究》2002年第3期。

[5] 吴嵘：《浅谈"六山六水"民族调查与贵州民族经济研究》，《贵州民族研究》2002年第3期。

[6] 陈国安：《宋蜀华先生与贵州"六山六水"民族调查》，《贵州民族研究》2004年第4期。

现代化建设服务"的理论指导下,民族学致力于"深入研究我国改革开放和社会主义现代化建设中的重大现实问题和理论问题"。[①]

研究者的调查取向和民族学为现代化服务的调查方针相一致,其对地方风俗习惯评估的标准是文化在何种意义上能发挥服务经济的作用。调查者始终相信,发展生产力,发展教育卫生事业,提高人口素质,消灭这些文化"残余"的经济基础,它们就会自然而然地消亡。等到少数民族地区充分参与市场经济,那么这些文化"残余"——如原始宗教——就会被淘汰。调查者们带着帮助少数民族脱贫的使命,义无反顾地投入社会调查当中,主张"调查队员深入到民族地区并要善于和调查对象交朋友,交流思想和感情",只有这样才能获得对方的信任,对方才愿意提供情况、资料,才能达到调查的目的。[②]

当民族文化在现代化发展过程中扮演了消极的角色时,对于这些文化"残余"进行筛选就显得尤为重要了。例如牯藏节,尽管其具有浪费和破坏的弊端,但它又具有民族认同的积极意义,对于社会稳定、文化繁荣和民族传统的认同都起到了很好的促进作用。这种公共祭祀和公共节庆唤起的共同体情感和认同,对于因社会变迁而逐渐消失的大量民族习惯、民族风俗,又起到了一定的保护作用。

调查者对于民族文化不得不采取矛盾的态度,在经济理性的维度,如何尽可能地"取其精华、弃其糟粕",就变成一个亟待辨认和重构的学术难题。贵州"六山六水"民族调查的课题组发现,民族文化与现代化的张力随着社会变迁的加快并未缓和或者消解,相反,随着基督教复苏、大规模的彝族民众入教等外来宗教压力的增加,随着打工的村民越来越多地奔赴大城市,民族文化与现代化的张力越来越突出了。

民族识别奠定民族学调查的基础。20世纪五六十年代,随着吴文藻、费孝通等人被打为右派,仅剩林耀华独撑局面。[③]改革开放伊始,民族学恢复,

---

[①] 杨昌儒:《理论研究的基石——为纪念"六山六水"民族调查20年而作》,《贵州民族研究》2002年第3期。

[②] 陈国安:《贵州"六山六水"民族调查20周年的回顾与展望》,《贵州民族研究》2002年第3期。

[③] 潘守永:《林耀华评传》,民族出版社2009年版。在1983年正式设立民族学系前,中央民族学院有两个民族学研究机构,一个是1952年成立的中央民族学院研究部;另一个是1956年成立的由研究部主持的历史系,翁独健任系主任,林耀华任副系主任,下设民族志教研室,由陈永龄负责。此信息经潘守永于2024年12月斧正。

民族调查恢复起来的学术团队首推贵州"六山六水"民族调查。中国民族学会时任会长郝时远称它为"新时期中国民族学事业发展进程中的重要学术工程"①。如何在新的时期确立民族调查的地位,保证民族调查的制度支持?现代化和发展成为统一的集体力量和学术信念。该调查紧跟政策的步伐,1993年开始从综合调查走向专题调查后,一次次推出的专题调查因紧跟时局和政策的步伐而变化频繁且急促。然而这种急促变化并未失控,它始终在现代化的目标上迂回前进。今天来看,这种依靠政策和行政权力支持来获得学科的合法性与学术资源的做法影响深远。无论是民族学还是人类学,都从政治政策中寻求学术立足依据,两者一脉相承。

贵州"六山六水"民族调查提供了庞大的资料,这些调查报告有一个不可磨灭的价值,即因为没有解释而保留了田野材料的纯粹性。②这种纯粹性是依靠文字描述保证的,不借助照相机等视觉媒介,也没有夹叙夹议的调查者的解释介入。在田野资料积淀的沃土之上,民族学或人类学理论具备了培育的条件。③在笔者看来,调查团队对资料的解释,很多地方过于牵强,有些风俗的解释甚至不乏荒谬。例如土葬耗费民财,火葬应该恢复;外婚制向内婚制转变,并非退化;母权制向父权制转变,但是现在婚俗的某些内容仍旧体现了母权的象征性反抗……诸如此类的解释不胜枚举,这些解释已经暴露了进化论无法解释文化或者说无法确认文化独立性的问题。

调查者对文化的矛盾心理伴随着生态保护和文化旅游资源的开发又有新的发展思路,就是以"活化石"的方式保留民族地区的原生态文化,从传统

---

① 《"六山六水"民族调查二十年回眸》,"华夏经纬网"2003年1月24日。

② 不过从另一方面看又显得陈旧不堪。这种情况和美国印第安人的研究"过时"有相似性,有汗牛充栋的资料却鲜有解释,被称作"陈旧文化"。华盛顿大学人类学系跟不上第二次世界大战后的人类学发展变化,图书馆充满了博厄斯、克鲁伯和罗维的学生们的著作,第二次世界大战后其他地理区域的新著极少,图书馆的预算也很少。师生生产出来很好的民族志,但是缺乏理论层次。这里没有米德或者本尼迪克特。Simon Ottenberg. Experiences in the University of Washington Anthropology Department, 1955-1991, *Journal of Northwest Anthropology*, 2015, 49: 3-4.

③ 列维-斯特劳斯的《野性的思维》等著作就是建立在澳大利亚土著等民族志的基础上综合而成的理论体系,不仅如此,他还将原始艺术与20世纪的现代艺术并置,从超现实主义那里受到源源不断的启发。George E. Marcus and Fred R. Myers. The Traffic in Art and Culture: an Introduction. in George E. Marcus and Fred R. Myers (eds.), *The Traffic in Culture: Rifiguring Art and Anthropology*, University of California Press, 1995, p. 13.

中寻找可以吸引现代人的奇风异俗的神奇魅力和发展旅游经济的活力。这从侗族的旅游开发中可见一斑。调查者建议展示具有开放性的社交活动。这些旅游开发的文化对策在对文化“残存”采取妥协和包容的同时，又在探索如何将文化“残存”转化为旅游资源。2016年出版的贵州“六山六水”民族调查结果汇编就将旅游产业放在调查首位，使得该调查隐含的文化对策思考显现为规划和实践。①20世纪80年代被看作是现代化阻力的“奇风异俗”，再次作为现代化的他者而存在，覆盖了“原始”的浪漫主义色彩。②建立在消费主义建构差异的“原始”想象中，文化多样性获得了与现代化并存但是又竭力期待被现代化同化的摇摆位置。调查动机仍旧是贵州“六山六水”民族调查的题中应有之意，即如何进一步参与市场经济。③在笔者看来，这一价值重估仍旧是民族文化与现代化之间张力的体现。

三、1979年访华的农业考察团——武雅士的中国田野调查拉开序幕

继民族学重建之后，中国人类学的学科重建也被提上日程。伴随国门打开，西方人类学家进入中国大陆开始了“试水”一般的田野调查，并逐渐发展到长期田野调查，可以看到中国人类学在中国社会科学的襁褓之内尚未萌芽。在这种情况下，西方人类学学者个体对中国经验的零星实践和对社会理论的探索就显得尤为珍贵。

如果说贵州“六山六水”民族调查呈现了中国民族学的百废待兴，1979年，跟随美国农业考察团第一次进入中国大陆的美国人类学家武雅士（Arthur P. Wolf）的所见所闻，多少道出了人类学乃至中国社会科学在当时的真实处境。他和中国人类学界之间断断续续的联系反映了中国人类学和国际

---

① 李平凡、颜勇主编：《贵州“六山六水”民族调查——二〇一六年调查专辑》，贵州大学出版社2016年版。

② Stocking, George W., Jr. *Romantic Motives: Essays on Anthropology Sensibility*, University of Wisconsin Press, 1989.

③ 参考范可对民族与政治关系的论述。范可：《他者的再现与国家政治》，《开放时代》2008年第6期。

人类学同行接触、交流并建立海外支持关系的艰难起步。然而,中国人类学与海外学者的这些零散的联系对于中国人类学学科的制度化建设、学派特色的形成产生了不可忽略的外在影响。

1979年6月11日至7月9日,在中国农学会的邀请下,美国动物科学代表团访问中国。代表团成员包括7位动物科学家、1位植物学家、1位农业经济学家,随行的还有1位人类学家,就是武雅士。此次考察内容是中国的畜牧业,所有代表团成员均是第一次来中国。考察团对中国畜牧业的生产实践、调查、技术转化、教育,以及经济动物的再生产、饲养、管理、利用等内容很感兴趣。他们的行程覆盖了华北、东北、长江流域和岭南,还去了呼和浩特和锡林浩特等内蒙古地区。[①]他们考察的对象包括乡村畜牧区、大城市以及福建的精耕细作农业。每到一地,代表团都会听取当地详细的介绍,并提出建议。代表团拥有相当大的自由度,他们可以自由地找人谈话,自由地拍照。[②]代表团主席霍弗(Jacob A. Hoefer)描述了中国结束"文革"、畜牧业科学刚步入正轨时的状况。中国的畜牧业研究严重落后于西方世界,从事畜牧业的中国专家、教授、技术员等知识分子,表达了他们渴望依托美国的雄厚资源来帮助自己国家实现农业现代化的希望。中国正在热切地寻求外国技术,并且愿意接受这样一种安排,即中国谨慎地接纳需要外国科学技术大规模援助项目。[③]据代表团观察,中国的生产奖励机制中已经运用了一些类似资本主义的奖励机制,收入也呈现出因技术、产量和个人工分不同而产生的差异,这些差异最后也体现在个人收入中。公社领导也有发展商品生产的愿望,因此选举上来有生产队领导经验的干部,这些干部有办法搞活经济。现代化追求和以公有制为主体、多种所有制经济共同发展的商品经济形态

---

① Arthur P. Wolf. "An Anthropologist's Viewpoint", in Jacob A. Hoefer and Patricia Jones Tsuchitani (eds.), *Animal Agriculture in China: A Report of The Visit of the CSCPRC Animal Sciences Delegation*, National Academy Press, 1980, p. 152.

② Jacob A. Hoefer. "Preface", in Jacob A. Hoefer and Patricia Jones Tsuchitani (eds.), *Animal Agriculture in China: A Report of The Visit of the CSCPRC Animal Sciences Delegation*, National Academy Press, 1980, pp. iii–iv.

③ Jacob A. Hoefer. "A brief introduction to China and its animal industry", in Jacob A. Hoefer and Patricia Jones Tsuchitani (eds.), *Animal Agriculture in China: A Report of The Visit of the CSCPRC Animal Sciences Delegation*, National Academy Press, 1980, p. 3.

构成了改革开放伊始汉人社会／民族地区相呼应的、知识和物质条件相一致的社会现实。只不过与畜牧业相比,科学服务于农业现代化的功能价值会更直接,效果更明显。因而在对农业社区进行考察时,面临现代化与前现代化的文化之间的紧张关系,民族学常常无法成功地将既有知识转化为实践,这是贵州"六山六水"民族调查项目组负责人感到焦虑又不满的地方之一。以后人类学在自身发展壮大的过程中还是会遇到相似的、与自然科学竞争不力的效用症结,重复民族学在为现代化发展服务过程中面临的知识应用性问题。

1979 年 4 月 10 日,武雅士收到了美国与中华人民共和国学术交流委员会(简称 CSCPRC)的邀请信,邀请他参加动物科学代表团,中国农学会负担他们在中国的旅行费用。代表团于 6 月 10 日在东京会合。[1]1979 年 4 月 11 日,武雅士收到了中国学术交流委员会的正式邀请函,信上告知包括动物科学代表团在内的五个学术代表团即将访华,其他四个分别是明清史、核物理、地质构造学、经济学代表团。作为双边交流,美国会接待中国的若干代表团,如新能源、理论和应用机械、材料科学代表团等。[2]动物科学代表团是一个包括自然科学家和社会科学家的跨学科团队。自中美学术交流委员会1972 年开始组织双边活动以来,农业科学的交换项目是最成功的交流项目之一。[3]武雅士作为"中国研究陪同"扮演了一个尤其重要的角色,由于其他代表对中国一无所知,他作为中国历史、政治和社会等各方面的学术顾问给予了他们不少有益的建议。临行前,他给同行人发了一个中国研究的书单,其中包括卢惠馨(Margery Wolf)的著作《林家:中国农民家庭研究》(1968),这部著作是他和妻子在台湾农村三年田野调查的基础上写成的。[4]

武雅士通过对畜牧业生产结构的分析,了解到中国乡村行政由三个级别构成,即公社、大队和生产队。他看到"人们成群结队在地里干活",这可

---

① The letter from CSCPRC sent to Arthur Wolf, April 10, 1979.

② 中国人类学学者的国际访问也在 1979 年恢复。李有义在内的代表团访问澳大利亚国立大学并开展调查项目。费孝通所在的代表团访美。Eugene Cooper. Current Anthropology in The People's Republic of China, *Current Anthropology*, 1979, 20(3): 648-649.

③ The letter from CSCPRC sent to Arthur Wolf, April 11, 1979.

④ 1979 年 5 月 2 日,武雅士给全体考察团的"背景阅读"。在信中他很抱歉给各位推荐阅读,但感觉自己有责任。他说自己虽然会说中文,但并不流利。

以说是人民公社劳动景象的写照。武雅士披露了代表团的交谈对象主要是科学专业人员和行政干部,他们很少有机会和农民交谈。而且由于学术交流重于考察畜牧业现状本身,他坦言所见所闻仅是整体的一个细微部分。

这是武雅士第一次进入中国大陆。一方面他觉得中国大陆很陌生,另一方面又觉得在某些方面和五年前的台湾很相似。虽然经历了社会主义革命等一系列社会变迁,但是他发现中国人的行为模式仍旧是较为独特的。他会不由自主地把他在农村看到的妇女劳动现象和台湾的比较,不断地追问社会结构和传统何在的问题,他询问"免除做家务而在地里劳动的妇女是否会晚婚和低生育率",这是他在台湾对小婚现象进行研究时提出的假设,他试图了解这一假设是否在中国大陆也可以得到验证。尽管田野条件不充分,他还是尽量从观察和访谈中获取符合他人类学研究兴趣的信息。"虽然我把大部分时间花在讨论和动物生产毫无关系的家庭组织",但由于牲畜饲养是以家庭为单位,人口控制(计划生育政策已经开始实施)、(因为盖房子和经济因素等)延迟结婚年龄和牲畜饲养之间相互关联,如果不把人口控制到预定目标,那么牲畜饲养会下降,喂给牲畜吃的谷物就会用来喂人。他对畜牧业进行人类学考察时,援引了新几内亚高地猪和人的关系事例,却发现从事中国研究的学者很少注意到猪对于人的生产和生活的作用。[1]他认为牲畜在中国大陆农村具有重要的社会意义。"由于大陆农村是从夫居,有的地方养猪投入劳动力,有的地方则并非如此。结婚早,生育率高,妇女待在家中,就可以饲养动物。延迟婚姻,低生育率,妇女就业形式就会发生改变。有些家庭将猪饲养限制在这个阶段,有些家庭则跨过了这一阶段。为了提高家猪产量,农户可能不得不放弃他们在适婚年龄结婚、生育和妇女就业的目标。换言之,集体猪圈就变得必要了。家庭就不再像从前一样在动物生产中扮演不可或缺的角色。"[2]他认为,猪生产背后的社会因素是不可忽视的,正是因为认识到养猪是农业经济、家庭组织的一个互动因素,武雅士鼓

---

① [美]罗伊·A. 拉帕波特:《献给祖先的猪——新几内亚人生态中的仪式(第2版)》,赵玉燕译,商务印书馆2016年版。

② Arthur P. Wolf. "An Anthropologist's Viewpoint", in Jacob A. Hoefer and Patricia Jones Tsuchitani (eds.), *Animal Agriculture in China: A Report of The Visit of the CSCPRC Animal Sciences Delegation*, National Academy Press, 1980, pp. 159-160.

励学者们进行畜牧业与人类学的跨学科合作。

在准备这次考察之前,美国方面进行了精心的准备,赴华之前在华盛顿举行集训,讨论调研细节,考察结束后,又举行一次集训,讨论撰写调研报告事宜,并附上中国内蒙古的畜牧业最新报告以及1978年计划经济的公报。[①]从双方学术互动往来中可以看出中美刚刚建交之时中国学术的真实状况。考察团草拟了一份中国调研报告,对中国社会科学院的整体科研机构和人员编制进行了详尽的介绍。在这份编制名单中,民族所(Institute of Nationalities)的所长是云北峰,副所长是傅懋勣[②]、翁独健、费孝通。1979年3月15日,在北京召开了第一次社会学座谈会,成立了中国社会学研究会,费孝通担任会长。[③]参会者提出社会调查要从人们关心的社会问题开始。而社会学研究所还在筹建中。[④]文中提醒考察团成员,研究计划的接受有时候取决于中国学术机构对应的人事关系的可行性和接受课题的意愿。报告对中美学术交流总体上持乐观的看法,它认为在中国做研究虽然困难重重,但是在中美外交关系破裂三十年之后,科学和学术领域可能会取得新的突破。

尽管武雅士是以畜牧业考察的渠道进入中国大陆田野,不过他却在猪的饲养与婚姻选择、生育率等人类学议题之间建立了联系,体现出人类学文化整体观的良好学术素养。科学考察团主席霍弗在对武雅士的报告提出疑问和修改意见的同时,也给予了积极的肯定,他说:"你的观点与众不同。你作为社会科学家,观察到当家庭组织对畜牧生产及更加具体的猪生产产生影响的时候,家庭和正在改变的家庭结构及改变的价值范围又会发生什么

[①] The letter from CSCPRC sent to all of members of Animal Scicence Delegation, July 13, 1979.

[②] 据李零回忆:"当时,民族所分两摊,翁独健先生负责民族史,傅懋勣负责民族语言。他的确是中国民族语言研究的三军之帅,不仅对民族语文的调查研究有大贡献,写过很多专书和论文,还为民族文字的创制、改进和规范做过大量工作。"《丽江么些象形文〈古事记〉研究》(1948年)是傅懋勣的成名作。李零:《黄泉路上蝶纷飞——怀念我敬爱的傅懋勣先生》,《读书》2012年第1期。1950年初,傅懋勣参与并指导民族识别工作。语言是民族识别的重要依据,因此,傅懋勣对民族调查队伍的语言培训发挥了核心专家作用。郝时远主编:《田野调查实录——民族调查回忆》,社会科学文献出版社1999年版。

[③] 周晓虹致辞:"3月15日可谓是中国社会学重生之日,意义重大。"马托、潘小露、朱倩倩:《纪念中国社会学重建40周年研讨会在贵阳召开》,《民族新闻网》2019年3月17日。

[④] "1979年社会学在中国恢复后,费孝通和雷洁琼教授一直积极为筹建社会学和重新开展社会学研究而努力。1980年1月,他任中国社会科学院社会学所所长。"《费孝通:著名社会人类学家》,《人民网》2005年4月26日。

变化，这是对农业考察团最大的贡献。"①霍弗对武雅士报告的最大质疑是："你的报告对动物科学家观察的信度提出疑问。每一个成员都有他自己的观察角度，他们仅仅是对一个幅员辽阔而又充满复杂性的国家选取了一个观察样本，读者需要认识到我们的观察限度，而并非由你一个社会科学家，判断动物科学家的学科和知识领域是否可信。"武雅士在回信里回应了霍弗的质疑，捍卫自己的观点。他认为自己比之前代表团所获得的自由空间都要大，尤其是他的同事施坚雅，后者除了待在考察团里哪里也不能去。关于他所说的台湾和大陆的相似性是否妥当，他借着费孝通访美的机会，对其进行相关的询问。费孝通说没问题。"他确实喜欢我强调台湾人民是中国人的事实。"面对动物科学家观察的信度问题，武雅士回应道："报告仅是提出问题，即在这么短的时间对如此一个幅员辽阔而又异常复杂的国家得出一个一般性结论，是否可能？此种警醒对一个人类学家而言是再自然不过的。"他提到自己在一个村子花了四年时间生活、调查，仍然感觉很多方面捕捉不到。他认为必须接受的可能是，我们的报告仅仅是一个巨大任务的开始。武雅士在信末还告诉霍弗，他和妻子将于1981年访问中国一整年，"花很多时间在农村"，继续他的研究事业。②

　　1979年11月27日，武雅士给比默（Halsey Beemer）写信，CSCPRC不大可能给他和妻子提供每人15000美元的资助，以便其到中国大陆做田野调查。③不过他很高兴的是，当他和傅衣凌等人在美国会面时，得知近期中国准备进行人口调查，"中国很欢迎我们的项目并且尤其希望送学生到美国得到我们的训练"，他认为项目合作是有可能的。④1979年12月6日，武雅士给斯坦福大学教务长肯尼迪（Donald Kennedy）写信称，他已经向CSCPRC提交了1980年的研究计划，目标是重构从20世纪30年代早期到当今中国大陆正在推行的计划生育政策的人口史。他特别希望该项目成为将来一个更具雄

---

① The letter from J. A. Hoefer to Arthur Wolf, March 21, 1980.

② The letter from Arthur Wolf to J. A. Hoefer, May 5, 1980.

③ 15000美元资金不仅用于研究者个人需要，还要用于雇佣中国学生作为调查助手，承担其旅费。

④ The letter from Arthur Wolf to Dr. Halsey Beemer, November 27, 1979.

心、更具合作性的项目基础。不过他还在四处筹措资金。①1980年4月1日，武雅士收到社会科学研究委员会来函，祝贺他得到了15000美元的课题资助，由人文学科国家和福特基金会共同资助，支持他到中国大陆做研究。②1980年6月26日，他和卢惠馨联名写信给CSCPRC，告知他们会在香港短期访问期间在新界一个村庄做若干星期的中国大陆项目的预调查，他们决定9月1日去北京，但是仍然担心有项目无法在中国顺利开展、耽误时间的风险，希望委员会可以理解。③

1980年7月7日，他写信给社会科学委员会成员瑟斯顿（Anne Thurston），他们夫妇仍旧在等待北京方面的最后同意。在信中，他提及他很理解波特（Jack Potter）对CSCPRC的抱怨，他们必须提供资金或者提前六个月开始整个调查。④武雅士写信的时候，波特夫妇刚从中国回来不久，其调查点被称为"1949年后外国学者首次在中国大陆从事田野研究的调查点"⑤。回顾武雅士和该组织打交道的经历，尽管他不甚满意，但是这却是改革开放之初海外人类学家进入中国田野调查的授权渠道。在武雅士的努力下，他又申请到了社会科学研究会基金，在表达了原定项目无法在大陆顺利进行的担心后，社会科学研究会甚至允诺他可以换题目，充分保证他们夫妇的学术机会。⑥卢惠馨在"致谢"中说明：艾克森教育基金会（Exxon Education Foundation）和美国国家科学基金会（National Science Foundation）支持了她的研究。⑦武雅士对CSCPRC的担忧随着抵达北京，很快得到了验证。按照卢惠馨的说法，通过CSCPRC把他们交给中国社会科学院（CASS）协调，但是后者

① The letter from Arthur Wolf to Danald Kennedy, December 6, 1979.

② The letter from the president of Social Science Research Council, Kenneth Prewitt to Arthur Wolf, April 1, 1980.

③ The letter from Arthur Wolf and Margery Wolf to Committee on Scholarly Communication with the People's Republic of China, June 26, 1980.

④ The letter from Arthur Wolf to Ms. Anne F. Thurston, July 7, 1980.

⑤ 卢惠馨补充道，"海外中国人"的研究者身份和外国学者还是有微妙的区别。后者往往被安排在"模范"村庄，波特夫妇也不例外，增埗就是一个政治觉悟高的道德模范村庄。而萧凤霞、倪志伟（Victor Nee）等人则被允许在非"模范"地方做研究。Margery Wolf. *Revolution Postponed: Women in Contemporary China*, Stanford University Press, 1985, p. 35.

⑥ The letter from Social Science Research Council to Arthur Wolf, May 22, 1980.

⑦ Margery Wolf. *Revolution Postponed: Women in Contemporary China*, Stanford University Press, 1985, p. viii.

没有和官员讨价还价的权力。在官方管控下做研究最受挫的方面就是失去自主权。"我们不得不待在旅馆6个星期,等着某些不认识的官员和委员会'做安排'","我想访谈至少50个妇女,还想访问一个社区,在家里访问她们,但这不可能"。①值得说明的是,等到1986—1990年间,朱爱岚同样是通过中国社会科学院的协助进入山东潍坊槐里、前儒林等三个村庄进行社会性别与劳动分工相关的田野调查,尽管仍旧在陪同之下,但她感慨道:"20世纪80年代末的研究氛围比卢惠馨的情况更宽松一些。"②

武雅士和卢惠馨提交的研究计划书是关于中国的婚姻与收养,他在对中国台湾小婚的调查基础上,将假设向中国大陆延伸,并进一步修正卜凯20世纪30年代土地利用调查中婚姻和人口等数据与事实不符的漏洞。③他认为童养媳的比例远远高于卜凯调查的结果,中国北方平原的婚姻也远没有卜凯调查的那样统一,相反,和福建一样呈现多样化和不规则的形态。借助日本殖民统治时期的户籍档案,他在台湾北部的调查发现,直到20世纪30年代,小婚占一半以上的比例,收养童养媳的风俗普遍。他询问为什么有如此多的家庭选择小婚?答案与卢惠馨分析的"子宫家庭"有关:女性掌控自己命运的方式是在关键决定上尽可能左右男人——最直接相关的是丈夫和儿子。为了避免婆媳之间争夺儿子,她们的做法是为儿子养一个媳妇,即收养童养媳,她长大后听婆婆的话,不会背着婆婆什么话都跟丈夫说。小婚被看作女性策略,并因女性在家庭安排中角色的不同而产生不同影响,因此小婚发挥了姻亲纽带的重要功能,并起到强化宗族组织的作用。④"我们假设一个男人作为父系家庭中的角色,不被强宗族的成员支持,就不得不和他的妻子分享他的权威。"⑤由于当地女孩的数量不足,还要到市场上收养女孩,小婚高比例的地区往往涵盖了自然或文化边界更大的区域。此次大陆调查的第一个目标是搜集与婚姻和收养习俗中区域性变化问题相关的证据。第二

---

① Margery Wolf. *Revolution Postponed: Women in Contemporary China*, Stanford University Press, 1985, pp. 29–30.

② [加]朱爱岚:《中国北方村落的社会性别与权力》,胡玉坤译,江苏人民出版社2004年版,第14页。

③ 台湾研究成果1980年出版。Arthur Wolf, Chieh-Shang Huang. *Marriage and Adoption in China, 1845-1945*, Stanford University Press, 1980.

④ Margery Wolf. *Women and the Family in Rural Taiwan*, Stanford University Press, 1972, Chapter 3.

⑤ Arthur and Margery Wolf. *Marriage and Adoption in Pre-Revolutionary China*, ms, 1980, p. 5.

个目标是为发现的这些区域性变化提供最初的解释。[1]他计划在卜凯调查的101个地方范围内选择5—6个村庄,每个村子访谈1930—1950年间结婚的55—60人(男女各半),其中有2—3个村庄是新中国成立前童养媳和入赘婚的典型代表。如果中国大陆的政治气候对小婚调查友好,武雅士还打算将研究范围扩大到1930—1950年间结婚的妇女的生育率。[2]概言之,将台湾的小婚调查延伸到中国大陆,调查小婚比例和生育率的关联,其根本假设仍旧是武雅士关心的人类生物性问题:两个如同兄妹一样长大的男女到了婚嫁年龄会产生性厌恶。

　　1980年9月开始,武雅士夫妇在北京的调查艰难地开了一个头。和武雅士的婚姻、生育调查不同,卢惠馨对社会主义中国的妇女是什么样的地位和生活状况更感兴趣,对城乡妇女的行为、劳动经验尤其是自我表达予以持续的关注,尽管田野调查在各地所能获得的直接接触研究对象的机会不同,她还是尽可能多地找到了和当地妇女交往、聊家常的机会。他们夫妇访问了京郊的百溪公社,12月中旬离开北京,坐上开往福建的火车。他们在福州待了几天,坐上面包车来到泉州和漳州,随后访问角美公社五个星期,观察到"每家每户都有一个祖龛对着门"。春节过后,他们夫妇到达浙江,在杭州待了几天,然后各自展开调查。武雅士和卢惠馨之前的北京管理员到茶山公社调查了五个星期,她和助手在绍兴安顿下来,走街串户,从和当地妇女的交谈中得到了极大的愉悦。他们不久启程去往江苏,在南京待了一个星期,去了扬州,当时"扬州还未对外国人开放"。她和北京助手访谈了弯头公社的妇女四个星期,受到了当地干部的干预,但是受访对象的自信、自我表达却给她极大的鼓舞。离开江苏,她们去了山东潍坊的石家庄公社,入户访问了55户。5月底来到山西烽火公社,也是一个模范公社,竟然家家户户有电视机,而婚丧嫁娶等丰富的仪式生活已经消失。最后一站是四川,不过由于肺病,她和女助手先行回到了北京,而武雅士继续完成他的人口调查。[3]

　　1980年9月开始,武雅士在中国进行了11个月的田野调查,访问了分布

---

　　[1] Arthur and Margery Wolf. *Marriage and Adoption in Pre-Revolutionary China*, ms, 1980, p. 4.

　　[2] Arthur and Margery Wolf. *Marriage and Adoption in Pre-Revolutionary China*, ms, 1980, p. 6.

　　[3] Margery Wolf. *Revolution Postponed: Women in Contemporary China*, Stanford University Press, 1985, chapter 2.

在北京、福建、浙江、江苏、山东、山西和四川的7个村庄的580名老年妇女,
了解出生于1896年至1927年间的妇女的具体生育年龄和婚姻生育率。相
对于中国台湾盛行的小婚,他发现中国大陆北方盛行"小丈夫"婚姻习俗。
当地人依靠人为限制结婚年龄和不同于大婚的婚姻习俗(而非避孕、堕胎
等措施)来控制妇女的自然生育率。此外,干旱、洪水等自然灾害也是此时
期人口生育率低的原因。他还发现,生育和财富之间具有清晰而持久的正
相关关系,对于大婚和入赘婚如此,不过小婚则不然。多生多育观念和奉行
早婚的普遍风气,本来应该导致高生育率,但结果并非如此。他认为,"未来
应研究的问题并非解释中国人如何强化他们的婚姻习俗,而是发现这些婚
俗所表达的意愿是如何受挫的"[1]。

接着,武雅士夫妇对台湾1949—1981年和大陆1940—1981年的总体
生育率进行了比较。[2]武雅士认为,"文革"早期放宽结婚年龄、出现城乡生
育高峰,并非因为政府控制的放松,而是因为避孕套供应的中断。[3]20世纪
70年代中期开始的现代化建设降低了生育率,影响最为直接的是1973年
计划生育政策开始强调在乡村实施,1979年开始实施强制流产政策。[4]由
此说明生育水平和结婚年龄的变化带来了中国家庭生活的根本再组织,以
及影响计划生育政策成功实施的两个因素,即中央政府享有的巨大声望和
国家影响力对乡村社会的渗透。[5]回顾1979年观察的养猪与家庭组织相关
性的设想,武雅士在将近一年的调查项目中从生育率入手,触及影响中国
家庭组织的根本因素,较之1979年的观察起点有了极大的飞跃。令笔者印
象深刻的是,现实的物质力量是导致生育率和结婚年龄变化的不可忽视的
因素。这种唯物史观和他毕生探讨的人类的生物性问题相符。武雅士对

---

① Arthur P. Wolf. Fertility in Prerevolutionary Rural China, *Population and Development Review*,
1984, 10(3): 469.

② Arthur P. Wolf. The Preeminent Role of Government Intervention in China's Family Revolution.
Population and Development Review, 1986, 12(1): 102, 108.

③ Arthur P. Wolf. The Preeminent Role of Government Intervention in China's Family Revolution.
Population and Development Review, 1986, 12(1): 106.

④ Arthur P. Wolf. The Preeminent Role of Government Intervention in China's Family Revolution.
Population and Development Review, 1986, 12(1): 111.

⑤ Arthur P. Wolf. The Preeminent Role of Government Intervention in China's Family Revolution.
Population and Development Review, 1986, 12(1): 113-114.

计划生育政策在农村实施的观察和统计,还在黄树民的《林村的故事:一九四九年后的中国农村变革》中得到民族志的细致刻画。[①]

　　受到武雅士的影响,卢惠馨在她的中国妇女专题调查中也专门辟出一章讨论计划生育政策。她见证了20世纪80年代计划生育政策推行的成功,政策推行后总体生育率低至2.48,城市低至1.15。总体生育率又落实到妇女个体身上。卢惠馨揭示了计划生育政策实施后产生的城乡差别,尤其是乡村经济循环和计划生育政策的矛盾:大家庭的劳动力才能维持农村经济的增长,计划生育政策在农村的强化无疑削弱了这一小农经济基础。城市对超生的经济惩罚是扣工资、没收奖金一直到孩子年满十四岁,取消所有"一孩"家庭享受的福利待遇。一旦超生,说服教育和强制执行就会接踵而至。"在家教育,在工作单位教育,亲朋好友劝解,直到同意流产",如果拒绝,就会遭到工友嘲笑。为了躲避,农村妇女更加流动。多子多孙的传统意识形态使然,偏远的乡村仍旧被家庭支配,宗教设施依旧齐全,丧葬仪式又开始恢复"繁文缛节",清明节祭祖活动恢复。孝道的观念依旧根深蒂固,这和农村没有养老金、靠儿子养老的现实有关。政策使然,妇女结扎的比例远远大于男性。在计划生育政策的城乡差别之外,卢惠馨揭示了施加于农村妇女身上更严峻也更隐性的不平等。她们没儿子会被村子里的人看不起,于是迫于婆婆和丈夫的压力生儿子,但超生又会受到村干部的指责,说她们破坏生育指标,被强制流产。妇女反抗诸多打压、争取平等的唯一机会仍旧是她们可以从自己的身体中生出什么来。计划生育政策承诺给妇女的,也在用妇女的身体偿还。[②]结合其他方面,卢惠馨揭示了社会主义国家中国的妇女总是作为"从属"被纳入国家和政治框架中,妇女自身的革命还没有发生。而"四个现代化"的早期修辞已经被具体政策取代,妇女在新中国被期

---

　　① 黄树民:《林村的故事:一九四九年后的中国农村变革》,素兰、纳日碧力戈译,生活·读书·新知三联书店2002年版。另参见《野鬼的年代》,谬格勒(Eric Mueggler)运用四川彝族表演的驱邪仪式抒发了子宫的痛苦。马丹丹:《无边落木萧萧下——读〈野鬼的年代〉》,《成都大学学报》2010年第1期。

　　② Margery Wolf. *Revolution Postponed: Women in Contemporary China*, Stanford University Press, 1985, pp. 258–259.

待扮演的首要角色变为帮手:贤妻良母。①

武雅士所预感的"巨大任务"在八年后出现了。1988年4月13日,武雅士申报的"台湾与福建:两个省的一个比较民族志调查"(简称"闽台社会文化比较"项目)获得鲁斯基金会(Henry Luce Foundation)的资助。在厦门大学杨国桢等人的陪同下,武雅士于1988—1989年正式进入福建开始对小婚的田野调查,继续探索历史、政治经济因素对小婚的解释力。

回顾1979年"养猪"的所见所闻,武雅士与中国人类学界的接触乃至建立大型调查项目的合作关系,他走过了一条曲折而又具有开创性的道路。武雅士在田野调查中试图用变量的函数关系来解决人类的生物性问题。他不认为社会学、心理学、人类学等社会科学的学科边界有太多的实质含义,而是认为学科意识的强调和对学科边界的强化,会阻碍人类学对生物与文化这一命题的探索广度和活力。相反,人类学作为整体性的社会科学应该得到更为宽广的发展空间,而且在资金投入的保障下会成为研究人类行为多样性的硬科学(hard science)。②

同样不输风采的是卢惠馨,她提出了"子宫家庭"这一基于中国台湾乡村家庭关系的概念,将亲属关系引入实践性亲属关系领域,影响了贺萧、朱爱岚、李霞等人的性别研究,她们将"子宫家庭"与中国其他不同地域的多样化家庭策略结合起来。例如,朱爱岚在妇女外出工作、奶奶照顾孙子/孙女的乡村习俗中得出母亲主导的子宫家庭向奶奶/姥姥维系子宫家庭的最有效手段转移;③李霞强调妇女通过会"为人",经营自家嵌入的邻里、娘家、生意伙伴等广阔社会关系的重要性;④黄玉琴强调奶奶在"合作家庭"

---

① 韩起澜和贺萧对20世纪80年代的城市妇女进行了调查。开篇直言:"当我们1979年秋天开始在中国大陆调查的时候,我们并没有想到我们会写一部关于当代妇女的书。卢惠馨关于中国妇女的著作给予我们巨大的激励,帮助我们在一个更大的社会科学语境中研究中国。"Emily Honig, Gail Hershatter. *Personal Voices: Chinese Women in the 1980s*, Stanford University Press, 1988, p. vi. 作者通过不定期的访谈、搜集报纸简报、研读妇女杂志和相关书籍,将私人领域的话题——爱美、求爱、婚姻、离婚纳入公共领域讨论,描述了妇女对身材、服装的追求及个体意识的增长。

② 参见2014年武雅士在斯坦福大学接受访谈时的录像资料。

③ [加]朱爱岚:《中国北方村落的社会性别与权力》,胡玉坤译,江苏人民出版社2004年版,第153页。

④ 李霞:《娘家与婆家:华北农村妇女的生活空间和后台权力》,社会科学文献出版社2010年版,第25页。

中承担起照顾孙辈的责任,做农活、做家务,填补儿子、儿媳在外打工的空缺,这一努力付出包含了从小家庭那里获得更好养老保障的考虑,且相较于容易遭到嫌弃的老年男性,老年妇女的付出对于维持和谐的代际契约越发重要。①

随着"闽台社会文化比较"项目预期主要成果的付诸东流,大规模统计调查、比较的历史框架所构成的实证主义方法也逐渐式微,未能实现理论扎根的条件。与之相较,科大卫、萧凤霞与中山大学历史系、人类学系合作形成的历史人类学的华南学派,对中国人类学产生了深远的影响。②两种不同的理论际遇是否与嵌入条件有关?是否需要一个近似榫卯结构的搭建?这一问题值得深思。

四、费孝通晚年的心态转向

20世纪90年代,费孝通自述60年的学术生涯时,谈到以往的人类学研究"只见社会不见人",常常因"过于满足于研究社会的生态而忽略了社会的心态"。"生态"关系指的是人与人、人与自然的共存关系,"心态"关系是社会中的人与人的共荣关系。③这种新人文思想,使费孝通的学术思想产生了又一次飞跃,进入了"心态"研究的层次。④

在谈起费孝通晚年的学术思考时,学者主要用"晚期"或"晚年"探索、总结。陈占江、包智明在《"费孝通问题"与中国现代性》中总结费孝通有三次学术生命:1924—1957年,1979—1998年,1999—2005年。⑤据潘乃谷记录,

---

① 黄玉琴:《性别视角下的村庄社会生活变迁——华中莲荷村的劳动、闲暇、女性及发展(1926—2013)》,华东理工大学出版社2019年版,第193页。

② 萧凤霞是继斯托克德(Jenice E. Stockard,田野调查先驱)之后,较早进入广东研究华南"不落夫家"妇女群体的学者。她于20世纪80年代提出的"只有广东人适合研究广东人"的说法值得商榷。有关斯托克德的自梳女群体研究评述,参见马丹丹:《劳动的性别:评斯托克德的"缓落夫家"研究》,《清华社会学评论》2021年第1期。

③ 费孝通:《论人类学与文化自觉》,华夏出版社2004年版,第108—119页;张智楚:《人类学的新使命——从"生态"研究到"心态"研究——访费孝通教授》,《群言》1992年第9期。

④ 徐平:《费孝通民族研究的文化内涵》,《贵州大学学报》(艺术版)2017年第3期。

⑤ 陈占江、包智明:《"费孝通问题"与中国现代性》,《中央民族大学学报(哲学社会科学版)》2015年第1期。

1998年费孝通提出不会有外面的职务了，以学术为主，这就有了"第三次学术生命"①。潘乃谷总结费孝通20世纪90年代的工作主题是"反思、补课和文化自觉"，费孝通从1989年就意识到必须建立一门研究多元文化和平相处的科学。1993年费孝通在第四届海峡两岸及香港"现代化与中国文化国际研讨会"上发言称，"为自己开创了一条写作的新路子，有一点近于思想自传方式的自我反省"②。1998年他又明确提出"世变方激，赶紧补课"的要求。③笔者认为费孝通晚年思想是指他在20世纪90年代开始，对多元文化、心态研究、学科边界扩展、"文化自觉"等问题的新思考。

由费孝通一生的学术成果来看，无论是"实用精神"还是"学以致用"的治学态度，都可以对学者的学术发展起到很好的推动作用。他身上的传统儒家情怀，也往往使其学术发展更能回应时代的需要。他的这一学术旨趣体现在自身为学的根本态度上："天下兴亡，匹夫有责"，其结果是"形成了为了解中国和推动中国进步为目的的中国式应用人类学"。④费孝通晚年对儒家的理学传统和礼仪有了更深刻的体认，他不再像在《乡土中国》中那样将礼放在"合式的路子"来理解，而是从"差序格局"的范畴延伸出来，发现了文化的价值和艺术的魅力。他对早年老师史禄国的"心态"（Psycho-mental Complex）⑤，以及潘光旦的"中和位育"有了重新把握。⑥他超越生物和需求的层面，关注人

---

① 潘乃谷：《费先生的第三次学术生命》，载马戎、刘世定、邱泽奇、潘乃谷编：《费孝通与中国社会学人类学》，社会科学文献出版社2009年版。

② 费孝通：《个人·群体·社会——一生学术历程的自我思考》，载费孝通著、张荣华编：《费孝通谈民族和社会（增订版）》，学苑出版社2019年版。

③ 1998年费孝通出席北京大学举办的"二十一世纪文化自觉与跨文化国际系列讲座暨第三届社会文化人类学高级研讨班"，先后发表题为"读马老师遗著《文化动态论》书后""从反思到文化自觉和交流""世变方激，赶紧补课"的讲话。

④ 费孝通的《人的研究在中国——个人的经历》，写于1990年7月25日，是应中根千枝之邀，在"东亚社会研究"讨论会上的讲话。在这篇讲话中，费孝通已经有了文化容忍的想法："人类学学者是否有责任在建立文化容忍的精神方面作出一些贡献？"费孝通：《人的研究在中国》，天津人民出版社1993年版。

⑤ 不妨参考史禄国对民族精神（ethos）的定义：人们说同一语言，自认为出自同一来源，具有完整的一套风俗和生活方式，用来维护和尊敬传统，并用这些来和其他群体作出区别。很有意味的是，史禄国对民族精神（ethos）的定义还包含了心理—精神复合体的含义，他创造了一个词汇：psy-cho-mental complex，指的是思想、意识，和族群的心态有关。他强调心态的研究原是出于通古斯人社会文化特别发达的萨满信仰（Shamanism）。梅方权：《史禄国与中山大学人类学》，《中山大学研究生学刊（社会科学版）》2001年第4期。史禄国的"ethos"概念对费孝通晚年的心态转向有很大影响。

⑥ 费宗惠、张荣华编：《费孝通论文化自觉》，内蒙古人民出版社2009年版。

的精神世界。[①]他曾坦诚道："我还是绅士,没变!"受到陈寅恪的启发,他开始思考学者的自身认同与精神归属问题。苏力指出,从未以儒家学人自诩的费孝通,"对以孔子为代表的特别是早期儒家思想的历史语境正当性和合理性做出了超过任何其他现当代学者的最强有力的解说……他在现代中国社会延续和拓展了儒家思想。"[②]

费孝通对社会学本身的理解不断在超越,从"不带理论下乡",到功能主义理论的运用与实践,以及晚年对儒家文化的灵活借鉴。由此可见,他自身对于学科意识的认识并不僵化,他是带着自身的问题意识与实践精神进入学界的。在博学多闻的基础上,他引领了中国社会学学科的建设。1979年他主持恢复社会学及后来参与重建人类学的工作,在今日已演化成学科本身发展所追求的目标。

1957年费孝通接受社会主义改造学习,并将社会学定性为西方国家资产阶级的产物,主张要建立社会主义的新社会学。除了思想改造,"五七"干校也结结实实地对费孝通进行了肉体的改造——"我学会了种地,我学会了种棉花,我是一个很好的伙夫"[③]。这是费孝通在后来的回忆中自述的。也就是说,费孝通虽然主张绅士劳动,但是他自己却是直到"五七"干校下放时期,才学会了劳动。

1979年"科学的春天"到来,费孝通积极奔走恢复社会学,但在是否恢复人类学的决定上,他是犹豫的。这一退缩可以视为政治运动在他身上留下的创伤其实并没有褪去。费孝通并不计较人类学、社会学、民族学在他身上的标签,希望学科划分不致过细。费孝通强调人类学与社会学的相互替代性:"人类学内容很丰富,其中一部分叫社会人类学,也可称之为比较社会学。人类学其实和社会学一样,也是研究一个地方的人的社会生活。但是许多国家还是保存着这两门独立的学科——社会人类学和社会学。这两门学科具体的内容又可以不完全一样,各国有各国的分工。这说明一个国家

[①] 费孝通晚年有关反思心态的较早论述参见《人不知而不愠——缅怀史禄国老师》《中国城乡发展的道路和我的研究工作——纪念潘光旦先生学术演讲会上的发言》,载费孝通:《学术自述与反思——费孝通学术文集》,生活·读书·新知三联书店1996年版。

[②] 苏力:《费孝通、儒家文化与文化自觉》,《开放时代》2007年第4期。

[③] 费孝通:《我对中国农民生活的认识过程》,《中国农业大学学报(社会科学版)》2007年第1期。

的学术分科是由它本国的历史条件形成的。"①涉及学科的定义、交叉,以及社会学、民族学、人类学等学科的关系问题时,费孝通提出要联系学科本身在国内外的创建和发展历史来加以认识。费孝通坦言:"我喜欢社会学和人类学融合的思想。我们可以使用人类学的方法去研究中国社会。这是后来被称为'社会学中国学派'的起点。"②在为人民服务、解决问题方面,人类学和社会学的作用是一样的。

> 中国对人类学的研究是比较晚的,我们是从研究少数民族开始的。新中国成立后,由于民族工作的需要,我们对少数民族的研究有了很大的发展,主要是偏重于语言和社会历史。并没有将这些研究称作人类学,而称作民族学。……由于对这些学科的名称还没有一致的意见,所以常常引起名称上的争论。我总是认为学科的名称和内容是在一定历史条件下形成的,能有统一的认识当然是好些,一时不能统一也不必强求一致。但要明确自己用这些学科的名称时指的是什么内容。望文不能生义。社会学、人类学、民族学各有它们传统的领域,但都有交叉部分。我们只能就事论事,很难用是否"合理"来衡量。……在学科的名称和内容上,我看还是容许百家争鸣的好。我们的精力也是集中使用在研究实际的问题为好。耗费在名称上恐怕是得不偿失的。③

范可认为,费孝通对"中国是否需要人类学"这一问题的态度转变恰恰反映了他的"与时俱进"。范可指出:"费老一开始觉得没有必要在中国恢复使用人类学一词,可能还与人类学得以催生的殖民主义兴起的历史有关。"④在与国外学术界重新交流之后,费孝通很快认识到,人类学已今非昔比。在他前后两次接受国外的人类学奖项时,分别发表了"三访江村"和"迈向人民

---

① 费孝通:《费孝通文集》(第9卷),群言出版社1999年版,第183页。
② 费孝通:《经历·见解·反思——费孝通教授答客问》(1987),载《费孝通文集》(第11卷),群言出版社1999年版。
③ 费孝通:《费孝通文集》(第8卷),群言出版社1999年版,第106页。
④ 范可:《费孝通与变化中的中国》,载马戎、刘世定、邱泽奇、潘乃谷编:《费孝通与中国社会学人类学》,社会科学文献出版社2009年版。

的人类学"两篇演讲,概括了人类学在中国所面临的任务,强调了人类学的应用性和服务性。"真正的应用人类学必须是为广大人民利益服务的人类学。"①笔者以为,这是他对多年政治运动和干校劳动塑造的无产阶级世界观的深刻回应。20 世纪 80 年代初,尽管费孝通开始在国外的学术场合谨慎地使用"人类学",但又反复强调它的阶级属性。读者仍然能强烈地感到费孝通对人类学、社会学与资产阶级划清界限的"积极改造"。费孝通在反思中写道:"作为一个中国学者,我之所以能够超越文化的偏见,大概与我的国家所处的世界文化格局有密切的关系。"②王铭铭认为,1995 年以后费孝通一定是认识到了人类学的"文化自觉"能够帮助中国社会在这个变化剧烈的世界中找到中华文化的位置,所以才慢慢地参与了人类学的建设。③2000 年伊始,他更是转向对人类学之于文化和全球化的贡献和意义的探讨。在费孝通晚年的思考中,人类学的方法论与文化自觉问题占据了重要的位置。

《试谈扩展社会学的传统界限》是费孝通晚年的一篇重要文章。④笔者认为,他在晚年已经通过精神世界、意会、心态等关注主题,将自己所构想的社会学、人类学之发展前景勾画出来。关于费孝通晚年对社会学新方向的指引,刘亚秋将其称为"中国社会学的人文转向",她个人的实践路径是向口述史和社会记忆领域拓展。⑤与之相呼应的是,修行人类学、哲学人类学也试图对人类学这门人文学科在哲学、宗教层面所发挥的精神、心灵、道德的作用进行探索和叩问。⑥

五、回到超越的起点——弗里德曼的中国研究

弗里德曼出生于 1920 年英国的工人阶级犹太家庭,他的父亲是波兰人,

---

① 费孝通:《迈向人民的人类学》,《社会科学战线》1980 年第 3 期。
② 费孝通:《我对自己学术的反思——人文价值再思考之一》,《读书》1997 年第 9 期。
③ 王铭铭在上海大学社会学院的讲座"四十年来的中国人类学",时间:2018 年 12 月 16 日。
④ 费孝通:《试谈扩展社会学的传统界限》,《北京大学学报(哲学社会科学版)》2003 年第 3 期。
⑤ 刘亚秋:《中国社会学的人文转向——以费孝通"扩展学科界限"思想为基础》,《清华大学学报(哲学社会科学版)》2020 年第 3 期。
⑥ 黄剑波:《中国人类学与宗教研究》,《思想战线》2017 年第 3 期。该文是作者在 2015 年 5 月 26 日上海大学社会学院讲座的基础上修改而成的,讲座题目为"人类学与中国宗教研究"。

母亲是俄国人,他们十几岁的时候就移民英国。弗里德曼拥有一口纯正的"伦敦腔"。1975年7月14日,他突发心脏病,享年55岁。施坚雅和武雅士均为其写了讣告,而且专门发文纪念这位卓越的人类学家。[①]弗里德曼的大学教育被第二次世界大战打断,1941—1945年他在皇家炮兵队服役,有三年多的军队时光是在印度度过,这一亚洲经验使他对"种族关系"产生兴趣,促使他1946年进入伦敦政治经济学院人类学系成为一名研究生,师从弗斯(Raymond Firth)。1950年被聘为讲师。他是耶鲁大学(1960—1961年)、康奈尔大学(1965年)以及马来亚大学(1962年)的客座教授。1961年他收到耶鲁大学亚洲人类学系的邀请,但是他最后决定留在伦敦政治经济学院。1965年成为人类学系教授,并被"个人性地"而非行政任命为系主任。1968年,弗斯退休,他继任弗斯的位置。1970年,经过一番痛苦的挣扎,他接替埃文斯-普理查德,继任牛津大学人类学系主任。他是第一个获此殊荣的中国研究专家。更为重要的是,他将中国研究带入世界民族志的范畴,使中国经验适用于英国社会人类学,尤其是那些并非非洲专家的学者们。

作为南亚、东南亚研究/伦敦—康奈尔项目伦敦委员会的组织者和主席,他是1962—1970年间在国际学术运行于不同区域的社会范围研究的重要实验中的核心人物。其中他1971年的一项研究,以新加坡为基础,是为了英国东南亚研究所的筹建而准备的。[②]

受到弗斯在马来亚研究的影响,弗里德曼研究生学位论文的选题是马来亚的种族和文化关系。他的研究起点是1949—1950年,他花了将近两年的时间,在新加坡客家人族群进行田野调查,他们说客家话,分散在城乡不同地方。克服了艰苦的研究条件,他完成了著作《新加坡的中国家庭和婚姻》(1957),这既是给殖民地社会科学研究会,也是研究发起者呈现的首个报告。施坚雅正是在这一时期第一次遇到弗里德曼,他调侃弗里德曼夫妇恩爱而又充满学术意味的家庭生活:"弗里德曼先生在研究中国家庭生活;弗

---

① 笔者参考了武雅士、施坚雅等人撰写的弗里德曼讣告,记录了他的生平、学术思想。笔者在加州农场小红楼发现了这些资料,文件夹里除了发黄的纸片,还有三四张弗里德曼的黑白照片。阅读这些资料,历史的温度从不规则的打印稿纸面上被感知,仿佛弗里德曼教授就在眼前。笔者感动之余,不禁感慨自己对弗里德曼的了解是多么有限而"符号化"。

② Obitury: Professor M. Freedman: A Leading Social Anthropologis, *The Times*, 22 July, 1975.

里德曼太太在研究马来人的家庭生活；他们夫妇没有家庭生活。"朱迪的著作《新加坡的马来亲属关系和婚姻》(1959)稍晚也出版。与此同时，弗里德曼还发表了一系列中国宗教和法律人类学的论文。这些论文不仅展示了海外研究中国的价值，而且引导了该领域后续的开创性议题。1954年，弗里德曼又到印度尼西亚进行田野调查。

　　20世纪50年代早期，弗里德曼开始了第二段研究旅程，他有了从中国亲属关系和婚姻切入，重构中国传统社会的想法。由于中国的大门是关闭的，无法进入中国大陆进行田野调查，于是他在伦敦利用图书馆所能查到的文献、档案进行这项研究，他的说法是："学会坐在档案堆里（至少在图书馆），学会访谈死人。"[①]这一"档案馆里的田野"收获的著作是《中国东南的宗族组织》(1958)，乃是"摇椅人类学"的绝佳之作，而且现在依然是人类学中国研究的经典。该书受到从事非洲亲属关系体系和婚姻研究的埃文斯—普理查德、福蒂斯等这一代人类学家的启发，例如父系单位等级、宗族裂变支、仪式分化等概念对认识中国宗族社会颇有价值，然而他清醒地知道中国和非洲的差别在于，国家和宗族在中国密不可分，而非洲是"无国家社会"。[②]他对中国宗族的分析具有创新性：一方面，其揭示的宗族内部社会分化、政治权力与经济控制相互交错的复杂结构，以及宗族与国家间的动态关系，在非洲宗族范式中缺乏对应物；另一方面，这些发现为宗族理论提供了新的分析维度。[③]

　　他研究旅程的第三阶段开始于1963年的香港新界田野研究，他带来了反复磨炼的问题意识。如果说他之前的目标是依靠档案、文献描述中国社会结构，那么这一阶段的目标则是通过观察来展示他的发现，他将其称之为

---

　　①武雅士补充道：不仅仅是因为中国的大门关闭，而且因为人类学家不再想通过传统田野调查的方法来涵盖社会整体。如果部分被整体定义而又并非整体的缩影，那么人类学家就要学会坐在图书馆，学会访谈传教士、旅行者和诗人。Arthur P. Wolf. Obituary. Maurice Freedman, *Rain*, 1975(10): 3, 11.

　　②Arthur P. Wolf. Obitury: Maurice Freedman, *Rain*, 1975(10): 2.

　　③G. William Skinner. Obituaries: Maurice Freedman (1920−1975), *American Anthropologist*, 1976, 78(4): 873.

"剩余中国"。在他原意的基础上,笔者变通为"海外中国"。[①]这包括三种类型的研究:①华人华侨的社会研究。例如新加坡、马来西亚等东南亚国家。[②]②中国香港研究。已经先后有7位人类学家在香港做田野调查。③中国台湾研究。台湾的田野调查条件很好,保留了日本殖民统治时期的丰富档案和调查资料。[③]他的著作《中国的宗族与社会:福建与香港》,展示了他发展出来的作为田野工作者的人类学家和作为"书虫"的人类学家相互作用的精妙艺术。弗里德曼基于田野材料重设了他的分析,并提出了新的假设。[④]

如果不是他英年早逝,他本该完成他第四个阶段的工作,即汉学人类学的知识史,这表现在他对研究凤凰村的美国人类学家葛学博(Daniel H. Kulp)的访谈,对德·格鲁特(J. J. M. De Groot)和葛兰言等法国汉学家研究工作的关注上。他翻译了葛兰言的《中国人的宗教》及德·格鲁特的期刊。他系统论述了"存在一个中国宗教"的看法。[⑤]他认为中国是一个复杂社会,存在很大程度的社会分化,而造成中国文化一体化的力量,是人们的信仰体系

---

① 值得注意的是,出生于马来西亚华侨家庭的王爱华虽然同样重视海外南洋中国的重要性,但是在弹性公民形成的当代跨国空间当中,"海外中国"的概念暴露出诸多问题。王爱华以两个世纪的华人离散迁徙史为主线,集中论述了对"海外中国"观点的批评。弗里德曼、施坚雅等人厘清了中国文化的规范和价值,认为其包括商业主义、家庭主义和对原籍的认同。王爱华他们从主体能动性、主体建构、民族国家的现代项目,以及跨边界资本主义的现代性想象等维度来研究现代华人的跨国主义。他们认为,亚太地区的资本主义和相伴随的制度与实践——弹性、旅行、消费、多元文化主义、大众媒体——是华人(Chinese)认同和主体性的再造。他们认为需从两个维度看待中国人的跨国主义,一、离散的华人是如何自我建构的? 二、是什么在晚期资本主义多重的和移动的范围之内让他们成为主体?(Donald M. Nonini and Aihwa Ong. Introduction: Chinese Transnationalism as an Alternative Modernity, in Aihwa Ong and Donald M. Nonini (eds.), *Ungrounded Empires: The Cultural Politics of Modern Chinese Transnationalism*, Routledge, 1996, pp. 16-17.)王爱华认为,现代华人适应资本主义的过程中,通过弹性积累策略而不断滋长的主体性,改变了离散在"海外中国"具有的消极含义。从这一意义上来说,王爱华在一个新的政治经济框架中建立了关于海外中国跨国主义的新理论表述。(Aihwa Ong. *Flexible Citizenship: The Cultural Logics of Transnationality*, Duke University Press, 1999.)

② 弗里德曼有关马来西亚华人社会的复杂性研究影响了格尔茨,后者从弗里德曼的"万花筒"概念受到启发,将其应用到印尼研究中。Clifford Geertz. *The Social History of an Indonesian Town*, The M. I. T. Press, 1965.

③ 无疑弗里德曼的中国人类学知识史研究对武雅士是有启发的,武雅士在台湾的田野调查就利用了这批日本殖民统治时期的户籍资料,提出并验证了小婚的假说。

④ Maurice Freedman. *Chinese Lineage and Society: Fukien and Kwangtung*, The Athlone Press, 1966.

⑤ Maurice Freedman. On the Sociological Studies of Chinese Religion, in Arthur P. Wolf (eds.), *Religion and Ritual in Chinese Society*, Stanford University Press, 1974, pp. 19-41.

或日常仪式。①1962年,他在马林诺夫斯基纪念讲座上演讲"社会人类学的
中国时代",即19世纪70年代至20世纪40年代的汉学人类学成果的文献回
顾。他坦言:"我对中国人类学的研究从来没有抗拒。"②可惜这一学科史的
工作因为他的去世戛然而止。

　　他在去世前完成了给联合国教科文组织的手稿《社会与人文科学领域
调查的主要趋势的国际研究》。他概括了结构主义、民族历史和社会文化变
迁等领域的不同发展,在结论中他表达了对人类学性质的理解和看法:"它
虽然会不时地显示出作为一门科学的某种骄傲,但在敏感的气质中深埋着
某种深刻的谦卑(humility),因为它的主要工作场景是面对来自人类学经验
的事实与艰辛,有志于研究人类学的人们不过是在把自己的肉身作为这种
学科质性的包裹和承载物而已。"③武雅士用"不带感情"(dispassionate)形容
弗里德曼对富有感情、幽默感和反讽的人类和人性的研究特色,一如他简
洁、清晰的学术语言。在武雅士给弗里德曼的讣告中,他对于弗里德曼对武
雅士等美国同行关于中国台湾、中国香港研究动态的密切关注,以及弗里德
曼对他们学术价值的肯定与砥砺,报以深厚的学术敬意。④

　　弗里德曼的中国研究包括宗族和亲属关系结构、祖先崇拜的性质、风水
的重要性,以及婚姻仪式。对于每一个研究题目,弗里德曼的工作均是奠基
性的。然而他并非中国研究的专家,他致力于对中国社会的综合性理解,竭
力从小社区细致入微的研究中提取一般化的表述。他将这一"解剖麻雀"的
社区研究方法称之为"卓绝的人类学谬误"。⑤他推动人类学家通过海外华
人群体研究中国:"在整个中国发动田野的引擎,将田野工作作为验证整体
中国的某些方面假设的方式,在实地考察中运用田野作业。"⑥

　　或许是师从弗斯的原因,弗里德曼对20世纪30—40年代费孝通、许烺

　　① 钱杭:《莫里斯·弗利德曼与〈中国宗族社会:福建与广东〉》,《史林》1999年第3期。
　　② Maurice Freedman. *The Study of Chinese Society*, Stanford University Press, 1979.
　　③ Maurice Freedman. Manuscript Entitled Social and Cultural Anthropology, p. 163.
　　④ 武雅士的《神、鬼和祖先》一文,也是为弗里德曼在康奈尔大学做客座教授时期主持的一个讨
论会而写。Arthur P. Wolf. Gods, Ghosts, and Ancestors, in Arthur P. Wolf (eds.), *Religion and Ritual in
Chinese Society*, Stanford University Press, 1974, pp. 131–182.
　　⑤ G. William Skinner, Arthur P. Wolf. Maurice Freedman: In Memorium.
　　⑥ Maurice Freedman. *Sinology and the Social Sciences*, ms. 1975, p. 11.

光等人的社区研究非常熟悉,但他与这一时期社区范式秉持的"村落是总体社会的缩影"理念存在分歧。20世纪60年代,弗里德曼对社区研究的反思有三个看法:

(1)1930—1940年的社区研究,弗斯总结为微观社会学,已经不足以研究像中国这样复杂的文明社会。

(2)1949年到20世纪70年代,中国的田野对外关闭。由于无法进入中国田野,汉学研究开辟了边缘中国的田野战略。

(3)20世纪60年代是年轻人类学家崛起的时期。社会科学与汉学开始寻求融合的契机。中国研究进入社会科学的表述范式。例如施坚雅的市场理论、弗里德曼的宗族理论。所谓社会科学的表述范式,指的是在经验基础上的社会理论模式的综合与建立。它和阐释人类学不同,是基于比较社会学提出的(仍属于拉德克利夫-布朗的方法论范畴),注重的是普遍理论的建设及经验基础上的社会模式的表述。①

弗里德曼将整个中国作为研究单位,包含了他对文明的理论考虑。他强调东南亚地区对中国研究的重要性,以及对种族关系的思考:少数族群(minority)移民群体和他们祖国的关系、彼此怎么相处、待客之道又是什么。东南亚华人的族群关系(interethnic relationship)是他关心的议题,他对少数族群的关注动机并非为了论证例如客家人、潮汕人和广府人不同的文化特征,而是将其放在政治、经济环境中,只有作为利益群体为了政治经济而斗争的时候,这些文化特征才有意义,才有价值。笔者以为,弗里德曼有意将文化差异放在实践框架中去观察文化差异的实在性和一般性。②这就和他在进入中国研究领域之前在英属马来亚和新加坡的客家田野调查背景有关。他研究了峇峇人的矛盾性汉化及逐渐汉化到华人社群的过程,与东南亚其他"中介"社会的命运形成鲜明对比。就方法论而言,他对社区研究的

① Selected and introduced by G. William Skinner, *The Study of Chinese Society: Essays by Maurice Freedman*, Stanford University Press, 1979.
② 弗里德曼用"大的精神"来研究族群问题的理论导向,对于黄淑娉等中山大学团队从事的广东区域文化研究有一定的反思和启发。后者对族群之间的文化差异的解释和目标统一于"为什么广东人走在改革开放前列,是否具有某些独特的族群特征和文化取向"这一集体诉求。从对商品经济的接受程度衡量,客家人的经济、文化程度就比较欠发达。黄淑娉主编:《广东族群与区域文化研究》,广东高等教育出版社1999年版。

反思和他的东南亚研究有一定的关联。他敏锐地发现了东南亚华人和他们的原籍之间千丝万缕的联系,因此认为社区研究方法应用于移民群体是不足的,并且研究者"必须是移动的",要看到族群边界设定的双重性,既包含了他们自身的文化框架,又包含了非汉社会的特点。①他哀叹中国汉学社会科学家的缺乏,挖掘林耀华等人的宗族研究成果,致力于矫正这一失衡。但是他又警惕中国社会科学家当中的大汉族主义。他不认为某一经验是专属于某一主体的特殊经验,"毕竟所有的种族差异均是重要的"②。这一态度和做法同样贯穿于他的犹太研究中。③他追踪并分析犹太人的离散(diaspora),将其与东南亚华人的离散进行广泛的比较。这一比较研究在今天来看仍旧具有学术前沿性和未来前瞻性。他将中国研究放在宽广的理论视野范围内,不仅将欧洲、美国和英国的中国专家学者聚集在一起,而且将世界其他地区的人类学家、社会学家与汉学家联系在一起,目的是提高中国研究的社会科学家的参与度和影响力。他极大地延伸了中国研究的社会科学的解释力与理论对话的一般化。穿梭于新加坡、中国香港等"海外中国"积累的丰富田野经历,他对非洲宗族理论和法国汉学家葛兰言等人的古代中国宗教、社会研究,以及美国人类学学者对中国台湾、中国香港田野等综合性学术工作的理解与驾驭,使得他对文明有独到的理解:"我们不得不扩展我们对于东方文明的研究,这不仅是因为它涉及我们所研究的、以亚洲语言和文化构建的国家长治久安,还因为它赋予我们这样一种驱动力:即被贴上'文明'标签的我们,必须以一种文明所赋予的能力来公平地看待这个世界。"④

　　有意味的是,20世纪40年代拉德克利夫-布朗将微观社会学与比较社会学整合在一起的研究,在20世纪60年代又得到了弗里德曼的回应。有所

① G. William Skinner. Obituaries: Maurice Freedman(1920–1975), *American Anthropologist*, 1976, 78(4): 872.

② Maurice Freedman. Review of From Ape to Angel: An Informal History of Social Anthropology by H. R. Hays, *Jewish Journal of Sociology*, 1959, 1(2): 271.

③ 种族关系的思考也贯穿他对犹太人的研究中。作为犹太人,关注这个他不甚满意的学术领域时,他并不就犹太人而研究犹太人,也不赞同犹太社会科学家支配犹太人研究的学术局面。他是《犹太社会学》期刊的主编,致力于犹太社会生活研究水平的提高。

④ Maurice Freedman. A Chinese Phase in Social Anthropology, *British Journal of Sociology*, 1963, 14(1): 12.

不同的是,前者毫不犹豫地把历史排斥出去,而后者则坚信,为了研究一个复杂的文明社会,必须将历史与社会学结合起来,否则停留在微观社会学,一个以社区研究为基础的社会结构的抽象模式将无从建立。但是他还是主张人类学的学科指向:"我看不出来为什么我们要把人类学问题留给历史学家。"①弗里德曼表达了一个强烈的方法论倾向:人类学的社会学化,或者说历史学、社会学与人类学的相互整合。由此,他倡导"大人类学":它并非微观社会学之英国人类学正统的替代品,也并非微观经济和地方水平政治之美国人类学主流认定的替代品,而是研究复杂社会的必要补充。他相信,由于社会科学的引入,人类学的中国研究在认识共产主义中国的重要命题时,如社会流动、家庭与婚姻的变迁,将大有作为而且越来越重要。②弗里德曼对社区研究进行大刀阔斧的理论综合,国家、社会体系等综合性概念在他的社会结构理论中扮演着重要角色。他认为,次要体系嵌套(nesting)在更高秩序的体系中——既是文化性的又是社会性的结构,部分总是受限于整体(whole),在人类学异质性的背后,他感知基本的语法,"对整体论(totality)的追求不是附属于人类的每一样事物的研究,而是为了调查被选择的任何事的'整体'研究"③。笔者以为,弗里德曼用结构主义重新组织功能主义的经验研究,越来越认识到"蝴蝶标本"的不足。虽然英国人类学在拉德克利夫-布朗、利奇等人的推动下已经实现了功能—结构主义的理论综合,然而20世纪30—40年代的中国农村研究范式却还是停留在功能主义范畴,弗里德曼以"遥远的距离"的方式对社区经验研究进行了一场几乎是结构性的手术,他为人类学的中国研究大致厘定了理论框架、研究议题及未来学科发展方向,将中国研究纳入了文明、历史,以及国家互动的复杂社会的理论视野中。王铭铭评价弗里德曼、施坚雅等中国研究学者采取"间接研究"的贡献:"更积极地利用二手资料,这就使国外的'中国人类学'比其他人类学的地区民

---

① G. William Skinner. Obituaries: Maurice Freedman(1920–1975), *American Anthropologist*, 1976, 78(4): 876.

② Freedman. "Why China?", Selected and introduced by G. William Skinner. *The Study of Chinese Society: Essays by Maurice Freedman*, Stanford University Press, 1979, p. 413.

③ G. William Skinner. Obituaries: Maurice Freedman(1920–1975), *American Anthropologist*, 1976, 78(4): 877.

族志传统更早地具备史学与人类学结合的阶段。"①

弗里德曼批评费孝通没有超越社区的研究单位,并且缺乏历史的视野。由于翻译和实践的滞后,20世纪60年代中国研究进入的社会科学范式对社区研究的反思在近二十年之后得到了中国人类学学者的回应与共鸣。②功能学派的工具价值和应用性课题紧密结合,费孝通的"小城镇"调研开展并延伸、超越社区的理论意识趋于成熟,打开了社会学的新局面。乔健将费孝通实践的功能学派理解为"历史功能学派"。③1996年,王铭铭发表《功能主义人类学的重新评估》,预示着从经济基础抑制文化向文化决定论转向的诉求得到回应,不过向文化挺进的道路并非一帆风顺。④超越的契机,正是由王铭铭发起并形成了话语传播的力量——超越国族的文明命题获得了表述自由。⑤

六、人类学学科发展的轨迹

马克思主义民族学的支配范式松动是一个缓慢的过程。有意味的是,进化论的理论化工作在"文革"结束后才开始起步。1977—1980年,《原始社会史》才开始编写。1985年,《大百科全书·民族》也开始编写。而原始社会史的核心地位却逐步让位于现代化的需求,它是一个循序渐进的过程,并非一蹴而就。《民族研究论文集》还曾为其专门辟出一期专刊。民族学恢复以后,民族识别的工作延续到1985年才陆续结束。1979—1985年,"民族问题"五种丛书结集出版。现代化的需求作为一种时代需要从民族学内部自发形成。1992年,"少数民族现状与发展调查"开始进行。民族地区的现代

---

① 王铭铭:《近代人类学史的另一条线索》,《西北民族研究》2012年第3期。
② 费孝通与弗里德曼的隔空对话见费孝通:《重读〈江村经济·序言〉》,《北京大学学报(哲学社会科学版)》1996年第4期。该文写于1996年3月25日。
③ 乔健:《试说费孝通的历史功能论》,《中央民族大学学报》2007年第1期。
④ 王铭铭:《功能主义人类学的重新评估》,《北京大学学报(哲学社会科学版)》1996年第2期。
⑤ 王铭铭:《文明,及有关于此的民族学、社会人类学与社会学观点》,《中南民族大学学报(人文社会科学版)》2014年第4期。该文纵览论述文明的诸多方家学说,最后提出自己对文明的定义:超社会体系,文明大于国族,国族之内又涵盖了多文明的交流,揭示了国家与文明的复杂关系。超越的契机还包括文明的包容能力突破了国家的束缚,将中国人类学带入文明的视野。更详尽的学理论述参见马丹丹:《王铭铭的"天下观"研究历程与评论》,《中央民族大学学报(哲学社会科学版)》2016年第3期。

化需求使民族学以"原始社会史"为核心的进化论理论范式受到了冲击,其将落后经济的物质、文化看作"遗留物"的做法也引发普遍的质疑。"民族学如何面向 21 世纪"在 1995 年就由民族学的青年学者提出,以回应民族学新的历史使命。[①]对于青年学者个体而言,在与西方理论的接触中,无论是理论还是实践层面,其所面对的民族调查之困惑都在不断地增长,这种状况正是民族学学者向人类学思维模式转化说法发生的时代基础。[②]在现代化需求的带动下,林耀华把这一过程概括为"经济文化类型"向生态人类学的转变。现代化与进化论并不构成实质矛盾。笔者打算沿着民族学人类学化的发展线索,探索马克思主义民族学的研究模式之转化,以及以现代化为导向的民族地区和以少数民族为研究对象的田野调查向族群研究转变的过程。[③]现代化与发展的话语之混合,成为民族学向人类学"易帜"的实践与理论之过渡条件。

人类学兴起的契机与人类学学科研究、教育机构的建立有直接的关系。1981 年,中国人类学学会在厦门大学成立。[④]1985 年,中央民族学院成立民族学系。1994 年底,乔健在香港发表就职演说,对马克思主义民族学的僵化研究模式提出疑问。这些都成为人类学学科建设的先导。1995 年费孝通提出"三科并立"的设想,当时遭到各方面的阻碍和反对,并被搁置。1997年,云南大学和中央民族大学先后通过"211"工程建设项目的专家论证和

---

① 周星:《中国民族学如何面向 21 世纪?——在京中青年民族学工作者座谈会述评》,《广西民族研究》1995 年第 4 期。

② 王建民谈论了读书时期的困惑。1989 年,童恩正质疑摩尔根进化论的文章在《中国社会科学》发表,引起了较大的争议,对民族学的经典理论范式有所冲击。在田野调查中,他感到更多的理论困惑产生,为了迎合现代化的主导话语,民族学的调查报告无视当地人的真实感受和看法。笔者对王建民的访谈,访谈时间:2015 年 9 月 16 日,访谈地点:上海大学。

③ 按照王铭铭的说法,族群研究(即中间圈)在后现代的影响下,占领了人类学的理论前沿和田野调查的优势。有意思的是,可以将中国民族学于 20 世纪 90 年代发生的族群研究转向与 20 世纪 70 年代美国人类学发生的族群研究转向平行看待。有两个佐证说明族群研究在 20 世纪 70 年代美国高校人类学院系发生的真实转变。其一是华盛顿大学人类学系,贾伦特(Natalie Andrea Roberts)于1975 年完成的博士论文,运用族群理论分析印第安保留地的 5 个 Salish 族群是如何不同的。Simon Ottenberg. Experiences in the University of Washington Anthropology Department, 1955–1991, *Journal of Northwest Anthropology*, 2015, 49(1): 9. 其二是加州大学伯克利分校人类学系,印第安土著等研究改称"族群研究"。

④ 中国人类学学会由复旦大学的体质人类学学者刘咸等人与厦门大学的陈国强等人联合推动。

立项审核。2001年12月—2002年1月,中山大学、北京大学的人类学,中央民族大学、云南大学的民族学先后获批国家重点学科。①

2003年,云南大学计划投资3.6亿元支持云南大学"十五""211工程"建设项目,其中包括民族学重点学科建设。②2006年,"十五""211"工程建设项目通过审核。"十五"建设使云南大学民族学学科产生了一批高水平研究成果,将伍马瑶人类学博物馆建成具有西南地区民族文化特色的现代人类学博物馆,建立"中国少数民族遗传信息资源库",建成"中国少数民族DNA样品库"。③

1993年,在厦门大学人类学系渐入低谷的时候,人类学的发展开始了从南向北的转移。这是一段曲折发展的历程。费孝通在当时发挥了领导作用。笔者以为,费孝通的人类学学科建设思想与行动之所以举步迟缓,和其在20世纪80年代初"花费三年"投入社会学学科建设,以及在20世纪80年代中期投入小城镇调查和研究有密切关系。他力图依托小城镇并将其扩展到边区开发、减少东西部经济差距、汉族帮助少数民族发展经济、少数民族自力更生等民族调查事务上。这样三项任务从20世纪80年代初开始,几乎占据他十年的精力。费孝通在《同社会学界朋友们的谈话》中说道:"我也不是为社会学而搞社会学,是把社会学当作工具去认识正在变革中的中国社会。"他又说自己建设社会学曾遇到的不一致的意见,以至于"我不能不离开社会科学院,到北大去另外建立一个所,事实说明了我的遭遇和苦衷。不过这没有关系,而且现在情况已开始改变"。④一直到20世纪90年代中期,费孝通才腾出手来,投入人类学的学科建设。在他的努力下,首先是1993年北京大学社会学人类学研究所成立,其次1994年北京大学人类学与民俗研究中心成立,最后是1995年人类学高级研讨班的开始组建。费孝通对人类学的态度发生了变化,即,他已从悬置"名"——把人类学当作工具和方法论

① 《21世纪人类学文库》编委会:《〈21世纪人类学文库〉总序》,载周晓红:《人类学跨文化比较研究与方法》,云南大学出版社2009年版,第2页。
② 《云南大学3.6亿元建设"211"项目》,《光明日报》2003年4月22日。
③ 《云大"211工程""十五"建设通过审核》,http://www.news.ynu.edu.cn/info/1094/17844.htm。
④ 费孝通:《同社会学界朋友们的谈话》,载费孝通:《费孝通文集》(第10卷),群言出版社1999年版,第429、432页。

用——发展到为人类学"正名"的行为。在此时,人类学包含的文化分量越来越被晚年的费孝通看重,并不断地被其强调和加以延伸。文化与文化自觉成为费孝通建设中国人类学的路径。显然,相较于人类学用文化参与"精神文明"建设等这些不尽如人意的表述,费孝通以文化自觉为核心的理论化思考,就人类学的发展而言更显现出其魅力所在。不过人类学学科的建设还有很长的路要走。费孝通依旧沿袭了他一贯的学科信念:放下"名"的争论,埋头做实事。

学术会议对民族学和人类学的整合直接起到了黏合剂的作用。就人类学恢复国际交流而言,都市人类学对于国际会议的积极参与无疑是走在了前列。1983年,乔健发起、费孝通参与的第一届"现代化与中国文化研讨会"在香港召开,1983年到2003年的20年间,在香港、花莲、台北、上海、苏州、吴江等地共召开了八届研讨会,为海峡两岸暨香港的学术交流架起了桥梁,对中国人类学的发展起到了潜移默化的作用。①在费孝通的提倡下,1995—2001年,北京大学主办六届人类学高级研讨班,这不仅为人类学培养了青年学术骨干,也为其打开了良好的国际学术交流渠道。这无疑为人类学学科的恢复与发展注入了强劲的动力。费孝通在第一届研讨班上发表了《继往开来,发展中国人类学》的讲话。由于费孝通的倡导作用,人类学的学科建设被提上议程。人类学高级研讨班的举办推动了人类学的本土化运动。1999年,人类学本土化国际学术研讨会在广西民族学院举行。2000年7月18日,厦门大学举行"21世纪人类的生存与发展"国际学术会议暨第五届社会文化人类学研讨班。紧接着,2000年7月24日—28日,国际人类学与民族学联合会2000年中期会议在北京召开。2001年12月14日—17日,中山大学召开了"21世纪都市可持续发展暨纪念中国人类学百年"国际学术研讨会。2007年3月,中国人类学民族学研究会成立。2009年7月27—31日在昆明召开了国际人类学民族学联合会第16届大会,大会主题是"人类、发展与文化多样性",共有来自全球100多个国家和地区的4300多名学者参会。

---

① 详细的资料见张冠生:《乡土先知:费孝通》,北京大学出版社2006年版,第378页。关于现代化与中国文化研讨会,参见乔健、李沛良、李友梅、马戎主编:《文化、族群与社会的反思》,北京大学出版社2005年版。

中国人类学民族学研究会从形式上实现了民族学与人类学的整合,但是人类学申请一级学科的学科诉求依旧没有实现。

从以上的叙述来看,民族学内部的范式危机与流变、汉人社区的转向、费孝通晚年的心态转向及对人类学学科诉求的支持、学术会议的国际化等因素,对人类学的学科重建与发展均具有重要的推动作用。不过人类学学理、方法和应用等学科本体问题却是需要格外关注的,这就要对田野调查体例的确立与变化进行分析。首先,这一工作的困难在于学科机构嵌入的区域性、资源再分配的不均衡性、国外田野基金支持的多种渠道等,再加上人类学多元化的分布格局,使得仅依赖一种书写维度无法对之进行较好地驾驭与整合。其次,20世纪80年代的表征危机及其"写文化"的后现代主义思潮,对中国人类学的学科建设产生了复杂的影响。最后,随着全球化的扩张,民族志的实践也无法像以往功能结构主义对燕京社会学派的影响那样清晰可见,理论的杂糅性更加突出。因此,笔者不得不探索学科史书写脉络的适宜性,这种探索无疑是带有很大尝试性的。对此,笔者力图把对学科史的考察建立在高校人类学系发展的基础上。这让笔者不得不注意到田野调查基础设施建设的重要性,越来越具体地看待学科发展的条件与限制。

中国人类学虽然从它重建伊始就包裹在体用矛盾中,但它还是顽强地探索学科自主道路,以期摆脱日趋僵化的认识论范式,寻求理论上的突破并焕发出田野调查的活力。笔者通过学人访谈和学科点田野考察①,记录了这些在学科重建早期开疆辟土的人类学前辈们的可贵努力。正是在开放、批评的对话氛围中,人类学学科独立的曲折道路所包含的实践智慧才呈现出来。面对学术与政治的两难,笔者试图对中国本土化经验之一般勘测技术与评估条件的可能性进行探索,试图给中国经验增加平行的、可参考的理论维度,理解中国人类学的现实处境及其面对的具体问题。

笔者详细回顾了人类学南派重建的草创过程。草创时期是1981年到2005年,从1981年中山大学恢复人类学系开始,到1994年厦门大学人类学

---

① 本书中使用的"田野考察"与"田野调查"两种概念,区分主要在于专业化程度。田野考察时间较短,停留于驻足、走访和快速解决问题等;田野调查包含三个月到一年的田野周期,处理焦点式问题的复杂程度因具体情况而异。

系被撤销,再到中山大学人类学系的学科建设在20世纪90年代陷入低谷,以及2005年云南大学人类学系被撤销,人类学南派走过了短暂、坎坷而又难忘的草创时期。相较于厦门大学和云南大学的挫折,中山大学人类学专业是唯一延续没有中断的学科点。直到北京大学、中央民族大学等北方高校的人类学后来居上,改变了人类学南派敢为人先的格局。

南派人类学系采纳统一的人类学四大分支作为学科框架,随后又依据各自的区域条件、文化特色寻求多样化发展。①厦门大学人类学系因经费不足,无法到西南少数民族地区开展田野调查,所以因地制宜地利用福建省内的民族资源。②中山大学民族学的人类学化,使得人类学达到统领式的学科地位。③影视人类学孕育了云南大学人类学系的起飞。南派人类学的多样化和其学科传统、学科资源有直接关系,同时学科带头人的知识结构、国际合作机遇等因素也起到推动作用。

人类学南派在人类学重建过程中扮演了先锋角色,将人类学重建作为一个整体思考,意味着笔者对人类学重建四十余年的道路刻写必然溢出南派先行者的经历范围。外部环境催生了中国人类学学科重建意识的萌发,贫弱的学科条件决定了人类学始终在体用矛盾中寻求自己的学科合法性。田野回访使得理论对话的空间不断得到拓展,指向更加明确的文化与象征的力量。由于燕京社会学派延续的社区研究在田野回访中占据瞩目的主导地位,南派的民族史传统似乎边缘化。

第一章　是独立还是有用?
——新时期中国人类学草创阶段的矛盾性格

厦门大学的人类学研究所和人类学系成立于1984年。在研究中国人类学学会带动的人类学学科建设的早期学科史议题中,厦门大学起到了牵头、组织和号召作用。陈国强发挥了群众性组织的主要领导作用。对于早期学科史有几个问题需要考虑:①人类学与民族学的关系。因为有一种争议是已经有民族学,没有必要再恢复人类学。②人类学的学科指导思想。人类学确立自身的独立性,确立一级学科的想法。③人类学的专业课程体现了四大分支的结合。④从1981年到1993年五次人类学学会的开展状况来看,中国人类学学会发挥了重要的作用。中国人类学学会和民族学有一定的重合,但是在后期越来越不同,有了自己的身份认同和学科意识。需要注意的是,人类学的学科意识是在民族史的胚胎上孕育出来的。民族史是民族学被撤销、被历史学收编后,依托学术制度的一种学术积累和学术知识改造。以厦门大学为例,高山族的民族识别工作在继续,畲族文物搜集不断累积,民族调查也在陆续开展。闽南考古是一个重要的研究方向。叶文程等人是东南考古的主力。当时的专业名称是考古学专门化。东南民族史、闽南考古再结合闽南民俗,就构成陈国强利用和转化的地域资源和民族资源,将其转化为人类学。

一、人类学的学科独立之路曲折反复

回顾中国人类学学会开展活动的动态,渐渐地再现了人类学草创时期的发展过程。笔者将人类学草创时期的内容和议题分为四类,记录中国人类学会在人类学草创时期发挥的学科话语共识和学术共同体的认同作用。

(一)学理层面的语用学范畴转移

面向现代社会的意识,驱使人类学转移到学理层面的语用学范畴,从囿圈于苏联民族学影响的知识传统和原始社会史取向的影响,转移到应用范围。传统影响具体体现为:①以民族为中心的民族学。②林惠祥侧重的原始和上古。

陈国强提出大力发展人类学的必要性。"在马克思主义指导下,结合我国人民需要,逐步建立我国的人类学体系。人类学是一门多年没有提倡的学科,我国人民需要它"。[①]刘孝瑜认为人类学的作用是:①由于处于自然科学与社会科学之间的边缘位置,起到科学部类间的纽带媒介作用。②从理论、宣传和教育(博物馆教育大众)的角度观察人类学的作用。③发挥与生活、生产和生命有关的科技应用作用。他建议,研究人类的婚姻、家庭、生育、人口等,帮助解决人类自身的计划生育等问题。江应樑认为,人类学应该把四大分支结合到民族史研究中来,必然会起到重大作用。因为民族史要追寻民族的起源、发展和变异,体质人类学可以提供论证,解决民族史中文献资料和调查资料不能解决或不能告知的一些问题,进而从中得出更科学的结论。

叶文程论述考古学和人类学的关系,认为考古学为人类学提供研究的材料,文化人类学给考古学提供说明的原理和原则。而且他认为,社会人类学研究现存社会各民族的各个方面,而考古人类学则是研究过去的东西。叶文程将人类学定位为当代和现在。

蒋炳钊指出文化人类学同民族学、社会学之间的区别是:人类学主要研究人类的起源、人体的特征,以及人类文化的发展。民族学以民族的共同体为研究对象。社会学主要研究当前存在的社会问题,当然也要顾及历史上的问题。三个学科研究的内容互有交叉,但是各有侧重点和主攻方向。蒋炳钊在第二届人类学学会上,延续了这一对人类学学科属性的看法,但发生较大变化的是,他认为有必要将林惠祥对史前时代与野蛮民族的强调,

---

① 陈国强:《我国人民需要人类学》,载中国人类学会编:《人类学研究(一)》,中国社会科学出版社1984年版。

伸展到现代社会的乡村社团，并扩大到城市，甚至到工业、企业。人类学同社会主义的"四化"建设有极密切的关系。蒋炳钊重申人类学的研究对象：两个文明。人类学不仅研究过去人类及其社会文化的起源和发展情况，还要努力建设未来人类的美好生活，这对促进人们自身思想的革命化有重要的意义。①

陈国强在第二届人类学学会论文集的前言中明确表示：人类学的研究，已从过去侧重体质和文化的起源等特点，发展为注重现代社会的有关问题。他指出，人类学的应用价值体现在多个方面：①为内政外交服务。②为公共卫生服务。③为教育改革服务。④为社会现代化和工业直接服务。陈国强重申应用人类学只是把人类学理论联系实际问题的应用。他指出，现在文化人类学研究重点转向社会文化及现代生活研究。②

刘孝瑜回应文化人类学的应用困难：大多数对象属于思想意识或理性概念范畴，即属于精神文化范畴，不易察觉，而且往往不被人理解。针对这一困难，他认为文化人类学具有三方面的作用：①在理论、思想意识形态和教育上的作用。②方法论的作用。③学科的媒介综合作用。在笔者看来，第一届人类学学会对人类学的学科界定和第三届人类学学会对人类学应用性的讨论没有本质的差别。

对于人类学的应用性，容观夐的看法是：建立在科学和适应国情的牢靠的基础上，对于外国的东西，其中不少的分支研究是值得借鉴和开展的。③他指出具有实用价值的分支方向：①医学人类学，关注使人患病的社会文化因素等不正常状态。②经济人类学，参与某一特定地区的经济发展战略事务，关注社会文化因素，尤其是民族意识、价值观念、社会组织等非物质的层面。③教育人类学，民族经济与民族教育互为因果，通过发展教育提出提高经济的得力措施。④城市人类学，城乡关系调适过程中遇到适应城市文化和城市生活方式的扩张出现的问题。④

---

① 陈国强：《我国人民需要人类学》，载中国人类学会编：《人类学研究（一）》，中国社会科学出版社1984年版，第287页。
② 陈国强、林加煌主编：《人类学与应用》，学林出版社1992年版，第20页。
③ 陈国强、林加煌主编：《人类学与应用》，学林出版社1992年版，第37页。
④ 陈国强、林加煌主编：《人类学与应用》，学林出版社1992年版，第45页。

(二)人类学的研究对象在发生变化

学界对人类文化的起源、发展与演化的规律的认识,不甚适应时代需求。在笔者看来,"人类学与两个文明建设"对人类学的界定并没有给予学理上的支持,反而使人类学演变为社会主义意识形态的一部分。蓝达居指出社会与文化不能等同。他认为文化分为物质文化、制度文化和精神文化,分别与人类生产实践不同层面的活动相对应。关于文化研究的前沿阵地,他关注到文化的表意象征、符号意义以及费孝通对人文心态的重视。这些"应引起我国文化人类学工作者的足够重视"①。

(三)人类学的四大分支在学科建设初期占据了主导性思想

考古人类学、语言人类学、文化人类学与体质人类学协同作战,构成一股合力。其中考古人类学是在学科分科独立发展的基础上向人类学靠拢并融合,考古学学者参与到人类学的科研和教学中,例如叶文程等考古学家指导多名人类学研究生。原来从事民族史研究的学者也参与到考古专门化的工作中,例如陈国强出版专著《闽南考古》。

体质人类学扮演了人类学先锋的作用,这当中以上海自然博物馆和复旦大学生物系的贡献最为瞩目。他们赶赴西南、福建等地,做了大量的民族体质调查工作。泸州医学院也参与了体质人类学的调查。

上海自然博物馆与复旦大学生物系还联合厦门大学组织了体质人类学的几次培训,并在福建多个点开展活体测量,配合人类学的田野调查,例如武镇、大岞村调查,并完成体质人类学的报告,对惠安人的族源进行了有力的证实,平息了长住娘家的惠安人族源的争议。上海自然博物馆和复旦大学生物系联合赴福建的崇儒、百奇等六个调查点,调查样本1431例,开展福建地区人口素质调查。具体的研究内容是家庭人口——经济压力对成年劳动力体质的影响。调查发现,家庭人口——经济压力对女性的消极影响超过了男性。提高妇女的体质必须从社会家庭因素着手和注重对人口的控制。上海自然博物馆和复旦大学生物系于1982年合作发起了对少数民族的体质调查,发

---

① 陈国强、林加煌主编:《人类学与应用》,学林出版社1992年版,第173页。

表《中国八个民族体质调查报告》①;1983年又对柯尔克孜族进行了体质调查。1984年和1986年,陈翁良对台江苗族进行了体质人类学调查,样本共计537人。

范可、潘宏立、王铭铭、何瑞福等这几届研究生,大致是在1982—1986年厦门大学重建人类学系的过程中培养出来的,这打下了他们各自拥有实地调查经历的人类学基础。范可论述了他对宗教人类学的认识及宗教人类学在我国面临的课题:①宗教信仰行为的社会意义。②宗教信仰的变迁。③婚丧喜庆中的信仰行为。④民间宗教和中国传统社会结构的关系。⑤民间宗教与地方文化的关系等。潘宏立论述了心理人类学的理论体系和实用意义。王铭铭论述了政治人类学以及政治制度的象征性,注意到象征主义、仪式主义和政治行动关系密切。"政治往往表现为一定的象征和仪式,与信仰意识形态密不可分"②。何瑞福肯定斯图尔德的文化生态学的贡献,认为文化与文化生态适应、社会文化整体水平密切相关。不过也批评他的理论忽略了人的主观能动作用。吴国富将系统论运用于文化变迁,并批评少数民族调查忽视对社会变迁条件下各民族文化的适应、稳定性及变异等方面研究的缺陷。③

在厦门大学人类学重建期间,石奕龙、郭志超二人追随导师陈国强的步伐,坚持陈国强的信念:"人类学阵地,无产阶级如果不占领,就会被资产阶级占领。"④因此进行孜孜不倦的努力——建设马克思主义的人类学。石奕龙和郭志超从事的人类学理论任务又各有侧重。石奕龙对新进化论的认识有所拓展,在批判性吸纳新进化论的基础上,重申彻底的辩证唯物主义的立场与标准。他认为以往的学者忽视了人的主观能动性的作用。郭志超试图建立文化论的历史唯物主义基础。首先将文化与社会同构,历史唯物主义为文化提供一般理论指导。其次用阶级分析、阶级斗争解释文化的变更与延续。最后认为文化表现为多样性和多样化的进化路线。郭志超对马克思主义演绎的文化论有所论述,他认为马克思主义对社会规律的认识同样适用于文化。蓝达居对此颇有微词,他认为社会与文化不能等同,只有在"文化的实践的人的意义"上才能说文化与社会一致。蓝达居对构成文化核

---

① 中国人类学会编:《中国八个民族体质调查报告》,云南人民出版社1982年版。
② 陈国强、林加煌主编:《人类学与应用》,学林出版社1992年版,第238页。
③ 陈国强、林加煌主编:《人类学与应用》,学林出版社1992年版,第272页。
④ 陈国强化用了毛泽东的原话:"舆论阵地,无产阶级不去占领,资产阶级一定要去占领。"

心的心态和观念越来越重视。

在第二届人类学学会的论文集中,体质人类学的论文比重下降,民族学的调查报告增多,严汝娴、庄孔韶等民族学学者参与到上海人类学会议的讨论中。对人类学学科界定的讨论减少,仅有蒋炳钊继续讨论,认为文化人类学不等于民族学。

第三届人类学会议以"人类学与应用"为主题,在成都召开。文化人类学的应用问题又得到讨论。体质人类学的论文比重上升,因为人类学的应用反而使体质人类学更有说服力。

为参加在墨西哥举行的第十三届国际人类学和民族学科学大会,中国人类学学会将第五届会议的主题定为"中国人类学的发展:它的方向、成就与问题",并在会后出版了会议论文集《中国人类学的发展》。进入20世纪90年代,人类学的研究和改革开放、经济建设大潮相配合,人类学和广大民众的实际生活更加贴近。①

《建设中国人类学》是陈国强主持的国家社科课题"人类学研究"的最终成果。该书探索如何用马克思主义、毛泽东思想指导人类学研究及其分科问题。②该论文集的学术质量较之人类学学会的论文集高出许多,原因是民族学的调查减少,人类学的学科建设有了集中的探索,学科意识增强。其中人类学学科建设的相关论文有4—5篇,涉及人类学分支学科的论文有将近10篇。

大概到了1988年前后,人类学四大分支的学科设置就面临无法驾驭、渐渐分离的局面。体质人类学的论文在中国人类学学会第四、第五届会议中的比重大大下降。这和一开始体质人类学带动的文化人类学的应用价值的推动不可同日而语。

1988年伊始,厦门大学先后开设应用人类学、语言人类学课程,1989年又首开政治人类学。③与之相对的是,复旦大学的生物系(体质人类学)和文

---

① 陈国强、林加煌主编:《中国人类学的发展》,生活·读书·新知三联书店上海分店1996年版,第187页。

② 陈国强、林加煌主编:《建设中国人类学》,生活·读书·新知三联书店上海分店1992年版。

③ 董建辉讨论了政治人类学的理论发展以及它在高校的开展状况。政治人类学的研究对象是政治制度和政治行为,可以更好地为当前的改革建设服务。他指出,宗族作为一种世系群组织,在几千年的中国封建统治中起着独特的作用,而我们在这方面的研究几乎是一个空白。研究中国的地方政治特别是村落政治,可以弥补政治学研究在这方面的不足。陈国强、林加煌主编:《中国人类学的发展》,生活·读书·新知三联书店上海分店1996年版,第163页。

化人类学在2011年前后实行了形式的合并,以复旦人类学日的方式开展会
议和活动,并设置金棕榈奖,前四届获奖者均是体质人类学家。2016年12
月,第五届金棕榈奖颁发给了乔健。活动期间文化人类学的主题演讲占据
主体。这可以看作是一个体质人类学向文化人类学发出的友好信号。

厦门大学人类学系自1984年建系以来,坚持马克思主义人类学信念和
立场,彭兆荣对此学术政治有着深刻见解:

> 厦门大学人类学系在那个时候率先在这样一个边缘的地方举起人
> 类学的旗帜,恢复人类学系是不容易的,而且当时是打着马克思主义旗
> 帜才有机会出来,没有马克思主义的保护,人类学系很难重建。还有一
> 部分原因是晚年的马克思吸收了大量的人类学思想,马克思主义思想
> 与人类学密切结合,特别是恩格斯的《家庭、私有制和国家的起源》,是
> 从摩尔根的研究中受到启发,讨论文字和人类学的关系,这是学理层面
> 的储备。更为现实的是,如果没有马克思主义的理论学科,可能那个时
> 候在中国建立人类学会是没有机会的,因为在很长时间内,人类学是作
> 为殖民主义和资产阶级学科被批判的。这不仅仅是学科问题,还有中
> 国国情的现实问题。[①]

马克思主义人类学演变为进化论和进步意识形态,可以看作是学术政
治的一部分。进化论与进步意识形态既是学科重建的萌芽,又是社会科学
理论沟通与对话的阻碍,预示了中国人类学理论变迁的艰难开始。

(四)人类学与民族学的关系成为争论的焦点

在人类学与体质人类学渐行渐远的过程中,人类学与民族学的关系成
为核心矛盾,成为人类学学科建设过程中较大的不协调的组成部分。相较
于社会学与人类学的关系,民族学与人类学的关系更加核心、更加具有学科
建设实质意义。一方面,人类学学者明确声明人类学无法被民族学替代,要
区分人类学与民族学的研究对象。另一方面,人类学内部的看法又是极其不

---

① 笔者对彭兆荣的访谈,访谈时间:2016年7月4日,访谈地点:厦门大学。

一致的，人类学与民族学含混一体、人类学"不宜分科"等异见说明学科共识还未形成。"社会学条件优越于人类学""偏重民族学"等多方观点，印证了人类学在草创阶段学科资源匮乏、经费不足的现实。老一辈人类学学者关心学科建设，寻求国家支持，甚至为解决经费不足而出谋划策。

杨堃在学科恢复时期发表了一系列民族学与人类学关系的论文，其中一篇，杨堃说得很实在：我们首先要解决经济问题，否则一切都是空谈。杨堃希望政府拨款和补助，资助人类学学者参加国际学会，发展学会会员，"如果发展到1万个会员，每一会员每年缴纳5元，那便是5万元"①。除此之外，必须自己另找财源，才有出路。

容观夐肯定人类学取得成绩的同时，也不满人类学话语权不足、被漠视误解的状况。经济发展战略被经济学包揽，缺乏文化关照，缺少了人类学学者的参与。他寄希望于青年教师及科研人员尽快成长起来，在继承中求创新。他建议《中国人类学学会通讯》继续刊登有关人类学学科建设的资料和短讯。

林超民对学科恢复以来的人类学史进行了概括和评述，认为成绩之一是确立了人类学独立学科的地位。他相信创建具有中国特色的人类学理论和方法，给世界人类学带来了积极影响。

李绍明介绍了人类学在西南地区的应用和发展，以说明人类学是一门应用性很强的科学，在社会主义现代化建设的过程中，大有用武之地。应用性价值主要体现在：①参与经济发展战略。②山地民族发展研究。③藏区现实问题和政策调整研究。④民族地区其他现实问题研究，包括民族传统文化与现代化建设之间的关系，跨境民族的研究，以及重振西南丝绸之路等。这些应用的议题均与发展有关。

刘孝瑜汇报了中南地区人类学和民族学的发展概况。这里着重介绍中南民族学院民族研究所的复建情况。它是1981年复建，1984年招收民族学、中国民族史、东南亚民族史的硕士研究生，1988年建立民族学系。1982年吴泽霖来院执教，并筹建中南民族学院民族学博物馆。②刘孝瑜认为，我国现

① 陈国强、林加煌主编：《中国人类学的发展》，生活·读书·新知三联书店上海分店1996年版，第19页。
② 2018年9月14日—16日，中南民族大学民族学与社会学学院举行"纪念吴泽霖先生诞辰120周年学术研讨会"。

存的民族学与文化人类学不是同一学科。文化人类学研究人类文化的发生、形成和发展规律，但从教学和研究的倾向来看，学界还是对中国民族学较为偏重。[①]

石奕龙对应用人类学的发展进行了回顾和展望。1988年厦门大学开设应用人类学课程，后来中山大学也开设了。他总结道，这一时期应用人类学的研究范围从民族识别、民族地区社会变革等问题扩展到了民族地区经济建设和现代化等范围；然而总的来说还是偏重经济建设，很多方面还未能涉及和开拓。石奕龙认为，人类学的研究在民族政策的决策过程中没有什么发言权。所有这些都表明，中国人类学的发展前景是宽广的，并充满着光明。[②]

刘达成从民族社会学的角度，表达了和石奕龙不同的观点。刘达成引用费孝通的观点：社会学与社会人类学不能分。因此，刘达成认为社会人类学也就是民族学。民族社会学是社会人类学的学科分支，是具有中国特色的社会人类学旗帜。他认为，社会人类学科只有致力于与民族地区的改革开放和社会经济发展紧密结合，才有可能在振兴民族经济和使各民族共同繁荣的同时，也使得自身的理论体系得以从实践中丰富和完善。[③]

萧家成对于民族学、人类学的学科名称不统一给出的建议是双层次多视角相结合的界定。民族过程和民族特征是民族学和文化人类学共通的研究对象和范围，对民族特征的社会形态、文化形态、心理特征和语言特征四种视角进行自己的研究，这便是多视角的含义。双层次多视角的办法，萧家成认为对于完善文化人类学、民族学有很大的好处，但是笔者并不这样以为，这样含混的做法，反而让学科名称不统一的现状更加混乱。

在学科界定和学科范围的讨论议题中，蒋炳钊的观点引人注意。蒋炳钊认为四大分支不适用于中国人类学的现状，鉴于中国人类学的特殊性，不

---

① 陈国强、林加煌主编：《建设中国人类学》，生活·读书·新知三联书店上海分店1992年版，第142页。

② 陈国强、林加煌主编：《建设中国人类学》，生活·读书·新知三联书店上海分店1992年版，第75页。

③ 陈国强、林加煌主编：《建设中国人类学》，生活·读书·新知三联书店上海分店1992年版，第87页。

宜分科。他认为应该另起炉灶,以"两个文明"为研究对象,建立有中国特色的中国人类学。这实际上是在理论上放弃了与西方人类学接轨和对话的努力,这是他的学科主张中自相矛盾然而又坚持马克思主义人类学立场的妥协的做法。

李安民分析了南派用人类学、北派用民族学的原因。他认为,新南北两派都力图在历史唯物主义的理论和方法论的指导下进行研究,都开始探索人类学学科的理论。研究方法也近似,采用历史残余分析法和阶级分析法等方法,全面分析文化现象。李安民对加快人类学研究中国化提出几点看法。①他不赞同四大分支的体系设置,它应是一门关于文化比较研究的学科,而不是四大分支的结合。②人类学的研究对象应当从少数民族的研究转向汉族研究。③内容的中国化。④理论的中国化。人类学成为政治教条的附庸、马克思主义的注脚,忽视文化问题,这些正成为当时中国人类学理论建设的主要障碍。[①]他相信南北人类学合流是未来的趋势,这次合流不同于20世纪五六十年代的合流,这次是由于新的时代商品经济的强烈冲击。[②]

李文睿对西南地区人类学的历史、现状和未来进行论述。他指出民族识别的问题在于:①忽略了汉民族的研究。②侧重制度方面,忽视了理论架构。他回顾20世纪80年代以来人类学恢复与重建的成果和动向,特别指出开始走出少数民族研究的笼子,加强与外界的联系。进行汉民族的社区研究,这种想法特别存在于年轻一代人类学学者中,并逐渐成为一种趋势。[③]这一动向也透露出青年一代人类学学者和老一辈民族学家之间出现认识分化。

以"两个文明"为研究对象的政治化使得人类学失去了向民族学挑战与抗衡的学理依据,反而在现代化的赛跑中远远落后于民族学的现代化目标与定位。文化人类学担负的"精神文明"目标远远无法和民族学针对西南少数民族的脱贫、移风易俗等一系列与国家政策紧密相连的回应与实践相媲美。

---

① 陈国强、林加煌主编:《建设中国人类学》,生活·读书·新知三联书店上海分店1992年版,第287页。

② 陈国强、林加煌主编:《建设中国人类学》,生活·读书·新知三联书店上海分店1992年版,第288页。

③ 陈国强、林加煌主编:《建设中国人类学》,生活·读书·新知三联书店上海分店1992年版,第203页。

　　文化人类学暴露的这一劣势，使得它自身不得不面对、消化并寻求改变。应用人类学的指向越来越清晰，都市人类学的应用价值越来越得到认同并重视。这一实践逻辑仍旧是在语用学的范畴，人类学寻求自身的优势和长处来试图改变已有的劣势。因为人类学试图在民族学的空白地带寻求突破，这些空白地带先后被人类学迅速占领，都市人类学、汉人研究就是典型的代表。在人类学的草创阶段，人类学学者就认识到，民族学的不足之处是研究对象局限于少数民族范围，向汉人社会的转向，与外界的批评有关系，也和中国人类学、民族学学者的集体思想变化有关系。

　　外来影响其一是1984年罗西对民族学的批评。其二是中国台湾地区20世纪70年代以来转向汉人社区的研究经验和学术成果的积累。这两方面的学术交流构成了中国人类学转向汉人研究的学术支持力量与舆论资源。笔者仅对罗西代表团的来访情况展开叙述。

　　1984年3月5—8日，罗西带领的美国人类学与社会学代表团访问厦门大学。回美国后，罗西对中国人类学的情况进行了报道。[①]他们在北京走访了中国社会科学院和中央民族学院，在东南地区走访了厦门大学和中山大学。其中中山大学是陈国强建议罗西前去的，梁钊韬为此十分感激陈国强。经过这两个月的走访，访问团深刻地感受到中国人类学的发展条件远远不如社会学。罗西表述道："在中国，人类学的现状要比社会学现状更为复杂，而且，她的前途也更加不确定。这种形势是由于各种不同的历史的、思想认识的和政治的原因造成的。"罗西发现，除了中山大学，人类学的四大分支很少能够得到制度的支持，而是各自发展，隶属于不同机构。不过她并不认为各自独立、分开发展就是不利于人类学的发展，相反，这种局面使得人类学更加容易实现跨学科合作与交流。报告对人类学研究机构、高校的不同特点进行了总结。例如，中国社会科学院在民族识别的讨论中继续起着活跃的作用。地方的民族研究所起到审查民族成员资格的作用。厦门大学的人类学家首先是与人类博物馆的工作联结在一起的。"厦门大学的人类学家与

---

　　① 1984年2月至3月，美国社会学与人类学代表团由团长罗西率领，一行10人，到北京、上海、厦门、广州、武汉等地进行访问。代表团中有美国芝加哥大学人类学系萨林斯教授、杜克大学史密斯教授、加州大学王士元教授、马丁教授等人类学家。王建民：《梁钊韬先生对于中国人类学学科建设框架的构想》，《广西民族大学学报（哲学社会科学版）》2016年第6期。

我们在北京遇到的社会科学家稍有不同的见解,他们力图使我们明白中国的汉民族与少数民族一样都值得研究。他们认为对本国以及人类学这门学科具有重要意义的重要课题之一是汉文化的区域变更的研究。"①中山大学是全国唯一一所在西方人类学系常见的四个专业方面均有师资力量的学校,梁钊韬长期以来对中国西南部的少数民族感兴趣。"中山大学对汉族和少数民族进行比较研究的重要性是受到强调的,学者们已经认识到对汉族文化区域性的课题应该有重要的研究。"②代表团明确指出:梁钊韬与陈国强主张人类学社会因素和文化因素的现代研究。罗西判断,随着民族地区被纳入现代化进程,从事民族研究的社会人类学家将产生一种知识的紧迫感。罗西预感,更复杂的民族问题将在新的时代使命下产生矛盾和争论。访问团发现,中央民族学院等其他高校较之中国社会科学院对待摩尔根理论的态度要宽松一些,形成了文化相对主义的氛围。笔者认为,访问团对中央民族大学的认识有理想化的倾向。访问团以外来者的身份充分肯定了民族识别的方法论基石:"'同吃同住同劳动'这种参与观察的传统从未像中国少数民族的调查研究那样进行如此长期的田野工作。"③

时任中国社会科学院院长胡绳,在1989年底第一届国际都市人类学会议讲话中强调了对城市中不同民族文化和民族关系的研究,以及汉民族的研究。④他指出:"我国自古以来就是一个多民族国家,都市中的不同民族文化和民族关系应该是都市人类学的研究课题。"⑤1998年第14届国际人类学与民族学联合会(以下简称为IUAES)在美国威廉斯堡玛丽大学召开。18位中国人类学学者出席了这次会议,并首次由中国人类学学者在世界大会期间主持两个研讨会:"中国文化及其对亚洲的影响"和"下世纪初世界民族关系发展趋势",这两个会议的主办机构均是中国都市人类学会。徐杰舜教授关

① [美]A·S.罗西:《中国人类学的研究与发展》,载《人类学研究(试刊号)》,中国人类学学会内部印刷资料1985年版,第156—157页。

②《人类学研究》编委会:《人类学研究(试刊号)》,中国人类学学会内部印刷资料1985年版,第161页。

③ [美]A·S.罗西:《中国人类学的研究与发展》,载《人类学研究(试刊号)》,中国人类学学会内部印刷资料1985年版,第163页。

④ 阮西湖:《都市人类学学科的建立与中国都市人类学的发展》,《民族研究》1996年第3期。

⑤ 阮西湖主编:《都市人类学》,华夏出版社1991年版,第2页。

于加强对世界上人口最多的汉族进行人类学研究的意见得到了与会学者的赞成和支持。[1]

二、都市人类学的突围

都市人类学是人类学推动社会发展的直接载体,其应用价值体现得最为集中并得到普遍认同。都市人类学的成立和发展是中国人类学学术对外交流的契机和桥梁。[2]其一是中国社会科学院民族研究所(中国社会科学院民族学与人类学研究所的前身)研究员阮西湖扮演了中国都市人类学与国际接轨的先驱人物。早在1982年国际都市人类学委员会成立执行理事会之时,阮西湖就是代表中国的6位成员之一。[3]在阮西湖和美国太平洋路德大学人类学系教授顾定国(Gregory Guldin)等人的积极奔走下,1989年12月28日至1990年1月2日,民族研究所和国际都市人类学委员会在北京共同举办了第一届都市人类学国际会议。在中国社会科学院附近布置得朴素而整洁的宅邸,阮西湖先生对笔者绘声绘色地回忆当时的盛况,为期六天的学术会议的举行不仅是一次成功的外交,而且"对促进我国都市人类学的建设和发展会是一个良好的开端"[4]。

> 阮:以前叫民族学,实际上民族学、人类学是一回事。现在不讨论这个问题。20世纪50年代我参加工作,研究怎样帮助少数民族发展文

---

① 阮西湖、徐杰舜:《面向21世纪的国际人类学——国际人类学民族学联合会第14届世界大会综述》,《广西民族学院学报(哲学社会科学版)》1998年第4期。

② 以都市人类学作为中西方学术交流的桥梁包含着两个含义:对西方学者来说,可以通过对中国城市经验的研究丰富和修正西方的都市理论和人类学思想;对中国学者来说,这正是促进人类学在中国被接受和重建的契机。都市人类学研究在中国有着潜在的诸多课题和巨大的诱惑力。通过在中国开展学术交流,部分国外学者迫切地希望能与中国同行合作,以便到中国来从事研究。谭深:《启动我国都市人类学创建的契机——第一届都市人类学国际会议综述》,《社会学研究》1990年第3期。

③ 阮西湖:《都市人类学学科的建立与中国都市人类学的发展》,《民族研究》1996年第3期。

④ 笔者对阮西湖夫妇的访谈,访谈时间:2018年7月11日,访谈地点:阮西湖寓所。给笔者留下深刻印象的是他自幼学习英语的传奇经历,这一语言天赋的培育成就了他改革开放伊始出外交流考察的出访经历。加拿大、澳大利亚是移民国家,多元文化瞩目。他在加拿大警察局门口照相,同事担忧,他说"怕什么,我是来访问你们的"。他观察到多元文化渗透到警察局处理少数民族事务,表现出了具有独到眼光的学术勇气。

化,保护他们的文字,没有文字帮助他们创造文字,贯彻"平等团结互助,各民族共同发展"。中央非常重视民族问题,学术分工让我搞国外研究,请苏联专家帮助我们。我把《民族译丛》做起来,了解外国有什么经验可以参考。我到过很多国家考察,加拿大对印第安土著过去是同化政策,失败了,后来改正过来,采取"多元文化主义"政策,是进步的、开明的。我做的另一个工作是都市人类学。

外国人想开第一届国际都市人类学会议,他们想到中国开,因为我写过多伦多大都市的少数民族的著作,写意大利人在加拿大的情况,引起国外同行的关注,在国外很有名气,他们就选我做代表,可能别人没有我的能力,美方主席威斯康星大学教授艾丹·李撒尔先生和我决定要开这个国际会议。当时开国际会议非常困难,要没有阮西湖,开不了。所长让我给外事局写报告,要和美国联合召开第一届国际都市人类学会议,外事局不敢开,没有批准。我有什么办法开?阮西湖怎么开?

马:不知道,我想不出来。

马(想了想):靠你的名气。

阮:在此之前,我已经和联合国教科文组织开过两次国际会议,其中之一是反对种族主义,国际影响非常好。外事局不批准,谁给你打前阵?签证办不了。我找副院长。"副院长同志,我有事找你汇报。""你是民族所,我又刚好不管民族所,汇报什么?"我说不是汇报民族所,我要开会。我就跟他讲一讲,美国怎样找我来开,这个会很重要。他就问这个会谁具体负责?我说所长让我管。副院长就拿笔——同意(拉长腔),签字,外事局局长就坐在边上,"西湖和我,我们两个很好,都是研究国外的","西湖,赶快回去,抓紧准备一下"。我就拿着那个条,赶快准备。噼里啪啦,外国学者都来了。你要没有两下子能开吗?为了开这个会,我写了一篇文章《当前中国都市人类学的任务》。后来在《人民日报》海外版登了。光我这篇不行,我找我们院长胡绳,"院长,我要开会,都准备好了,你来致辞讲话。""好好好,我去。"他讲得特别棒。棒极了! 讲话有翻译。哇哇哇,大家鼓掌。院长讲话是第一个高潮。

第二个高潮来了。1925年留学美国学习社会学的雷洁琼,我找我的朋友,她的秘书,叫她的秘书给她讲:这次来的大部分都是美国学者,请你跟他们见见面。老太太就来了。一介绍老太太，"老前辈"，和这些20世纪50、60年代留学的辈分不一样，隔了好几辈。直接讲英语，哗哗哗，第二个高潮，都轰动起来了。热闹，美国人拿钱，大家吃东西，高兴。①

阮西湖有没有两下？这还不够，还有第三个高潮。

闭幕式又来一个高潮。谁来了？不得了！邀请国家民委主任司马义·艾买提庆祝大会胜利，饮茶，聊天，外国专家学者和国家民委领导进一步讨论人类学的重要意义。②

中国都市人类学学会从1992年成为联合会的团体成员，到2003年获得举办第16届国际人类学与民族学大会的资格，其与国际接轨的成功离不开中国都市人类学学会"灵魂人物"阮西湖的推动和努力。为了更好地筹备这次世界大会，中国都市人类学学会于2007年更名为中国人类学民族学研究会，都市人类学学会成为研究会下属的专业委员会之一。笔者以为，随着中国人类学、民族学的法人主体的地位上升，再加上办会所需，都市人类学学会完成了它带领中国人类学与国际接轨的历史使命，与中国人类学民族学研究会成功交接。③

1993年7月28日到8月5日，第13届国际人类学与民族学学会在墨西哥举行，参会的10名中国代表介绍了中国都市人类学学科建设的任务，以及中国都市人类学学者对城市民族关系、城市促进民族经济发展的相关研究。④阮西湖评价道："这是中国学者第一次出席这样的会议，表明中国都市人类学逐步走进了国际人类学研究行列，也为国际人类学发展做出了贡献。"⑤阮

---

① 这次会议得到美国温纳·格伦人类学研究基金会资助。出席会议的有50多位学者，21位国外学者分别来自美国、日本、印度、荷兰、加拿大、苏联、南斯拉夫、乌干达。国家民委副主任赵延年等也参加了茶话会。参见刘孝瑜：《第一届都市人类学国际会议札记》，《中南民族学院学报（哲学社会科学版）》1991年第1期。

② 笔者对阮西湖夫妇的访谈，访谈时间：2018年7月11日，访谈地点：阮西湖寓所。

③ 笔者对吴金光的访谈，访谈时间：2018年7月8日，访谈地点：上海。

④ 具有中国特色的都市人类学研究受到了国外代表的肯定——因为它提出了民族关系研究的新内容。民族关系是西方学者一直关注但未取得突出成就的领域。国外代表认为，中国都市人类学者所做的研究，是中国人类学对国际人类学的重要贡献。从此，中国都市人类学的国际影响力迅速提升。李翠：《都市人类学：民族学人类学的"城市学派"》，《中国民族报》2017年6月23日。

⑤ 阮西湖：《都市人类学学科的建立与中国都市人类学的发展》，《民族研究》1996年第3期。

西湖作为《民族译丛》的主编,为中西学术交流打开了一扇窗户,不少国际都市人类学的学术成果在这块阵地译介过来。国外民族学研究动态也在这块园地找到了一席之地。①中国社会科学院民族研究所投入都市人类学的发展,对国际都市人类学及世界人类学与民族学大会的影响具有持久性。例证之一是鉴于都市人类学委员会庞大的工作量,2004年,他们增加了一个助理执行秘书的职位,张继焦被委派此职。②2018年7月18日,张继焦被推选连任国际人类学与民族学联合会专业委员会理事会副理事长。他继续代表中国和东南亚,进入IUAES领导层,任期五年(2018—2023)。例证之二是阮西湖在第14届IUAES会议期间,介绍中国都市人类学会拟承办"2000年都市民族文化国际研讨会",之后常务理事会一致通过中国承办2000年中期会议。③例证之三是都市人类学委员会负责第15届的"都市人类学"预备会议,两个大会预备会议之一是聚焦于中国的"城市发展中的人与自然的互动"。

其二是顾定国在中山大学和厦门大学等南方高校推动的城市化研究的一系列努力,产生了深远的影响。1987年,顾定国在中山大学讲学,访问了厦门大学,撰写了《中华人民共和国的人类学:变迁之风》。这些英文报道在美国引起极大的反响,并作出回应:梁钊韬、陈国强等人的卓越贡献不应该被磨灭。自20世纪90年代起,中山大学人类学系就将都市人类学作为重点发展学科,开展了一系列研究活动,成为都市人类学研究的早期重镇。1992年9月,顾定国在中山大学举办了"都市人类学学习班"。课后,中山大学人类学系编辑出版了以都市人类学为主题的论文集,并着手出版有关都市人类学的教材和开设相关课程。周大鸣就是在顾定国的引领下坚定地在国内推动都市人类学的发展。1992—1993年,顾定国和周大鸣主持了"华南乡村都市化比较研究"项目,在福建、广东、云南、西藏、湖南等地进行了田野调

---

① 国家民委原干部吴金光至今感激阮西湖教授当年给他的学术指导,在他迷惘的时候,发挥自己的英语专长,翻译了国外学者对世界各个民族介绍和描写的民族志,陆续在《民族译丛》发表。参见笔者对吴金光的访谈,访谈时间:2018年7月8日,访谈地点:上海。

② 普拉托(Giuliana B. Prato):《国际人类学与民族学联合会都市人类学委员会简介》,刘志军译,《广西民族大学学报(哲学社会科学版)》2006年第5期。

③ 阮西湖、徐杰舜:《面向21世纪的国际人类学——国际人类学民族学联合会第14届世界大会综述》,《广西民族学院学报(哲学社会科学版)》1998年第4期。值得注意的是,乔健也参加了2000年国际人类学民族学联合会中期(北京)会议。

查,并用中英文出版了研究成果。可以说都市人类学在1986年之后异军突起并对中国人类学学会产生话语权影响,客观原因是中国人类学学会第五次年会为迎接第十三届世界人类学民族学大会而召开,都市人类学是国内参会的唯一代表团。[①]

　　改革开放以来,又有越来越多的少数民族来到城市,或是打工,或是经商。我国少数民族在不同历史时期的各种都市化类型和城市适应方式,应当成为民族学研究的内容。由此看来,尽管我国少数民族的城市化水平现在还不高,但都市人类学对于少数民族研究还是很有意义的。[②]

周大鸣借鉴西方都市人类学的发展经验,分析都市人类学形成和发展的原因:①时代发展的需要。②学术潮流所趋。③学科本身发展的必然。周大鸣认为,都市人类学是应用价值的集中体现,都市人类学的建立将大大推动中国人类学的发展。最后周大鸣总结道:发展都市人类学既可直接为中国的现代化发展作出贡献,亦将促进中国人类学在中国的普及和发展,具有中国特色的都市人类学一定会在实践中臻于成熟。[③]笔者以为,周大鸣的分支学科独立发展的观点是受陈国强的影响,但二人的回应和对策的思路不同,陈国强偏重制度化完善,周大鸣偏重实务。

　　中国人类学虽然重建才十年,但人类学的研究在前30年并未完全中断,各分支学科都以各种形式在活动。重建后的人类学发展不快,重要的原因之一就是各分支学科已经独立活动太久,难以重归于人类学的旗帜之下。都是研究,却给予各分支学科重聚一堂的机会,因为无论是民族学、语言学还是考古学在城市研究方面都还是薄弱的。[④]

---

　　① 都市人类学课题意识的出现,一方面是中央政策的变化,另一方面是城市人口增长迅速的回应。1987年4月,中共中央、国务院批转了中央统战部、国家民委《关于民族工作几个重要问题的报告》。该《报告》中首次明确提出了做好城市少数民族工作的问题。在那之前,中国人类学和民族学的研究多偏重于农村和民族地区,对城市和城市多民族化的研究还只是刚刚开始。

　　② 任一飞、李彬:《试论我国都市人类学研究的意义、范围和方法》,《民族研究》1994年第1期。

　　③ 周大鸣:《都市人类学三题》,《中山大学学报(社会科学版)》1991年第4期。

　　④ 周大鸣:《都市人类学三题》,《中山大学学报(社会科学版)》1991年第4期。

周大鸣对都市人类学的定义和理解与阮西湖对都市人类学的考虑思路不同,表现出鲜明的时代特色,笔者以为体现在三个方面:①研究方向从民族关系转向城市移民。他强调民族关系的研究是人类学传统研究话题基础上的探讨,但并未过时;还应该拓展对外来人口的研究。较为典型的是周大鸣对农民工的研究。②理论创新。周大鸣对农民工的研究起步较早,持续关注农民工在迁出地/迁入地之间扮演的角色和经历的生活变迁。1989年周大鸣参加中国首届都市人类学国际会议,他提交的《珠江三角洲的人口移动与文化适应》一文成为会议焦点之一,"整个会议都在讨论我的论文"[1]。他提出钟摆理论和"二元社区"概念,触及户籍制度和城乡二元结构在城市化过程中通过农民工群体的流动在城市空间的延伸,尤其是用工制度对农民工的歧视,保障农民工权益,是周大鸣介入社会不平等批评和人文关怀的体现。正是对城市化的解读,周大鸣提出文化转型的研究意识:"都市化文化转型的核心就是告别乡土社会,这不是简单地指乡村演变为城市或城镇,而是指一种乡村文明与城市文明整合后的新的社会理想。"[2]③方法论创新。都市社会人口众多、现象纷繁,适用文化客位与文化主位相结合的综合分析法,例如民族志调查法、跨文化比较研究、网络分析法等。同时应注意参与现代化过程和城市迁徙过程中出现的匮乏文化与失意文化。[3]

人类学采取了占领民族学局限于少数民族研究对象的空白地带的做法,迅速发展人类学的学科力量,扩张人类学的学科阵营,但是有一个问题是,人类学与民族学在指导思想、政治化目标方面并无实质的区别,不少学者指出,双方均是在马克思主义的指导思想下各自努力,只是各自的名称不同,即马克思主义民族学、马克思主义人类学,并无实质的区别。但是实际情况是人类学的学科地位始终得不到制度化的有力保障,而且学科隶属关系是极其混乱的。陈国强对这一现状进行了介绍。

陈国强认为中国人类学发展需要解决的问题有:①建议中国社会科学

---

① 周大鸣:《漂泊的洞察:我的学术研究之路》,《西北民族研究》2018年第1期。

② 周大鸣、李陶红:《中国都市人类学研究三十年反思》,《广西民族大学学报(哲学社会科学版)》2015年第6期。

③ 周大鸣、乔晓勤编著:《现代人类学》,重庆出版社1990年版,第291—302页。

院设立人类学研究所。②应把人类学作为一个独立学科来看待。③人类学与民族学应共同发展。④应加强传播人类学知识，出版人类学专著。⑤加强人类学研究，建设有中国特色的人类学。

陈国强对十多年来人类学发展做了回顾和总结，并指出最终目标是设立人类学机构，给人类学及分支学科以恰当地位，并在专业目录中反映人类学及其分支学科。

陈国强建议人类学、民族学、民俗学、社会学均为一级学科，充分肯定费孝通"三科并立"的建议。陈国强对人类学在北方学科设置的依附性现状表达了内心的不满。人类学依附于社会学或者民族学的现状并无实质的改善。面对这一困境，陈国强的想法是寄托于中国社会科学院，不过他对中国社会科学院的寄望是矛盾重重的。一方面，中国人类学学会的成立，和中国社会科学院的支持有很大的关系，对此，他对于中国社会科学院充满了感激。另一方面，他深知中国人类学走群众性社会团体的道路不利于人类学的体制化，如果中国社会科学院发挥人类学的领导作用，那么人类学在全国不景气的状况会大大地改观，并且得到极大的体制保障和学术资源的扩充。但是中国社会科学院的实际做法是只发展人类学分支学科，却并未触及人类学学科地位的实质问题，将分支学科隶属于民族学，置人类学于何地？这一带有哀怨色彩的诘问其实是软弱无力的。中国社会科学院在若干年后就给出了可能让陈国强更加失望的结果：撤销社会文化人类学教研室，成立资源环境与生态人类学研究室。①中国社会科学院在人类学草创阶段的确给予了支持，不过这种支持并不具有学术权力和学术资源倾斜等学科建设的实质性含义，而是在名誉上给予尽可能的肯定与鼓励。其核心思想是要开拓人类学的新局面，首先需要人类学工作者自己去努力、去创造。最重要的还是要求大家努力去干。②这种表达以鼓动式语言见长，将发展人类学、振

---

① 2016年6月25日，笔者参观了位于中央民族大学6号院的中国社会科学院灰色大楼。大楼门口两侧挂着两块牌子：左边是中国民族研究团体联合会，右边是民族学与人类学研究所。研究所包括民族理论研究室、世界民族研究室、民族语言基础研究室、民族语言应用研究室、影视人类学研究室、资源环境与生态人类学研究室等部分系所。笔者还采集到了民族学与人类学研究所2016年度工作计划。其中包括开展21世纪中国少数民族地区经济社会发展综合调查各个项目的田野调查，简称"大调查"，起始于2015年。采取问卷调研的方法，组织"大调查"问卷培训，组建大调查问卷调查队。

② 陈国强、林加煌主编：《中国人类学的发展》，三联书店上海分店1996年版，第14页。

兴人类学的可能性返还给了人类学自身:依靠人类学学者自己的努力!

厦门大学开拓了依托群众性社团经营人类学的公共空间、以申请课题的方式获得学术资源、人类学教学与科研并举的方式。实践证明,尽可能依靠自身的努力、走群众性社团道路的方式仍旧不能够解决人类学的学科地位的问题。1993年底到1994年初,倡导应用人类学的厦门大学人类学系本科专业因为经济效益差、实用性不强的原因被校方裁撤。厦门大学人类学不得不依旧回到研究生科研、教学和培养的研究所模式,遭遇草创阶段的较大挫折。①

从第五届人类学学会的讨论来看,尽管人类学内部的声音不一,人类学与民族学的关系含混,且存在内在的紧张关系,不过参与人类学重建的人类学前辈对人类学独立的学科地位是满怀信心的,并且在经费不足、学科条件薄弱等困难面前显露出乐观主义精神。经过几轮的人类学学科属性的讨论,应用人类学的声音渐趋统一。和陈国强所言的"理论结合实际"的早期看法不同的是,应用人类学体现出强化"民族传统文化与现代化建设之间的关系"、参与民族政策的决策过程的诉求,发展提上日程。笔者以为,与倡导应用的口号和寄望不同,应用人类学在这一时期产生实质影响的是借助厦门大学提供的田野条件便利,黄树民对"家庭联产承包责任制对农业生产的作用"问题的实地调查;与顾定国合作,中山大学人类学系形成的都市人类学调查团队等南方阵地的改革之举。②周大鸣坦言:"顾先生后来成为我一生的朋友,共同为推动中国都市人类学的建立和发展做了不少事情。"③考虑

---

① 受此打击,陈国强心灰意冷,一度想把中国人类学学会移交给云南大学人类学系的负责人林超民,林超民建议他再等等看,陈国强遂打消了这一念头。事实证明,林超民对陈国强的劝慰是正确的。笔者对林超民的访谈,访谈时间:2016年8月3日,访谈地点:云南大学。笔者就中国人类学独立与有用的矛盾命题问过加州大学伯克利分校人类学系的费梅(Mariane Ferme)教授,她从事西非和塞拉利昂的历史、公平制度、政治理论想象相关的田野调查。她也在当地配合非政府组织医疗组织做过应用人类学方面的项目。她从美国人类学的发源开始谈起,一开始就是用于"印第安土著怎么办"而创设。语言是一个很重要的因素,人类学系因为语言屏障而遭遇"关门"并不鲜见。换言之,人类学的应用性很难把握,不知道什么原因就被责令关门。理论的重要性就显现出来,术语的规范化和从实践提炼的术语的系统化,会更有力地指导实践,推进田野调查的深入。她并不认为二者是矛盾的。笔者对费梅的访谈,访谈时间:2019年6月12日,访谈地点:加州伯克利。
② 周大鸣:《身边的田野——我的珠三角州研究之缘》,《广西民族大学学报(哲学社会科学版)》2022年第4期。
③ 周大鸣:《我是怎样走上人类学之路的》,载徐杰舜、韦小鹏编:《新生代人类学家之路》(上),学苑出版社2021年版。

到民族学占据学科主导地位的根深蒂固,对都市移民的关注在某种意义上意味着中国人类学学科发展的契机。不仅如此,学科信心也在都市人类学对于中国民族学发展的意义中建立起来——"推动都市人类学研究与城市民族工作的结合"①。

三、厦门大学人类学研究:《人类学研究(试刊号)》与《人类学论丛(第一辑)》

《人类学研究(试刊号)》于1985年印制,展现了厦门大学人类学系的整体师资力量,并传递了年轻学子的声音。在《人类学研究(试刊号)》中,陈国强主张发展具有中国特色的人类学,尤其是发展与"四化"建设有关的应用学科。他对厦门大学人类学的定位是改革与国际文化交流的"窗口",为人类学的国际文化交流起到桥梁作用。同时继承林惠祥的学术传统,坚持考古学和民族学的区域特色,包括东南区考古、东南亚考古,百越、畲族、高山族等东南及东南亚民族史和民族学研究。②关于汉人社会研究的导向,黄树民提出建议:①由于本文化的人更具有利条件来了解本文化,国内人类学发展的一个重要园地,就可以说是国内的汉人社会。民族研究应该落实到实际问题上,从以往研究这些民族究竟属于原始氏族或奴隶社会这些问题的死胡同中走出来。汉人社区研究应该关注当下的变动和经历的社会变迁。②人类学学者及学生必须扩大研究的兴趣及视野,将人类学推向多学科交流的研究领域。③多收集材料,少谈理论。他尤其建议除了实地调研,还要收集有系统、可以数量化的材料,接触数量统计等方法论课程。石奕龙论述

---

① 铁木尔:《团结奋进,不断开创中国都市人类学研究的新局面——在中国都市人类学会第三次会员代表大会上的讲话》,"中国都市人类学会第三次会员代表大会、庆祝阮西湖教授从事学术研究50年暨都市人类学研讨会",2002年4月1日。
② 笔者发现厦门大学的这一办学特色在近年来的厦门大学人类学硕士和博士论文选题中仍旧有所体现,畲族研究依然活跃,如王道:《走向市场——一个畲族村落的农作物种植与经济变迁》,厦门大学2007年博士论文。其导师郭志超为王道建立在博士论文基础上的著作撰写书评并肯定道:"《走向市场:一个浙南畲族村落的经济变迁图像》是我国首部通过人类学田野调查研究畲族经济问题的专著。"郭志超:《历史人类学视野的畲族村落经济变迁研究——评王道的〈走向市场:一个浙南畲族村落的经济变迁图像〉》,《三峡论坛》(三峡文学·理论版)2011年第1期。

61

了两种应用人类学:为殖民主义、帝国主义服务的应用人类学和为第三世界民族—国家服务的应用人类学。应用人类学在第三世界国家的发展中出现诸多困惑是应用人类学与政府发展机构的思路有所分歧的体现,应用人类学会更多考虑当地的传统文化与现实条件,不主张急功近利的发展计划,所以这种保守倾向会和现代化目标产生矛盾。石奕龙在结论中概括道:"上述种种矛盾正是应用人类学家在当今第三世界国家从事研究的困惑。"[①]不过他也并没有回应困惑应该如何解决。

王铭铭围绕心理人类学的研究对象、理论发展过程与应用介绍心理人类学。他认为,心理人类学有了一定的科学基础,应用于心理卫生、犯罪和教育等领域,前景乐观。他认为,心理人类学对于中国的精神文明建设有重要的支持作用。"我们应该批判地吸收国外心理人类学的一些主要概念和理论,用来研究我们所急需解决的一些社会现象、社会问题,让这门人类学分科为我国的社会主义现代化建设服务,为我国的社会主义精神文明服务。"[②]

郭志超在陪同黄树民做田野调查时顺道调查了蔡村的民间宗教。郭志超注意到民间宗教逐步衰落,为何土地公祭祀会进入工业领域呢?他认为宗教复兴有它复杂的原因,"当还没有新形式来取代这些旧形式以满足村民这些生活需要时,一些传统的宗教迷信节日就不容易废止"[③]。范可探讨了高山族原始宗教的社会基础:①农耕为主渔猎为辅的"低级经济"。②高山族原始宗教与其物质存在条件之间的"中间环节"是"集体感",它的含义是,集体观念像网络一样把每一个社会分子紧密地联系在一起,集体性有条件地成为社会成员共有的社会意识。[④]最后在结论中,范可概括道:"高山族原始宗教根植于高山族社会低下的生产力水平所决定的社会物质基础,和与这一社会发展阶段相适应的人们的社会关系——这样一种社会基础之

---

① 《人类学研究》编委会:《人类学研究(试刊号)》,中国人类学学会内部印刷资料1985年版,第33页。

② 《人类学研究》编委会:《人类学研究(试刊号)》,中国人类学学会内部印刷资料1985年版,第41页。

③ 郭志超:《闽南农村一个社区的宗教初探》,载《人类学研究》编委会:《人类学研究(试刊号)》,中国人类学学会内部印刷资料1985年版,第134页。

④ 范可:《略论高山族原始宗教的社会基础》,载《人类学研究》编委会:《人类学研究(试刊号)》,中国人类学学会内部印刷资料1985年版,第141页。

上。"①潘宏立论述了畲族的图腾崇拜及其转变，以及畲族图腾崇拜消亡的必然趋势。他调查发现，许多畲族青年不知道盘瓠传说，图腾信仰观念正在年轻一代中消失。这些调查被他用来作为图腾信仰趋向灭亡的论据。

在1987年出版的《人类学论丛（第一辑）》中，厦门大学人类学系的青年学子更多地参与其中。石奕龙、何瑞福等论述文化变迁，郭志超论述医药人类学，曾少聪论述语言人类学范围的身体语言，王铭铭论述文化进化论，范可介绍马林诺夫斯基的文化功能论。潘宏立认为，畲文化自我中心意识又可称之为民族中心主义，它的构成方式是以盘瓠信仰为核心，构筑了庞大的文化网络，在服饰、谱牒、传说当中均有所展现。不像在《人类学研究（创刊号）》里的文章中那样论述图腾信仰终将灭亡，他的观点有所缓和："对于延缓异文化的涵化速度，保护本文化的生存发展，发挥了不可估量的作用。"②《人类学论丛（第一辑）》还收入了乔健通过长期田野回访记录的卑南族经历的社会变迁，以及张光直讨论文明与国家起源等文章。这一次集体亮相初步展现了厦门大学人类学师生从事学术生产的集体面貌。但是研究较为分散，观点又各异，介绍人类学理论也缺乏系统性，往往和个人喜好联系起来。在厦门大学求学时期，王铭铭对新进化论进行了较多的介绍，但同时也尝试心理人类学的转向，他传递较多的人类学英语资讯，总体而言还是在马克思主义人类学的框架下，进行心理学的调和，文化的理论地位有所上升。范可在其硕士论文《论台湾高山族的原始宗教》中解释原始宗教的时候，依旧是沿着生产力决定生产关系的路径，将低下的经济发展水平与原始宗教联系起来，并进一步论述集体意识与集体认同。他从哲学思想的根源介绍马林诺夫斯基的功能主义，从中了解到心理学对马林诺夫斯基的文化整体论的影响，今天来看，依旧有前瞻性。

1985年黄树民在厦门大学人类学系开设全国应用人类学培训班，石奕龙、范可、王铭铭等厦门大学的成员均参加了学习班。

通过以上的论述，在陈国强、石奕龙等人的努力下，应用人类学正在作

---

① 范可：《略论高山族原始宗教的社会基础》，载《人类学研究》编委会：《人类学研究（试刊号）》，中国人类学学会内部印刷资料1985年版，第149页。

② 潘宏立：《畲文化自我中心意识之构成模式》，载厦门大学人类学系编：《人类学论丛（第一辑）》，厦门大学出版社1987年版，第288页。

为厦门大学人类学的主要特色进行推广并反复强调,文化变迁理论也就成为应用人类学的题中之义。民族史、文化史(借助文献进行归纳)及"闽南风俗"等民俗对象,在厦门大学人类学积极推广应用人类学的时候,依旧保留下来。不过应用人类学并未像学科带头人预期的那样发挥实质的导向作用,相反,厦门大学人类学系的理论与实践缺乏共通性的联系基础,由于研究内容的弥散、研究兴趣的个体差异,很大程度上削弱了学科的整体力量,使得它距离学派还相差甚远。不过人员涣散有它的另一面,那就是容易吸纳外来学说,倾向于接受学术交流,学科体系容易被渗透。

　　黄树民:那时候我在美国教书。台湾研究所1980年成立,1981年开会庆祝成立一周年,那时候他们请我过来,我就来了。1981年我到厦门的时候,发现(那里)书缺乏,学术资讯匮乏,于是就开始介绍很多书。从那时候起,我就把我在美国的书送给厦门大学人类学研究所。1984年,正好有一年的访问机会,我就到厦门大学开课,开了三门课:人类学导论,应用人类学,人类学研究方法。开完课后把一些书送给厦门大学。那时候他们还做了一个书柜,收藏我送给他们的书籍。我在1985年离开厦门大学的时候,就有两位人类学研究生跟我到美国学习,他们申请到奖学金,就出国了。

　　马丹丹:除了资讯,您是否在人类学的当代转向方面也有影响? 例如您在福建做的研究是农村家庭联产承包责任制的现状。①

　　黄:是,我还倡导做汉人社会。国内那时候的人类学基本是民族学。我跟他们讲做汉人社会研究,他们觉得很奇怪。我较早倡导从东

---

　　①《林村的故事》是较早披露家庭联产承包责任制的民族志报道。林村改革的过程远远比一般的政策报道要曲折、复杂,黄树民用细致的笔触将这场变革忠实记录下来,1996年他又努力多方申请,成功回访林村,了解了改革后续的情况。黄树民以生命史的方法撰写民族志,恐怕是他当初设定的研究计划意料之外的。这部民族志的学术价值莫过于作者对于家庭联产承包责任制推行过程的详尽描述。从叶书记策划、控制和参与改革的过程来看,它展现了农村最早开始市场经济的实践与探索。这部民族志以乡村为书写情境,投入到中国社会转型时期人群的命运与思想百态。笔者将这种社会转型与村落变迁、个体际遇的结合看作是"关键时刻"叙事,田野调查者有着高度活跃的问题取向,然而又能将宏大问题渗透到日常生活叙事中,从平淡的人物对话、生活细节中敏锐地发现时代激流给人的重创以及观念的微妙转变。黄树民:《林村的故事——1949年后的中国农村改革》,素兰、纳日碧力戈译,生活·读书·新知三联书店2002年版。

南民族到汉人社会的转变。当时厦门大学人类学学者每个人做的都不一样，兴趣也不一样，我提出这样的做法，陈国强说"不要不要"，"对我们没用"。当时大家不能理解这一做法。但是后来就不一样了，尤其是第一批深造学习回来的人类学学者，例如王铭铭等人，他们在海外接受新的教育，跟老一辈人类学家不一样。老一辈比较保守，这批人注入了新鲜血液，使人类学大为改观。人类学的好处就是领域很广，每个人都可以选择自己喜欢做的题目。没有说认同不认同的。

马：写完《林村的故事》，您后来发生什么变化了吗？是否可以给您贴标签，您致力于"应用人类学"的研究？

黄：我后来的研究比较关注生态。我在泰国北部"金三角"华裔村落做"永续性农业"的发展研究，做了十年。结束之后和云南大学、云南民族大学等高校合作，在云南做两个湖泊的转变，分别在丽江和香格里拉，关注水资源管理。藏彝走廊项目虽然在做，但效果不佳。①

与之相连的是成员的流动性以及研究兴趣的流动性。厦门大学的学生在20世纪90年代发生较大的分流：1988年王铭铭、何瑞福远赴英国留学；范可稍晚赴华盛顿大学攻读人类学博士学位；曾少聪留校，后赴菲律宾大学深造，之后进入中国社会科学院民族研究所发展；潘宏立远赴日本发展。厦门大学人类学系的师资力量经过几十年的发展，已经发生了较大的变化，补充了一大批新生力量。石奕龙、郭志超、蓝达居三人是稳固的坚守力量。与人员流动相对应的是，马克思主义人类学的解释范式已经失去了它曾经的意识形态与文化理论交互交融的思想力量。范可、王铭铭等人扬弃进化论，转向文化与象征、族群认同等领域。②曾少聪的研究也发生了较大的转变，主要体现在研究对象的转变与延伸，在厦门大学求学时期，他的学术才华在语言人类学方面初步展现，在厦门大学任教时期，畲族、高山族等东南民族史研究在他的研究对象中占据一席之地。等到他从菲律宾大学深造回来，海

---

① 笔者对黄树民的访谈，访谈时间：2016年11月5日，访谈地点：复旦大学。

② 王铭铭对进化论的看法是有变化的。他撰写的对摩尔根《古代社会》的评述，包含了对摩尔根重新理解的努力。王铭铭：《"裂缝间的桥"——解读摩尔根〈古代社会〉》，山东人民出版社2004年版。

外华人的文化与认同成为他专长的研究领域,他较早从事东南亚研究以及人类学的海外研究。与此同时,参与大岞村调查的早年经历,也使得他持续关注汉人社区研究。研究对象的层叠与累加,成为曾少聪多年学术经历在研究对象的变化性方面打下的学术烙印。

四、结语:人类学独立与应用的矛盾

中国人类学从民族史的胚胎中孕育出来,在它重建不久,就面临着学科独立的价值拷问和自我认同。时代迫使它从原始社会史、民族史的叙事范畴转向当下,语用学范畴被提出来。马库斯对应用人类学的看法是:为庇护人服务,建议用"雇佣""利益"这样的术语来看待受资助的应用人类学。①他指出要区分专业和应用两种取向。

为了解决人类学安身立命的问题,陈国强用"我国人民需要人类学"的句式来表达人类学的确立依据,其核心是理论联系实际。②围绕理论联系实际,参与人类学重建的前辈列了具体的应用范围,例如解决计划生育问题,关注使人患病的社会文化因素等不正常状态,《海南经济发展战略》的海南实地调查要吸纳人类学学者的参与,尤其是民族地区经济政策制定要参考人类学学者的意见,等等。这些具体的应用办法停留于规划和设计,还未进入实践范畴。相较而言,体质人类学的应用价值则充分体现出来,在人类学重建的草创阶段扮演了先锋角色。体质人类学发挥它的应用价值表现在两个方面:①突破民族识别受限于文献、历史拟构而产生的族属的论证信度低下。体质人类学对族属的论证是方法论的突破和技术革新,广泛地参与到人类学的田野调查中,与人类学结盟,建立了民族志涵盖人类学四大分支的写作体例。这一方法论革新,得到了容观夐等民族史研究者的肯定和支持。体质人类学和文化人类学的学科机构之间的合作及对文化人类学田野调查

---

① Gorge E. Marcus. The Contemporary Desire for Ethnography and Its Implication for Anthropology, in Rebecca Hardin and Kamari Maxie Clarke (eds.), *Transforming Ethnographic Knowledge*, The University of Wisconsin Press, 2012, p. 85.

② 这种"需要"句式还会在梁钊韬和周大鸣的学科属性的定义中出现,不过梁钊韬更加尊重学理性,周大鸣的世俗化取向更明确。详见后文对中山大学人类学系的论述。

团队的支援,影响了中国人类学南派的学科重建框架。②体质人类学的生活应用。体质人类学应用于生活的各个方面,例如人体物理学应用于座椅和鞋子设计。

当应用性主题弱于学科属性讨论的时候,体质人类学在人类学论文中占据的比例就会下降;当应用性主题得到强化时,体质人类学在人类学论文中占据的比例就会上升。但是当体质人类学完成它的族属论证使命,中国人类学找寻到自身应用价值的真正用武之地时,体质人类学的应用价值就大大下降,取而代之的是中国人类学与民族学在应用性方面的竞争。尽管面临经费不足、办学条件差、学科资源匮乏等问题,人类学学会的成员却对人类学学科独立充满信心,流露出不惧困难的乐观主义精神,寻求改善之举,寻求发展,寻求人类学应用价值在民族地区更大的发挥,寻求对民族政策决策过程的影响力。不过"偏重民族学"的学科竞争力并没有真正显现出来,"两个文明"的话语力不从心,人类学与民族学混为一谈的说法削弱了对人类学学科属性的讨论。人类学在民族学的空白之处寻求突围,其突围方向是汉人社区研究和都市人类学。罗西代表团批评了民族学局限于研究少数民族的问题。黄树民明确指出研究汉人社会的重要性。受到黄树民的影响,石奕龙翻译了黄树民带过来的《应用人类学》,并撰写了《应用人类学》一书。①周大鸣认为都市人类学是整合人类学四大分支的枢纽,他从都市人类学中洞见到中国人类学未来发展的希望。阮西湖扮演了都市人类学中西交流的桥梁角色,他划定了都市人类学在中国的方向和目标,伴随都市人口的增长,城市化水平的提高,以及中央政策对都市问题进行调查研究的提倡,关注都市的民族关系成为中国都市人类学相对于国际都市人类学的创新内容。都市人类学成为中国人类学与国际人类学民族学大会实质性接触与交流的桥梁,都市人类学给中国人类学的学科主体注入了强劲的活力。

回顾中国人类学在民族学、社会学"夹缝中求生存"的艰难草创阶段,经历了应用人类学三个发展阶段的探索和调整,才实现应用有效性的成熟。那么应用的有效性是否就意味着人类学学科独立呢?显然人类学学科属性的理论系统还无法给予充分的支持,或者说还未形成。容观夐批评人类学

---

① 石奕龙:《应用人类学》,厦门大学出版社1996年版。

理论与方法论知识现状混乱、专业素养欠佳，这些概念混淆、主观定义等问题与研究者的心态有关："仍然以我国传统民族学那一套为满足"，"未能掌握当代文化人类学知识"，"袭用过去规范了的中国式民族学内容"。①参与人类学重建的前辈采取了空间位移的策略：从民族地区到汉人社区，民族关系从民族地区到都市，突围民族学的统辖边界，来确立人类学的学科"领土权"。人类学的学科属性理论系统如果不解决"有用"和"独立"之间的矛盾性依赖关系，随着全球化的步伐加快，当民族学、社会学、人类学之间的边界越来越模糊的时候，人类学的学科危机又会不可避免地到来。换言之，将人类学放置在学理层面的语用学范畴是人类学重建早期采取的有效策略，既构成了人类学学科独立的动力，又搁置了人类学学科属性和学科地位的厘清与确认，以"有用"换取学科独立性的双刃剑效应伴随新一轮的人类学学科建设接踵而来。之所以理论薄弱，周大鸣认为原因是"强烈的社会责任感和自我牺牲精神使学者们过分注重学科的应用，以致忽略了学科的理论探讨，进而限制了人类学的进一步应用"。②面对理论与应用的矛盾关系，周大鸣的解决之道是："在坚持应用传统的同时，加强学科的理论研究。也唯有如此，方可造出更全面的应用性格。"③笔者以为，陈国强、梁钊韬等第一代参与人类学学科重建的前辈坚持的是人类学学科属性的讨论，应用是在"理论联系实际"的当代需求下稍作让步。④有意味的是，陈国强渴望中国社会科学院在学科建设中扮演更强有力的学科领导角色，随着都市人类学对民族工作发挥的工具价值的提高，在都市人类学会的推动下，国家民委在联络人类学与民族学交融和整合方面彰显出瞩目的领导力量。

人类学依靠自身的努力究竟有多大的可能改变处境？这一问题在人类

---

① 容观夐：《试论发展中的我国文化人类学》，《中南民族学院学报（哲学社会科学版）》1995年第4期。
② 周大鸣：《中国人类学的应用性格》，《光明日报》2002年4月16日。
③ 周大鸣：《中国人类学的应用性格》，《光明日报》2002年4月16日。
④ 王建民指出："在中国学术场景下，学术地位的合法性、资源获取的便利性、知识建构的权威性成为建立学术机构和确立学科发展立场中具有一定功利主义色彩的考虑要素。"不得不说，王建民对学科发展中始终缠绕的功利主义需求和学术范式的选择这一矛盾命题的总结是贴切的。笔者将其放在历史场景中试图进一步呈现出来。参见王建民在上海大学社会学院的讲座："人类学与民族学是一个学科吗？——学科重建后中国人类学史的焦点问题"，时间：2015年9月17日。

学前辈前仆后继的实践中深刻地演绎并反复缠绕。与这一问题相关的是人类学的学科建设中心从南向北转移,在这一主旋律变调的过程中,人类学的学科力量呈现出高度的地域不均衡性。中南民族学院的民族学学科建设得到迅速发展。人类学的西方名著翻译由十多家出版社牵头并策划,引起了较大的反响。①中央民族大学成立民族学人类学中心,《人类学纪事》和《民族学通讯》在1994年达到了讨论的高潮。人类学多元化的格局渐渐形成。为杨堃先生所哀叹的人类学草创阶段的资金匮乏状态也逐渐得到改善。进入2000年,人类学的学术资源极大地扩充,这也就是人类学学科地位上升的通俗表达。学术资源的投入对学科建设起到了直接的支持作用,也加剧了不均衡学术格局的更迭。

民族学学科的青年学者开始发挥新生力量融合人类学与民族学的积极作用,随着民族学的研究对象越来越受到质疑,人类学的国际学术交流越来越正常化,伴随着青年学者对民族学的尖锐发问,在合适的契机下,有着深刻反思的怀疑论者、青年学者从民族学阵营分化出来,义无反顾地投身人类学的学科怀抱。这又是新一轮的人类学学科建设,它的内涵和实践与陈国强领导的人类学草创时期有着本质的差别,新一代人类学学者开始在马克思主义指导思想的反思中探索人类学思潮的可能性、人类学实践的可能性。在学理上,民族学与人类学模棱两可的重合性被质疑、被否定,意味着人类学学科独立思想走向一个新的阶段。这正是笔者持续关注民族学与人类学的关系争论的动力所在。

---

① 例如司马云杰主编的《文化人类学名著译丛》1988年开始由山东人民出版社出版;章智源、张敦安合译的奥特拜因(Otterbein, K. F.)所著的《比较文化分析——文化人类学概论》1990年在河南人民出版社出版。

第二章 1995 年:中国人类学的学科振兴与争议

　　要想记住一个时刻,实际上并不容易。然而有一个时刻还是不得不记住,那就是 1994 年 10 月 28 日,乔健任香港中文大学讲座教授时的就职演讲——"人类学学科发展的困境与前景"①。此文一出,立刻引起学界反响。1995 年 3 月,北京部分民族学、人类学学者组织讨论,对乔健这篇文章展开了集中回应。

　　随着这场争论落下帷幕,人类学本土化的呼声伴随 1995 年和 1997 年的人类学高级研讨班,以及 1999 年在广西民族学院召开的"人类学本土化国际学术研讨会",达到高潮。人类学的学科独立诉求逐渐明晰化。2007 年初,《光明日报》国学版发起"国学与人类学"的讨论,紧接着,第六届人类学高级论坛发起了"人类学的中国话语"圆桌会议,人类学本土化转变为人类学的中国话语,构建人类学中国体系。从长时段考察来看,笔者将乔健 1995 年发文引发的公共效应延续到 2007 年的"人类学的中国话语",因为人类学的中国话语是本土化的进一步主体追认和学术导向的有目的追求。

　　让笔者感兴趣的是,这场争论背后,似乎窥见了一个关键的转折点,1994—1995 年,学科的集体意识被外部的刺激源激发出来。学术转型时期各种各样不安的心情与复杂的位置感知显现出来。徐杰舜指出:"他们的批

---

　　① 乔健:《中国人类学发展的困境与前景》,《广西民族学院学报(哲学社会科学版)》1995 年第 1 期。

评，可见当时大家对人类学的边缘地位并没有明显的感受。"①这些争议对于人们认识到人类学依附民族学的现状产生了不小的影响和冲击。虽然李建东对该文在当时引发的诸多回应进行了及时的报道与整理，但由于受限于发言人思路，无法在认识论上提升。②时过境迁，仅凭手头的资料，笔者尝试理解这场争论背后的思考。

一、北京组织了讨论会

1995年3月，北京部分民族学、人类学博士和博士候选人组织起来，就乔健的这篇文章展开了讨论。会议一开始以王建民的人类学、民族学名称使用场合的多样性，否定"名称上的混乱"。③

潘蛟认为，学科名称涉及研究对象是文化还是民族。潘蛟质疑民族学的研究对象是民族。潘蛟的困惑包含了对民族学的批评。此前不久在大连举行的"中国民族学如何面对21世纪"研讨会上，潘蛟建议建立一个民族学、人类学联合会。有意思的是，随着形势的改变，在2000年的笔谈中，潘蛟则有了"民族学边缘化"的担忧。这可以看作人类学与民族学竞争真正开始后民族学地位受到冲击的回应。④

　　① 徐杰舜：《人类学在中国的命运为何一波多折》，《探索与争鸣》2013年第3期。徐杰舜给《探索与争鸣》投稿的原题目是《人类学在中国的命运》，发表的时候被编辑改为了《人类学在中国的命运为何一波三折》。这样的改动传递出编辑首先把中国人类学曲折的命运设定为殉道者的角色，而掩盖了作者对学科独立与发展的守望与期待。笔者对徐杰舜的访谈，访谈时间：2015年3月22日，访谈地点：上海。另参见徐杰舜2015年10月16日在上海大学社会学院的讲座："学科多样性与学科公平：人类学的中国命运"，讲座明确表达了他的信念：学科的多样性和学科公平决定了"人类学可以掌握自己的命运"。

　　② 李建东：《〈中国人类学发展的困境与前景〉及其在大陆的回应综述》，《西北民族研究》1995年第2期。

　　③ 对于王建民的说法，赵旭东做出了回应。他说："王建民的学科史的研究暗示给我们，民族学可以为人类学所包容，而不是相反。而且，就这两个术语的字面含义来看，大约是谁能够包含谁或者谁更'宽'于谁，也是再清楚不过的。"在这篇论文中，赵旭东明确提出，民族学缺少人类学的包容性与整体性。抛出自己的人类学学科定位立场：反对把人类学放在民族学的专业目录名下的建议，而是希望人类学能够在社会学的大门类之下逐渐形成一门独立的学科。其中，不管在谁的门类之下，重要的是人类学要在当今中国与世界的关系大格局中思考自身的地位，为人类学的独立地位及其进一步的发展而奋斗。赵旭东：《也谈中国人类学的学科定位》，《探索与争鸣》2013年第3期。

　　④ 潘蛟等：《面向21世纪的中国民族学笔谈》，《中央民族大学学报》2000年第1期。

否定的基调确定,真正的批评在后面展开。

张海洋的发言,除了对乔健的某些观点进行修正外,较大的否定是"马克思主义民族学独专的局面基本没有改变"。他对人类学中国化含义的思考,是从中国人认同研究而来,例如华汉之辨。①台湾人类学的发展对大陆的人类学有所启发,例如社会及行为科学研究的中国化,其反思达到如此程度,是西方学科在中国处境的真实写照。②与学科发展密切相关的,"大陆民族学、人类学与社会学之间的各种纠葛,也是同一动因的不同体现"。所谓"同一动因"依旧是"西方学科在中国处境的真实写照"。在当时,张海洋给出的答案是模糊的:"局势一时不甚明朗。"③

纳日碧力戈的批评则更有意味。④他是唯一明确针对乔健所说的方法论挑战而发言的。但是他的观点似乎是在绕圈子。他以语言的不平等为理由,认为西学还未传播、国人的民族学成果还未介绍到英语世界,根本谈不上方法论的挑战。在后来的观点中,他把回应方法论的挑战干脆留给了"祖宗",认为民族学本土化不需要另起炉灶,另立旗帜,应该继续发扬老一辈人类学、民族学学者于1920—1930年奠定的人类学学科传统。⑤

陈长平将乔健提出的方法论挑战转移到多学科合作的研究模式上,同

---

① 张海洋:《中国的多元文化与中国人的认同》,民族出版社2006年版。胡鸿保对该书的评价是:"他的结论为人类学和民族学在20世纪初进入中国学术圈又被中国学者本土化,提供了一种新的理解角度。"纳日碧力戈等:《人类学理论的新格局》,社会科学文献出版社2001年版,第171页。

② 刘明新详细论述了台湾人类学本土化运动发轫于李亦园的理论背景。本土化契机来源于李亦园在哈佛大学受训期间受到他的导师麦克利兰(David McClelland)的影响。他将麦克利兰在20世纪60年代根据"成就动机理论"所设计的调查问卷运用到台湾,与杨国枢一同从事这项研究。本土化并不意味着中国人类学孤立于国际学术环境,相反,人类学的本土化建立在国际化的基础上。刘明新接着引用了乔健1995年的发文,继续论述中国人类学的特点和优势。Mingxin Liu. A Historical Overview on Anthropology in China, *Anthropologist*, 2003, 5(4) : 221-222.

③ 纳日碧力戈等:《人类学理论的新格局》,社会科学文献出版社2001年版,第279页。

④ 纳日碧力戈:《中国人类学的独白与对白:课题与问题》,《广西民族学院学报(哲学社会科学版)》1996年第2期。

⑤ 对于人类学与民族学的关系,纳日碧力戈的做法是"暂且把社会文化人类学与民族学并置。由于我们处在过渡时期,让民族学与人类学的关系之争也'过渡'一下吧"。他又说,自改革开放以来,中国社会文化人类学、民族学遇到的主要问题,始终是本土化问题。对于选择何种态度,纳日碧力戈的回答是"正名"。正名的含义是:要了解学科的由来、学科的规范,也要了解学科的地位和学科的使命。他反复说明:任何借入的东西都已经受到本土文化的解释和重构。纳日碧力戈:《论人类学理论的新格局》,载《人类学理论的新格局》,社会科学文献出版社2001年版,第1—2页。

时又尝试论证人类学方法研究现代社会的有效性，"不仅不应当摒弃固有方法，另起炉灶，反而……"这样的句法反复出现。客观而言，将学科本位范畴的方法论挑战替换成其他方式，这是对学科本位的削弱。不过这一句法演变为"人类学中国化"常用的辩护思路。庄孔韶的学术否定态度及心态很复杂。在讨论会一开始，庄孔韶汇报了中央民族大学的民族学学科建设动向和教学改革。这充分说明了1995年的中央民族大学民族学专业是林耀华领导下的教学科研梯队。①

1994年，林耀华发表《机遇与挑战——面向21世纪的中国民族学》，集中阐述了中央民族学院民族学走过的风雨路程。林耀华回顾了新中国成立后学科重建以来民族学的工作和成绩。他认为20世纪50年代的工作为民族学中国化奠定了坚固基石。②

当时民族学面临的挑战是什么？林耀华认为民族地区的现代化发展是迫切而紧要的，民族学研究任务出现几个新动向：①研究汉民族。②研究世界民族。③对西方民族学和苏联民族学的研究。在这些新动向之上，林耀华保留了"原始社会史"的研究。于是出现了不协调状况：一方面要加强学科现代化，另一方面要保留苏联模式的"原始社会史"。这体现了20世纪50年代苏联对学科建设的影响根深蒂固。林耀华在学科表述当中始终采用民族学，而没有任何民族学与人类学混用的迹象，但是即使这样，他还是在民族学面临的挑战中明确表达："我同意功能学派关于民族学研究要为现实服务的见解。"③这一句话在全文微不足道，但透露出重要的讯息：20世纪30年代他从事的功能主义人类学事业看似中断，其实并未中断，而是继续为现实

---

① 庄孔韶在教育人类学的研究中论述了中央民族大学1995年教学改革发生的有利契机。主要的变化是政治课程减少，为专业基础课和必修课提供了新的空间。他分析原因："市场经济与大学生的新需求刺激了学校的教学改革。大学系所和学者个人的国内与国际学术交流越来越开放。个人主持的课题或课题组打破了以往的'大锅饭'体制，出现了积极的局部的小气候。庄孔韶：《人类学与中国教育的进程》，载徐杰舜主编：《本土化：人类学的大趋势》，广西民族出版社2001年版，第284页。

② 林耀华：《机遇与挑战——面向21世纪的中国民族学》，《民族教育研究》1994年第2期。

③ 林耀华：《新中国的民族学研究与展望》，《民族研究》1981年第2期。

服务。①虽然1957年成为过去,但是不可否认,林耀华的民族学事业历经坎坷。20世纪80年代民族学恢复,林耀华的回应隐晦地提及功能学派,将人类学的学科地位视为学术流派,期待民族学与其竞争,取得更大的成绩。

学科名称混乱,还有一个原因是人类学积贫弱小,反而是秋浦、梁钊韬等人以及上海体质人类学学界为人类学的学科恢复奔走呼号。②这一次针对乔健文章的抵制性言论却为以后人类学的独立和抬头拉开了序幕。因为之后的局面以振兴人类学的姿态作为对乔健所言的人类学学科困境的回应,但是又意想不到地助长了人类学中国化的高潮。

这个时候再言人类学中国化,就不再是王建民总结的20世纪上半叶人类学中国化的三条道路:综合,选择国外某一理论流派,更多的独创性。③而是如纳日碧力戈等人所言的与国际接轨的需要和本土的焦虑。这种表达从理论风尚上看吸纳了西学,但是又捍卫本土,于是表现出来的样式是中国经验的特殊性。这种认识论的转变会联系起顾定国所说的"斯大林式"学术论文写作方式的延续:论文开头要引用马克思主义的哲学概念,然后才切入正题。④

二、人类学本土化的复苏与挺进

戏剧化转折从"三科并立"的学科提议开始。

1995年6月21日—7月12日,在国内外学术机构支持下,中国首期"东亚社会文化人类学高级研讨班"在北京大学举办。1995年8月30日,费孝通在自己家里召集北京的部分学者商讨,提出"(人类学、民族学、社会学)三科并列,互相交叉,各得其所,努力发展"的构想。这样就可以为这个领域的研

---

① 林耀华和费孝通在功能学派中国化的价值和目标上是一致的:将功能学派用于实际,解决实际问题,服务于民众。"用"解决的是为谁服务的问题。赵旭东将费孝通的社会学应用取向或实用性格表达为:回归本土、"志在富民"是内隐的,外显为"迈向人民"。赵旭东:《马林诺夫斯基与费孝通:从异域迈向本土》,载《本土异域间——人类学研究中的自我、文化与他者》,北京大学出版社2011年版,第296—297页。

② 周大鸣:《中国人类学重建十年——回顾与展望》,《社会科学战线》1992年第2期。

③ 王建民:《中国民族学史(1903—1940)》,云南教育出版社1997年版。

④ [美]顾定国:《人类学逸史——从马林诺夫斯基到莫斯科到毛泽东》,胡鸿保、周燕译,社会科学文献出版社2000年版,第161页。

究争取一个更大的空间。①此后，在北京大学召开的"庆祝北大社会学人类学研究所成立十周年暨学科建设讨论会"上，费孝通将提法修改为"多科并存，紧密交叉，互相促进，共同发展"②，取得了更高程度的认同。包括费孝通在内的学者对学科认同问题表示出的极大关注，显示出学科自识性和认同感的增强。

　　将这几件公共事件放在一起，给人的印象是"恍若一夜之间"，民族学的抵制言论撤退，人类学一路高歌、长驱直入。王建民评价首届人类学高级研讨班时认为，"北京大学也由此似乎实现了'占领中国人类学学术制高点'的愿望"③。

　　"三科并立"的呼声，经过了曲折的努力。周大鸣于2012年发表了《关于人类学学科定位的思考》，重申"三科并立"的主张，明确表达了将人类学上升为一级学科的诉求。④从写作方式来看，周大鸣沿袭了乔健1994年演讲的部分框架。但是在学科定位上或是学科的合法性论证上，周大鸣又淡化了乔健对于困境的学理思考，强调了人类学的功利主义价值：国家发展需要，经济发展需要，文化发展需要。乔健也考虑到人类学的应用价值，不过他提议的是"文化咨询"，包括礼仪、伦理和认知方面，属于温和的社会风俗、家庭和谐等参考指导方式，强调实践和教学结合。⑤多元文化的出发点与周大鸣所言的应用人类学面向有所不同。这样，来自人类学方法论的挑战几乎就替换为人类学方法应用领域的拓宽，延伸到商业、政府部门和非正式组织等。为了争取人类学一级学科的地位，周大鸣在给教育部的报告中不得不采取世俗化的学科定位，强调分支学科并存的新局面，以此来扩大学科的影响力。在世俗化的战略调整中，人类学的目标在向"人类学中国化"的学术纲领靠拢的基础上，又赋予了民族国家认同的战略思想。

---

　　① 按照胡鸿保的说法，"这一设想当时受到很多人的反对"。参见詹承绪主编：《民族学通讯》（第128期），中国民族学学会内部印刷资料1995年版；王建民：《作为学术问题的中国人类学史》，载王筑生主编：《人类学与西南民族》，云南大学出版社1998年版；纳日碧力戈等：《人类学理论的新格局》，社会科学文献出版社2001年版。

　　② 赵旭东考证此十六字在《费孝通全集》（第15卷）有关此次讲话稿中（指十周年讲话）未见，只能暂存疑。赵旭东：《也谈人类学在中国的学科定位》，《探索与争鸣》2013年第3期。

　　③ 王建民：《中国民族学史（1903—1949）》，云南教育出版社1997年版。

　　④ 周大鸣：《关于人类学学科定位的思考》，《广西民族大学学报（哲学社会科学版）》2012年第1期。

　　⑤ 乔健：《乔健口述史》，李菲访谈记录，云南人民出版社2014年版，第216—217页。

1995年参加乔健座谈会的学者,先后成为人类学学科建设的核心力量。他们在学科的表述措辞上进行了微妙的调整,用人类学涵盖民族学,而不再强调民族学涵盖人类学,或者民族学与人类学并置。人类学中国化的呼声高涨。①共同的是,他们都一致强调国际化接轨的需要。1995年9月在大连召开"中国民族学如何面对21世纪"讨论会,纳日碧力戈主张放弃"中国特色民族学"的说法,而代之以"民族学本土化"或"民族学中国化"的口号。②随着民族学向人类学"易帜","人类学本土化"的表述方才确定下来。1997年1月初,第二届人类学高级研讨班因为沟通不畅,分别在北京和昆明召开,"反映了人们试图建立和扩展各自研究团体的学术权势的努力"③。纳日碧力戈、彭兆荣、徐新建等人在昆明组织了座谈会,以"研究中国建设中国——人类学本土化五人谈"为题目发言。这批学者围绕研究对象的本土化、自己作为研究者的主体、历史文献的研究等展开讨论。纳日碧力戈说道:"本土化的意义是,通过研究中国的文化现象,为世界人类学做贡献。"④这些表述既是个体的,又是集体的,他们表述本土化的方式既是乔健所言的方法论挑战的回声,又是本土人类学学者身份认同的指向。

三、"中国民族学如何面向21世纪"学术讨论会动态

1994年5月14日,"在京中青年民族学工作者座谈会"在北京召开,主题

---

① 比较特殊的是胡鸿保,他虽然没有参与这场讨论,不过对学科史的关注很早就开始。他的回应方式是:人类学作为二级学科放在社会学的目录之下,是重建而非回归。当时他就强调人类学与社会学的亲缘性。把人类学从民族学分离出来,放在社会学的名下,至少靠近了一步。他认为人类学与社会学的亲和关系之所以在中国形成传统,这与本民族学者的本土化努力是分不开的。胡鸿保的做法,笔者理解为弘扬燕京学派的社会学取向,人类学与社会学的关系是在学术分工的意义上形成的。他毫不讳言,"中国的'人类学的社会学家'在世界的中国学研究领域中拥有更多的、有共同语言的学术同行"。他相信,"中国这个统一的多民族东方国家的国情决定了它的本土化的社会学必然是带有人类学传统。"参见纳日碧力戈等:《中国人类学的新局面》,社会科学文献出版社2001年版。

② 吴野:《中国民族学如何面向21世纪学术讨论会纪要》,《云南社会科学》1995年第6期。

③ 王建民、张海洋、胡鸿保:《中国民族学史》下卷(1950—1997),云南教育出版社1998年版,第454页。

④ 彭兆荣等:《研究中国 建设中国——人类学本土化五人谈》,《广西民族学院学报(哲学社会科学版)》1997年第4期。

是"中国民族学如何面向21世纪"。30多位中青年学者参与了讨论。会议的核心议题是"中国民族学的当务之急是什么?"①其中有以下三点值得注意:①人类学与民族学的学科名称之争几乎没有出现。民族学的学科本位达成了高度的统一。直到乔健的论文发表,才引起了民族学队伍内部的躁动。②纳日碧力戈在民族学的方法论当中就谈到了民族学工作者的定位问题,他主张概念与现实的对话,研究者与被研究者的对话,来缓和理论与现实的差距,这同时是一个研究者自身修养的问题。他已经流露出民族学的本土化意识,强调只有把民族学知识运用于本土文化,才能使中国民族学研究更具有国际水平。只是在乔健论文的讨论会上,他以回归传统的方式更加捍卫本土化的立场。③关于接轨问题的争议最大。不少学者主张学术交流与对话,认为接轨是民族学中国化的另一面,强调与国际学术界的对话。不过也有学者不认可,认为宜强化交流,但不宜强行接轨。强行接轨,就得跟在人家后头走,走人家的老路。这种说法是"有中国特色的民族学"经常引用的依据,在1995年的大连会议有所体现,在1997年中国民族学学会第六届学术讨论会上有了高涨,淹没了民族学中国化的声音。其实不论怎样的提法,都反映了民族学学者对于西方支配性话语霸权的压迫想象,激发了本土化的反弹。本土化的本质是追求学科的独立。民族学和人类学担负着共同的学科独立使命。"人类学的中国化或本土化是当前中国人类学发展的焦点"②。

沿着1994年召开的"中国民族学如何面向21世纪"会议,同样的主题,在1995年的大连会议和1997年的云南西双版纳会议以接力棒的方式继续回响。大连会议确立了澄清学科名称混乱的基本论调:①民族学涵盖人类学。②民族学的研究对象不仅仅是少数民族,也包括汉民族。③确立现代化是中国民族学的首要命题。

不过学科名称的矛盾并不是激烈的,而是以温和的形式呈现,例如,使

① 周星:《中国民族学如何面向21世纪?——在京中青年民族学工作者座谈会述评》,《广西民族研究》1995年第4期。

② 徐杰舜:《中国人类学的本土化及未来走向》,载夏之乾、何星亮主编:《民族学研究第十二辑——中国民族学学会第六届学术讨论会论文集》,民族出版社1998年版。

用"民族学人类学"是过渡时期一种两全其美的好办法。①但这种温和的情况在第六届学术研讨会上突然变得紧张起来。詹承绪明确表示学科名称混乱影响了学科体系的建立与完善。②在国际化接轨的老问题上,黄惠焜认为"民族学是中国特定阶段的民族学"③。秉持这样的看法,其实是在将中国经验特殊化,以为特殊化的经验造就"有中国特色的民族学",或者强调人类学或民族学为本土服务,与现实结合,解决实际问题,推动现代化。

对于改革开放以来进入中国做田野调查的西方学者而言,对中国经验考虑更多的是方法论意识。④瑞典学者谢尔格伦(Bjorn Kjellgren)认为田野调查是人类学普遍性的工具概念,与其把中国经验特殊化,不如把中国看作是田野调查的地点,在中国进行民族志的调查。"我相信我们在其他地方接受的方法论策略,在中国同样适用……可辨别性(distinctiveness),正如我希望在该文呈现的,并不必然包含独特性(uniqueness)。"⑤2003年10月,这些西方学者(吸纳了少数中国学者)在哥本哈根以"在中国的田野作业方法论与实践"工作坊召集的集体讨论,思考的主要命题是:在中国做田野到底可不可行,有哪些障碍,进入田野的渠道有哪些影响;克服了障碍后,随着田野的展开,在方法论上有哪些创造性和积累性是能够打开研究的局面的。丹麦学者海默(Maria Heimer)提出了中国研究的三种研究方法:①社区研究法(one-field-site approach)。②笼统的田野点方法(all-China-field-site ap-

---

① 纪闻:《中国民族学如何面向21世纪? ——中国民族学学会大连学术讨论会述要》,《民族研究》1996年第2期。

② 詹承绪:《对完善中国民族学学科体系的一点看法》,《满族研究》1995年第3期。

③ 黄惠焜:《回到民族学——中国民族学的学科特征和学科优势》,《云南民族学院学报(哲学社会科学版)》1996年第1期。

④ 民族学、人类学者的身份意识除了强调自观、服务国土和地方外,还包括保持自己的自尊、自信。这种心态与大陆田野向海外封闭和隔离长达几十年的学术环境有着不可分割的关系。国门一旦打开,"西学东渐",马克思主义民族学理论范式发生了反思和变化。顾定国的学科史研究就生动地反映了转型期的复杂争论与矛盾。大陆的田野开放,进入中国做田野的西方学者却没有这种时代烙印打下的经历和心态,他们能够以更开放的心态面对特殊化的中国经验,其中给他们最为深刻经验和教训的还是在中国做田野,如何与政府官员打交道,如何接受政府官员的调查"陪同"又巧妙利用政府提供的田野便利为自己的课题创造条件。

⑤ Bjorn Kjellgre. The Significance of Benevolence and Wisdom-Reflection on Field Positionality. in Maria Heimer and Stig Thogersen (eds.), *Doing Fieldwork In China*, University of Hawai'i Press, 2006.

proach）。③一个问题导向，多点田野(one-case multi-field-site approach)。①作为外来者，他们将中国田野作为地点，以问题为导向的开放式研究框架，多元方法的介入，笔者以为值得从事中国研究的本土人类学学者借鉴。郝瑞将"本土化"评价为"内部殖民主义"。②

　　中国民族学会第六届学术讨论会于1997年11月10日至13日在西双版纳举行。会议主题是"世纪之交的民族学"。中国民族学学会副会长满都尔图坚持民族学的学科本位，警惕与国际化"接轨"的全盘西化倾向，与何星亮的包容做法形成对比。针对翁乃群主张民族学应该"走出山野"的说法，③满都尔图认为要加强汉民族的研究，但不能走出"山野"，而应继续"深入山野"，这是由中国国情决定的。④何星亮在台湾访谈李亦园，提到学科名称使用的问题，李亦园建议，最好用"人类学"作为总的学科名称。"中国化"不仅指本地、本国，更多的贡献来自方法和理论的创新。而且"中国化"更高的目标是超越，提出一套面向人类的理论和方法。⑤何星亮专门撰文去回应民族学与人类学的关系。他明确表达：国际上民族学被人类学涵盖的趋势不适合中国的国情。他建议以"民族学／人类学"或"民族学·人类学"的表述方式作为一级学科的名称，其下分若干二级学科。⑥这一意见和他在纪要中采取民族学、人类学并称的做法是一致的。⑦

　　回应周大鸣申请人类学一级学科的请愿书，杨圣敏在讨论民族学和人

---

　　① Maria Heimer. Field Sites, Research Design and Type of Findings. in Maria Heimer and Stig Thogersen (eds.), *Doing Fieldwork In China*, University of Hawai'i Press, 2006.

　　②[美]郝瑞：《中国人类学叙事的复苏与进步》，范可译，《广西民族学院学报(哲学社会科学版)》2002年第4期。

　　③ 翁乃群：《山野研究与走出山野：对中国社会文化人类学的反思》，《广西民族学院学报(哲学社会科学版)》1997年第3期。

　　④ 满都尔图对"接轨"的批判不乏学术交流的怪现象。他举例说："个别文章土不土，洋不洋，令读者费解。"他认为这种现象也许和"西化""接轨"有着某种内在的联系。满都尔图：《中国民族学的现状及值得思考的若干问题——中国民族学学会第六届学术讨论会上的发言要点》，载夏之乾、何星亮主编：《民族学研究第十二辑——中国民族学学会第六届学术讨论会论文集》，民族出版社1998年版。

　　⑤ 何星亮：《西方社会科学与中国人类学、民族学研究——李亦园教授访谈录》，《思想战线》1998年第9期。

　　⑥ 何星亮：《关于"人类学"与"民族学"的关系问题》，《民族研究》2006年第5期。

　　⑦ 何星亮：《世纪之交的中国民族学——中国民族学学会第六届学术讨论会综述》，《云南社会科学》1998年第5期。

类学关系的一文中坚持了民族学的学科本位立场。他援引费孝通"三科并立"的建议，通过费孝通的口吻"反对搞小圈子"来批驳学科之争。①他的基本立意是：民族学与人类学是相通的，但是人类学仍旧应该归在民族学之下。他援引日本民族学与人类学"正名"的案例，反复强调学科之争其实不是学理的争论，是"争位子"，从学理上看是没有意义的。在"和稀泥""联合论"的同时，他倾诉了民族学学科独立经历的曲折道路与困难。他指出，学科划分牵涉复杂利益，问题并不容易解决。②这篇文章巧妙地利用了费孝通不强调学科标签的个人背景，避开了"三科并立"触及的敏感问题。于是一个裂痕就积重难返，民族学越是淡化学科之争，越是强调学科边界的消弭，人类学的学科独立使命就越是任重道远。

如果这里再补充一笔的话，还包括乔健1995年发文引起的方法论的回应。①应用人类学得到了极大的发展。②历史与田野调查相结合的方法得到了进一步的发展。不仅仅是中国人类学学者，海外汉学学者也有了深刻的体认，运用档案、地方志和官方调查统计数据，与访谈、调查等田野作业结合。③徐杰舜在为人类学高级论坛撰写的序言中宣布，人类学高级论坛的宗旨是，将中国历史文献与反映社会现实、回应社会现实的田野调研结合起来。④这一点既可以看作是人类学方法论的回应，也可以看作是民族学在追溯民族源流时成熟运用历史文献的学术传统对人类学的田野调查方法做出的拓展，在新的时期民族学向人类学转换过程中，民族学学者深厚的历史学背景得以发扬。

四、结语：易帜易、守业难

人类学学科地位的上升威胁到民族学的一级学科地位，遭到了部分民

① 杨圣敏：《费孝通先生：民族学发展的指路人》，《西北民族研究》2007年第1期。
② 杨圣敏：《当前民族学人类学研究中的几个问题》，《广西民族大学学报（哲学社会科学版）》2012年第1期。
③ Stig Thogersen. "Approaching the Field through Written Source", Bjorn Gustafsson and Li Shi. "Three Ways to Obtain Household Income Data", in Maria Heimer and Stig Thogersen (eds.). *Doing Fieldwork In China*, University of Hawai'i Press, 2006.
④ 徐杰舜：《人类学高级论坛·总序》，载徐杰舜、许宪隆主编：《人类学与乡土中国——人类学高级论坛》，黑龙江人民出版社2006年版。

族学学者的反对和抵制,民族学与人类学的矛盾关系在过渡时期得到了极大的展现。1994—1997年,通过民族学学者针对同一主题"中国民族学如何面向二十一世纪"的三次集体讨论,民族学不得不对"学科名称混乱"作出自己的回应与反驳。"有中国特色的民族学"与"民族学中国化"的呼声此起彼伏,"接轨"还是"不接轨",走出"山野"还是继续"深入山野",研究对象究竟是"民族"还是"文化",甚至在民族学内部也是举棋不定。尽管学科本位始终没有动摇,民族学阵营还是发生了不可避免的分化。民族学与人类学并举的解决办法看上去"一团和气",然而究竟谁涵盖谁,对于学科本身而言充满了火药味。1995年乔健发文引发的争议并没有伴随着时间的推移平息,反而一个历史性现象反复出现,即当民族学涵盖人类学占据上风的时候,人类学以人类与世界和平为己任,超越本土、本族、本国,高举人类学旗帜融入全球化乃大势所趋。在之后近十年的学科发展过程中,人类学的学科独立诉求越来越高涨。可是当人类学成为显学,表现出"去民族化"的趋势时,又有来自民族学的声音表达冷静的抗议,指出"去民族"的范式危机。这可以理解为1995年发生的民族与文化之争表现出来的"民族"敏感症。文化意义的族群与政治权利的民族有着本质区别。张小军指出,用国族取代民族有误,用族群代替56个民族之民族有误。[1]再次回到1995年乔健发文的时刻,如此错综复杂的相邻学科关系、学科背后的政治权力关系,过渡时期发生的易帜、倒戈与动摇,催生了人类学从民族学的学术阵营分解出来乃至长时期的对峙格局,也几乎孕育了学科恢复以来中国人类学的格局思考与自我定位的表达,介入本土人类学学者的身份反思。

本土化是混杂的语言,拥有丰富的层次,在本土学者的身份诉求中,至少包括以下五种回应:①援引西方现代人类学的本土化趋势。②海外人类学的研究。[2]③区域文化的研究风气正在形成。④西方作为对话者是学习还是抵抗。本土化还包含了接纳西方的态度。纳日碧力戈认为,人类学本

---

① 张小军:《"民族"研究的范式危机——从人类发展视角的思考》,《清华大学学报(哲学社会科学版)》2016年第1期。

② 王铭铭对中国人类学的学科传统提出了批评,追求的目标局限于本文化的自我意识和民族复兴运动的思想支持,缺乏西方现代人类学的"异文化"观念。王铭铭:《他者的意义——论现代人类学的"后现代性"》,载徐杰舜主编:《本土化:人类学的大趋势》,广西民族出版社2001年版,第252页。

土化是如何向西方学习的问题，"中国特色"只能在开放中凸显出来。⑤费孝通的"文化自觉"于1997年人类学高级研讨班提出来。这些混杂的语言混合在一起，构成了人类学本土化的思潮。这种反思包含了自观与自尊，它渗透到人类学本土的田野调查，流露出学术对话的身份焦虑。这种反思也包含了本土学者加入"内部殖民主义"的批评阵营。例如赵旭东指出本土化包含了学者的民族主义情绪。"本土化的政治本体论是一种本土学者对自身主体性位置丧失的悲伤情绪"①。

　　笔者以为，本土人类学学者的身份反思，需要时间和条件走出殖民主义的阴影，亦需要祛除被"内部殖民主义"困扰的自责与不安。人类学学者的自我批评与反思为乔健描述的中国人类学所处的"困境与前景"增加了第三个因素，经过了将近二十年的发展，它是学科发展的障碍还是动力？还有，中国人类学的田野调查工作已持续多年，是否突破缺乏概念的创新和争论，是否找到了本土化的策略，触及对中国有重大影响的问题并进行了具体的研究？回顾这一长时段（1995—2007年），乔健发文引发的公共事件连锁效应埋藏的人类学目标与公共价值的追寻，还是激发了有识之士投入这项独一无二的民族志实践。

---

① 赵旭东：《本土异域间——人类学研究中的自我、文化与他者》，北京大学出版社2011年版。

第三章 中国人类学从田野回访中复兴(1984—2003年)

内地的政治变故影响了人类学的田野工作,直至20世纪80年代初期和中期,人类学才随政治意识形态缓解的松动而发展,而公开发表的学术著作要到90年代才陆续出现。在随后的一些年间,中国内地的人类学同行互相启发、鼓励和身体力行,到至今的20余年间,已经将大陆多数著名的田野点回访完毕。[①]

这是庄孔韶为田野回访写下的开篇文字,今天读来依旧亲切、生动。在这篇文章中,除了介绍、评论已有的同行的回访工作,还着重阐发了回访的意义,这一观点也部分地表达了同行对回访意义的认同。意义有两点:①回访重新找到同一调查点的机会,延伸了先驱者作品的学术生命与意义。②中国乡村人类学的扩大田野点和以回访加强学术研究深度的构想,是点面结合的良好搭配。[②]庄孔韶将跨时空的理论对话看作综观,作为人类学家,他更加关注另一种回访,即社会文化变迁中文化再造和知识再造的内容。[③]由于田野回访在中国人类学恢复阶段扮演了重要的推动作用,出于对前辈劳动价值的重新认知和反思,笔者对田野回访进行了综合整理,从学术集团

[①] 庄孔韶:《回访和人类学再研究的意义》,载《行旅悟道——人类学的思路与表现实践》,北京大学出版社2009年版,第9页。这篇文章发表是在2004年,根据20年的说法,笔者将田野回访的阶段设定在1984—2003年。

[②] 点面结合的思想与庄孔韶后来衍生的"蝗虫"法和"鼹鼠"法相结合有关联性。庄孔韶:《"蝗虫"法与"鼹鼠"法——人类学及其相关学科的研究取向评论》,载庄孔韶:《行旅悟道——人类学的思路与表现实践》,北京大学出版社2009年版。

[③] 庄孔韶:《回访的非人类学视角和人类学传统———回访和人类学再研究的意义之一》,《西南民族大学学报(人文社科版)》2004年第1期。

的涌现、三大议题和方法论等方面,对田野回访进行再评述。由于田野回访的学术队伍庞大,问题关照点和实践方向又呈现多样化的特点,笔者集中考察1984—2003年间参与田野回访的高校动态,其他范围、其他时间发生的田野回访在叙述的过程中会有所涉及,但不作为重点考察对象。①

一、1984—2003年期间的田野回访回顾

以下仅罗列部分田野回访项目,还有其他回访项目没有列入,例如由西方学者发起和参与的定县再研究、宝森的云南禄村再研究等,这些研究同样各具特色。②

(一)福建黄村回访

1986年到1989年,庄孔韶在14个月的时间里对黄村进行了5次田野调查,走访《金翼》中的家族后裔,观察当地社会,访谈了400多人,最后在华盛顿大学完成了《银翅》的写作。除《银翅》外,黄村回访的另一个成果是人类学纪录片《端午节》。庄孔韶拍摄纪录片的初衷有两个:一是受到水利工程的影响,黄村临近的一个村子(芬州遗存的大房子)即将被淹没,他希望拍摄淹没前的最后一次端午节留作纪念。二是出于教学的考虑,庄孔韶将其称为"点状成果"。他希望通过展示村落整体生活的具体场景,启发对人类学

---

① 需要说明的是,田野回访在国内的争议也此起彼伏。作为学科史叙事,对于田野回访的批评声音,笔者略作兼顾。许斌与胡鸿保将村庄研究分为回访与超越两种不同的研究路径,各自的代表人物是庄孔韶与王铭铭。对于回访而言,对同一社区跨越时空的变迁过程进行研究,可以为人类学视野下村落研究的合法性提供依据。黄娟做了回访与再研究的区分,关键在于看到"异"(不同的研究者去同一个田野点),而不在于"同"(着眼于同一个地点的社会历史变化),因为即使是同一个田野点,也不可能再回到理论生成时的田野条件中。许斌、胡鸿保:《追寻村落———对两种不同的人类学田野研究的省思》,《思想战线》2005年第3期;黄娟:《反思回访与再研究:历史、场景与理论》,《中国农业大学学报(社会科学版)》2014年第1期。

② Maria Heimer and Stig Thogersen (eds). *Doing Fieldwork In China*, University of Hawai'i Press, 2006。[加]宝森:《中国妇女与农村发展:云南禄村六十年的变迁》,胡玉坤译,江苏人民出版社2005年版。宝森自20世纪80年代末以来,先后六次进入现场做田野考察,并进行了长达十年的研究,再现了乡土中国现代化进程中妇女发展和汉人社会性别制度嬗变的微观动态。胡玉坤:《失落的选择:村妇依旧守农田》,《中国图书评论》2006年第10期。

某个领域（如宗教、经济等）感兴趣的学生，唤醒他们的理论意识。①庄孔韶在《时空穿行——中国乡村人类学世纪回访》中披露，在他跟随林耀华读博士期间，阅读林耀华的《义序的宗族研究》和《金翼》时，就有了对汉人社区的研究兴趣。②回访福建黄村的想法，得到了林先生的支持。之前他的田野集中在西南民族聚居地区，例如深入云南景洪，调查当地的干栏式建筑——"长屋"。在提及回访主要关注什么问题时，庄孔韶表达道："经历了社会变迁，金翼家族后人从衰落到再次崛起，这究竟是怎么回事？金翼之家沉浮的文化动力何在？"③准一组合家族的概念从回访研究中出炉。

（二）义序宗族的回访

阮云星于1995年11月28日—12月3日，参与观察黄氏宗族的重建过程，开始了对义序的调研，长期投入在田野里。当时他正在写博士论文，回访的问题是"昔日宗族乡村的宗族关系如今怎样，宗族活动复活的原因为何，意味着什么，今后的走向如何？"④他对现代宗族问题进行历史学、社会学和人类学等综合考察。通过深入宗族重建场景，他认为：祠堂、庙观举行的祭祀节庆是在传达并复制一种文化。一是精神层面的观念、信仰世界，二是现实层面的生活、实践世界。田野回访也是理论反思的过程，他得到以下几点理论发现：①林耀华对宗族的定义仍旧适用。②提出制度性宗族和后制度性宗族的区分。后制度性宗族也可称为文化宗族。③今日义序和昔日的宗族乡村大为不同，但又有着千丝万缕的联系。家族主义退为亚文化，宗族重

---

① 庄孔韶在上海大学社会学院的讲座："人类学研究的选择"，时间：2015年6月1日。

② 杜靖对《银翅》的成书背景做了更详尽的爬梳。20世纪70年代末至80年代初，庄孔韶在林耀华的指导下攻读民族学硕士学位，研究宗法公社制度。1984年，他以硕士论文为蓝本与林耀华合著的《父系家族公社形态研究》1984年由青海人民出版社出版。林耀华等人对宗法公社的研究培养了庄孔韶对汉人宗族的研究兴趣。许多学者误以为《银翅》是他的博士论文，但其实《银翅》是他读博期间走访岭尾村的一个副产品，与他的博士论文教育人类学主旨相通。《银翅》于1996年在台湾首次出版。Du Jing. Chinese cultural view, the inner idea of Confucianism and the intuitionism of the Taoist school—comments on *The Silver Wings: a scholarly sequel to the Golden Wing*, *International Journal of Anthropology and Ethnology*, 2020, 4(7): 3.

③ 庄孔韶：《金翼家族百年过程的学术研究要义》，载庄孔韶主编《时空穿行——中国乡村人类学世纪回访》，中国人民大学出版社2004年版。

④ 阮云星：《义序宗族的重建》，载庄孔韶主编《时空穿行——中国乡村人类学世纪回访》，中国人民大学出版社2004年版。

建是20世纪40年代以来现代国家建设运动中伴生的"乡镇、村"格局下非制度性的"传统姓氏地域"。

(三)山东台头回访

山东台头是杨懋春先生的家乡,他根据家乡的生活回忆,1945年在美国出版了著作《一个中国村庄:山东台头》。人类学家黛玛瑙(Norma Diamond)女士于1979到1985年先后三次访问台头。1983年发表论文《模范村与乡村现实》。①潘守永于1998到1999年造访台头,并完成博士论文(1999)。②回访的问题如下:①接续以往的故事,由之考察社会文化的变迁。②思考乡村现代化进程及相关的社会文化问题。③由时空的差异来体会人类学田野研究的含义。潘守永为田野重访设定的理论目标是:在学术圈和世界性的人类学笼罩下,发掘本土概念和解释,以具体的民族志个案解说(示范)本土人类学。

(四)河北后夏寨回访

庄孔韶在《银翅》导言中自述:"笔者从1984年邀张小军调查北京大兴县留民营时已开始留意宗姓群体和祭祖的关系,那里保持以首要的尊祖要义的清明会组织为特征的同姓共同体。有组织的、自组织的和无组织的宗姓共同体都有其存在的地方适应性特点。"③1991年他在完成《银翅》第一稿时,开始考虑如何推进北方中国的宗族研究——但是由于种种原因没有留下新的作品。④1998年春节,兰林友寻找满铁调查的六个村庄,2月8日找到了后夏寨。2001年7月9日到8月28日,他入住后夏寨,2002年完成了博士论文

---

① 由于丈夫的纽带,黛玛瑙得以于20世纪70年代进入江苏农村公社完成短期田野调查。Norma Diamond. Model Villages and Village Realities, *Modern China*, 1983 (9)。

② 2008年,山东大学研究生高思峰完成的硕士论文又是一篇山东台头的回访。高思峰:《台头村的文化转型研究——20世纪30年代至今》,山东大学2008年硕士研究生毕业论文。来自上海大学的陈静是继潘守永之后从事山东台头田野调查的又一位博士生。陈静:《家庭、社区与国家——二十世纪山东台头福利实践》,上海大学2014年博士研究生毕业论文。值得注意的是,这两位研究生均是山东本地人,进入台头做田野的过程并非像潘守永那样曲折、富有"探险"色彩。

③ 庄孔韶:《银翅——中国的地方社会与文化变迁》,生活·读书·新知三联书店2016年版。

④ 庄孔韶:《回访和人类学再研究的意义》,《行旅悟道——人类学的思路与表现实践》,北京大学出版社2009年版,第14页。

《庙无寻处：华北村落的人类学研究》。[1]回访的理论发现：①杜赞奇将后夏寨的真武庙和红枪会牵扯在一起，不符合历史事实。②同姓不同宗，同姓不一家。③华北宗族缺乏物化标志，但象征文化的影响力并不薄弱，其形成表现为残缺宗族。④通婚圈与集市并不存在必然的联系，而是与自身的社会资源、自身条件、社交距离存在较大的关联。⑤针对"大小派"斗争的情况，提出情境性社会关系的解说模式。对特定情境下的特定情境性关系加以解说。⑥不是以亲属关系决定自己的政治立场，而是受到现实的政治利益和经济利益的影响。[2]

（五）凤凰村回访

在沪江大学社会学系任教的葛学溥根据1918年、1919年和1923年凤凰村的田野调查完成著作《华南宗族的生活》，使得凤凰村声名大噪。周大鸣于1994—1997年累积6个月对凤凰村进行了回访，1998年完成博士论文《凤凰村的变迁——〈华南宗族的生活〉追踪研究》[3]。田野回访的宗旨是记录凤凰村70年的变迁。田野调查结束后，他思考的问题是：如果农村换一个地方，换在宗族组织和势力不那么强大的地方，中国革命的策略是否会有大的改变？这将是未来研究的课题。

（六）南景村回访

杨庆堃于20世纪30年代对华北地方集市系统进行调查。1948—1951

---

① 1988年日本三谷孝初访满铁调查的村庄。1993年3月，三谷孝率团和南开大学历史系合作重访满铁调查。1994年8月13日至19日补充调查。杜赞奇未做细致的实地调查，但是依据满铁调查写出著作《文化、权力与国家》(1988)。[美]杜赞奇：《文化、权力与国家——1900—1942年的华北农村》，王福明译，江苏人民出版社2003年版。[日]三谷孝：《秘密结社与中国革命》，李恩民等译，中国社会科学出版社2002年版。值得一提的是，笔者于2010年在寻访林州赵长城遗址的田野中邂逅红枪会后人，并进行简短访谈，他们所述的正是三谷孝研究的红枪会组织。

② 兰林友的田野回访记录了后夏寨的饭庄吸纳外来的女服务员，女服务员和"小姐"暧昧、混淆，隐形的性产业泛滥。他访谈了几位女服务员，实际上她们多少有卖淫的嫌疑。兰林友讨论道：女人的姿色和身体能否成为商品，众说纷纭。甚至还有这样颇为大胆的言论："我个人考虑职业伦理而没有亲身实行验证。"兰林友：《庙无寻处——华北满铁调查村落的人类学再研究》，黑龙江人民出版社2007年版，第207—208页。

③ 周大鸣：《凤凰村的变迁——〈华南宗族的生活〉追踪研究》，社会科学文献出版社2006年版。

年调查南景村,历时两年。1959年,杨庆堃的著作《向共产主义转化前期的中国村落》出版,该书描述了南景村在土地改革前后,政治、经济社会变迁的多个面向,是那一时期农村社会变迁研究的重要文献。[1]1881年杨庆堃重访南景。[2]1997年周大鸣开始重访南景村。[3]孙庆忠于1999年12月开始回访南景村,在南景村累计一年多的田野调查。田野初衷是:①记录20世纪90年代以来南景和都市渐趋融合的变迁过程。[4]②记录"农民终结"的动态演进过程。③都市村庄的研究可以看作人类学走向都市研究的过渡性桥梁。④采用传统的社区研究方法。

(七)东莞茶山镇回访

茶山镇的回访与原作的时间距离较之其他田野回访是最接近的。1979年7月至1985年7月,波特夫妇四访茶山,田野调查累计7个月,完成著作《中国农民:革命的人类学》,记录了中国农村社会在改革开放的转折点发生的巨大变迁。[5]1997年10月至1998年5月,在中山大学攻读博士学位的覃

---

① C. K. Yang. *A Chinese Village in Early Communist Transition*, Greenwood Press, 1959. 孙庆忠评价道:"这部著作的重要价值在于描述了共产主义运动前一个中国村庄的生活模式和之后蜕变中的乡村生活,再现了共产党执政前后历史性变迁过程的精彩的村庄民族志。"庄孔韶主编:《时空穿行——中国乡村人类学世纪回访》,中国人民大学出版社2004年版,第343页。

② 杨庆堃希望后辈以社区研究为方向,完成中国农村与家庭的续编。

③ 中山大学社会学系于20世纪80年代初复办后便开展了对南景村的追踪研究;周大鸣在20世纪90年代初开始对南景村进行追踪研究。周大鸣将其称为城乡接合部。1997年周大鸣等人开展了"广州城乡接合部社区研究"课题的研究,选择了几个点进行田野调查,一是城北的三元里,二是城东黄埔的南基村,三是城南海珠区的南景村。经过初步的调查,了解了这类社区的基本情况,然后选择南景村进行重点调查。选择该村的原因,一是有研究的基础;二是距离近,省时又省钱。他们可以通过对一个典型的城乡接合部社区(如南景村)变迁过程的探讨,去展示整个广州城乡接合部变迁的大体过程,以及在此过程中所遇到的带有普遍性的问题。有意思的是,两个调查文本,呈现的南景的城中村现状却是截然不同的两个面貌。调查时间相距不远,看问题的方式却截然不同。周大鸣、高崇:《城乡结合部社区的研究——广州南景村50年的变迁》,《社会学研究》2001年第4期。

④ 孙庆忠:"此时南景处于城市化的进程之中。从家庭到村落,从生产到消费,都在经济牵动下发生着前所未有的变化。这是中国社会继1949年政治革命后,以经济变革带动社会转型的又一重要时期。"孙庆忠:《都市村庄:南景》,载庄孔韶主编:《时空穿行——中国乡村人类学世纪回访》,中国人民大学出版社2004年版,第344页。

⑤ Sulamith Heins Potter and Jack M. Potter. *China's Peasants: The Anthropology of a Revolution*, Yale University Press, 1990。2018—2019年,笔者在加州大学伯克利分校人类学系访学期间,试图联系荣休多年的波特教授,未果。从格拉本教授那里得知波特夫妇定居亚特兰大。

德清三度到东莞茶山镇回访调查。在记录茶山镇变迁的过程中,覃德清走向文本制作的方向,而非坚持参与观察的传统社区研究法。他称之为:"通过不同文本的并置比照,多侧面地理解一种文化。""社会事实是无限的,而文本是有限的。"[1]田野回访在社会变迁的线索上完成了追踪的任务。刘志杨等人专程去增涉村访问了波特夫妇访问过的仍旧在世的报道人,对他们夫妇在增涉村的田野调查背景进行了详细的复原。[2]刘志杨引用顾尤勤的说法:"中美两国学者交换项目让人类学田野调查成为可能",并给予肯定。[3]

(八)大理喜洲回访

梁永佳的喜洲调查时间是2002年3月至8月,2003年完成博士论文《地域的等级》。田野回访的问题如下:①这些操双语、兼白汉的人到底是谁?②两个地域崇拜体系在什么意义上构成差异呢? 课题任务:①呈现以往研究较少关注的社会空间。②关注仪式的复合性,并说明这一复合性对于理解当地社会的意义。③关注根植喜洲的地域崇拜。涵盖两套地域崇拜体系的仪式实践是朝圣。④在研究当中贯彻非我研究的精神,突破民族国家的认同体制。⑤历史的转型与结构再生产的关系。笔者围绕许烺光的《祖荫

---

① 覃德清:《华南茶山的多重文化意象》,载庄孔韶主编:《时空穿行——中国乡村人类学世纪回访》,中国人民大学出版社2004年版。

② 刘志杨、骆腾:《从革命到改革——循着人类学家波特夫妇的足迹》,《社会科学战线》2011年第9期。

③ 刘志杨转引顾尤勤的文献出处如下: Eugene Cooper. The Ethnography of Contemporary China: First Fruits, *Current Anthropology*, 1991, 32(2): 208。笔者查阅了这篇文献,发现顾尤勤对波特夫妇著作的分析要比想象的复杂。其中最为瞩目的一个批评是波特夫妇论述了改革开放之初农民面向世界市场,生产商品对外出口的过程,波特强调农民经济对世界市场的依赖日益增长,但是依附世界市场给农民生活造成的负面影响却变得不可解释,20世纪30—40年代费孝通的乡村工业化理论没有得到进一步修正。Eugene Cooper. The Ethnography of Contemporary China: First Fruits, *Current Anthropology*, 1991, 32(2): 211。而刘志杨对波特夫妇的研究绕过世界体系依附面临的深层问题,并接着增涉三十年的发展回答了波特夫妇的问题:"中国参与到世界经济活动中给农民带来了富裕,促进了中国的现代化和繁荣。"顾尤勤对依附理论并没有一以贯之的批判,在黄宗智的共同体／实体经济的理论中,由于黄宗智批判依附理论太强调市场的角色,顾尤勤则与之商榷,依附理论是否对市场产生了压力? 如果是如此,批评毫无道理;如果没有,为什么要费劲从后门把它放走? Eugene Cooper. Anthropology and History in Recent Studies of China, *Comparative Studies in Society and History*, 1990, 32(1): 179。顾尤勤评论的是黄宗智作品《华北的小农经济与社会变迁》。Phillip C. C. Huang. *The Peasant Economy and social Change in North China*, Stanford Univerisity Press, 1985。

下》，对田野调查的前提意识进行了仔细检视。视角主义的干预是看不见的，但是可以通过"是白族还是汉人"这场争论及民族志跨越五十年的生产，显现出来。[1]

(九)那目寨回访

褚建芳于2002年3月到11月5日在那目寨做田野调查，2004年在那目寨过春节。褚建芳调查当地人"做摆"的仪式，并在民族志不同的地方，反复强调同一个问题："为什么仪式会具有这样的功能？其背后的意义是什么？"[2]为了回答仪式功能与意义的问题，他将参与观察的方法贯穿其中。在某一个或某几个具体的村寨专门居住和生活较长时间，亲自参与到这个村寨的生产、生活以及各种仪式活动中去，从而有机会亲身观察与了解他所描写的各项内容。褚建芳将田汝康发现的"摆"的互惠功能，进一步修正为"互惠交换是以等级为前提"，提炼出等级的观念，"等级结构中的道义互惠"成为"摆"的意义的解释机制。

(十)禄村回访

张宏明于2001—2002年先后三次到禄村调查，累计5个月的调研。田野调查的宗旨是理解禄村的公共仪式，其中土地的制度化背景值得研究。作者另辟蹊径，从文化的角度揭示土地的社会象征意义。[3]

二、田野回访综述

从以上的回访介绍可以看出，学科恢复以来，从1984年陆续开展的汉人社区的研究产生了极大的影响，大陆学者的主体身份得到了确认，而且占据了权力话语的一席之地。在这种本土化的浪潮下，"发出声音"成为中国人

---

① 马丹丹、刘思汝：《模棱两可与理解差异——喜洲的文本及回访文本阐释》，《青海民族研究》2018年第3期。

② 褚建芳：《人神之间——云南芒市一个傣族村寨的仪式生活、经济伦理与等级秩序》，社会科学文献出版社2005年版。

③ 张宏明：《土地象征——禄村再研究》，社会科学文献出版社2005年版。

类学学者鲜明的学术姿态。本土化的含义在回访单元有三个含义:第一,田野舞台回到汉人社区研究。①第二,话语权的抬头,华语人类学的提出。华语人类学针对的是汉语表述的主体的确认。换言之,面向的不再是"社会学中国化"时代的英文写作,让西方了解中国,而是为中国读者写作。全球化的背景下,学术对话的能力恢复,并得到极大的增长,原因是田野调查的条件得到培育、改善及鼓励。也就是说汉语写作包括两个任务:①面向中国读者;②理论视野面向国际,在认识论层面与中国研究尽快接轨,同时,产出理论,创造知识增长点。换言之,理论的挑战和困境同时存在。第三,继承与反思。相较于继承而言,反思的诉求更强烈些,而且反思的行动能量超过了一般期待。这就是回访单元不可低估的意志执行力。正如理论视野发生了分化,反思的方向也发生了分化。反思包括两个方面:①理论的反思。②民族志写作的反思。它是在确立研究者主体性的基础上进行新的理论方向的开拓,甚至有正本清源的含义。

中国人类学的学科恢复以来之所以会发生这样的民族志反思动向,是因为它面临的是学科停顿造成的断层问题。所谓的断层,就是马克思主义民族学在学科恢复十年来仍旧打下的烙印。狭义民族学和广义民族学的讨论出现,而且争论不休。因此田野回访就在汉人社区再研究方面扮演了重要的角色,而且颇有理论对话意识,这就恢复了中国人类学与社会科学结合的学科语境。

田野回访包含的自我反思意识,充满了主体与殖民反抗、西方话语对话与融入的矛盾交织。伴随宗族的重建,田野回访流露出浓厚的宗族关怀,强调文化意义的等级。这里的宗族指的是"后制度主义的宗族"。这就让宗族、等级与象征、结构主义模棱两可地糅合在一起,与文化复振运动融合。这一思潮对于不同的发起者,经过一段时间的发展,又产生了不同的走向。一部分人转向面向发展问题的应用人类学,一部分人转向上溯历史的复古主义,趋于两个极端。人类学的田野回访虽然于2003年式微,不过,历史的动向从田野回访结束之际就开始酝酿,直到发展为成熟的方法论意识,向历史人类学靠拢。

---

① 喜洲、那目寨的研究是田野回访中不多的西南族群研究,不过研究方法是社区研究,理论关怀也是族群和汉人社区之间相通的概念,例如礼物、互惠、象征与仪式。

此外,身份意识的悖论在于,一方面有着鲜明的理论对话意识,试图在国际学术的舞台上占据自己的一席之地。另一方面,它的落脚点又是汉语写作,目的是生产本土社会理论,生动地表达了它的理论反思诉求。本土社会理论成为一个值得检讨的概念。

田野回访的先行者是庄孔韶,1986年开始进入福建黄村调研,1990年开始在美国西雅图写作《银翅》,直到2000年出版。①1995年,阮云星进入黄村附近的义序,进行义序宗族的再研究。其实,庄孔韶也到过义序,而且仔细研究了林耀华的《义序宗族研究》和《从人类学的观点来看宗族》。1997年周大鸣等人开始了"广州城乡接合部社区研究"课题的研究。他本人于1994—1997年对凤凰村进行回访,1998年完成博士论文。1999年,孙庆忠开始了对南景村的回访。1998—2002年,潘守永、段伟菊、兰林友、刘珩、张华志等人陆续开始了对台头、喜洲、后夏寨的回访。2002年左右,"魁阁"回访项目进入调查日程,大概到"魁阁"回访项目结束后,也就是这批学人拿到博士论文后,2003年之后,田野回访的热潮渐渐冷却,田野回访也渐渐落下帷幕。很大的一个原因是回访的村落数量是有限的。2003年之后,人类学专业的研究生就不得不开辟新的田野,同时开辟新的议题了。另外一个原因是应用人类学的兴起。对应用人类学的考察,将在第八章展开。按照庄孔韶的定义,应用人类学并不是泛泛的应用,而是人类学研究的某一种文化实践在更大的范围推广,对政策调适及公共管理产生了影响。②人类学关注的文化实践并非纯粹的学理对话,而是回应现实问题的迫切需要。例如,庄孔韶、景军参与艾滋病与公共卫生项目,邵京参与河南"艾滋病村"考察(农民因卖血导致艾滋病感染),庄孔韶参与彝族借助传统盟誓仪式戒毒,在"虎日"这天跟踪拍摄盟誓仪式,出品《虎日》。③

如果将田野回访看作是一个集体动向,那么该动向表现出来的惊人一致性是,均是学位论文的选题。通过田野回访,参与者既完成了田野调查,也完成了博士论文。于是可以将1984—2003年看作是田野回访发生并发

---

① 庄孔韶:《银翅——中国的地方社会与文化变迁》,生活·读书·新知三联书店2000年版。
② 庄孔韶在上海大学社会学院的讲座:"人类学研究的选择",时间:2015年6月1日。
③ 参考庄孔韶对"'虎日'的人类学发现与实践——兼论影视人类学片的应用新方向""中国性病艾滋病防治新态势与人类学理论原则之运用"等应用项目的介绍。

展的时期。尤其以1995—1999年密集，大批量的田野回访集中在这一时期。如果说按照郝瑞所说，学科恢复以来民族志有一个恢复与进步的过程，那么田野回访可以看作是社区研究的恢复。①田野回访依据的民族志经典是燕京学派20世纪30—40年代认识中国的成果。时隔六十年，田野回访在一个新的起点展开，1995年伊始生发出人类学本土化的诉求。人类学本土化既可以看作是一个转向，又可以看作是一个开拓。②如果对田野回访者的师承关系进行细分的话，可以看到1984—2003年间，分别由三股学术"单位"介入其中。

先行者是庄孔韶带领的中央民族大学研究生，潘守永、兰林友、段伟菊、刘珩、张华志等人均是这种情况。庄孔韶在动员学术共同体方面发挥了核心组织力量，他的学术影响力覆盖本土与境外，围绕他的创作和探索发散出集体讨论氛围。③庄孔韶的学术兴趣是宗族在现代社会的延续与变异，家族企业的命运以及发展人类学的取向。1998—2003年，庄孔韶任中央民族大学多元文化研究所所长、实验影视人类学中心主任；2003—2011年，任中国人民大学人类学研究所所长。从他的任职经历来看，不知是出于巧合还是其他原因，2003年刚好是田野回访将近尾声的时候，他调离中央民族大学，转战中国人民大学。田野回访为中央民族大学的学术生产力注入了强劲的动力，形成了暂时的学术团结。但是2003年后随着庄孔韶的调离，研究人员加速了分化，1999—2000年通过田野回访激发的求同存异的认同格局不再可能实现。④

紧跟其后的是中山大学的人类学师生团队，周大鸣以博士生和发起人的双重身份参与凤凰村回访，开拓了珠江三角洲地区反映城市化丰富动态的更多田野点，凤凰村与南景村的选点即田野回访的一部分。随着他学术

---

① [美]郝瑞：《中国人类学叙事的复苏与进步》，范可译，《广西民族学院学报（哲学社会科学版）》2002年第4期。

② 庄孔韶表述为："20世纪人类学先驱者的中国本土农民社会田野转向（从所谓部落社会）具有划时代的意义。"庄孔韶：《行旅悟道——人类学的思路与表现实践》，北京大学出版社2009年版，第33页。

③ 周泓：《20世纪中国社会史的人类学研究——庄孔韶〈银翅〉笔谈》，《广西民族研究》2003年第2期。

④ 2011年11月，中央民族大学世界民族学人类学研究中心成立。该中心的学术动力来自海外民族志。这一动向透露出中央民族大学的人类学格局重组的信号，早期的汉人社区带动的人类学力量减弱，海外民族志异军突起，宣告了中国人类学一个新的时代的到来。

地位和学术号召力的上升,乡村都市化和都市人类学成为他在中国人类学占据一席之地的两把利刃。从"城中村"到农民工的研究,中山大学人类学的田野调查伴随着城市化浪潮,引入城市人类学的方向。

后来居上的是北京大学发起的"魁阁"系列的田野回访。"魁阁"系列的田野回访表面上是在费孝通的影响下,实际上是在王铭铭的带动下,进入到民间宗教和仪式、象征的研究领域当中。梁永佳还明确宣称:仪式空间是相对稳定的。"喜洲是一个有着三重定义的共同体概念,分别对应着市场、行政和仪式空间。此三者之中,只有后者是稳定的。"①

以上三股学术力量,均以单位为依托,可见单位仍旧是不可或缺的学术体制依托。什么时候形成相对独立的学术集团? 从时间的考验来看,这三支学术梯队中,庄孔韶带领的田野回访队伍在2003年之后很快分化,相对而言,只有王铭铭依托北京大学人类学的学术梯队沿着自己的诉求延续下去,形成并扩大为具有自我理论意志的学术集体。学术集体是具有理论指导意义的再生产力量,采取的是理论不依附现实的经济或发展等世俗力量,而是相对独立的态度,尽管参与者个体有差异,但大多忠实于集体,相对完整地贯彻指导者的理论意志。换言之,"魁阁"系列的田野回访虽然结束于2003年,但是对于王铭铭带领的学术梯队而言,只是拉开了理论建设的序幕。2005年他和徐杰舜被聘为中央民族大学的特聘教授,招收博士生。对于他个人而言,这期间中央民族大学向他抛来橄榄枝,正是他学术上升期的一个反馈。他的"三圈说"理论设想正是在中央民族大学进行首讲。

田野回访从发起到式微的短短六七年,中央民族大学、中山大学和北京大学从全国人类学研究机构中迅速脱颖而出。这是田野回访孕育的丰硕果实。这一时期的田野回访与学位论文紧密结合的意义是重要的,使得人类学的新生力量在短时期内培育起来,走向人类学的岗位,传播人类学专业知识。例如,段伟菊留任中央民族大学;梁永佳博士毕业后在北京师范大学做博士后期间,为民俗学研究生开设人类学课程;褚建芳在南京大学人类学研究所任教以来还在坚持西南民族地区的田野调查。

---

① 梁永佳:《地域的等级——一个大理村镇的仪式与文化》,社会科学文献出版社2005年版,第43页。

三、书写方式的转换,提出"华语人类学"的书写主体

"社会学的中国化"生产出一批优秀的民族志作品。它们的显著特点是与英美学术机构有密切的联系,为西方读者介绍中国社会与家庭,堪称经典英文著作。《江村经济:中国农民的生活》《金翼:一个中国家族的史记》《一个中国村庄——山东台头》《祖荫下:中国乡村的亲属、人格与社会流动》这四本著作被称为社区研究的经典。费孝通将其称之为微观社会学。潘守永提出重访其实并非记录社会变迁如此简单,更为重要的是,田野重访还担负着连接中断了近二十年的人类学与社会科学对话的理论任务。[1]具体而言,就是重访既要恢复社区研究的学习与实践,又要回应20世纪50—60年代微观社会学经历的社会科学的转向,例如弗里德曼的宗族理论,施坚雅的市场理论,以及20世纪70年代中国台湾人类学在汉人社区研究取得的丰硕成果,尤其是在民间宗教研究领域。两个阶段的理论成果都聚集于大陆刚刚复苏的田野重访当中。理论学习与消化、对话与反思均在平均5个月的田野调查周期当中完成,而且熟悉英文文献还需要一个过程,这种理论耕作的密集化程度是可以想见的。

华语人类学包含了自我主体确认与身份焦虑。这种心态和本土人类学不谋而合,在本土人类学的保护下大大得到释放。

以《一个中国村庄——山东台头》为例。[2]这本书的写作内容有两点堪为经典。一是农业民族志。将农业技术、农耕劳作的周期、农业种植的季节性及农户的餐桌饮食、家户食物结构等联系起来,展现了细腻性、物质性的品质。这和杨懋春先生(曾任台湾大学农业推广系主任)担任农业技术推广的学术职位相互贯彻。二是对超越村庄的小城镇的地位和未来现代化的动力充满信心并寄予期望。肯定小城镇的地位和现代化的动力,和费孝通对城镇的研究有着相通之处。但是同一时期,他们看问题的角度还有差异。

---

① 潘守永:《重返中国人类学的"古典时代"——重访台头》,《中央民族大学学报(哲学社会科学版)》2000年第2期。

② 杨懋春:《一个中国村庄:山东台头》,张雄、沈炜、秦美珠译,江苏人民出版社2001年版。

费孝通在《中国士绅》当中论述较多的是待在小城镇的绅士阶级因为租佃关系的恶化,成为破坏城乡"位育"机制的寄生阶级,由于依靠高利贷掌控乡村的金融资本,阻碍了乡村工业化的道路。没落的士绅出路有两个:要么投资实业;要么放弃土地,自食其力。① 而杨懋春论述的是小城镇带动乡村现代化的轴心价值,赋予更多的是如何发挥小城镇的积极动力作用。

潘守永在回访札记中说道:

> 杨懋春先生既考虑到村外关系(包括集市),但仍以村内和家庭生活为主,实在是抓住了中国乡村社会文化的本质。联系一下早期中国人类学的其他作品,如林耀华、费孝通等人的相关著作,就会清楚他们的研究也并非局限于村内或家内生活。②

由于潘守永根据台头重访撰写的博士论文暂时查找不到,笔者查找了潘守永撰写的台头重访的田野札记、根据台头重访发表的论文,这些有限的信息聚集了台头的社会变迁。他发现,村中不仅找不到一座旧房屋,而且连一棵老树也没有留下。农业成了家庭的副业,村子周围建了大量的工厂,绝大多数青年都在那里上班。澳柯玛的工业园占据了村西最好的土地,牛王庙也被包围在林立的厂房和烟囱之中。村子里的老人成为"不适应的老人",这不得不让他进一步思考"乡村现代化进程及相关的社会文化问题"。③

原著通过台头与辛安、台头与青岛的联系,探索社区与超越社区的集市之间的密切合作与依赖关系,然而在台头重访中这种关系已经大大地萎缩。整个文本是对"沿海地区现代化历程的见证。推动台头的农业结构革命以及农业技术改革的力量可能来自哪里?杨懋春大胆地提出土地的再分配计划。杨懋春对土地再分配的规划思路是首先改造土地分散的状况,例如插花田现象普遍,影响了土地开发的整体工程。土地集中、整齐划分后,就能

---

① 费孝通:《中国绅士》,惠海鸣译,中国社会科学出版社2006年版。

② 潘守永:《山东台头,重回历史?》,载庄孔韶主编:《时空穿行——中国乡村人类学世纪回访》,中国人民大学出版社2004年版,第122页。

③ 庄孔韶主编:《时空穿行——中国乡村人类学世纪回访》,中国人民大学出版社2004年版,第138—139、143页。

够为大农场的机械耕作做好准备。在台头社会变迁的表象下,土地的实在问题向回访者的书写意识转移,探寻自我的研究定位。

四、田野回访触及的三大议题

　　田野回访还会衍生出二访、三访,田野点重合。有限资源投入到一个田野点,不同参与者的理论视野不尽相同。这种情况给民族志批评者提供了不错的研究素材,即面对同一个田野点,理论视野在选择和表述过程中呈现的差异,恰好可以窥见理论动向的一斑。

　　发生了二访、三访的田野点形成了判断学术理论动向的合适文本。它们创造了理论对照的可能,过滤田野工作者的主观因素,展现理论与经验结合的认识论的客观性问题。学科恢复以来兴起的田野回访热潮,有可能创造出一两个经典的人类学议题。在笔者看来,至少有三个议题涌现出来。

　　一是社区研究在社区与超越社区的单位之间游移不定。超越社区的单位是什么? 宗族的共识尚且能够达成,而对于市场是否是超越社区的单位就产生了质疑和分化。施坚雅的市场理论在田野实证过程中遭受的质疑最多,不仅包括波特夫妇对茶山的研究,还包括潘守永对山东台头的研究、兰林友对后夏寨的研究等。兰林友通过对后夏寨婚姻圈的考察,得出结论:施坚雅把市场圈等同于婚姻圈(社交圈)的观点是经不起民族志田野工作的实证资料验证的。后夏寨的娶亲范围是以它自身的社会交往距离(空间)决定的,而不是由集市范围决定的。[1]有意思的是,周大鸣在城中村的研究中发现施坚雅的市场理论最为适合。市场理论在实践过程中展现出来的反差,就展现出来。[2]

---

　　① 兰林友:《庙无寻处——华北满铁调查村落的人类学再研究》,黑龙江人民出版社2007年版,第93、101页。

　　② 上海大学2010年毕业的人类学研究生龚瀚在他的硕士论文中对施坚雅的初级市场理论进行了田野的论证,他发现,初级市场理论依旧是有现实根基的。不过他对初级市场进行了重新解释:一是中级市场的功能下移,二是乡土传统的延续与延伸。这两点使得初级市场成为村民公共生活的载体。田野调查的出发点截然不同,导致田野点超出了回访范围,任何田野点都可能激活经典理论,理论验证并不是经典理论的驳倒或者辩护,而是为了接近生活经验,才有了经典理论对话的需求。龚瀚:《"重回"施坚雅"消失"的基层集市——以江汉平原张湾闸集市村落研究为例》,上海大学2010年硕士研究生毕业论文。

二是社区研究在宗族重建与宗族式微之间游移不定。有人看到的是宗族复兴,有人发现的是宗族式微,这一争议在山东台头的后续研究案例中较为明显。对于宗族在民间社会的秩序中究竟扮演了什么角色,学界认识不一。孙庆忠认为,由于失去了经济基础,宗族就只能在文化意义上的日常生活中渗透,而不再发挥制度意义的作用。不少回访学者支持这一观点。阮云星进一步提出"后制度主义的宗族"存在。潘守永认为台头的潘、杨两大家族仍旧有势力,台头的后续回访者如山东大学历史系的研究生高思峰则认为现代化冲击下家族势力已经式微。①兰林友在阐述华北宗族是残缺宗族的概念的同时,举出宗族认同意识薄弱的事例:1995年后夏寨马姓宗族修谱,由于得不到年轻人的响应,不了了之;王姓的祖坟"奶奶坟"倒塌之后,前夏寨的王姓竟然放任不管。②尽管大家对宗族的看法有差异,但是一致的是,普遍认为宗族失去了制度支持,仅在文化意义上发挥意识形态的功能和影响。这种观念不仅在宗族重建的田野回访案例中得到支持,就是在宗族受到地域条件限制的田野回访案例中,就华北宗族存在状态重新商榷宗族概念,如兰林友提出的"残缺宗族",也得到支持。张宏明在禄村农田的再研究当中,对洞经会和花灯的恢复过程,也提出相似的观点,公共土地为公共仪式提供了经济基础,失去了公共土地的支持,那么公共仪式也就失去了赖以生存的土壤。若想继续存在,容易受到外界力量的介入和操控,反而处于不稳定和没有保障的状态。反讽的是,洞经会的恢复与重建,不仅仅需要稳定的合作伙伴,更加迫切的是解决仪式的表演场所问题。洞经会竟然因找不到合适的表演场所,而不得不到处迁徙,居无定所。综合这些宗族的田野回访案例,得出的一个普遍性观点是:宗族以及以宗族为单位衍生的宗教、文化活动正在退出经济领域,从意识形态的层面对现实生活发挥作用。这种观点显然带有浓厚的"反市场"色彩。③学者提出的问题是:经济基础不复

---

① 高思峰:《台头村的文化转型研究——20世纪30年代至今》,山东大学2008年硕士研究生毕业论文。
② 兰林友:《庙无寻处——华北满铁调查村落的人类学再研究》,黑龙江人民出版社2007年版,第54—55页。
③ 梁永佳在他发表的有关民间宗教复兴的论文当中指出,民间宗教无论是被看作是经济,还是非经济,均反映了学者试图用象征资本与经济资本通约。梁永佳:《中国农村宗教复兴与"宗教"的中国命运》,《社会》2015年第1期。

存在,为何意识形态能够长期存在? 宗族重建肇始的宗族对话某种程度上催生了"象征资本的独立性"理念。兰林友用残缺宗族的概念来调适弗里德曼的宗族理论:"其他地区的宗族不可能都像东南宗族那样,具有集居、庞大族产、族属规模、强烈的认同感等特征,而可能仅仅是表达性的、意识形态性的,即文化性的。"①这种理念充满活力地将经济范畴的地权嵌入象征资本,为张小军提出"复合产权"打下了认识论的基础。

三是"分久必合,合久必分"。改革开放以来,尽管分家增多,但还是维系着准—家族主义,而且分家是分灶不分家,越分越旺。家族企业兴盛。这是田野回访在庄孔韶主导下就家庭变迁达成的共识。但是2000年之后,来自"后社会主义"的"大家庭解体、核心家庭崛起"论调取代了田野回访推动的"准—家族主义"的认识论主导。在"分家"的洗礼下,私人领域的变迁经历了从大家族向核心家庭的转型。阎云翔的《礼物的流动:一个中国村庄中的互惠原则与社会网络》和《亲密关系与私人领域的变迁》推动了这一转型,对学术体制产生了深远的影响。准—家族主义或者准—组合家族(Chinese quasi-joint family)本来就是在私营经济容纳但是保留赡养老人的功能基础上形成的变通形式。

此外,核心家庭与大家族的联系从没有割裂,"农人的积极性及其能量仍主要潜藏和聚集在家族单位之中"。即使核心家庭占据主体,但是绝大部分"核心家庭一直处在与父母同住的准—组合家族的结构之中"。实行家庭联产承包责任制的结果是家族主义兴盛,"家庭联产承包责任制与家族主义合拍"。②相反,阎云翔致力于构建个体主义的核心家庭力量,以及夫妻轴替代许烺光强调的父子轴的转型过程,强调个体在分家和"要彩礼"等婚俗实践中的积极角色。分家后,"谁来赡养老人"就成为问题,"孝道如何维持"就成为问题。还有其他博士论文回应分家产生的养老困境。到了2016年,阎

---

① 兰林友:《庙无寻处——华北满铁调查村落的人类学再研究》,黑龙江人民出版社2007年版,第25页。

② 庄孔韶在《近四十年金翼黄村的家族与人口》《黄村轮养制和准—组合家族》《金翼家族百年过程的学术研究要义》等多篇文章中回应准—家族组合,他把核心家庭比重的上升放在准—组合家庭比重上升的背景来表达他的家族主义的观点。庄孔韶:《行旅悟道——人类学的思路与表现实践》北京大学出版社2009年版,第72、77、109、111页。

云翔发表《社会自我主义:中国式亲密关系——中国北方农村的代际亲密关系与下行式家庭主义》一文,当年闹着分家从大家庭独立出来的小夫妻,在有了孩子之后又需要父母的支持和照顾,于是两个家庭又"合"了,组成合作式家庭(quasi-joint family)且成为主流。①张珺也通过机动车机制这一三棱镜发现私家车承载的大家庭单位,实践中产阶级孝道图:开车接送孩子,开车带父母看医生,开车为长辈跑腿等。②

　　田野回访落下帷幕,人们开始自发地在田野点的选择上进行区域归类,按照区域进行文献梳理。③这时候,"华北有宗族吗?"、华南"告别宗族"等议题一时间成为热点,对学术生产一度发挥了风向标的作用。笼统的南北区域划分,多元化的理论思潮,成为田野回访之后学术生产呈现的碎片化格局。可喜的是,区域多元化正在朝丰富细腻的地方史深入,华北战线进一步辨认出山西、陕西、河北等区域文化的特征。2011年山东大学人类学研究所成立,在庆典的研讨会上,山东嵌入的华北区域文化的战略地位再次被提出来。山西大学中国社会史研究中心成立于1992年,倡导"走向田野与社会"的理念。④杜靖多年来深耕家乡临沂的闵氏宗族研究,围绕五服九族的核心单位,发展出"喷泉社会"的理论体系。⑤他近年来将宗族理念拓展到关中平原,考察"濡化"所能抵达的地理极限,以及关中平原的中国西北模式的生成,⑥乃至将汉人宗族概念延伸到边疆地区,"用大量边汉社会汉人宗族的建设实例,丰富中国汉人宗族的形成与内涵"。⑦而华南战线进一步演化为华南社会史的兴趣,历史人类学借助华南的区域社会研究得到了极大的释放,历史人类学也依托华南的区域社会史独树一帜,并且持续发挥活力。

---

　　① 译文发表于2017年。阎云翔:《社会自我主义:中国式亲密关系——中国北方农村的代际亲密关系与下行式家庭主义》,杨雯琦译,《探索与争鸣》2017年第7期。

　　② 张珺:《驶向现代性——私家车与当代中国的中产阶级》,席煦译,广东人民出版社2023年版。并参考马丹丹的书评:《评〈驶向现代性〉》,《上海书评》2023年7月7日。

　　③ 田野回访的过程中,华南的区域文化研究已经兴起。

　　④ 山西大学中国社会史研究中心简介,http://rccsh.sxu.edu.cn/zxgk1/104811.htm。

　　⑤ 杜靖:《九族与乡土:一个汉人世界里的喷泉》,知识产权出版社2012年版。

　　⑥ 杜靖、张俊峰:《关中学派组织与礼化地域的组织——中国文化的西北模式》,《社会史研究》第12辑,社会科学文献出版社2021年版。

　　⑦ 杜靖、李耕:《甘肃凉州达氏宗族的文化实践:"边汉社会"的又一类型及概念再思——兼与石峰教授讨论》,《思想战线》2020年第1期。

引人注目的是西南经验被提上日程。马翀炜基于西南村寨民族志抽象出来的分析工具，试图与华南研究形成对话关系。村寨主义的提出，目的就是提出与东南宗族社会不同的社会构成方式。它是一种社会理论的构建与抽象。黄向春在历史人类学的转向中提出"仪式的社会理论"，这一理论与宗族的发明、制度的行为回应及文化和意识形态的构建紧密相关，仪式成为这三者相互联结的关键领域，极具符号的表演性、社会身份的创造性以及社会理想的想象力。"仪式的社会理论"有助于解构宗族的实体概念，为自身营造自由的空间。[①]村寨主义产生的背景和宗族形成的背景迥然不同。后者是作为对国家制度的回应而产生的民间社会的自治与秩序。村寨主义是指将村寨利益放在首位，家庭、宗族利益次之的方式协调村内关系，"从更加周边的少数民族社会文化来看中国的社会与文化，就可能具有避免从中心的视角认识周边民族地区的视角单一性的意义"[②]。它涉及的案例集中在西双版纳地区的哈尼族，包括元阳县全福庄哈尼族大寨、景洪嘎洒镇曼典村、元阳箐口村，以及缅甸、老挝和泰国等地的哈尼族阿卡人。如此众多的案例，是用来说明村寨的空间神圣性和时间神圣性。村寨主义给华南研究提供了宗族成长不起来的诸多反例，它和杜赞奇、黄宗智基于华北村落纳入国家政权建设进程所说的"村落共同体"的经验范畴依旧不同。这些基于村寨主义的观察与思考，无疑给西南民族地区的社会理论提供了新的思路。

五、结语

通过对照原著和田野回访作品，笔者发现，田野回访作品和原著在民族志的写作方向上发生了较大的差异与对比。20世纪40年代的作品均透露出超越乡村的理论雄心，在四五十年后，20世纪90年代恢复的田野回访中，微观的乡村民族志的趋向略有回升，纵向的历史传统成为叙述的主轴。思考其原因可能是，田野回访者一方面在积极探索本土学者的文化自觉，一方面

---

① 黄向春：《地方社会中的族群话语与仪式传统：以闽江下游地区的"水部尚书"信仰为中心的分析》，《历史人类学学刊》2005年第3卷。

② 马翀炜：《村寨主义的实证及意义——哈尼族的个案研究》，《开放时代》2016年第1期。

设定的民族志的目标与功能是描述社会变迁,历史自然就进入衡量地方的过去和今天的坐标系。随着新的问题意识和理论范式在田野回访的民族志书写中逐渐形成,一种超越村庄局限、连接不识字阶级与精英的沟通阶梯正在建立。这种交流通过不同途径的自上而下的概念得以实现,例如反观法和文化直觉主义依赖的渠道是教育、濡化的概念提出,朝圣依赖的渠道是宗教,后制度主义的宗族依赖的是节日,超越的概念正在建立起来,这些例证先后印证了村庄与文明的联系对村庄产生了深远的影响。这种逆向书写的方式又在不同程度上突破经典民族志的理论范式,文化和象征的意味凸显出来。庄孔韶更是将文化与象征系统归拢于"准—家族组合"凝聚的大家族主义。

北京大学组织的云南三村回访,按照王铭铭的设计,所做的工作是如何超越经典民族志的经济决定论倾向,让民族志进入它原有的文明系统。例如,禄村经济的调研忽略了洞经会的文化象征价值,回访中着力于恢复洞经会承载的文明使命和洞经会的核心——士绅在文明教化中的角色和地位。例如,喜洲所属的南诏文明被汉人中心观压抑并边缘化了,田野回访需要将一个"中间圈"的文明系统恢复到它的主体地位。这种离开经典民族志理论脉络、另起炉灶的做法可以看作是象征人类学的起步阶段。

中山大学的回访系列虽然同样有着社会变迁的民族志目标与功能,不过却统一将民族志推向都市人类学的方向。从"城中村"出发,田野回访者考察乡村城市化的进程以及如何推进乡村城市化的协调机制建设的讨论。庄孔韶带领的学术团体一开始还是有着强烈的理论与方法论的创新意识,随着实践的展开、参与评估项目、应用人类学的指向明确,人类学学者的责任与担当在应用人类学的实践中渗透并深化。应用人类学的转向在中山大学的"城中村"回访中就已开始,村落逐渐终结,但对于都市人类学而言,恰是开始。这些实践不同程度地推动了都市人类学"与时俱进"的现实取向。

田野回访在汉人社区再研究方面扮演了重要的角色,而且颇有理论对话意识,这就恢复了中国人类学与社会科学结合的学科语境。人类学义无反顾地投入汉人社区研究,面对西方学术的对话意识,华语人类学的写作意识都在不同程度地回应中国人类学学科恢复之初面临的断层问题,这一断层问题又可以理解为燕京学派的社区研究传统如何恢复,进一步,如何回应

20世纪80年代的表征危机思潮,而自我迫切需要在微观民族志的基础上继承20世纪30—40年代的功能学派的学术遗产,又迫切需要超越功能学派,寻找中国人类学的国学和哲学根基。如此之多的历史与当下的学术对话关系,使得华语人类学的写作意识与功能学派的经典民族志的出发点截然不同:前者用汉语写作,在理论对话与中国经验的特殊性中反复摇摆,理论时差在滞后与追赶之间协调不均,符号能指很容易滑动至主体意识和身份诉求这一端;后者用英语写作,向西方读者输出"中国性"。学术对话关系是如此复杂,使得田野回访出现了一个耐人寻味的现象:学者在建构理论对话谱系之余,间接地、断续地从事文化表征的写作试验。

　　田野回访出现的叙事功能松动端倪,既为中国人类学接受"写文化"洗礼埋下了伏笔——迎接更加猛烈的实验民族志驱动的表征实验,同时也为中国人类学在学理层面与英美人类学极易发生术语共振打下了基础,尽管这些术语革命往往悬浮于经验之上,有其流行的时效性。它的流动特性给叙事功能既带来干扰,又带来理论野蛮生长的滋养。田野回访开启的这一双刃剑效应,无法依靠"今日的人类学调研和中国古代文论之间存在某些联系吗?"抑或是"这类所谓本土概念,能否成为一种理论的基础,而获得它的世界解释力?"等王铭铭式提问方式解决。经验的特殊化、理论的想象力和"以中释西"的本土概念所具有的力量如梦幻泡影,与后殖民主义的心态和自恋缠绕在一起,使中国人类学散发出有如格尔茨笔下莫佐库托镇"永远过渡"的理论气质。[1]田野回访引发的争议,例如,中国经验对于中国研究而言是本体论还是方法论的动力? 这样的问题还会伴随中国人类学的发展和反思继续产生意义。

---

　　[1] 笔者将格尔茨描述的印尼独立后犹如万花筒般的意识形态与滞后经济、混乱时局之间的奇异组合,化用到中国人类学与国际优势话语产生的术语共振效应,强调外来影响与主体成长之间的复杂互动。

第四章　集体田野调查的始末与变迁

——以厦门大学人类学系的田野调查实践为例

厦门大学人类学系的创始人林惠祥的学科建设思想影响深远，1984年人类学系恢复，实现了林惠祥生前未能实现的人类学系愿景："系、馆、所"三位一体。1951年林惠祥先后向教育部、厦门大学提交了人类博物馆筹备书，他有感于人类学方面的博物馆在博物馆事业中"更为缺乏"，深知这种博物馆"帮助对于人类本身及其行为的了解之用"。设立的理由包括：①教学和专门研究所需。②社会教育所需。③保存地方文物的需要。④帮助了解中国台湾、南洋的需要。[①]博物馆在林惠祥搜集的古物标本的基础上，搜罗有关人类的古今中外文物，包括史前时代和有史时代，文明民族和原始民族。[②]在人类学系恢复初期，人类博物馆发挥了积极的作用，不仅是陈国强等人申请恢复人类学系的学科根基，也是人类学系重建的活力来源。中国人类学学会的会址、百越研究会的会址均设在人类博物馆。

人类学学科恢复以来，除了继承林惠祥的学术事业，陈国强等人又开拓了一条创新的学术道路，其1987—1994年围绕崇武地区开展的集体田野调查是20世纪80年代汉人社区田野调查的先声，其中最为瞩目的成果就是《崇武大岞村调查》，形成了完整的民族志范式。笔者将以大岞村调查的前后为研究对象，追踪厦门大学人类学系集体田野调查的缘起及演变，探索民族志范式的再生产及转变。无论是理论还是实践，似乎止步于对一种风俗的理解，这一结果颇令人失望。关于这种失望的情绪，在庄英章的文章中有

---

① 林惠祥：《厦门大学设立人类博物馆筹备处计划书》，载蒋炳钊、吴春明编：《林惠祥文集》（下），厦门大学出版社2012年版，第693—695页。

② 林惠祥：《捐赠古物标本及图书提议设立人类博物馆筹备处呈函》，载蒋炳钊、吴春明编：《林惠祥文集》（下），厦门大学出版社2012年版，第629页。

所流露:"大家还是各说各话,各自独立提他自己的田野材料,而未从事有系统的比较研究。"①大岞村调查随着长住娘家讨论的展开渐渐落下帷幕,1994年厦门大学人类学系停办之后,集体田野调查的制度支持受到削弱。虽然大岞村调查开启了汉人社区的研究先河,但随着田野重访序幕的拉开,大岞村调查的影响逐渐从学术视野中消失。整体民族志的概念尚未得到检讨。

以厦门大学为例,整体民族志在大岞村调查中奠定下坚实的基石,又在余光宏的带领下有所调整、深化。对整体民族志的讨论,触及描述的概念。笔者试图在英戈尔德(Tim Ingold)的民族志批评中找到若干启示,尝试对整体民族志的认识论基础作出更进一步的理解。

一、东南地区的民族调查

陈国强1951年留校做林惠祥的助手,受到林惠祥的影响,陈国强的学术活动首先是对台湾高山族的研究。陈国强拜读了林惠祥的著作《台湾番族之原始文化》,并于20世纪80年代开始出版高山族的研究著作。陈国强在主持、恢复厦门大学人类学学科的过程中,把高山族研究作为人类学研究生培养的基础课程之一。高山族研究是人类学学科建设活力的源泉。"1981、1985年招收中国民族史专业(中国东南民族史方向),1981年招收石弈龙、郭志超。1992年6月,陈国强参观台湾民族学研究所在新竹、台中、南投、台南等县的调查点。1996年4月到6月,他在台湾开会之余,到高山族各地区调查其姓名。②有关高山族的田野调查,陈国强提到,1958年访问的是抗战胜利前后离开台湾到大陆的高山族同胞。通过论证,他得出结论:高山族来源于大陆东南沿海一带,而东南沿海一带,居住着百越民族。这说明高山族和古代越族具有同样民族生活文化特点,应是古代百越的一支。③这一观点来自林惠祥。民族的文化特点表现为:使用胶着语,文身,食海产,以及使用特

---

① 庄英章:《汉人社会研究的若干省思》,《台湾"中研院"民族学研究所集刊》1996年第80期,第30页。

② 蒋炳钊告诉笔者,他去过台湾五次。陈国强只去过两次。笔者对蒋炳钊的访谈,访谈时间:2016年6月29日,访谈地点:蒋炳钊寓所。

③ 陈国强:《台湾高山族研究》,生活·读书·新知三联书店上海分店1988年版,第24页。

殊工具等。

来自田野调查的口述材料帮助陈国强完成高山族名称沿革的研究,改变了以往高山族研究依赖文献的传统。1963年陈国强在《厦门大学学报(社会科学版)》发表《高山族名称沿革考》[①]。在这篇文章中,他提到了日本侵略者对高山族的称呼和日本学者对高山族的研究,其中包括1913—1921年佐山融吉编的《番族调查报告书》,1915—1922年小岛由道、河野喜六二人所编的《番族惯习调查报告书》。范可的硕士论文《论高山族的原始宗教》就利用了这批材料。[②]鉴于高山族内部有多个分族,陈国强对族称的研究有一个想法:两岸统一后,对高山族进行民族识别。[③]"当务之急是应尽快地对台湾先住少数民族进行民族识别,看台湾的先住少数民族究竟是一个民族或者几个民族,其民族名称又是如何? 只有进行民族识别以后,才能够确定台湾先住少数民族或高山族是一个民族或者是几个民族以及确定其族称。"[④]因为台湾少数民族内部多样化的族群,陈国强称之为"小民族"(尚停留在原始阶段),没有超越部落发展社会阶段,没有走完民族形成的道路,而以地域关系联系着若干单极的复杂的血亲群而构成一个部落,[⑤]因此无法完全归属到统一的民族——高山族。

1981年,陈国强、叶文程在《中国人类学会通讯》联合发表《厦门大学筹建人类学系的初步设想》。设系理由是:①人类学是一门新兴的学科,在国外发展很快,在我国已中断多年。②人类学对于我国理论研究水平的提高和社会主义现代化建设都将发挥重大的作用。③我国亟须建设一支人类学的专门队伍,建设我国自己的人类学体系。④利用厦门大学人类学系的原有基础和有利条件,在考古专业基础上成立人类学系,分设人类学专业和考古专业。计划书当中人类学系人类学专业课程包括人体测量、民族学概论、中国民族史、东南亚考古、东南亚民族等,除了概论课,还开设具体的民族研

---

① 陈国强:《高山族名称沿革考》,《厦门大学学报(社会科学版)》1963年第4期。
② 徐舜杰、范可:《我的人类学之路——人类学学者访谈录之十六》,《广西民族学院学报(哲学社会科学版)》2002年第3期。
③ 陈国强:《台湾高山族研究》,生活·读书·新知三联书店上海分店1988年版,第269页。
④ 陈国强、田富达等著:《高山族史研究》,中国人类学学会编印,1999年10月,第259页。
⑤ 陈国强、田富达等著:《高山族史研究》,中国人类学学会编印,1999年10月,第209页。

究课程,例如越族、畲族和高山族。①1982年开始招收首届人类学专业硕士研究生,招收了范可、潘宏立、唐怡源等人。1983年,教育部批准厦门大学成立人类学研究所并设立人类学专业。1984年2月,厦门大学人类学研究所成立。该所的研究方向为文化人类学、考古人类学、民俗学和民族史,尤其注重对中国东南地区各民族文化和东南亚地区各民族文化的研究。②20世纪80—90年代,陈国强开始了福建省客家、回族、畲族的多条线路的田野调查。

二、早期的田野调查报告

1958年,陈国强、叶文程、蒋炳钊等人参加"福建少数民族调查",主要参与施联朱带队的畲族调查,围绕畲族主要聚居地区闽东开展调查,即罗源、福鼎、宁德等地。当时的调查思路是,每一个县调查三个点,也就是三个乡,然后写一个调查报告作为资料。蒋炳钊在接受张经纬的访谈中回忆道:"第一次参加少数民族调查,我们还是很兴奋的。"③

1983年9月,陈国强带领厦门大学师生到惠安百奇调查那里的回族后,1984年5月24日至6月5日,又到晋江陈埭调查丁姓回族,并总结编写了《晋江县陈埭公社回族调查报告》一书。④陈国强调查陈埭的原因,他自己有所说明:"我到晋江陈埭调查丁氏回族,发现其民间都误认为他们是赛典赤瞻思丁的后裔;或误认他们只是阿拉伯人的子孙;更有甚者不承认他们是回族(因未全部信仰伊斯兰教)。凡此种种,都表明有必要阐明,以恢复陈埭回族历史的真面目。"⑤1989年12月,学界在陈埭镇联合召开"陈埭回族历史学术讨论会",会后出版了《陈埭回族史研究》论文集。⑥

---

① 陈国强、叶文程:《厦门大学筹建人类学系的初步设想》,载《中国民族学会通讯》1981年第27期。值得注意的是,计划书里列入的人类学专业课程体系当中没有人类学相关课程。

② 王建民、唐肖彬等编著:《中国人类学民族学百年纪事》,知识产权出版社2009年版,第461页。

③ 张经纬对蒋炳钊的访谈,见《蒋炳钊教授访谈》,"百越民族史"公众号,2018年2月2日。

④《陈埭回族史研究》编委会:《陈埭回族史研究》,中国社会科学出版社1990年版,第6—7页。

⑤ 陈国强:《福建陈埭回族的形成与发展》,《民族研究》1991年第4期。

⑥ 陈埭回族和百奇回族后来成为范可的博士论文田野调查地,他将两个地方回族的认同策略进行了比较,开始了"再地方化"的概念探索。范可:《"再地方化"与象征资本——一个闽南回族社区近年来的若干建筑表现》,《开放时代》2005年第2期。

1984年厦门大学成立人类学系后不久，由人类学系、人类学研究所和人类博物馆组成的厦门大学民族调查组，先后完成《同安县新店公社溪尾大队陈塘村回族调查报告》《华安县新圩公社官畲大队兰姓畲族调查报告》《福建省漳浦县赤岭湖西兰姓调查报告》等。这些油印本乃是人民公社还未解体时期，对福建回族、畲族等民族的调查报告。这些调查报告往往按照"概况、历史来源、经济状况、文教卫生情况、文化及社会习俗"的体例进行撰写，对公社的现状进行基本介绍。以陈塘村为例，在"文教与风俗习惯"一节当中，对于回民的风俗习惯这样论述道："陈塘村丁姓回民，是一个汉化较深的群体。他们人数不多，周围都是汉族，又与汉人通婚，回族风俗几乎荡然无存，仅在每年两次祭祀祖先时，不用猪肉，不烧纸，只烧香。"①

陈国强于1970年下放宁化，与客家人相处了一年半的时间。1972年3月调回厦门大学，但他一直把宁化当作第二故乡。1993年1月17日，陈国强和石奕龙副教授，以及研究生李文睿、方百寿又到了宁化，20日下到合口乡石壁村，在春节前后进行专题调查。②1993年7月13—31日，陈国强一行人来到长汀县，调查涂坊乡客家人。在当地县、乡党政领导的关心和支持下，涂坊客家调查顺利开展。③

调查客家人有两个考虑：①集中各方面力量，对宁化和石壁进行深入系统的调查研究，以深化客家史和客家文化的研究，促进客家学的发展。②鉴于大陆上客家地区的社区调查研究还是个缺门，调查者希望在近年内能填补这个空白。④通过掌握第一手资料，运用社区调查方法，《宁化客家石壁祖地》被称为第一部客家民系社区调查成果。⑤

1983年，由厦门大学人类博物馆及历史系、复旦大学生物系人类学教研室、上海自然博物馆人类学组组成联合调查组，陈国强、石奕龙牵头，在霞浦县崇儒乡新村、厦坪、上水三个村调查，完成《福建省霞浦县社畲族调查报

---

①《同安县新店公社溪尾大队陈塘村回族调查报告》，1984年10月，第8页。感谢石奕龙老师慷慨提供他珍藏的调查报告油印本，供笔者研究。

②陈国强等主编：《宁化石壁客家祖地》，中国人类学学会编印，内部印刷，1997年，"后记"，第235页。

③陈国强等主编：《长汀涂坊客家》，中国人类学学会编印，内部印刷，1999年，"后记"，第238页。

④陈国强等主编：《长汀涂坊客家》，中国人类学学会编印，内部印刷，1999年，"后记"，第238页。

⑤陈国强等主编：《宁化石壁客家祖地》，中国人类学学会编印，内部印刷，1997年，"序"。

告》(1983年10月)。1990年8月到9月,陈国强带领厦门大学人类学系的研究生蓝达居等再次到崇儒乡调查,调查时间一个月,后出版《崇儒乡畲族》。①1994年8月31日到9月14日,陈国强、石奕龙带领人类学研究生张宏明、雷小卉到水门畲族乡调查,着重调查畲族较集中的几个村落。1995年10月底,福建省民俗学会和福建省旅游学会在宁德联合召开"畲族民族风情讨论会",1997年出版论文集《畲族民俗风情》,收入论文34篇。②

　　从以上的论述大致可以了解到,回族、畲族和客家的调查时间短则半个月,长则一个月左右。③这些调查有三个特点:①和乡政府关系融洽,和地方志合作密切。其中长汀洲乡长罗益洲还撰写了远景规划一章,并指定工作人员为调查者带队和提供资料。④受政府的影响,调查地点侧重乡政府所在地的涂坊、红坊二村。⑤《宁化石壁客家祖地》在宁化县地方志办公室完成调查报告的讨论和分工。文化厅李联明厅长将该书纳入"芳草计划",资助了一些调查经费。②调查报告由团队协作完成。体质人类学和文化人类学等多学科联合作业。这些团队成员以厦门大学人类学系的师生为主,联合成员还有福建省社会科学界联合会原秘书长周立方,上海自然博物馆的林加煌是仙游人,参与了宁化石壁客家调查。⑥在1984年的陈埭丁姓回族调查过程中,复旦大学生物系人类学研究室到百奇进行233例体质测量,戴星翼进行数理统计,得出的结论是:"百奇回民体质具有中东血统。"⑦上海自然博物

---

　　① 陈国强、蓝孝文主编:《崇儒乡畲族》,福建人民出版社1993年版。

　　② 陈国强主编:《畲族民俗风情》,海峡文艺出版社1997年版。

　　③ 蒋炳钊在学科恢复伊始,自发调查的活动也在增多,选点和调查内容更加关注当地文化特色。首先是个人研究方向、个人研究意识越来越活跃。1984年他带潘宏立和几个研究生去漳浦调查,原因是漳浦一万六千多人蓝姓要改民族成份。首先,族源问题是蒋炳钊进行少数民族调查的重中之重。其次,他主张实地研究、考古研究与文献资料的研究相结合。最后,他还注重少数民族与汉族的关系,将畲、客、回等福建少数民族看作是汉人的民系。他称自己为民族史学者,而非人类学学者,这一自我认知准确而又谦逊。

　　④ 陈国强等主编:《长汀涂坊客家》,中国人类学学会编印,内部印刷,1999年,"后记"第238页。

　　⑤ 陈国强等主编:《长汀涂坊客家》,中国人类学学会编印,内部印刷,1999年,"序"第3页。

　　⑥ 上海自然博物馆的参与人员是林加煌和王桂伦。林加煌是蒋炳钊的同学,福建仙游人,被分配到上海自然博物馆工作。他不仅是陈国强亲密的调查合作伙伴,私交也甚好。感谢陈师母和长子陈华毅先生接受笔者的访谈,回忆陈国强生平旧事。笔者对陈国强家人的访谈,访谈时间:2016年6月30日,访谈地点:陈国强寓所。

　　⑦ 《陈埭回族史研究》编委会:《陈埭回族史研究》,中国社会科学出版社1991年版,第301页。

馆馆员何惠琴为《崇儒乡畲族》增写"体质形态特征"一章。通过测量375人，调查结果得出:崇儒畲族应属蒙古人种,但有其独特的特征。①在这些油印报告的封面上,三家单位联合署名:厦门大学人类博物馆、历史系,复旦大学生物系人类学教研组,上海自然博物馆人类学组。这种情况仅仅出现在1983年。到了1984年,就是以厦门大学人类学系、人类学所、人类博物馆这一"系、馆、所"合一的方式构成稳定的调查团队。③从调查结束到调查报告的完成,周期短,转化快,这和后来滞后一年到两年的出版周期完全不同。当时采用的是油印本这样的调查报告体例。不过实地调查的冠名和实际的成文并不甚一致。实际的成文往往和田野调查的关系疏离。类似《惠安钟厝畲族历史文化的调查与思考》《陈埭镇岸兜村社会民俗调查》这样的调查报告,几乎是民族识别时期《××族社会历史调查》在福建民族地区的沿用。换言之,陈国强等人是较早一批参与少数民族调查的成员,学科恢复以来,他们先后发起、投入第二次民族调查,更加注重福建当地的文化特色,以及注重从汉人的"民系"概念来看待福建少数民族与汉族移民史之间相互影响、相互联系的民族史源流。尤为瞩目的是,强调族源问题当中闽越土著的地位和文化特色,贯穿了学科重建以来民族调查渗透的地方意识。

对回族、畲族的调查于20世纪80年代先后恢复,到1993年前后开始客家调查之前,大岞村调查可以说是由海峡两岸暨香港参与的最大规模、专业化的田野调查。甚至可以说大岞村调查开启了汉人社区的调查风气。在这期间,妈祖信仰的调查也同时展开。1989年春,陈国强组织莆田妈祖宫庙及信仰活动的民俗调查,向妈祖信徒和游客介绍湄洲妈祖祖庙的历史和现状、妈祖信仰的活动及仪式、妈祖信仰在莆田及台湾的情况等。②1998年3月29日至5月5日,陈国强在新加坡探亲期间,调查了位于福建会馆的"天福宫"的妈祖信仰,并发表《新加坡"天福宫"的妈祖信仰》,收入1998年的论文集。③

---

① 陈国强、蓝孝文主编:《崇儒乡畲族》,福建人民出版社1993年版,第28页。
② 陈国强主编:《妈祖信仰与祖庙》,福建教育出版社1990年版。林文豪主编:《海内外学人论妈祖》,中国社会科学出版社1992年版。
③ 陈国强、林华章主编:《两岸学者论妈祖(第二集)》,香港闽南人出版有限公司1999年版。

三、大岞村调查

大岞村调查其实是陈国强组织并发起的田野调查中的一个部分,是民族调查开展到一定阶段之后才开启的汉人社区的田野调查。1988年11月7日至12月3日,厦门大学人类学系与惠安县志办联合进行调查,由陈国强、石奕龙率领师生二十多人在大岞村做人类学社区调查,编写《崇武大岞村调查》书稿。《崇武大岞村调查》是叶文程负责的国家社科课题"闽台惠安人研究"(1988年10月立项)的成果之一,①该课题的另外两个成果是《崇武人类学调查》《崇武研究》。这三本书是该课题的中期成果,结题成果则是1994年出版的《闽台惠东人》。这些学术著作的相继出版,引发了崇武地区晋江村党政领导的注意。"他们认为有必要编写一本专书,来介绍晋江村的历史与现状。作为一个社区,我们也认为,应该通过调查,结合文献,由领导、专家、群众三结合,编写一本《崇武晋江村》。"②《崇武晋江村》几乎是崇武调查的尾声。陈国强评价道:"惠安县崇武镇在短短五六年中,出版了这么多本书,说明这里领导对科学研究和文化艺术的重视,也说明这里有特色的地理、历史、民俗、文化正日益引起国内外学者的关注与重视。"③在笔者看来,《崇武研究》虽然是一本驳杂的论文集,不过在有限的几篇文章中,尝试提出某一假说,例如崇武人的族源,且观点发生交锋,属实不易。

1992年10月中旬,惠安民俗学术研讨会在惠安县召开,讨论主题是"惠安民俗及其相关的闽台民俗的调查与研究"。"参加会议的除了有闽、台学者外,还有从英国归来的王铭铭博士。"④该研讨会是福建省民俗学会1989年12月成立后以闽台民俗为研究对象的主题研讨会之一,也是"闽台惠安人研究"课题的延续。会后出版《惠安民俗》一书。

---

① 陈国强、石奕龙主编:《崇武大岞村调查》,福建教育出版社1990年版。
② 陈国强:"前言",载陈国强、蔡永哲主编:《崇武晋江村》,福建教育出版社1993年版,第2页。
③ 陈国强:"前言",载陈国强、蔡永哲主编:《崇武晋江村》,福建教育出版社1993年版,第2页。
④ 陈国强:"前言",载陈国强、叶文程、汪峰主编:《闽台惠东人》,厦门大学出版社1994年版,第3页。王铭铭是1984届民族史研究生,是厦门大学人类学系硕士授予点的开始。同时招进来的还有何瑞福、吴国富。王铭铭在国家公派留学前到中山大学接受外语培训。

《崇武大岞村调查》被石奕龙评价为"改革开放后国内第一本有关汉族的民族志"①。厦门大学进行惠东人调查、客家调查等民系研究,与当时学科资源不充足的现状、降低田野考察成本的需求有直接关系。

(一)崇武人类学调查

石奕龙在接受徐杰舜的访谈时,对于为什么研究闽南汉人社区有过介绍:"由于中国东南地区民族少(仅有高山族、畲族),同时也由于国外人类学家那时多关注中国的主体民族,还有,当时的科研经费少,如果要去西南、西北地区研究少数民族,我们没有那么多经费可以支持,所以,我们只好多研究研究福建本地的汉族文化了,当然是包括闽南人和客家人的文化了。"②

为配合1987年在崇武镇召开的"崇武古城创建六百周年学术讨论会",陈国强和惠安县地方志办公室蔡永哲主持了对崇武镇的人类学调查,时间是从1987年6月7日到6月30日。几经修订后,于1990年12月出版了《崇武人类学调查》。崇武镇的调查时间早于大岞村,但是出版晚于《崇武大岞村调查》。当时在厦门大学留校任教的范可参与了崇武调查,他参与撰写了五峰村的社会文化调查。③在后来的访谈中,他讲述道:"在惠安县崇武镇的调查使我认识到,华南的大宗族并不一定在生物学的意义上也'共享血统'(share descent),我这是借用查尔斯·凯斯(C. Keyes)的术语来说的。崇武五峰村的蒋姓村民认为,他们的宗族之所以能独占一方,是因为在历史上吸收了周围原有的一些小姓。这些吸收与融合过程往往与过去的天灾人祸有关,而且受到某种信仰观念——如'风水'的影响。"④

1990年2月8日至9日,"两岸惠东人协作研究研讨会"在香港召开。这次会议由海峡两岸暨香港的学术力量组成,共同研究惠东人,并进行台湾大岞移民与福建大岞村民的比较。陈国强、石奕龙等人参与了这次会议。以

---

① 徐杰舜:《来自厦门大学的人类学思考——访厦门大学石奕龙教授》,《民族论坛》2014年第7期。

② 徐杰舜:《来自厦门大学的人类学思考——访厦门大学石奕龙教授》,《民族论坛》2014年第7期。

③ 范可是1983届人类学系研究生。当时厦门大学人类学系还没有学位授予权,范可、唐怡源、潘宏立到中山大学人类学系参加答辩、接受学位授予。

④ 徐杰舜、范可:《我的人类学之路——人类学学者访谈录之十六》,《广西民族学院学报(哲学社会科学版)》2002年第3期。

这次会议为基础,出版了论文集《惠东人研究》。乔健在序言中评价道:"由于田野工作的重点在大岞,所以本书所含论文也偏重于大岞,而且主要集中在社会结构与宗教两方面,这都是本书不够全面的地方。然而集聚中国大陆、台湾与香港三地的学者专家专门对一小地方作微观的研究,实为中国社会科学的研究创建了一个典型,希望由于本书的出版,能把这个典型推广开来。"①大岞村吸引了海峡两岸暨香港的学者前来进行短期调查,他们当中有李亦园、庄英章等,乔健更是与大岞村结下不解之缘。②

《崇武人类学调查》的篇章结构由概况、体质调查、方言调查和城区、五峰村和埕村的社会文化调查,以及最后一部分县志等文献中有关崇武的历史记载合辑组成。这一调查报告相较早期的陈埭丁姓回族调查报告的体例有了较大的变化。换言之,该民族志是由概况、体质、语言和社会文化构成的,遵循的是人类学的四大分支——考古人类学、体质人类学、语言人类学和文化人类学——的整合,其中,考古人类学在崇武的田野调查转化为崇武历史古迹的考察,渗透于社会文化调查之中。调查者搜集了有关崇武的丰富历史文献,以资料汇编的方式呈现。崇武调查以人类学的四大分支贯穿始末,是陈国强组织田野调查的组织框架的体现。这一组织方式的形成,和人类学试图区别于民族学、寻找自身的学术传统有间接的关系。其中,以体质人类学为例,对崇武民众进行活体测量,调查结果显示,崇武人是汉族。这一结果驳斥了民族学对族群源流的假说,例如猜测惠安人可能是疍民或者黎族。体质人类学的测量结果有力地支持了陈国强的判断:崇武郊区的居民不是疍民,也不是黎族,他们都是汉人。③陈国强倾向于使用原始社会的考古资料,来论证族源问题,例如惠安发掘的新石器——石锛。

调查报告虽然由不同的人执笔,但是在体例安排上保持了高度的统一,

①乔健、陈国强、周立方主编:《惠东人研究》,福建教育出版社1992年版,第4页。
②在乔健的建议下,潘英海在台北新大岞村从事田野调查以及移民研究,了解大岞村移民在台湾的定居和生活状况,其成果收录于《惠东人研究》中。这篇调查报告以扎实的入户调查和访谈的研究基础奠定了民族志观点的信度和效力。他提出了认同的相对性问题,大岞村民的认同远远高于厦门、福建人的认同。崇武与大岞在大陆是相邻村落,然而移民到台湾后反而彼此并不认同,距离疏远。
③陈国强:《崇武的衣饰与族属试探》,载《崇武研究》编委会:《崇武研究》,中国社会科学出版社1990年版,第256—261页。

笔者猜测组织者对调查者进行了民族志调查体例的专门培训。这些社会文化调查大致是由概述、人口、姓氏族源、住宅、习俗（包括节日习俗和婚丧嫁娶等生命礼仪）、民间信仰等构成。其中，崇武镇城区社会文化调查记录了丁姓回族从陈埭迁到崇武镇的二百余人的生活，以及他们和陈埭的宗族往来，并附上了他们的族谱。①调查报告记录了船只和船员的情况，以及与出海有关的信仰和禁忌，例如"献金"活动。②

调查者倾向于将民间宗教看作是封建迷信，并对宗教进行了进化论的解释。调查者认为，由于特殊的渔业环境，风险和意外时刻造访，威胁生存，渔家男女几乎是文盲，这造成了民众对超自然力量的崇拜。渔家女无法掌握自己的命运，无法解释婚姻带给自己的苦难，于是诉诸宗教的慰藉。在这里，调查者引用恩格斯的观点解释宗教，其含义是宗教是意识形态，是人们头脑中幻想的反映，调查者建议采取加强宣传婚姻法、宣传宗教政策、提高文化素质等方法，争取改善封建迷信支配人们头脑的现状。采用进化论解释民间信仰的方式，只不过是理论使用的不同表述。

范可在访谈中对崇武调查的心得与体会，在五峰村的调查中有所印证：峰前村居民多数姓蒋。③五峰村和港墘村的社会文化调查较之城区调查，对住宅和服饰有更详尽的描述，其中港墘村调查除绘制了平面图，还画出了建筑素描，服饰的文字描述配以细致的素描。此外，五峰村和港村的调查中发现了长住娘家的婚俗，崇武城区的调查中则没有出现。④

在论述五峰葬礼奢靡的时候，作者评论道：

> 摆在从事农村工作的各级政府和我们人类学、社会学工作者面前的严峻问题是：如何通过普及教育，加强文化事业建设，来配合在农村实施的改革，以及如何正确引导农民消费，树立起新型的经济观念，促进社会主义商品经济在农村的发展。⑤

---

① 陈国强、蔡永哲主编：《崇武人类学调查》，福建教育出版社1990年版，第110—114页。
② 陈国强、蔡永哲主编：《崇武人类学调查》，福建教育出版社1990年版，第92页。
③ 陈国强、蔡永哲主编：《崇武人类学调查》，福建教育出版社1990年版，第116页。
④ 陈国强、蔡永哲主编：《崇武人类学调查》，福建教育出版社1990年版，第123页。
⑤ 陈国强、蔡永哲主编：《崇武人类学调查》，福建教育出版社1990年版，第145页。

类似这样的引导观念在民间信仰的调查中也体现了出来,调查者认为宗教产生的原因是人们无法认识超自然的现象、无法掌控自身的命运。陈国强这样分析道:

> 文化程度较低,渔家男女几乎是文盲,大海的波涛和不测的风云以及生活资料来源的不确定,茫茫然缺乏正确认识,好像在他们周围有一种超自然的现象,这种力量主宰着人们的一切,所有只有膜拜、祈祷,甚至巫术、祭咒等仪式,才能消灾降福,保证生产。因此,形成了特别浓厚的宗教迷信色彩。[1]

港墘村是一个杂姓村。调查报告对祖厝的研究较为瞩目。调查者认为,祖厝是宗族与家户之间的一个中间单位,发挥着族亲交往和参与祭祀仪式的动员作用。祖厝是宗族活动最重要的场所,是供奉祖先亡灵的地方,是宗族凝聚力的中心和象征。祖厝作为宗族的遗存,仍发挥着某些重要作用。[2]调查者发现,宗亲在船员打渔的组织生产中发挥着积极作用。"宗族组织虽然消亡,但某些宗族观念和活动仍然存在,并对社会生活构成深刻的影响。"[3]祖厝与婚丧嫁娶等仪式活动有着密切的联系。[4]

该调查报告中最有特色的是对出海前妈祖祭祀仪式的记录。调查者为了让读者更形象地了解仪式,还把船只的装饰用素描的形式描画下来。其中有一个细节是夫人妈的上船:而今,每一位渔民出海时,都带着一包用金箔包好的妈祖或夫人妈案上的香灰,作为护身之用。[5]在社会变迁和宗教信仰复兴的结语中,调查者发现:"近年来,宗教迷信活动又趋活跃,并且出现新的变迁现象,如海神功能扩张,向陆地发展。相反,陆地神祇也向海上伸展,如陆地神夫人妈上了船,有的渔民身上改带祭祀夫人妈的香灰袋。这种

---

[1] 陈国强、蔡永哲主编:《崇武人类学调查》,福建教育出版社1990年版,第100页。
[2] 陈国强、蔡永哲主编:《崇武人类学调查》,福建教育出版社1990年版,第160页。
[3] 陈国强、蔡永哲主编:《崇武人类学调查》,福建教育出版社1990年版,第161页。
[4] 陈国强、蔡永哲主编:《崇武人类学调查》,福建教育出版社1990年版,第173页。
[5] 陈国强、蔡永哲主编:《崇武人类学调查》,福建教育出版社1990年版,第183页。

功能互渗现象,说明某些神祇受崇拜程度提高,功能扩展。"①

《崇武人类学调查》有以下四个特点。第一,将调查范围从城区扩展至郊区,兼顾城乡关系。调查者广泛搜罗并利用族谱、家谱、地契等民间文献,了解地方史的变迁。第二,在调查中倚重县志资料。人口、教育、产业结构等方面的县志资料被大量地引入。民族志对地方志的倚重是田野调查早期阶段的显著特点。第三,调查者不仅仅是记录文化,更为重要的是改造文化。第四,原始资料的完整保留与呈现。例如调查者不厌其烦地将庙宇的求签诗工整地记录下来,构成民族志文本的一大景观。虽然诸多习俗并未作为一个学术问题引起注意,学者缺乏解释兴趣,但是从这份原始的由地方文献和田野调查资料构成的民族志报告中,透露出人类学恢复阶段注重对田野调查原始面貌的保存和再现。对风俗的记录,例如婚丧嫁娶等生命礼仪、节日礼俗的描写无不体现出静止和僵化的特征,"活化石"的理念和遗留物的概念在风俗的解释倾向中根深蒂固。不过这种写作体例由于体质人类学的介入,与社会历史调查报告有着本质的区别,其出发点在介入族属或族源等问题讨论的过程中,不再按照民族学依赖历史文献建构族源的方式去论证,而是宁用活体测量的方法,用科学的体质人类学数据,来解决族属的问题。这一做法有它的积极意义,原因在于人类学对历史的理解越来越看重能够在可把握的条件下进行历史的建构,那么越是对可把握的条件进行限定,对历史的建构当中主观臆测的成分就有所缓解。当然这也只是阶段性的产物。②

(二)进化论渐趋柔和——大岞村调查

《崇武大岞村调查》沿袭了《崇武人类学调查》的组织框架,不同之处是将民族志的核心单位——社会文化调查的各个专题拆分开来,扩张为独立的章节,这样就生成了一个新的体例:①概况,②人口与体质、语言,③经济生产,

---

① 陈国强、蔡永哲主编:《崇武人类学调查》,福建教育出版社1990年版,第190页。
② 石奕龙在接受笔者的访谈时,回应道体质人类学与文化人类学的合作传统依旧在延续,例如云南大学的民族村寨调查项目,云南大学从事体质人类学研究的张实邀请石奕龙参与村寨调查,体质人类学的调研包括"提取血清"。笔者对石奕龙的访谈,访谈时间:2016年7月30日,访谈地点:石奕龙寓所。

④家庭与宗族、民间社团，⑤教育，⑥社区日常生活（衣食住行、医疗卫生与娱乐），⑦风俗（服饰、婚丧嫁娶等生命礼仪、节日），⑧民间信仰，⑨民间故事与传说。这样做的结果是，田野调查的比重增加，经济基础扩张，具体分为渔业生产的变迁、渔业技术知识和农、工、商业。这部分内容演变为地方志经济统计资料的直接搬运。此外，《崇武大岞村调查》突破了被民族识别支配的、采取高度压缩的方式将经济、文化与习俗黏合为一体的社会历史调查模式，将文化从经济的依附地位中解脱出来，以相对独立的地位与经济基础并存，形成以宗族、风俗、民间信仰与民间传说为内核的稳定的文化模式。

此外，调查者对出海相关的习俗和信仰的解释发生了变化，引用弗洛伊德的理论，试图理解民众的心理和信仰。弗洛伊德说："心灵保护感情、思维、欲望等之作用，而思想和欲望都可以是潜意识的。"①这种对信仰解释的变化，可以看作是对宗教的看法与认识正在从"宗教是鸦片"等消极论调中解脱出来，出现了某种亮色。同时，田野调查对社会变迁的现象给予了较多的关注，例如电影院的增设、台球的引入吸引了年轻人，参加夜校培训的惠安女的婚恋观也发生变化，保守与挑战婚俗的大胆共同表现出来。这些现象既是现代化对地方的渗透和影响，又是青年人对城市化的反应与追求，传统与现代的代际差异显现出来。由于经济的发展，社会变迁已经在日常生活中发生。"反过来，观念的变化又会促进经济的进一步发展。两者是相辅相成的。"②

在对祖厝的研究中，虽然田野调查的内容大大精简，不过对祖厝的定义却进一步明晰：祖厝首先是一个房屋概念。祖厝是在家庭分枝开来的状况下逐渐形成的。当大家庭增大时，这个群体就变得不稳定而导致分家。同祖厝的人被称为"同柱的"或"隔腹兄弟"。③例如潘宏立对祖厝的再研究当中，已经有意识地将祖厝作为一个核心概念向家庭与社会生活发散开来。除此之外，相较于《崇武人类学调查》，语言的解释成分大大增加。调查者发现，大岞村的语言对鱼类等海产的分类和用词丰富，对动物雌雄的称呼也与别地有区别。调查者论述道："语言是文化的表现形式，它反映了某个民族

---

① 陈国强、石奕龙主编：《崇武大岞村调查》，福建教育出版社1990年版，第233页。
② 陈国强、石奕龙主编：《崇武大岞村调查》，福建教育出版社1990年版，第177页。
③ 陈国强、石奕龙主编：《崇武大岞村调查》，福建教育出版社1990年版，第144页。

或地区的人们的心理状况。风俗、习惯、宗教、道德观念、生活方式等无不在语言等材料中得到表现。大岞话反映的文化现象也是如此。"①民族志对体质和语言的调查的好处是，即使是研究者熟悉的家乡或地方民俗与文化（调查者不少是福建人），也运用人类学的工具，将本土文化转变为异文化。从熟到生的转化，再次帮助人类学的后来者重新发现早期人类学调查在文化、体质、语言等人类学分支全面覆盖的宝贵价值。尽管民族志的解释渗透了科学主义和进步主义的评价，经济基础推动观念的改变等进化论论调透露出研究者的客位立场，不过民族志在地方文化传统与生活经验的挖掘方面还是取得瞩目的成绩，例如石奕龙评价道："这本书与过去的汉族民族志有些不一样，如里面涉及了一些被研究者的主位的东西，如认知结构、知识等。"②

对于《崇武大岞村调查》和《崇武人类学调查》均不甚关注的夫人妈信仰，在陈国强的《惠安崇武的民间寺庙与信仰》一文中有了详细的介绍，并且指出：普遍的夫人妈信仰是崇武民间信仰特色之一。③

"两岸惠东人协作研究研讨会"之后，乔健还派自己的一个学生前来大岞村调查。2016年7月2日，笔者在重访大岞村期间访问了张法金，见到了陈国强、乔健给张法金的信件，其中包括乔健的学生结束了大岞村调查回到香港之后给张法金寄来的感谢信。经允许，笔者将陈国强给张法金的信件抄录如下。

我昨天已将需补充材料的题目寄给张法良书记，请您协助他安排有关同志帮助提供，以便修改书稿。

今寄上在厦门、鼓浪屿拍的彩照，请查收留念。原来的题目补充材料，请尽快用挂号信寄回。

谢谢！

顺祝

---

① 陈国强、石奕龙主编：《崇武大岞村调查》，福建教育出版社1990年版，第55页。
② 徐杰舜：《来自厦门大学的人类学思考——访厦门大学石奕龙教授》，《民族论坛》2014年第7期。
③ 乔健、陈国强、周立方主编：《惠东人研究》，福建教育出版社1992年版，第202页。

新年愉快

陈国强敬上

1989年1月5日

如果说《崇武大岞村调查》确立了人类学四大分支对民族志框架的支配作用，以及确立了文化在民族志当中占据的相对独立的地位，《惠东人研究》则激发了大陆人类学的萌芽：从活跃的田野调查但是稍显沉闷的理论氛围迈向了具有问题意识的田野调查，以及满足文化的解释诉求。

四、整体调查向专题调查演进——长住娘家的解释

《惠东人研究》的学术价值通过长住娘家的人类学解释、大岞村儿童的成长教养等内容展现出来，对人类学的社区研究贡献瞩目。在《为"不落夫家"设一解》中，乔健对林惠祥等人的解释提出疑问："这是从母系制到父系制的过渡，是历史的残留，笔者则以为这种解释颇有商榷的余地。"[①]经过对大岞村走马观花的调查后，乔健提出性别分工的解释，解决了假说的不确定性问题。[②]功能主义的取向占据了主导地位。长住娘家存在的历史起源与功能主义的游离问题，在蒋炳钊、陈国强后来的研究中得到回应。

林惠祥在《论长住娘家风俗的起源及母系制到父系制的过渡》一文中对长住娘家的撰述，影响了他的学生陈国强、蒋炳钊等人对长住娘家的再解释。林惠祥撰写该文的材料，来源于1951年他在惠安县第二区瑞东乡听干部讲起惠安有长住娘家风俗，妇女自杀的情况甚多。他当时就表示愿意对乡村女干部们作一次讲话，其观点是："这种风俗是由母系氏族社会到父系氏族社会的过渡期所发生的风俗，再加上后来的封建社会的影响，因此使它长期残留下来，并改变和恶化了原来内容。"[③]围绕这一观点，以后搜集的资

---

① 乔健：《为"不落夫家"设一解》，载《崇武研究》编委会：《崇武研究》，中国社会科学出版社1990年版，第263页。

② 乔健、陈国强、周立方主编：《惠东人研究》，福建教育出版社1992年版，第262页。

③ 林惠祥：《论长住娘家的起源及母系制到父系制的过渡》，载蒋炳钊、吴春明编：《林惠祥文集（下）》，厦门大学出版社2012年版，第515页。

料,他人提供的长住娘家报告、惠安籍同事的口述等间接材料,再加上广泛搜罗的风俗志等历史文献,大大地拓展了长住娘家的其他地域风俗比较范围。林惠祥对长住娘家是从母系氏族社会到父系氏族社会的曲折过渡过程这一解释进行了详尽阐述,而且还指出惠安的长住娘家、顺德的不落夫家等汉族地区的风俗,与西南少数民族的不同在于"是封建社会造成的""提倡片面的贞操",摒弃了性自由的那一面,集体自杀的现象盛行于清末,"发生了畸形的长住娘家风俗"。①林惠祥指出福建和广东人民族属的特殊性:是汉族,但汉族是混合的民族,在古时闽粤的土著是少数民族,其开化比北方的华夏族为迟。结合林惠祥对晋江流域石锛的考察,确定为闽越族或百越族。②"这种民族的文化,是制造印文陶器,多用石锛,尤其是有段石锛。这种越族开化似比华北为迟。"③"有段石锛应当是古代百越族的文化物质。"④长住娘家应是古时遗留下来的风俗,长住娘家的妇女不缠足更加说明其保存较多古风俗。

林惠祥注重经济的功能,经济的原因在长住娘家风俗的解释中表现为两点:①长住娘家的更进一步发展是妇女经济的独立,"广东的自梳妹是发展到最高度的不落家妇女的组织"。这种组织"加强长住娘家风俗,也是延长母系社会的一部分"。②该文援引惠安籍同事的说法,"惠安有缠足的乡多无长住娘家俗,天足的乡方有。这种风俗流行在惠安东部一带"⑤,对这一现象进行经济上的解释。长住娘家的妇女是天足,能劳动,经济价值高,她们脱离母家对于母家来说是一种很大的损失,因此母家当然希望多留她们

---

① 萨拉·弗里德曼(Sara L. Friedmen)指出,林惠祥的观点是进化论的,结合了汉人占据了文明的最高点,少数民族是低级阶段的残余。她把"惠安女"定义为跨越了汉与非汉、社会主义与封建、文明与落后之间边界的人群。Sara L. Friedman, Embodying Civility: Civilizing Process and Symbolic Citizenship In Southeastern China, *The Journal of Asian Studies*, 2004, 63(3): 699–700.

② 林惠祥:《福建厦门史前遗物发现追记》,载蒋炳钊、吴春明编:《林惠祥文集(下)》,厦门大学出版社2012年版,第502页。

③ 林惠祥:《福建龙岩石器时代遗址的发现》,载蒋炳钊、吴春明编:《林惠祥文集(下)》,厦门大学出版社2012年版,第492页。

④ 林惠祥:《中国东南区新石器文化特征之一:有段石锛》,载蒋炳钊、吴春明编:《林惠祥文集(下)》,厦门大学出版社2012年版,第439页。

⑤ 林惠祥:《论长住娘家风俗的起源及母系制到父系制的过渡》,载蒋炳钊、吴春明编:《林惠祥文集(下)》,厦门大学出版社2012年版,第515页。

几年为母家服务。笔者对是否缠足做了生态的朴素观察。①

陈国强在《闽台惠东人》的前言中曾经回忆自己接触惠安女时的土改见闻。首先到当时属三类乡的山霞乡,曾和一个年仅12岁的女孩一起水浇地瓜园地,她已结婚一年;晚上,听到长住娘家的妇女唱着凄凉的民歌,发泄她们对悲惨命运的怨恨;白天,路上常遇穿着蓝色衣服、头戴髻饰和帽饰的妇女,俯首侧身而过。这些在他脑中留下极深刻的印象。

关于长住娘家婚俗的起源,他首先肯定林惠祥"从母系制到父系制过渡期的遗俗"的观点是科学的解释。"虽然他的论文还不能有充足的资料来直接论证,但至今尚无其他理论能比他作更好的解释。"②对于蒋炳钊认为长住娘家是百越民族婚俗与汉文化中极致的封建贞操观念相结合的产物的观点,陈国强存疑。陈国强援引李亦园的涵化观点,认为长住娘家风俗是民族结构关系的问题,而不是单一风俗的问题,族群之间的交换关系,构成了族群的结构阶梯。陈国强评价道:"李亦园教授已把起源与延续分开。这些意见,对今后进一步调查研究长住娘家婚俗,是有指导意义的。"③

显然庄英章受到了李亦园假说的影响。经过数次考察、调查惠东地区,庄英章在《福建惠东妇女的文化初探》一文中,倾向于蒋炳钊的看法,"即惠东地区原是闽越民族的生活空间,汉族来了之后,两个民族之接触,互相采借而遗留下来的"④。他对长住娘家的文献综述最为全面,甚至石奕龙后来注重将婚俗放在经济的基础上,这种解释倾向都受到他的影响。庄英章根据自己在山霞乡东坑村的田野调查,特别指出:"惠东还有不少现象系伴随长住娘家之风俗而来,彼此密切相关,并形成一个特殊的妇女文化丛(cultur-

---

① 2016年7月,笔者在大岞村重访时,发现当地妇女每到傍晚时分就拿着筐子到海边接收出海打渔的男人收获回来的海鲜,然后坐着三轮车到崇武城的水产市场上去贩卖。她们在海边搜罗海鲜时赤足汲水。这种海边劳动的性质是否也是当地妇女历史上不缠足的一个原因呢？葛希芝提到了福建妇女抬石头、卖苦力挣钱买纺织品等情况。惠安女广泛参与户外劳动的历史传统,与葛兰言所论述的汉人社会"男耕女织"的劳动分工形成了鲜明的差异。参见葛兰言:《古代中国的节庆与歌谣》,赵丙祥等译,广西师范大学出版社2005年版。

② 陈国强、叶文程、汪峰:《闽台惠东人》,厦门大学出版社1994版,第139页。

③ 陈国强、叶文程、汪峰:《闽台惠东人》,厦门大学出版社1994年版,第149页。

④ 庄英章:《福建惠东妇女文化丛初探》,载陈国强主编:《惠安风俗》,厦门大学出版社1994年版,第98页。

al complex)。"①庄英章把早婚、姐妹伴、斋堂与菜姑、夫人妈信仰等其他风俗均看作长住娘家的伴随现象,纳入长住娘家的整体解释,这样就和其他学者孤立看待信仰、服饰等文化要素的思路区分开来。

针对长住娘家的婚俗问题,陈国强提出三点建议:①要具体进行比较研究。通过比较广东番禺、顺德的自梳女与不落夫家风俗,他发现两者仅形式相似,其他原因与起源均不一样。②②应结合具体史实研究,不能靠主观推测。③婚俗等不能作为少数民族的代表和表现。不能根据婚俗、服饰和夫人妈信仰构成的文化丛判断惠东人为少数民族或是汉民族的民系。他的观点是:①惠东人现在是汉族。②推测惠东人是疍民或黎族没有事实、资料作为依据。③婚俗等文化丛和文化因素,可否构成不同的"族群",还值得进一步研究。

有趣的是,笔者在回访大岞村的时候,寻访当地人的看法,不少男性村民告诉笔者:"我们有可能是少数民族,你看妇女的服饰很特别,崇拜蝴蝶,和云南的白族很相像。"这些当地人的看法,接近蒋炳钊的观点:百越土著和汉人的接触与混合。笔者去厦门拜访蒋炳钊先生,询问他时,他依旧坚持这一观点。和林惠祥凭借有段石锛考证闽越人存在的上古事实略微区分的是,蒋炳钊强调几何印文陶作为百越文化的主要特征,进一步论证"闽越族是百越的一支"及"闽越由当地原始先住民发展形成的"观点。③1984年、1991年,蒋炳钊到小岞乡调查,发现服饰与长住娘家婚俗在小岞保留完整,他将服饰与长住娘家婚俗也纳入林惠祥所论证的闽越"遗留物"范畴,提出"居住在惠安地区的越人属于闽越,这种文化应该是古代闽越族的遗存"。④与迁入汉族同化少数民族的一般观点不同的是,蒋炳钊认为是"入乡随俗",迁入

---

① 庄英章:《福建惠东妇女文化丛初探》,载陈国强主编:《惠安风俗》,厦门大学出版社1994年版,第94页。

② 笔者以为陈国强的质疑是有道理的。可惜的是,陈国强并未加以有理有据的论证。

③ 蒋炳钊:《闽越文化研究的历史与现状》,载福建省闽学研究会编:《探索福建文化重要源头的闽越文化学术研讨会》,2001年,第436、442页;蒋炳钊:《百年回眸——20世纪百越民族史研究概述》,载中国百越民族史研究会编:《百越文化研究——中国百越民族史学会第十二次年会暨百越文化国际学术研讨会论文集》,厦门大学出版社2005年版,第9、17页。

④ 除了几何印绹纹、长住娘家婚俗、服饰,与之相关的还有太姥夫人传说、入赘婚、拔牙习俗,皆被看作是闽越人文化的遗存,用来印证福建历史上是否存在过母系族社会和长住娘家婚俗。蒋炳钊:《关于"长住娘家"婚俗起源的讨论》,《广西民族研究》1994年第2期。

的汉人要生存下来,必须按照当地风俗行事,沿垄长住娘家的风俗。①面对林惠祥进化论观点中的"臆测"成分,蒋炳钊加以辩护。他反诘道:乔健运用两性分工的视角,将长住娘家的婚俗合理化,认为"无需加以革除","对此我们不同意"。而且,功能学派的特点是不讲进化,不讲历史,着重现实的功能,忽略历史,轻视"残余"。他指出,证据虽然还不充分,但是深入研究可以得到解答,"长住娘家是从妻婚姻的遗存",他再次强调长住娘家"完全是一种畸形婚俗",并重申林惠祥的观点是有依有据的科学解释。②综上所述,将保留长住娘家婚俗的惠东人族群看作是民系,是蒋炳钊的观点。

当地人在发展旅游业的过程中巧妙利用林惠祥、蒋炳钊二人观点,将族源的远古追溯与自身的奇风异俗结合起来,从而强化惠安女的异文化身份,而旅游推动的商品化进程反过来又会对族群认同起到支持作用。笔者在实地回访中发现,长住娘家婚俗随着社会变迁悄然流失,仅剩下惠安女服饰在旅游风情中扮演重要的符号角色,应游客的要求,年轻女性穿上传统服饰到海边礁石"表演"渔家风俗,有酬拍照。惠安服饰的穿着习惯在50岁以上的妇女群体中被保留下来,户外劳作的妇女尤其离不开这种服饰。在社会变迁的背景下,服饰作为文化丛的坚实载体,围绕服饰、穿着、形象的市民象征话语还在发挥作用,根植于文明的他者话语在旅游消费的转向下进一步衍生出模糊的地方认同。在旅游展演的商品化空间,惠安女现在不仅仅被看作是非文明的、封建的汉人,而且是奇异的,甚至是情欲的、"少数民族"的。③

长住娘家起源与功能的分离在石奕龙后来的研究中得到了弥合。石奕龙对崇武城区的军户和郊区的民户经历的阶级分化进行了历史关照——军户与民户,两个族群及两种生计方式。从长住娘家关照到城内和城外的分化,并作为一个问题进行讨论,在蓝达居那里有着较早的尝试。他认为,城内外"族群结构关系"的存在是崇武城内外文化差异的外因。城内外差异的具体原因和明代建城前后的移民活动有关。与此同时,城墙在族群结构对

---

① 蒋炳钊:《惠东女是否少数民族》,《福建学刊》1988年第5期。

② 蒋炳钊:《关于"长住娘家"婚俗起源的讨论》,《广西民族研究》1994年第2期。

③ Sara L. Friedman. Embodying Civility: Civilizing Process and Symbolic Citizenship In Southeastern China, *The Journal of Asian Studies*, 2004, 63(3): 714.

比中所赋予的文化意义和象征功能,具有社区族群认同的功能。[①]结合1988年在大岞村一个月的调查及对靖江村的调查,林曦认为崇武城内外产生婚俗差异除了城内外之间不通婚之外,还与城墙的象征意义有关。"城墙内的居民有'城里人'的认同感,在行为上自觉与城外的'乡下人'相区别。"[②]针对有学者将长住娘家与顺德妇女的不落夫家混为一谈的情况,陈国强提出了未经论证的观点:二者有着各自的深层文化内涵。石奕龙对这一判断进行了论证。[③]广东不落夫家的现象往往集中在华南蚕丝产区,与第一次世界大战后期兴起的珠江三角洲缫丝工业的发展有直接的关系。石奕龙对长住娘家的解释,注意到了妇女的经济自主地位和经济支配权的增长。经济角色虽然并未成为石奕龙分析长住娘家等婚俗的核心问题,不过政治经济的分析视角已经在他比较和论证的过程中有所凸显。

用珠江三角洲妇女的经济独立解释"不落夫家"婚俗的流行,萧凤霞提出异议,她认为:"这样的妇女形象实际上是在城市知识分子的有色眼镜的投射下形成的。其实,在地方社会和历史中,妇女自有她的天地和位置,也参与了地方文化和社会的创造。"[④]这意味着她更加注重"韦伯强调文化意涵的重要性的主张"[⑤]。

回顾大岞村调查中对长住娘家婚俗的解释脉络,早期研究受海峡两岸暨香港学术交流初步交汇的影响,起源与功能两种研究取向交替出现。随着交流深入,李亦园从文化接触与涵化理论出发的族群关系研究视角逐渐成为主导分析框架,而大岞村移民现象则为台海关系比较研究提供了重要

---

① 蓝达居:《惠东长住娘家婚俗再考察》,载陈国强主编:《惠安风俗》,厦门大学出版社1997年版,第127—129页。

② 林曦:《城墙内外——崇武靖江村婚俗及其与大岞村的比较》,载陈国强主编:《惠安风俗》,厦门大学出版社1997年版,第139页。

③ 石奕龙:《长住娘家与不落夫家应为不同的习俗》,《广西师范学院学报(哲学社会科学版)》2016年第4期。

④ [美]萧凤霞:《妇女何在?——抗婚和华南地域文化的再思考》,张小军译,香港《中国社会科学季刊》1996年春季卷。

⑤ [美]萧凤霞:《廿载华南研究之旅》,程美宝译,《清华社会学评论》2001年第1期。石峰在书评里写道:"萧凤霞教授在研究中,是把人看作是有血有肉的社会行动者,而不是受'结构'摆布的木偶。这种对历史(文献记载和口述史)的文化阐释,使我们真体会到正是人民在创造着他们自己的历史。"石峰:《在历史、文化与权力网络中的妇女——读萧凤霞"妇女何在"》,《广西民族学院学报(哲学社会科学版)》2004年第6期。

基础。这些多样化的解释使得原始社会史的权威受到冲击,带来新的研究议题和研究方向。《当代中国文化人类学》的编写者在综述长住娘家研究的章节中,这样评价:"学者们在探讨这一问题时,虽然对'长住娘家'的习俗做了全面的描述和分析,然而,有些问题,如与此习俗有关的姐妹伴、服饰等,仍然缺乏专门的论述,这也从一个侧面反映出我们对这一习俗的认识还不全面。"[①]

地方政府通过在大岞村设置哨岗、树立惠安女民兵的混杂形象等措施,对惠安女的形象进行重新塑造。惠安女成为被重塑的他者,由服饰构成的惠安女形象在文明工程的压力下不断地被标签化,内部认同与外部评价均在推动其标签化,大众媒体对惠安女形象的宣传让真正的惠安妇女更加难以避免被标签化。[②]厦门大学师生基于大岞村的调研提出的进步主义主张,实际上是文明工程在学术调研中的回响,从林惠祥在土改中对女乡村干部的讲话开始,到大岞村田野调查,知识分子在移风易俗方面不断地努力,通过地方政府和方志办,推动文明工程向基层渗透。巨大的社会变迁,渔业的比重大大降低,外出劳务的人口比例增大,社会分层加剧,如何理解惠东女性在双边家庭中的角色,可能是长住娘家议题的现代意义。[③]

乔健的长住娘家案例研究,起到了破题的作用。与其说原始社会史的支配地位受到了冲击,不如说人类学在尝试走出进化论的沼泽地,以理论学派的多样化选择的方式探索族群与村落共享的民族志规范。

五、闽南族群的社会与文化

1994年7月,厦门大学以本科生难以找到对口接收单位为由,撤销人类学系,人类学专业不再招收本科生;考古专业归并于历史系,人类学专业的

---

① 瞿明安主编:《当代中国文化人类学》,云南人民出版社2008年版,第801页。

② Sara L. Friedman. Embodying Civility: Civilizing Process and Symbolic Citizenship In Southeastern China, *The Journal of Asian Studies*, 2004, 63(3): 687-718. 该文讨论了惠安妇女形象的杂糅性是国家政治干预与身体刻写之间相互协商的结果。惠东妇女的杂糅形象对妇女之于国家和自己的身体化实践之间的关系都产生真实的影响。

③ 笔者发现,随着社会变迁,男女分工的结构发生变化,女性受教育程度提高,长住娘家的婚俗逐渐消失,但是女性依旧在家庭中扮演主要角色。

教学人员均转入人类博物馆与人类学研究所。①由于撤系,林惠祥创立的人类学系系统就缺了一角,仅剩下馆与所。虽然人类学的科研与研究生教学并未受到影响,不过由于撤系,研究生入学前的人类学专业训练无法保证,对于没有人类学基础的学生,还要补人类学基础理论课程。②

2004年,彭兆荣牵头,厦门大学人类学系恢复,恢复起来的人类学系以新的名字出现:人类学与民族学系。③彭兆荣任人类学研究所所长,2005—2008年担任人类学系主任,2008—2011年担任人文学院副院长。2008年,曾少聪接替彭兆荣做第二任系主任,蓝达居任副系主任。2006年,厦门大学新增民族学博士点,至此,厦门大学已有人类学硕士点、人类学博士点及民族学硕士点、民族学博士点。④

彭兆荣作为厦门大学人类学系2004年重建之后的第一任系主任,一方面坚持集体田野调查的传统,另一方面将厦门大学的影响力扩大到东南地区以外,特别是西北、西南地区。彭兆荣将他所经历的23年(1993—2016年)的厦门大学人类学系发展划分为两个阶段:第一阶段是守——保护与传承林惠祥的东南学术传统;第二阶段是闯——学科点制度化建设与推动厦门大学的国际化同步进行,厦门大学成为"作为文化批评的人类学"的思想策源地。⑤

> 1987年我去法国留学的时候,人类学在中国还是门新学科。我从法国留学回来,有一次开会的时候,碰到蒋炳钊。蒋炳钊当时是厦门大学人类学研究所的所长,他对我说,我们厦门大学人类学需要像你这样年轻有为的人,加上那时我父亲去世,我要尽孝,照顾在福建的家人,所以1993年在蒋炳钊的人事安排下,我作为特殊人才被引进到厦门大学。我非常吃惊的是,我调到厦门大学来,厦门大学人类学系请我吃的第一餐饭就是散伙饭。厦门大学人类学系从1984年正式成立,到1994年被

---

① 王建民、唐肖彬等编著:《中国人类学民族学百年纪事》,知识产权出版社2009年版,第513页。
② 笔者对黄向春的访谈,访谈时间:2016年8月18日,访谈地点:厦门大学。
③ 大禹:《厦门大学即将恢复人类学系》,《广西民族学院学报(哲学社会科学版)》2004年第6期。通告上说:"十年之后,为了适应学科建设新的形势,厦门大学决定恢复人类学系建制,从2005年招收本科生,这将对中国人类学的发展起到重要的推动作用。"
④ 王建民、唐肖彬等编著:《中国人类学民族学百年纪事》,知识产权出版社2019,第608页。
⑤ 笔者对彭兆荣的访谈,访谈时间:2016年7月4日,访谈地点:厦门大学。

撤系,经历了整整10年。

撤系以后考古和体质两个专业就留不住了,合并到其他院系。当时我一进校就面临着四分五裂的局面,不能招本科生了,仅靠人类学研究所支撑,那几年蛮艰难的。

2003年我去伯克利访学,访学回来的时候有两个选择,可以去中山大学或复旦大学。是厦门大学现任校长朱校长三次把我留下来。当时他刚刚上任,说厦门大学有好的人类学传统,不想让我走。我回来后时机到了,就提出恢复人类学系,在全校答辩。有一天人文学院院长陈支平直接对我说:"小彭你来填一个表。""什么表你来了就知道了,签字就行。"就这样我成为人类学与民族学系首任系主任。朱校长力排众议,坚持、主导人类学学科恢复事宜。我觉得某种程度上,他兑现了他的诺言。①

2005年,来自台湾的余光弘教授接受了时任厦门大学人文学院院长陈支平的邀请,到人类学研究所访问十个月,并开设"人类学田野调查"等课程。他在《闽西庵坝人的社会与文化》的导言中说道:"由于田野调查是以实践为重的研究方法,我希望上完讲堂的课程,学生经过有关人类学田野调查方法论的学习后,即进行田野调查技术的实地操作;因为必须与实际配合,理论的了解和体会才能落实。这一构想得到陈院长的首肯,并且愿意提供经费支应调查工作的开销。"在带领学生在庵坝实习之前,余光弘曾经在台湾带领学生完成暑期田野调查,如1993年主编出版《鹿港暑期人类学田野工作教室论文集》,1994年与魏捷兹合编出版《金门暑期人类学田野工作教室论文集》。

2006年1月8日—2月7日,余光弘带领厦门大学人类学研究所硕、博士班的学生13人,抵达闽西客家地区——庵坝。他们一开始踩点的是客家祖地石壁,"但是初步的印象是该村人烟稠密,屋舍毗连,自然村与自然村的界限似乎不太清楚"。赶往庵坝后,他们发现庵坝是个适合人类学新手体验第一次田野调查的地点。"庵坝是个四五十户的农户,对于只有一个月时间的研究者而言,是可以做到相当程度的参与的。庵坝是个单姓村,村中有一祠

---

① 笔者对彭兆荣的访谈,访谈时间:2016年7月4日,访谈地点:厦门大学。

堂,显然可以观察到宗族的组织与活动。凡此种种,都很适合作为人类学研究的题材。"①余光弘和石奕龙商议,列出13个研究题目,分别为农业生产、农村经济、衣食住、民居建筑、人口与家庭、宗族组织、地方政治、聚落宗教、家庭宗教、婚姻、生育与养育、丧葬仪式、医疗体系(养生与民俗医疗),每个人负责一个题目,最终13个调查报告整合为《闽西庵坝人的社会与文化》并出版。这是第一次田野实习的尝试,为以后的实习报告提供了范例。"该书是所有学生都阅读的参考书,因此不少学生是以庵坝的相关报告作为蓝本,在新手学习田野调查的阶段这是无可厚非的。"②余光弘希望这种"新手上路"的田野调查至少达到两个目的:首先,让参与的学生都能学习到从资料搜集到论文撰写的完整过程。其次,记录田野点的社会文化,记录即将消逝的传统社会文化。记录也是民族志的功能体现:"我们的调查报告虽然并不排除做理论讨论的可能,但是重点仍是放在民族志资料的呈现上。"③

2008年春季,余光弘离开台湾来厦门大学教书。从2009年开始,将2006年首创的田野实习活动纳入研究生学科培养计划,实现了制度化。所谓制度化指的是经费支持、实习与教学结合的课程体系,以及由带队老师全程参与和指导的田野实习,在实地调查中与学生吃住在一起,发挥田野导师的角色。实习与教学结合的课程体系,按照余光弘的设想是三学期连贯:"从春季学期在课堂学习田野调查方法,接着夏季学期进行田野调查实习,到秋季学期学生选修民族志撰写的课程,将暑期取得的田野资料撰写成报告,提交报告的初稿经过数次讨论和修改后,达到一定水平的报告才能结集出版。希望经过这一课程的训练后,学生能够习得从田野调查的搜集资料开始,到整理、分析资料,以致最后撰写成报告的完整流程。"④除了余光弘是主要的带队老师,前几届实习报告的主编均是参与调查的在读博士生,之后才有其他田野导师的加入,例如杨晋涛、冯莎,先后跟随余光弘一同带队。

璞山村田野调查从2009年6月17日到8月3日,共计48天。山河村的调查从2013年6月14日到7月28日,共计45天。菜坂村的调查从2014年6

---

① 余光弘、蒋俊、赵红梅合编:《闽西庵坝人的社会与文化》,厦门大学出版社2008年版,第5页。
② 余光弘、杨明华主编:《闽南璞山人的社会与文化》,厦门大学出版社2010年版,第3页。
③ 余光弘、蒋俊、赵红梅合编:《闽西庵坝人的社会与文化》,厦门大学出版社2008年版,第6页。
④ 余光弘、杨明华主编:《闽南璞山人的社会与文化》,厦门大学出版社2010年版,第1页。

月9日到7月23日,共计45天。至2016年,已经出版8本田野实习报告。笔者选取庵坝村、璞山村、山河村、蔡坂人这4个案例,来讨论余光弘组织的集体调查的民族志体例。笔者发现,虽然每一年的调查分类都有变化,但是固定分类已经稳定下来,它们包括农业经济、人口与家庭、宗族组织、聚落宗教、家庭宗教、婚姻、生育与养育、丧葬习俗、医疗保健系统。在这一固定的分类内容之外,地方政治、民居建筑、旅游开发等主题还会频繁出现在调查内容中。从经济作物的种植,例如烟草和荔枝,到地方名胜的旅游开发等市场化力量的论述,可以看到闽南社会正在经历普遍的市场化进程,人群迁徙与流动越来越快。

2016年暑假,得知厦门大学人类学系主任张先清教授带领人类学硕士研究生在赤溪开展田野实习,笔者从厦门追随他们来到赤溪,得到张先清田野调查团队的妥善安排。经过三天的访问,笔者了解到这一次调查的分工情况。2015级硕士研究生采取的分类方式是:亲属关系、经济、政治、宗教、生计方式的变迁等领域。12名研究生负责不同的具体领域,最后汇总出版。通过走访实习田野点的调查动态,该分类体系与余光弘组织的田野调查的分类体系在核心类目上是一致的,所不同的是,体质人类学的测量工作正在胡荣老师的带领下在畲民当中进行。[①]体质测量并非田野实习的一部分,而是张先清、胡荣负责的复旦大学金力主持的课题的子课题内容。学生之前接受了体质人类学的课程教学,义务参与到这次测量和数据采集的工作中,同时这也是将课程教学学习的方法和技能应用到活体测量中的实践机会。张先清2003年来到厦门大学人类学研究所,2011年前后担任人类学系主任。2013年以来,他努力恢复林惠祥的学术传统,并且将人类学四大分支的整体民族志理念引入田野调查中,考古人类学、体质人类学成为他重点扶持的分支学科,他通过引进这方面的师资力量,尝试以科研教学和田野调查两条腿走路的方式恢复林惠祥的学术传统。畲族人口的体质测量,体现了张先清将田野点选在赤溪的原因:第一,赤溪当时是全国第一扶贫村,通过这扇窗户,可以考察家户生计和国家扶贫政策、市场开发等多元外来力量

---

① 胡荣毕业于中国科学院古脊椎动物与古人类研究所,师从吴新智,博士论文是有关古猩猩牙齿的研究。毕业后在厦门大学医学院工作四年,2016年正式调入厦门大学民族学与人类学系,教授课程有人类学导论、体质人类学、人体解剖学等。

之间的互动关系。第二,体质人类学的调查仍旧是在族属、人种领域有它的解释效力,畲族村落是体质人类学调查的理想对象。相较于余光弘对田野点选择的衡量标准,张先清倾向于利用东南地区的民族资源做田野调查,但是并不以民族身份为中心,相反,民族资源有可能为体质人类学的调查需求服务。

余光弘则对福建东南地区的田野点倾向有过这样的论述:

> 本来人类学新手的田野实习应该是以异文化的体验为佳,但是距离厦门最近的少数民族仅有汉化程度较高的畲族,远赴滇黔桂寻找田野点调查的话经费又成问题,所以只好退而求其次。经过思考后我决定选择闽南地区作为实习的田野点。①

这样的选点导向也体现在田野调查报告中。例如《闽西庵坝人的社会与文化》,即使庵坝人是客家人,毗邻客家祖地石壁,调查报告中也没有任何章节或篇幅是对庵坝客家人的族属、族源和族群身份的论证和讨论。这样,客家村落就淡出了调查视野,而代之以闽西社区。东南民族史的研究兴趣和研究传统渐渐地淡出了田野视野,代之以闽南地域文化。与之相关联的是,福建旅游景观和旅游胜地等本土旅游资源成为厦门大学人类学硕士、博士的学位论文的田野调查对象。

综合彭兆荣的旅游人类学、黄向春的历史人类学、石奕龙的福建民俗等多元研究方向形成的人类学转向,②余光弘开辟的闽南族群的社会与文化调查模式可以看作是相似的走出民族史的努力。③

从2008年开始的这批田野调查报告,较之《崇武大岞村调查》还有一个较为瞩目的文化解释的变化——从客位向主位转变,主要体现在医疗和保健体系。在《崇武大岞村调查》当中,民间在疾病领域仍存在大量的巫术和

---

① 余光弘、杨明华主编:《闽南璞山人的社会与文化》,厦门大学出版社2010年版,第1页。

② 石奕龙《福建土围楼》(中国旅游出版社2005年版)、石奕龙、余光弘主编《闽南乡土民俗》(福建人民出版社2007年版)等著作,对于研究生从事福建田野调查有着一定的指导作用。

③ 不过也有例外。从厦门大学人类学阵营受训出来的张经纬,意外地回到民族史的田野调查道路上,用他独特的历史考据与田野调查的方法,建构民族史的宏大理论。参见张经纬:《四夷居中国——东亚大陆人类简史》,中华书局2018年版。

巫医活动,调查者对此的态度十分明确:"巫医治病毫无科学性可言。"[①]

在论述大岞村的疾病情况时,科学主义的导向又支配着调查者对疾病的认知。调查者用医学术语,针砭出呼吸道感染、消化道感染、气管炎、肝炎、乳腺炎等疾病。关于大岞村妇女常见的妇科病乳腺炎,调查者认为是束胸导致的。"束胸使妇女乳头凹进乳房内,在局部形成小洞或深沟,里面潮湿,脱落的表层细胞、碎屑聚存于内,藏污纳垢,久而久之,细菌感染,因此束胸的妇女得乳腺炎的明显多些。"[②]正是由于科学主义的导向,调查者对民间医疗知识的介绍一带而过,例如村民对病源的认识分为四种情况:①外部环境决定论。②神鬼论。③运数论。④前世因果论。民间土方多是方言对疾病的叫法,例如犯土、续神魂、刊册仔。[③]

在《闽西庵坝人的社会与文化》中,调查者对庵坝医疗体系的认识和调查发生了全新的改变。调查者从疾病理论、保健体系两部分,以及大众、民间和专业医学三个层面,对庵坝地方性医疗体系进行概述性说明。这三个层面在庵坝通常是相互渗透、相互交织,共同形成具有特色的地方性医疗体系。调查者将调查重点放在大众医学部分,即发生在家户层面的对于健康和疾病的理解,以及民间的草药治疗。调查者并不是一开始就要了解庵坝人对健康的概念和疾病病因的理解,而是经历了一个认识的过程。

> 笔者调查的初衷是搜集庵坝民间治疗的方法,着重于庵坝人对草药的分类和应用。在了解草药治疗的过程中,被村人对自我身体的观念以及维持自身平衡的相关行为所吸引,遂决定对这一村庄的医疗体系进行全面调查。[④]

通过对当地人的身体和疾病观念的调查,调查者发现,自然、超自然的病因共同构成了庵坝人的疾病理论,而保持身体的平衡状态、避免疾病发生所采取的行动,构成了当地的保健体系,包括庵坝人对食物的区分及对草药

---

① 陈国强、石奕龙主编:《崇武大岞村调查》,福建教育出版社1990年版,第186页。
② 陈国强、石奕龙主编:《崇武大岞村调查》,福建教育出版社1990年版,第183页。
③ 陈国强、石奕龙主编:《崇武大岞村调查》,福建教育出版社1990年版,第189—190页。
④ 余光弘、蒋俊、赵红梅合编:《闽西庵坝人的社会与文化》,厦门大学出版社2008年版,第325页。

的运用。庵坝周围有100多种草药,根据不同的用途,又分为凉茶、风药、打药三大类。①调查者对疾病和治疗方法进行"客观"的描述,极少评论。有趣的是,科学主义并非与村民的疾病观念绝缘,村民对于疾病有他们自己的理性判断,什么病求助于巫医,什么病去看中医,什么病去看西医,村民有自己的选择和解决方案。例如对"邪"的处理,"现今村中少有请道士画符驱邪以达到治疗目的的现象,由于受现代西方医学的影响,村民对符咒的治疗效果产生怀疑,他们趋向于相信科学的判断"②。

《闽西庵坝人的社会与文化》开辟的医学人类学的调查领域对后来者影响甚大。在《闽南濮山村的社会与文化》当中的"濮山村的医疗保健"章节,调查者将巫医分为女觋和道士。调查者将这两种人物称为常常帮助村民祛除超自然存在引起身体不适的病痛或污秽物的宗教专业人士。③该书在疾病和保健的调查基础上,又增加了一个章节——植物利用(民族植物学)。调查者一共采集和记录了濮山村民使用和熟知的植物51种,应用了植物标本采集的方法,采集植物采用5W+1H法,即何物、何地、谁、何时、为什么、多少。④书中介绍的植物均配有实物图片,帮助读者了解这些植物。调查者发现:"由于濮山村民要顶着烈日进行生产劳动,非常容易上火,因此,他们称之为'吃凉'的植物应用的传统知识非常丰富,这种植物的分布也非常的广泛。"⑤不过随着生活的变迁,吃凉的习惯渐渐地由便宜又方便的"双黄连片"所取代,这更加速了传统知识的消失。因此,"抢在植物应用的传统知识消失之前记录下来,是民族植物学研究者义不容辞的责任"⑥。

在《闽南山河人的社会与文化》一书里山河村的"医疗保健系统"章节当中,调查者将同一种疾病的主位解释与客位解释结合起来。以出丹为例,通过访谈不同角色的报道人,了解患过出丹的村民的解释、村医对出丹的解释,进而可以看到不同的医疗体系的病理知识与患者的感受、观念混合在一起,多元的声音传达出来。治疗的方法主要是服用茅莓根等凉草煮制的汤

---

① 余光弘、蒋俊、赵红梅合编:《闽西庵坝人的社会与文化》,厦门大学出版社2008年版,第346页。
② 余光弘、蒋俊、赵红梅合编:《闽西庵坝人的社会与文化》,厦门大学出版社2008年版,第345页。
③ 余光弘、杨明华主编:《闽南濮山人的社会与文化》,厦门大学出版社2010年版,第316页。
④ 余光弘、杨明华主编:《闽南濮山人的社会与文化》,厦门大学出版社2010年版,第323页。
⑤ 余光弘、杨明华主编:《闽南濮山人的社会与文化》,厦门大学出版社2010年版,第332页。
⑥ 余光弘、杨明华主编:《闽南濮山人的社会与文化》,厦门大学出版社2010年版,第336页。

药,不同的病理解释支持的是公认的治疗方法。不过某些症状被误认为是出丹,按照出丹的方案治疗导致延误病情,最后不得不送往医院接受治疗。调查者对于草药对日常疾病的治疗比较关注,对于与超自然力量有关的民俗治疗不甚展开,展现出调查者对草药与经验相关联的治疗常见症状的重视。在调查的最后,调查者利用山河村建立的《居民健康档案》的统计资料,发现当地至少有两种高发病,即高血压与糖尿病,影响了山河村人的健康。①

在《闽南蔡坂人的社会与文化》的"蔡坂村医疗体系"章节中,调查者对青草进行了重点调查,除了访谈报道人,还跟随村民上山辨认常见青草,到菜市场询问、观察青草的售卖情况,共收集常用青草64种。在调查报告的附录中,配备了18种常见青草的实物照片。调查者发现,蔡坂人的主要生计方式由农耕转变为务工办厂,外来务工人员的增多在无形中推动了蔡坂西医的发展。②该医疗观念的变化与历年的医疗调查发现可以建立某种联系。

六、比较与结论

1994年厦门大学人类学系撤销后,就笔者所掌握的资料及对部分当事人的访谈来看,类似大岞村调查这样的集体调查活动有所减少,导师与研究生形成一个5—6人的调查团队、借助导师课题经费的支持进行田野调查的形式较为常见。③从中也可以看到以研究所为制度依托、以导师为组织主体、以研究生为参与主体的研究生培养模式对田野调查产生的影响。这种情况在2005—2008年发生了微妙的改变,在余光弘的带领下,集体田野调查的传统又有所恢复,而且走上了制度化的正轨。余光弘率领的暑期田野调查与陈国强领导的《崇武大岞村调查》等崇武城乡的田野调查,既有联系,又出现一些新的特点。

首先是《崇武大岞村调查》的民族志分类体例在《闽西庵坝人的社会与文化》等系列丛书中有所保留并延续。后者将《崇武大岞村调查》富有特色的民族志材料与主题较好地传承并有所拓展,例如宗族、婚姻、民间信仰等

---

① 余光弘、杨晋涛、杨洁琼编:《闽南山河人的社会与文化》,厦门大学出版社2015年版。
② 余光弘、冯莎、杨洁琼编:《闽南蔡坂人的社会与文化》,厦门大学出版社2016年版。
③ 笔者对彭兆荣的访谈,访谈时间:2016年7月4日,访谈地点:厦门大学。

经典"文化丛"的延续与稳固。同时进行了细化，民间信仰又分为聚落宗教和家户宗教，婚姻又分为婚俗与生育、养育习俗两个连续的生命阶段。尤其是宗族，调查大纲的设计者在人口与家庭、宗族两个单元付出了较大的劳动，其调查内容的丰富性和宗族世系跨越13代的完整呈现，都使得宗族的民族志资料价值，较之《崇武大岞村调查》利用姓氏源流、人口统计和家谱、分家契约等民间文献的方式要有所提升。这样就使得人类学的田野调查摆脱了因循地方县志编写体例的束缚。

其次是余光弘领导的集体田野调查较之《崇武大岞村调查》在民族志的体例上发生了较大变化：一是人类学四大分支的解体。语言人类学、体质人类学这两部分调查消失。二是民族史的调查兴趣受到排斥，取而代之的是对社会的调查兴趣，尤其关注传统在社会变迁过程中的呈现与演变。民族史的调查情结在大岞村等惠东村落的调查中始终占据了一席之地，即使受到功能主义的批评，有关起源的探索欲望也始终没有减弱。从研究对象的撤退性策略可以看到，即使将研究对象从福建少数民族转移到汉人社区，也是在民系的范畴内开展。余光弘避开民族史，以社会为中心的田野调查导向，融入了彭兆荣等后继者对民族史的批评与反思工作中。这样，族属和源流等民族史问题就离开了人群的研究范围，而调查者集中关注人群与社会的相互构成方式。

最后是人类学对他者的田野调查从客位向主位转变，这一调查态度的转变在医学人类学领域的调查中充分彰显。调查一方面扩充了当地人对健康的文化理解及当地人对疾病的认知分类，另一方面又使得调查者自觉地审视自己扮演的科学与理性角色。这种科学与理性的认知方式在田野调查中扮演了一个大法官角色，对地方性知识拥有评判和衡量的权威。科学与巫术的对立在《闽西庵坝人的社会与文化》等系列调查报告中消失了，科学对地方性知识的评判与衡量得到抑制，相反，不评判成为一个默认的准则。不过在不多的评判中，对待民间医药和医疗的态度从否定向善意的同情与理解转变。调查者将医学科学与自然的物理和植物体系、超自然的巫术治疗体系并存的状况概括为多元医疗主义。不过医学人类学领域主位立场的转移依旧存在学术话语与仪式实践之间的游离，例如拟人论体系是对巫医治疗中超自然"灵验"的概括，这一概念试图用自然科学的逻辑类比巫术的逻辑,看上去是对巫术的屈尊的认可,不过依旧打上了巫术与科学对立的认识论烙印。

综上所述,从《崇武大岞村调查》到《闽西庵坝人的社会与文化》,集体调查的民族志范式发生了巨大转变,不仅仅是方法论的转变,还包括人类学整体主义观念的变化。最瞩目的是人类学四大分支的解体,以系谱图为载体的亲属关系处于核心地位,由此发散出经济、社会与文化的互动。但是每一年换一个田野点的"游击战"策略,使得该调查团队失去了扎根与挖掘区域社会的可能性,因此,这一批调查报告收获的是田野方法的应用,以及田野方法指导的"民族志资料"的采集与整理;失去的是全局性的考虑,从地域社会的布局到田野点的选择,文化多样性的展现无法在高度弥散的社区个案当中培育并生长。2016年,厦门大学人类学研究生的田野实习出现了新的动态:体质人类学的调查又开始回到厦门大学人类学系的田野实习行列。由于体质人类学的特殊性,族源、族属和族别等民族史问题又进入调查对象的考虑范围,只不过在活体测量范畴对福建少数民族进行适当的倾斜。值得反思的是,无论是早期的大岞村调查还是较晚的闽南族群与文化调查,都提出了一个问题:究竟何为整体民族志?当调查者用分工的方式将社会生活的方方面面都穷尽之时,累加、汇总的结果是不是整体民族志?尤其是对亲属关系做了大量与谱系图相关的入户调查工作,这些庞大的家族谱系资料如何利用,进而转化为学术增长点?由此来看,厦门大学的大岞村调查并非随着时间的推移而渐渐落下帷幕,反而成为一个可生长的不断累积的集体田野调查传统的新生。

(一)整体民族志的演进

《崇武大岞村调查》挣脱了社会历史调查的民族志模式,尽管经济的比重加大,但文化与经济被放在了平等的地位,将文化的构成部分进行细化,文化获得了相对独立的地位。到了《闽台惠东人》,文化丛的概念逐渐清晰起来。《崇武大岞村调查》开创了一种民族志体例,该体例将族属的体质人类学论证、以文化丛为核心的理念、认为经济基础决定上层建筑的马克思主义思想相整合。从调查报告到民族志的演变过程,正是基于这种体例展开的。笔者将其称之为整体民族志的范式确立,在20世纪80年代末到90年代中期盛行。整体民族志的第二阶段是对长住娘家的解释,以文化丛为核心的文化模式地位上升,整体主义的视角伴随个人问题意识的凸显趋向经验的理论化整合,笔者将其称为"合并"(incorporation)。换言之,大规模的田野原始资料的堆砌在专题调查开始后逐渐淡化,取而代之的是经验的理论化。尽管进化论受到功能主义的冲击,不过马克思主义并未轻易妥协,而是纵向延伸,在历史与阶级之间寻找解释的调和点。在马克思主义理论阵营调整、重组的过程中,民族史的知识断裂也在同时发生,调查方向全力投入以亲属关系为核心的社会组织和社会结构。出于田野成本的考虑,就近选点仍旧有吸引力。厦门大学人类学系在四十多年来恢复、取消、重建的过程中,以大岞村调查为代表的早期集体田野调查已经成为遥远的过去,不过对厦门大学人类学系的微弱学科影响是,体质人类学向独立的师资力量发展,且尝试田野调查的合作,人类学四大分支的学科轮廓复现。①

在笔者看来,大岞村调查的另一个影响是将文化作为客体进行描述的田野实践,奠定了民族志的基础。无论是整体调查还是专题调查,描述是对原始田野材料和经验的反复分类,描述近似铭刻(inscription),似乎唯有在建筑的视角下,对文化的表征才会如此倚赖铭刻。尽管文化客体的地位有所上升,不过经济决定论的思想仍旧潜在地发挥作用,不论是林惠祥,还是他出现思想分化的学生辈,抑或第三代继承者,均对经济与社会身份的关联表现出了浓厚的兴趣。笔者发现,文化客体的描述者更自觉地追求"移风易俗"的社会改良理想。笔者反复引述社会调查与社会改良相互混合的"画外音"效果,恰恰是历史功能的关怀,令学科重建时期东南民族史的研究者将"遗留物"概念范畴与进步主义强烈地联系起来。进化论与文化模式的结合在东南民族史的田野调查,尤其是围绕惠东大岞村展开的汉人社区的调查中,积淀形成一条朝向理论开放趋势的解释路径。值得注意的是,"民族志

---

① 马雪峰认为,2004年复办的厦门大学"民族学与人类学系"的学科设置覆盖了美国式人类学四大分支中的两个:文化/社会人类学、考古学。至少截至2016年笔者在厦门大学调研时期,体质人类学独立的师资力量已经具备。厦门大学人类学系撤销后,考古学从人类学系分离出去,属于历史系。复办后的民族学与人类学系在系主任张先清的带领下发展自己的考古人类学力量。马雪峰评价道:"深受南派人类学影响的中山大学和厦门大学,试图建立独立的人类学系,构建'大人类学',然而此举艰难,成果有限。"马雪峰:《1980年以来的中国大陆人类学学科建设:民族学与人类学的分离以及人类学发展的多元路径》,《青海民族研究》2012年第1期。

晶体"(ethnographization)的呈现并非只有厦门大学人类学系的同仁集体投入。①从这一角度来看,海峡两岸暨香港参与进来的多元理论的批评氛围为马列主义民族学统帅的民族学、人类学学科现状打开了"一扇窗户"。②

(二)铭刻

英戈尔德在《沿着生活方式的旅途》中这样写道:"复杂结构隐喻在认知心理中长期居于统治地位,在个人脚步踏入环境之前就已然秉持,通过某种复制机制,他已经在他的脑子中复制进去一个对它的对象、特征、位置以及它们之间关系的综合描述。这当然就是认知地图。"③为了论述栖居的概念,他从建筑的视角与栖居的视角相对衍生出其他更多的对立概念,如球与面、自然与景观、航行与寻路、看与听,当然还包括这里引用的复杂结构隐喻与复杂过程隐喻,这些对立概念环环相扣,加深了栖居视角辨析的认识论基础。"给定"是他论述建筑的视角的核心思想所在,铭刻的定义是:世界在人们生活其中之前就已然缔造;形式和意义已然和这个世界联系;人们在行动之前,必须在意识中"建构"世界。与"给定"相关联的是,感官经验或感知经验被处理为为了超感知力、文化价值表达而存在的运输工具。

以大岞村的阶段性调查为例,笔者试图讨论整体性是怎么构建起来的。这里的整体性可以理解为莫斯所言的社会关系的总和,也可以看作从观察得来的经验整合,涉及观察方式。其中构建整体的基石是分类。马库斯认为,文本的分类组织,通过功能主义理论的抽象的部分—整体的想象,借用

---

① 民族志晶体的概念来自英戈尔德对民族志的批评,在民族志的批评术语中,产生了这样一个双名词组合:ethnographization。笔者曾经撰文,解读英戈尔德的《够了民族志!》这篇文章。Tim Inglod. That's Enough about Ethnography, *HAU: Journal of Ethnographic Theory*, 2014, 4(1): 383–395. 窦雪莹将该文翻译并发表,但是译文有诸多商榷之地,尤其是ethnographization,译者将其翻译为"民族志化",笔者提出不同意见。[英]提姆·英格尔德:《关于民族志的讨论已经足够?》,窦雪莹译,《民族学刊》2018年第1期。(学界对于学者Tim Ingold姓名的翻译存在差异,"英戈尔德"为主流译法,"英格尔德"则多见于早期文献或部分方言音译。因本书引述的文献中两种译法均曾出现,为尊重原始引文并兼顾通用性,脚注中保留差异说明,但正文统一采用"英戈尔德"以确保一致性。)

② 相较于内地"闭塞"的人类学交流条件而言,厦门大学人类学系成为早期自由主义汇集的东南"边城"。

③ Tim Ingold. To Journey Along a Way of Life, in Tim Ingold. *The Perception of the Environment*, Routledge, 2000, p. 220.

了关系的系统组合,允许物质文本自身代表它所表征的社会现实的整体。[①]按照马库斯的"虚构的整体论"说法,整体的构建和分类的修辞有密不可分的关系。索顿(Robert Thornton)将这种分类组织更是尖刻地比喻为"圣经建构它的整体的文本效果"[②]。

笔者发现,大量地搜集地方文献,在调查报告中完整保存从田野搜集而来的谱牒、求签诗、口头传统等多样化文献类型,进行"文野结合",奠定了构建文化客体的文献基础。基于此,笔者将其称之为铭刻。由于调查的目的是获得文献,因此调查者是在文化客体之外,依赖中介机构间接地获得经济、历史与现状等综合资料。这个外在的观察位置,使得观察者能够洞悉文化客体的全貌。尽管后期调查阐释的意图越来越明确,依然能够发现,研究者发掘已有结构当中包含的象征与意义的意图,脱离了符号实践的交流语境;此外,象征并非对周围的环境和人事保持注意(attend to),而是努力实现解释的意图(intention)。"外在化"的表征依然是铭刻,"为将前置思想或精神表征抄写到纸张上而服务"[③]。象征的潜流是进化论支配性地位瓦解趋势下的理念基石,它在长住娘家的解释中浅尝辄止,却由"从英国回来的王铭铭博士",依托东南经验与燕京学派的社区传统进行"嫁接",探索符号与象征支撑的文化独立性的人类学理论体系。[④]

通过对大岞村的田野重访,笔者发现《崇武大岞村调查》的文本制作背后出现了人类学知识生产的问题。厦门大学人类学系师生在大岞村开展田野调查的过程中,并未全程在村子里住。陈国强善于利用县志办的力量,借助大岞村村委会的支持开展调查,张法金等村干部成为关键报道人。为了考察渔业,陈国强请村委会召集村民座谈会,以了解渔业的细致情况。资料不足的地方,陈国强往往写信拜托张法金等人,请他们提供相关资料。由于和

---

① George Marcus. Imaging The Whole: Ethnography's Contemporary Efforts to Situate Itself, *Critique of Anthropology*, 1989, 9(3): 9.

② Robert Thornton. The Rhetoric of Ethnographic Holism, *Cultural Anthropology*, 1988, 3(3): 287.

③ Tim Ingold. "To Journey Along A Way Of Life", in Tim Ingold. *The Perception of the Environment*, Routledge, 2000, p. 231.

④ 王铭铭在访谈中表达了对厦门大学人类学的关心,厦门大学人类学系如何突破它的地方格局(包括地域性经验和东南民族史等学术传统),转化为世界人类学思想贡献的源泉,是他对厦门大学人类学系的期待。笔者对王铭铭的访谈,访谈时间:2016年7月10日,访谈地点:福鼎。

地方官员的关系较好,县志办、村委会向他们提供了来自官方调查的统计数据。这就让民族志的一部分内容几乎是县志、村志的转载。这些资料来源也影响了调查者对于文化的表述,例如对卫生、教育情况的了解,进步主义的话语与官方立场几乎是一致的。受报道人、出版资助者等身份地位的影响,大岞村调查兼具了政治宣传功能。民族志往往会在最后一章渗透地方政治的意图,表达村落的未来与远景规划,甚至出资者会亲自操刀,撰写相关章节。由于大岞村调查依赖权力的支持,走的是上层路线,这就阻碍了文本呈现更多普通百姓的声音,更莫说长住娘家的亲身经历者——惠安女性的声音。在这些多元的解释当中,外来话语占据主导地位,女性的声音几乎未被听见。笔者在大岞村重访的时候,对女性生命经验的缺失有了更深的体会。

就长住娘家的解释而言,根植于景观与世情百态(taskscape)相互贯穿的"既定事实"甚至尚未展开,就让位于"听说"与"瞧见"的个人经历瞬间。林惠祥在论证之前就已经将长住娘家婚俗作为进化论的佐证来对待;陈国强仅仅是下乡期间目睹过一幕;而蒋炳钊则认定1984年他在小岞调查"看见"的当地保存完好的特殊服饰与婚俗是"从妻婚的遗俗"。换言之,田野还未遭遇,文化就已经被制作为"给定"的标本,与"事实之后"凝固的民族志文本依旧有本质的不同。①对惠安女长住娘家婚俗的解释,与其说是当地女性作为环境的行动感知者(actor-perceiver)在日常实践中言说故事、传递知识,不如说是被数代研究者固定在其概念框架中的一种"发起或者带入结尾"②的理论建构。这样做的结果正是英戈尔德所言的"将当地人的去权(disempowerment)合法化了",而且是打着保护生物多样性的旗号"系统地去权"。③

(三)波澜再起

正如笔者所批评的,田野还未遭遇,文化就已经被制作为"给定"的标

---

① 有关民族志的矛盾如田野遭遇尚在展开、田野工作者已然背向田野、田野归来后撰写民族志,英戈尔德在他的演讲中对民族志有着完整的批评。Tim Ingold. Anthropology is not Ethnography, *Proceeding of the British Academy*, 2008, 154: 69—92.详情参见笔者与英戈尔德的书信来往。

② Tim Ingold. "To Journey Along a Way of Life", in Tim Ingold. *The Perception of The Environment*, Routledge, 2000, p. 231.

③ Tim Ingold. *The Perception of The Environment*, Routledge, 2000, pp. 155、216.

本。2018年秋,笔者在美国加州斯坦福拜访葛希芝时,经她指引,笔者在她农场的小红楼中意外发现了一批关于长住娘家的惠安调查原始资料。这批资料同样是由陈国强领导的厦门大学人类学系团队完成,但其呈现方式与《崇武大岞村调查》等一系列成果完全不同。由于调查方法、理论指导的差别,以及调查本身的可信度参差不齐等问题,这一项目几乎是隐蔽的,从未被厦门大学人类学系团队公开披露或者依据原始材料进行发表。①

1988年4月13日,武雅士申报的"闽台社会文化比较"项目获得鲁斯基金会的资助,拨款299522美元,用于维持他们1988年9月1日到1991年8月31日这三年的课题经费。1988年6月20日,鲁斯基金会的负责人给斯坦福大学校长肯尼迪写信,祝贺并解释道:"'中美合作调研计划'的目的是鼓励中美学者在人文和社会科学领域中就某些挑选题目而进行的长时期合作研究。"②

"闽台社会文化比较"项目是第一梯次田野调查,后来扩展至江苏、浙江、上海等地,两次梯次田野调查汇总了54个田野点。项目由斯坦福大学人类学系、台湾"中研院"民族学研究所及厦门大学(人类学研究所、历史所与台湾研究所)等合作进行,在福建省境内共选12个县的36个点,自1989年11月起分三年进行问卷调查。"田野地点的选择并非基于社会学问卷调查的严谨分层随机抽样,而是像鉴赏家的陈列柜中的珍玩一般,可说是机缘巧合下的产物。换言之,田野地点的选择相当程度地基于实际负责田野研究点的个人背景、关系等因素之考量。"③原则上每一田野点访问调查50位60岁以上的已婚妇女。

武雅士在概要中陈述其研究目的为:①促进中国社会科学的发展。②保存、记录福建和台湾即将逝去的风俗和民众生活。③将中国两个省份文

---

① 至少笔者在访谈叶文程、石奕龙、蒋炳钊等参与"闽台社会文化比较"项目的当事人时,他们从未对笔者提及过这一调查。

② 1988年6月公布的同一批资助课题,除了武雅士的,还有哥伦比亚大学的孔迈隆(Myron L. Cohen)负责的"乡村中国的家庭"等5个课题,均是中国研究的主题。

③ 庄英章主编:《华南农村社会文化研究论文集》,台湾"中研院"民族学研究所1998年版。本论文集收集了"华南农村社会文化研究研讨会"中较具代表性的16篇论文,其研究的主题,除了已进行的传统社会之婚姻、家庭、宗教信仰、方言及族群接触等,也增加了农村社会的家庭企业经营与现代化适应、妇女工作、婚姻与宗族的变迁等。

化变异所涉及的现象、特征及相关细节范围进行详尽存档。④评估这一变异的竞争性解释,即适应假设和历史假设,哪一个能更好地解释中国文化的区域多样性。①

武雅士秉持的工作信条是:文献资料和田野作业相结合,活人和死人相结合,"当死人沉默的时候,我们就转向活人"。②从方法论的角度而言,这一次大型调查是定量研究和经验研究相结合的实验。定量是为了呈现文化变化的空间分布的准确性,而问卷中记录了大量当地人的习俗、习惯、劳动内容等生活经验。武雅士坚信,前期付出的大量人力、物力,是为了回答"文化为何会如此变化"这一重要问题。

在《鲁斯调查专题的假设大纲》一文中,武雅士对分散在各个田野点的调查工作进行了细致的指导,包括地方历史、地方经济、婚姻和收养等单元。民族志著作遵循统一的体例,包括历史背景、经济与生态、宗族和社区组织、婚姻与收养、家庭组织与性别、宗教与仪式、亲属称谓与丧服,以及结论。③大纲计划完成由12本专著构成的"福建社会文化丛书",预计每本书15万~20万字,1992年9月至1993年12月完成编写。大纲规定:"所有专著都应该涵盖这些题目,以及题目对应的一系列问题。"大纲最为重要的一点是,"所有的问题都应该以三个田野点之间的相似和差异的术语来回答":这三个田野点在何种方式相似? 又在何种方式相异? 为什么会有差异?④武雅士更加期望能够将12个田野点的专著汇总起来,从而发现更大的问题。

为了让项目合作更加紧密,武雅士自己也投入其中,阅读田野报告,至少花一年时间在田野中,负责中文报告的翻译和英文成果的发表。在项目预算的经费分配中,武雅士特别提到了出版经费的需求。

> 我认为厦门大学一方对参与田野调查花费的代价不计较。他们反倒是很急切地想要参与到项目中,并且愿意分担他们自己的田野开销。他们唯一请求的是这些项目(指录音机设备、出版经费等)可以包括到

---

① Arthur P. Wolf. *Taiwan and Fukien: A Comparative Ethnographic Survey of Two Provinces*, pp. 2, 4.
② Arthur P. Wolf. *Taiwan and Fukien: A Comparative Ethnographic Survey of Two Provinces*, p. 25.
③ Arthur P. Wolf. Tentative Outline of Luce Project Monographs, p. 8.
④ Arthur P. Wolf. Tentative Outline of Luce Project Monographs, p. 1.

预算中,因为他们没有设备或者出版的基金,而这些对于项目的进行又是绝对必需的。没有足够的出版经费,调研结果就不可能发表,也就不可能合法地传播到国外去。①

1989年3月22日,杨国桢代表厦门大学与武雅士签署合同。合同上写明:"福建省调查研究的费用,由美方资助,总金额为120000美元。"1989年11月9—10日,美国学者武雅士、葛希芝、张富美和中国台湾学者庄英章、潘英海等来到厦门大学南洋研究所讨论合作计划,厦门大学人类学系陈国强、蒋炳钊、叶文程、吴绵吉、郭志超、石奕龙、曾少聪、邓晓华、范可等人参加会议。②

为了推进合作研究,三方积极探讨福建学者到台湾访问调查、实现海峡两岸学者双向交流的办法。几经波折,交流计划终于在1992年春取得突破性进展。③1992年6月20日,杨国桢、陈支平、陈在正、陈国强、蒋炳钊"厦门大学五教授"访台。这是大陆人文及社会科学学者首次集体访台。

台湾方面坚持用计算机录入调查问卷,目的是"建立区域性汉人社会研究的电脑资料库",模仿美国耶鲁大学的"人类关系区域档案"(HRAF),建立台湾、福建的区域性资料库,包括日本殖民统治台湾时期的户籍资料和依托半结构问卷收集的民族志资料等,"届时将有五十个左右的村镇的基本资料在电脑资料库中","将是人类学第一个区域性的电脑资料库"。④

大岞村调查是从1991年10月6日到10月25日。其中,60岁以上的报道人10人,60岁以上的男性被调查者55人、女性被调查者55人,总共120人。调查报告由曾少聪执笔,题目为《大岞村(1949年以前)民俗调查简报》。报告一开始就说道:"大岞村民俗比较特殊,村民流行着长住娘家的习俗、祭拜

---

① Arthur P. Wolf. *Taiwan and Fukine: A Comparative Ethnographic Survey of Two Provinces*, p. 33.

② 有关在厦门大学会晤的细节,参见笔者对葛希芝的访谈。马丹丹、葛希芝:《作为视角的性别与作为秩序基础的性别——葛希芝的女性民俗学访谈》,《民俗研究》2021年第2期。

③ 杨国桢:《闽台社会文化比较研究》,厦门大学民间历史文献研究中心网站,2017年11月21日,https://crlhd.xmu.edu.cn/2017/1121/c11794a317809/page.psp。

④《台湾、福建两省的民族志基本调查与比较研究计划第一次研讨会议纲要》,1992年3月9日,第7页。需要说明的是,"闽台社会文化比较"项目还增加了(台湾)人才培养的教育计划,因为台湾尚无人类学博士班研究所,因此计划在台湾大学、台湾"清华大学"两校开设暑期田野工作学校,"一方面让学生在做中学,另一方面和学生研究、讨论汉人社会的研究"《台湾、福建两省的民族志基本调查与比较研究计划第一次研讨会议纲要》,1992年3月9日,第10页。

夫人妈的信仰、操着一种带有特殊口音的闽南语,妇女有着特别的装束等。"

这份报告和《崇武大岞村调查》几乎是两个理论体系下的民族志叙事。笔者认为,反倒是这份报告更加客观、详实地描写了大岞村的整体社会生活,政治经济视角更加突显。其中,"社区生产"内容中,论述了大多数男性村民以捕鱼为生,"大约占人口30%的人到晋江、厦门等地受雇捕鱼,有些人连家属都跟去;有的人去台湾捕鱼,去台湾的人一般不带家属;去槟榔、吕宋的人数极少,仅3—5人,主要做人力车夫"。在"宗族组织"内容中,展开有张姓开基祖的谱系图,该谱系图按照"房"的单位进行设计,清晰地呈现了房、祖厝的层级关系。与祠堂相较,祖厝和个人的世俗生活联系更加紧密。

结合"闽台社会文化比较"项目的部分研究成果,笔者认为,该项目的完成程度反映出两个现象:①虽然厦门大学等三家单位分工负责该项目的福建田野调查,采取大规模的田野调查团队和小分队"蹲点"协作相互结合的方式,不过从调查问卷质量参差不齐的结果来看,不同调查团队的学术态度还是有所区别。笔者根据惠安等原始资料初步判断:厦门大学人类学所完成的调查问卷,整体质量比台湾研究所要高。②从项目涌现的学术成果来看,研究者个体的研究活力和个性特色还是显现出来。当时还是青年学者的郑振满从项目中脱颖而出;①曾玲也写出了和武雅士设计项目初衷高度契合的优秀调查报告——《华安县马坑婚姻形态与家庭关系研究》。从参差不齐的研究报告中撷取验证假设部分的相关经验研究,透露出细致的多维的整体历史感知,推动了武雅士的适应假设和历史假设相互作用的复杂向度,适应假设和历史假设从来不是孤立存在的,而是渗透到婚姻、经济和生态等因素构成的真实的地方史中,借以深入探讨社会变迁的动力。与此相较,陈国强带领的人类学团队成员鲜有同类作品媲美。

武雅士聚焦于生育率问题研究,他借助日本殖民统治台湾期间留下的保存完整的户籍档案,发现小婚在台湾很普遍,小婚夫妇的生育率比大婚的低40%。由于福建的其他区域和台湾接近,大批福建人迁徙到台湾。他猜测这一假设在福建也可以得到验证。因为长住娘家的生育率和大婚接近,

---

① 郑振满:《仙游沿海的生态环境与人口变迁》,第二次闽台社会文化比较研究工作研讨会会议论文,1993年5月27—29日,会议地点:中国台湾宜兰县。

并没有表现出显著的异常之处，所以他对长住娘家不感兴趣。[1]武雅士设计"闽台社会文化比较"项目之初，适应假设、历史假设能否在福建和台湾两地的比较中得到文化差异的解释，是其主导的问题意识，因为长住娘家并未表现出相对于大婚的生育劣势，故而长住娘家仅仅是为了解释福建某些地域小婚不流行的地方背景，抑或区域性婚俗差异的表现。或许是为了符合项目设计者的初衷，调查者将大岞村、潮洛村、螺城镇等地区高达10%的长住娘家婚姻混同于大婚，尽量让凤毛麟角的小婚现象靠拢武雅士的理论假设。也有可能是问卷设计者一再强化的入赘婚和小婚的问题导向，导致长住娘家的异质性婚姻实践被调查团队"有意识"地忽略。

武雅士发起的"闽台社会文化比较"项目成为中国人类学学科史的插曲，透露了人类学重建早期因为条件不充分，反而具备国际交流的机遇和国际学术思潮的可渗透性。"闽台社会文化比较"项目后期转向珠江流域，为华南学派的崛起创造了条件。外来影响与主体需求之间的嵌入机制从"闽台社会文化比较"项目的挫折中可见一斑。

笔者认为，长住娘家的专题研究虽然推动了厦门大学人类学田野调查的恢复和制度化发展，但从改弦更张的方法论路线来看，厦门大学人类学团队尝试找到林惠祥传统在旧议题的延续，以及林惠祥传统与新经验的嫁接，这种矛盾取舍的心态，体现了他们在曲折发展的学科建设中缺乏对林惠祥传统的批判性继承与反思。田野调查与政府资源合作的学术政治路线，让它和历史有着惊人的相似。正是因为与"闽台社会文化比较"项目资料朝夕相处，笔者试着想象，如果参与项目的厦门大学人类学前辈能够充分利用项目的原始资料，而不是回避或隐瞒，那么对长住娘家经验不断的理论化探索，是否会为厦门大学人类学系的恢复和重建打开一个新的方向？[2]

---

[1] 笔者对葛希芝的访谈，访谈时间：2018年11月16日，访谈地点：美国加州斯坦福。

[2] 林惠祥学术传统对厦门大学人类学系产生的根深蒂固影响，不仅仅是学科体制的架构、学术思想的传承，还包含了他的学生对他产生的发自内心的情感共鸣。笔者在访谈老一辈人类学学者的时候，作为他的老学生，笔者从蒋炳钊那里感受到林惠祥为人的简朴、对事业的投入；在叶文程这里又一次感受到他对林惠祥老师的敬意和爱戴。叶文程引用李亦园在纪念林惠祥会议上的发言："厦门大学应当继承林惠祥的文化人类学的传统。"考虑到学术传统的继承与发展所依赖的实际物质条件和社会关系，笔者认识到，在林惠祥传统之外开辟一个新的方向显然忽视了厦门大学人类学系的历史与现状。笔者对蒋炳钊的访谈，访谈时间：2016年6月29日，访谈地点：蒋炳钊寓所。笔者对叶文程的访谈，访谈时间：2016年6月30日，访谈地点：厦门。

第五章　人类学应用价值和语用范畴的嬗变

——中山大学人类学系的恢复、重建与转变

中山大学人类学系作为中国人类学、民族学研究的重要基地之一,它的发展与中国人类学学科重建后所历经的起转沉浮相伴生,其学术思想的演进凸显了人类学学科在建构中国化理论道路上的长期艰辛探索过程。①中山大学人类学系2000级硕士生梅方权回顾史禄国对中山大学人类学的贡献,这样自豪地写道:"中山大学语言历史研究所设有的人类学组是国内最早的同类专门研究机构,中山大学作为人类学在中国的发源地当之无愧。"②

1981年,中山大学在中国高校中最先恢复人类学系,设置民族学和考古学两个专业。民族学的基础课程由人类学、民族学、体质人类学和语言学组成,其中人类学包括人类学概论、社会人类学、世界人类学史,民族学包括中国民族学概论和原始社会史。虽然厦门大学和中山大学在重建人类学科的某些具体路径上有些相似,如两者均开设《家庭、私有制和国家的起源》研究及民俗学等课程,但中山大学对人类学的界定却与之不尽相同。中山大学对人类学的理解是:以人类为研究对象的应用性很强的综合性科学,且要与国计民生密切相关。而其学科带头人梁钊韬则更明确地给出人

---

① 周大鸣、吴宁:《中山大学人类学系与中国人类学的发展》,《中山大学学报(社会科学版)》2009年第6期。

② 梅方权:《史禄国与中山大学人类学》,《中山大学研究生学刊(社会科学版)》2001年第4期。梅方权肯定了史禄国关于人类学中国化的早期努力。他总结道:"用人类学的理论方法研究中国社会,洞悉中国文化的本质,在泛文化比较中指明中国社会、文化的发展走向,这是复办20年以来中山大学人类学系一直努力而且还将继续努力的不朽事业,也是中国人类学义不容辞的责任,更是当代人文社科知识分子殊途同归的事业。"

类学定义:研究人类所创造的物质文化和精神文化的起源和发展。由此可见,中国人类学的恢复和重建,无疑是现代化建设和国际学术交流的需要,而且与梁钊韬的人类学学科构想密切相关。中山大学的人类学学科建设,无论学科体制的完整性还是学科实力的积累性,都在重建时期得到了较为均衡的保持和发展。

一、民族学的人类学化

　　中山大学人类学学科建设与发展的特质是什么？它能够对人类学学科史的研究带来什么启发？这是本章要着重关注的问题。顾定国的《中国人类学逸史》比较了厦门大学和中山大学的学术资源之优劣和办学思想的差异。他认为厦门大学坚持体质人类学、文化人类学、考古学和语言学四大学科的独立培养,中山大学则坚持四大分科的整合。顾定国虽然提及了中山大学民族学的人类学化研究途径,但是并没有对其发展路径以及内涵演化过程进行详细论述。本书则致力于对这一历史脉络进行考察。

　　中山大学对民族学的人类学化含义如下:①将人类学理念和方法运用于民族学的研究领域中,革新了民族学研究的内涵。②用人类学的路径来对南方文化进行研究,并突出其区域文化的特色。③将民族识别的标准运用于岭南族群与区域文化研究中,并发现民族识别完全适用于汉人社会的族群文化。中山大学的人类学研究者在学科建设方面采取了民族学人类学化的发展路线,其人类学(或民族学)学术研究体现出了许多鲜明特色。具体表现在以下方面:首先,确立了以文化研究为本体的学术研究方向。这集中体现在其逐渐从对特定社会形态的考察转向对文化研究的关注。随着其逐步脱离了以原始社会史为核心的研究方向,以文化为本体的研究导向确立了起来。其次,关注族群与区域文化的研究,并把都市人类学作为人类学当代研究的新领域。这样,依据族群、区域、都市、历史这四个具有特色的研究维度,中山大学的田野调查研究得到了深入拓展。这使得其人类学系无论在方法论特色、本土化坚守方面,还是田野调查的当下意识方面,都既能做扎实、规范的人类学研究,又具有向外伸展并容纳新的社会内容的发展可能性。

笔者以为,中山大学人类学系的学科建设与发展应该分为两个阶段,一是从梁钊韬到黄淑娉时期,基本上完成了民族学的人类学化。二是周大鸣担任系主任以来致力于人类学系的重新定位和转型,即人类学的现代化和世俗化。周大鸣持续关注外来人口融入城市进程中乡村社会结构的变迁和民主制度环境的改善。①2000年伊始,周大鸣参与了数十个"世界银行贷款"名下的项目评估,例如公路评估、绵羊评估、农业现代化评估、扶贫贷款评估、珠江三角洲环境评估等。凭着多年从事世行项目的经验,周大鸣对应用人类学的方法积累了颇多心得。他提出"参与式评估"等概念,并应用到实际的项目中。周大鸣、秦红增认为,参与观察方法虽然有了长足的发展,然而"还有个基本前提没有解决好,那就是他者的利益"。在这种情况下,倡导参与发展的当代人类学较好地解决了这一问题。②在世界银行委托的农业、林业、环保等项目的实践中,他们采用参与式乡村快速评估法(Participatory Rural Appraisal,英文缩写为PRA),同时又根据中国现实进行了修正。同时随着研究的重心从参与向发展转移,由于村庄越来越和外部世界联系在一起,学者自己的研究意识也要变:"选些与当地人发展相关的课题,方法上灵活多样,以让'他者'和自己都更好地参与到社区发展的活动中。"参与式评估不仅仅应用于发展和扶贫,也符合旅游等诸多领域的需求。"开展针对民族旅游开发的社会评估,已成为摆在决策者和研究者面前的一个紧迫任务。"③

相较于厦门大学,中山大学人类学系有以下特点:①四大分支架构完整,师资力量较为雄厚。②田野调查自主性较强。厦门大学人类学系的汉人社区研究是在民族研究资源和条件不佳的情况下被迫做出的选择,民族志写作的"地方志化"情况严重。相较而言,中山大学对于岭南区域和族群的研究则是在学科积极发展需求下的主动选择,调查报告的学术性强,在运用人类学、考古学、体质人类学和历史学的综合性方面,融会贯通,并未依附于地方基层机构,体现了较大空间的学术独立性与自治性。③注重应用研

---

① 参见周大鸣在上海大学社会学院的讲座:《从乡村到都市——以东莞市虎门镇大宁村为例》,时间:2017年4月5日。他通过大宁村的案例展现了乡村都市化的进程,并形成考察乡村社会变迁的乡村都市化理论视角。在国家治理的层面,他提出文化转型的概念。

② 周大鸣、秦红增:《参与式发展:当代人类学对他者的关怀》,《民族研究》2003年第5期。

③ 周大鸣:《人类学与民族旅游:中国的实践》,《旅游学刊》2014年第2期。

究。中山大学应用研究的影响力和创造性都远远大于厦门大学。顾定国认为，梁钊韬本人的学术发展路径是回避应用性，而注重马克思主义人类学的思想建设，在政治方面持较为稳健的选择。但笔者以为梁钊韬对应用性研究并不排斥，只不过他将应用价值局限于学理范畴之内。④以田野调查与历史研究结合为标志的独特方法论。厦门大学人类学研究的方法论特色模糊，东南民族史和闽南考古的学术传统是厦门大学人类学的发展胚芽；而中山大学则将族群范围覆盖到整个广东，并将之整合为岭南文化。在族源方面，尽管岭南和闽南均宣称是百越民族的后裔，不过岭南区域文化研究的特色更加鲜明。相反，闽南研究则呈现出弥散的状态，研究者采取了平均覆盖的方式，将东南的少数民族资源向汉人社会的边缘文化延伸，这样一来人类学学科边缘化的情况反而加剧了。⑤致力于科际整合和学科合作。中山大学的人类学系学科发展较为统一，因而虽然不同学者间存在学术见解上的矛盾，但是相关的学科共识却得到传承和发展，这为其不同学科领域的合作提供了可能。

(一)梁钊韬

杨堃曾对如何建设新中国人类学体系提出个人设想。这包括以下四个方面：①必须以马克思主义、毛泽东思想为指导，并结合中国的特点，为"四化"建设服务。②向国外学习，采用先进科学技术。③总结历史遗产，扩大研究领域。④健全机构，加强协作，培养新生力量为"四化"建设服务。他认为应尽量在最近期间，建成一个具有现代化规模的、包括各科人类学研究的综合机构。①这一机构设想，在中山大学人类学系基本得以实现。

1980年11月，中山大学历史系举行了民族学学术讨论会，由梁钊韬主持。梁钊韬及同事围绕体质人类学、文化人类学(包括民族学与考古学)及边缘学科撰写论文，并展开讨论，虽然仍表现出对南方民族族源、原始社会史等问题的关注，但也开始包含一些有关悬棺葬、亲属制度等题目的论文和调查报告。此次会议彰显了民族学、考古学和文献相结合的研究路径，体现

---

① 杨堃：《论人类学的发展趋势：如何建设新中国人类学体系》，《云南社会科学》1981年第2期，第235页。

了历史(尤其是原始社会史)教学和研究的方向。①

1980年,梁钊韬提出关于中国民族学教学内容的设想。他认为民族是一个历史性范畴,民族学教学内容应大致包括以下十个部分:①党的民族政策与我国少数民族概况。②我国少数民族语言特点。③民族识别。④各种经济类型。⑤各种社会制度。⑥各种宗教信仰。⑦各种文化生活。⑧社会形态研究。⑨民族史研究。⑩汉族的研究。他认为把汉族排除在中国民族学的研究领域之外是不妥当的。②

梁钊韬认为马克思主义民族学在中国已经有了雄厚的基础,研究模式也已基本确立,这为民族学的发展打下了良好的基础。他认为当前民族学研究所面临的任务主要包括两方面:一是批判继承外国的民族学,这涉及对国外人类学理论史的介绍和研究。因此,要批判他们的错误,也要吸收其养分及符合历史唯物主义的某些观点和方法。二是总结经验,建立中国民族学理论。这包括以下六个方面:①进一步阐明人类社会发展的普遍规律。②批判继承"文化遗留"学说,发展"社会化石"理论。③正确对待文化传播的社会现象。④运用区域调查方法,深入考察某些典型性的民族聚居区,探讨区域内的社会结构、文化变迁、文化特点及其与周边民族的关系,从而找出文化区域的规律性理论。③⑤应用人类学。⑥加强现状研究。

由此可见,梁钊韬对于构建人类学学科体系及研究方法已经有了比较完整的认识,即以马克思列宁主义哲学思想为指导,通过考古学、民族学、语言学和体质人类学四方面综合考察,并把宏观和微观研究相结合,以得出科学的研究结论。

除此之外,梁钊韬关于人类学学科建设上的见解集中体现在其要将民族学与考古学结合,形成一门新的学科——民族考古学(ethnoarchaeology)的主张上。他认为这一学科应是民族学、历史学和考古学综合的结果。④在阐述这门学科具体内涵时,他认为人类学四大分支均是以人为主要研究对象,

---

① 王建民、唐肖彬等编著:《中国人类学民族学百年纪事》,知识产权出版社2009年版,第434页。

② 梁钊韬:《梁钊韬民族学人类学研究文集》,民族出版社1994年版,第293页。

③ 梁钊韬:《梁钊韬民族学人类学研究文集》,民族出版社1994年版,第316页。

④ 这门学科由考古学家阿舍尔(R. Ascher)于1961年提出。参见容观夐对这门学科的介绍,并提出民族志类比分析法,即民族志资料与考古实物结合起来,符合综合研究、整体方法的人类学主张。容观夐:《人类学方法论》,广西民族出版社1999年版,第92—95页。

既研究人类过去各方面的情况,也研究人类目前的状态。考古学、民族学在人类学这门学科范围中,均注意研究人类各个群体的文化起源、发展、变化和相互影响诸问题。对民族考古学的具体研究内容进行表述时,他认为其应包括以下三个方面:①对原始社会史的研究。②对各民族史的研究。③考古学上的相关性研究。

1984年,梁钊韬发表论文《人类学的研究内容与作用》,在文中,他将人类学分为体质人类学和文化人类学。他认为文化人类学所研究的是人类创造的物质文化和精神文化的起源与发展,人类学与民族学是有区别的。在文化人类学领域,按研究对象说,考古学是属于古代的,民族学是属于现代的,所以民族学是文化人类学的分科,二者之间并非等同。[①]梁钊韬指出:①有必要成立人类学教学、科研机构和学会组织,人类学应该将考古学、民族学、体质人类学结合起来,成为一股力量,建立中国自己的人类学科学系统。②人类学与民族学是有区别的,民族学是文化人类学的分支学科,二者之间并非完全等同。③明确标举马克思主义人类学的主张,显示出明确的人类学阶级立场:"人类学是有阶级性的,在无产阶级和资产阶级两种不同世界观的指导下,对人类本身及文化的起源和发展上便有不同的解释。"[②]

在人类学的方法论上,梁钊韬的主张如下:①民族学调查社会现状,必须运用历史文献资料、考古学资料。②运用多学科综合研究方法来发展民族学。如用考古学、民族学、文献法"三结合"来综合研究原始社会;[③]采用多重证据法研究民族史等。③对于区域调查方法的强调。这集中体现在把人类学理论方法应用到对中国南方文化的研究中。1984年,中山大学建校60周年之际,梁钊韬在人类学国际研讨会上发表演讲《中国南方文化的特点和研究方法》,提出"区域文化结构与多重性的发展成为探索我国人类学理论甚有意义的课题"。他认为南方文化的区域性与多重性问题是"西方近百

---

① 梁钊韬:《人类学的研究内容与作用》,载《梁钊韬民族学人类学研究文集》,民族出版社1994年版,第355页。

② 梁钊韬:《人类学的研究内容与作用》,载《梁钊韬民族学人类学研究文集》,民族出版社1994年版,第359页。

③ 周大鸣:《梁钊韬先生评传》,社会科学文献出版社2011年版,第119页。

年任何一个人类学派或学说都不能解决的”。①

　　1952年至1981年,中山大学人类学学科被取消,但他们的人类学研究其实并没有中断。梁钊韬转到历史系民族考古教研室,参与了国家少数民族社会历史的调查。②重建中山大学人类学系之后,梁钊韬着手于以下五方面工作。①寻求教育部领导的支持,如1978年他上京征求意见。③②寻求同行同仁的支持。③安排学生编写民族学教材。1963年底,中山大学派梁钊韬偕同助教李松生,研究生黄崇岳、杨鹤书、陈启新,一行五人前往云南滇西少数民族地区进行有关原始社会史的调查研究工作。④在梁钊韬的邀请下,1978年陈启新、杨鹤书回母校工作。在异常困难的条件下,他们创造性地写出了《中国民族学概论》,标志着中国有了自己的民族学教材。⑤该书的出版被有关专家称为“破天荒的一件大事”⑥。梁钊韬在写给杨鹤书的信中说道,该书的出版“稳住了初办的人类学系的阵脚”,是大家在“分工中创办了人类学系”。⑦④调动人才。容观复、张寿祺、龚佩华、黄淑娉先后调动到中山大学来。体质人类学师资力量有黄新美、冯家骏,语言学方面则有庄益群、宋长栋等。众多学者的加入,壮大了中山大学的人类学队伍。⑤通过各种协调,中山大学党委领导同意了梁钊韬的建系计划。(据顾定国说,林耀华写给学校领导的信件也起到了积极的作用。)而后几经辗转周折,最终教育部也同意中山大学创建人类学系。在20世纪80年代初期的学术氛围下,这是非常引人注目的成就。

　　梁钊韬的先导性工作也为后来厦门大学和云南大学创办人类学系打下了基础,因此后两者申请人类学系的过程相当顺利。虽然厦门大学迟迟得

---

　　① 周大鸣:《梁钊韬先生评传》,社会科学文献出版社2011年版,第72页。

　　②《梁钊韬 他的经历本身堪称一部人类民族志》,《南方日报》2013年6月13日。

　　③ 1981年梁钊韬到北京上书请求恢复中山大学人类学系。梁钊韬找到他的老师杨成志,杨成志又去找林耀华商议。他们的想法是先让中山大学打头阵,中山大学人类学系办起来以后,中央民族学院再来接力,所以就签名支持。他们没有拘泥于系的名称是民族学还是人类学,最为重要的是先复办起来。笔者对何国强的访谈,访谈时间:2017年3月6日,访谈地点:中山大学。

　　④ 梁钊韬:《滇西有关民族原始社会史调查材料初释》,《中山大学学报》1964年第3期。

　　⑤ 梁钊韬、陈启新、杨鹤书:《中国民族学概论》,云南人民出版社1985年版。

　　⑥ 徐静、黄爱书:《中山大学人类学系复办功臣杨鹤书教授逝世》,《广州日报》2011年10月21日。

　　⑦ 周大鸣:《梁钊韬先生评传》,社会科学文献出版社2011年版,第127页。

不到批复,但后来联合申请博士点时批了下来。①将人类学系或人类学专业的发轫放在各个高校人类学学科重建历程中来考察,那么梁钊韬工作的开创性色彩就更明显了。

2012年,周大鸣在人类学一级学科的申请书中陈述理由,采用三个"需要"句式,沿袭了梁钊韬对民族考古学的前瞻的表达,即人类学是:①研究原始社会史的需要;②研究各民族史所需;③对于考古研究上所需。但在此,梁钊韬的学理范畴的考虑已经被应用性价值表述取代了,这更体现出中山大学人类学研究同仁对人类学研究与当代社会之间密切关系的体认。

(二)容观夐

容观夐20世纪50年代先后到中南五省区对黎族、瑶族、苗族、壮族、侗族等少数民族进行调查,主持编写两广地区有关少数民族情况调查内部铅印资料十三种,参与民族识别与社会历史情况调查,参与编写《黎族简史》《少数民族服饰》《海南岛黎族社会调查(上、下)》等社会历史调查报告。1981—1985年,他担任中山大学人类学系副主任,参与了学科课程的设置,并教授人类学概论、人类学理论与调查方法、民族考古学、南方民族史等课程。自复办以来,他一直担任本科生《人类学概论》和研究生《民族学与考古学专题》的教学工作。他和梁钊韬的观点一致:民族学不能等同于人类学。1993年学科分类与代码把民族学作为一级学科,并用"民族学(文化人类学)"表示两者等同。容观夐认为民族学与人类学的论争所涉及的是结构和内容上的差异。他和梁钊韬关于人类学方法论的观点一致,即都认为人类学倡导的是整体的、综合的观点,跨学科的、跨文化比较的方法。他还提出被民族学忽略的酋邦(chiefdom)理论。②因此,他明确表态:"我完全赞同陈国强教授1993年、1995年先后两次在有关会议上提出关于进一步完善'学科分类与代码'的正确见解,用民族学带上'文化人类学'是不科学的。把文化人类学和民俗学作为民族学的二级学科离开了各学科已经发展了的要求的。"③

---

① 笔者对石奕龙的访谈,访谈时间:2016年6月30日,访谈地点:石奕龙寓所。
② 酋邦理论是对前国家形态的政治组织的研究理论,来自新进化论,主要代表人物是塞维斯。
③ 容观夐:《进一步完善〈学科分类与代码〉促进我国文化人类学的发展》,载《容观夐人类学民族学文集》,民族出版社2003年版,第17页。

他认为人类学的教学工作要实现三个面向,必须对三大问题作出科学的回答。这三大问题分别是:①正确对待外国的学派理论观点和方法问题。介绍和研究外国文化人类学学说,翻译著作。②学以致用问题。"应用研究,最重要的是把握形成某一具体文化现象(特质)的文化背景资料,不能就事论事。"运用人类学知识,处理和解答现代社会生活中的有关课题。③教学相长问题。对此他举例说,自己就在教学过程中接受了研究生的意见,把民族考古改为文化变迁,将文化变迁作为人类学的研究方向。这样,研究生撰写的论文便可以与当代社区的现实问题挂钩了。[①]容观夐对人类学应用性和实践性的重视,还体现在他从20世纪80年代就开始关注民族地区的开发和文化传统问题,对这些社会问题的关注使他认识到,经济发展离不开文化结构和传统心态的改变,即他所说的精神层面。对于精神、文化传统如何转化为人类学的应用价值,容观夐进一步表述道:"为经济发展战略提供个人与社会群体行为必需的文化背景材料,可以成为我们研究具体社区内部社会结构和文化变迁过程的钥匙。"[②]

容观夐感到人类学的教学和科研不能停留于过去的定势思维上,中国人类学应敞开胸怀,大胆吸收国外同行的先进研究成果。例如,国外民族学界早就把亲属制度划分为六种图式了(指默多克的六分法),而我们的一些学者至今还在摩尔根《古代社会》所讲的图式里兜圈子。[③]他总结自己的学术主张:"在教学科研上坚持和贯彻文化人类学所强调的整体的、综合的观点,以及科际的比较为方法,并将这种观点和方法介绍给国内学术界。"[④]

不仅如此,他还主张积极把民族学人类学化的研究模式应用到实际的研究工作中,具体主张包括:

(1)人类学对于民族史的研究,如有关人种、族源、族属、文化、民族关系等研究,具有不可忽视的作用。这在下面三方面可以得到集中体现:①体质

<hr>

① 容观夐:《教学实践给我们提出的课题》,载《容观夐人类学民族学文集》,民族出版社2003年版,第94页。

② 容观夐:《试论发展中的我国文化人类学》,《中南民族学院学报(哲学社会科学版)》1995年第4期。

③ 容观夐:《我对人类学研究的一些认识》,载《容观夐人类学民族学文集》,民族出版社2003年版,第101页。

④ 参见容观夐填写的个人学术履历。

人类学有助于民族学对于种族类型、族源等问题的研究。他发现，即使是民族学、考古学和历史学结合，也无法满足民族史的需求。民族学亟待解决的关键问题是对民族地区体质人类学的调查研究不足。在民族历史研究中，人类学的方法对阐明族源、族属及民族关系等方面起到重要作用，但在当时却仍没有得到应有的重视。①因而容观夐在其早期的一些研究中，强调民族志资料和考古实物的结合对于族别史、地区史和民族关系研究的重要性，他强调"民族志资料是复原社会史、民族史的重要源泉"②。20世纪90年代，体质人类学得到长足的发展，多学科合作条件的具备，人类学与民族史的结合成为学科发展趋势。在此，他也不乏对自己于20世纪50—80年代参与的民族识别工作的反思，当时他们曾援引体质人类学来解决族源历史问题。他写道：

> 就黎族而论，20世纪80年代初，我们写《黎族简史》时没有联系族源去论述包括黎族在内的古越族与东南亚地区的亲缘关系，甚至有意回避黎族在体质特征和文化因素方面的整体表现。但是体质人类学工作者已经指出：黎族在12项体质特征上与我国华南地区的汉族（包括台湾省土著居民）关系密切。值得注意的是，黎族比其他地区的汉族更接近于印度尼西亚人。③

②文化人类学是一门历史科学，对民族历史研究具有启发性的作用。可以利用文化人类学深入解读成文史料。人类学对族源的贡献集中体现在其对人类原始信仰之研究上。信仰是民族精神的重要组成部分，理解一个民族群体的思想信仰是理解一个民族群体的关键。③语言人类学有助于解决族别问题。他坚信，从人类学角度可以为解决民族历史研究中某些课题作出相应的学术贡献。④

---

① 容观夐：《人类学在民族史研究中的作用》，载《容观夐人类学民族学文集》，民族出版社2003年版，第109页。
② 容观夐：《人类学方法论》，广西民族出版社1999年版，第103页。
③ 容观夐：《人类学方法论》，广西民族出版社1999年版，第156页。
④ 容观夐：《容观夐人类学民族学文集》，民族出版社2003年版，第112页。

154

（2）他在中南民族学院工作二十年，其间曾在湖南瑶族、海南黎族等南方少数民族地区进行田野调查，因此在这方面积累了丰厚的研究经验。这具体表现在下列五个方面：①族源方面。在对南方民族史的研究中，容观复注重对口头传说真实性的考察。如在对瑶族的研究中，他根据《评皇券牒》、瑶族族谱、宗谱等民间文献，厘析瑶族的起源、迁徙路线，并批驳有关瑶族起源和迁徙路线的种种谬论。他高度评价口传历史《评皇券牒》的历史地位，认为它体现了"族体强烈的民族主体意识"。"耍歌堂"是广东连南瑶族自治县八排瑶人的传统节日和文化象征。通过对歌词的研究，容观复认为，"耍歌堂"从一个侧面有力地说明八排瑶先民的祖籍是在浙江会稽山扬州府，其是该民族对于自己作为古越族一支的真实历史回忆。[1]他把民族志资料看作"社会活化石"，认为除了典籍，也不能忽视古老的神话传说的历史作用，因为它们可能是"人民的各种信仰、家庭和民族历史的储藏库"，表达了一个民族隐藏在内心深处的愿望、理想、宇宙观和伦理道德等。[2]②族属（族别）方面。一个民族群体是由物质、社会制度与思想信仰三者组成的文化有机体。就社会变迁而言，思想信仰往往滞后于物质层面和社会制度层面的变迁。就人类学而言，理解一个民族的思想信仰是理解一个民族的关键。例如在海南苗族的族属问题上，他发现苗族和广西山子瑶有亲缘关系，他们来源于山子瑶。因此容观复对民族识别提出以下标准：a.族属问题。对族属的研究要首先从信仰入手，因为思想信仰这一层面具有最高的稳定性和生命力，蕴藏着这个民族最多、最明显的文化特征。b.同操一种语言，这是彼此间存在亲缘关系的明证。c.以同样的信歌传统形式表达自己的思想意向。就此而言，相关资料从一个侧面反映了海南苗族与广西山子瑶之间的亲缘关系。d.地方志的记载。e.史籍和志书的有关记载。他试图从这五个方面论证两个特定族群的亲缘关系。在新时期对民族识别的思考中可以看到，信仰、语言与文化是民族识别的重要依据。③少数民族的科技成果。④民族地区对现代化道路的选择，不能单纯从经济发展的角度出发，也要考量文化

---

① 容观复：《"耍歌堂"活动在八排瑶族社会生活中的地位》，载《容观复人类学民族学文集》，民族出版社2003年版，第226页。

② 容观复：《人类学方法论》，广西民族出版社1999年版，第100、109页。

结构和人文环境的影响。⑤考古成果的运用。这五个方面可以看作是容观复在新时期运用人类学综合、整体的方法切入民族识别和民族史研究所取得的创造性贡献。

如何评价容观复在南方民族史研究方面的开创性工作,以及其把人类学方法运用到民族史研究所取得的学术成就呢? 其本人曾自述道:

> 文化人类学是一门开放性边缘学科,多年来在学术上我逐渐学会不盲从,不师承一家一派之言,不守陈规,排污不排外,努力汲取可以为我所用的见解和方法。我认为一门学科不能"闭关自守",老是停留在一个书本上。①

容观复将口述史与湘东南、湘南瑶族地域的短期调查结合起来,探索盘瓠瑶族的早期迁徙史,批驳了盘瓠早期迁徙、漂洋过海由湖南单向地到两广地区的看法。②麻国庆评价道:"容先生在对南方民族史和南方少数民族社会调查的基础上,将研究引入更广泛的理论视野,对民族考古学的研究是先生对中国人类学、考古学、民族学学科发展的又一贡献。"③笔者以为,容观复强调把信仰、语言和神话传说等信歌传统作为判断族属、族别的依据,运用人类学主张的整体的、综合的、科际的和比较的方法,坚持人类学研究取向,革新了南方民族的研究方法。他将人类学看作是一门开放、边缘的和经验性的学科,这一学科定位包含了隐性的矛盾:既要在经济发展中发挥文化结构的作用,又要运用民族志资料修复早期历史面貌、解决族源等民族史问题,且要保持一定开放性。随着田野调查越来越紧密地和现代化任务、目标相结合,人类学的这一学科性质使其所容纳的有限的文化应用性

---

① 1990年6月在法国南部图卢兹市(Touloues)召开第三届瑶族研究国际研讨会。旅居世界各地的瑶族灵活地适应现代化的同时,保持自己的文化传统,例如寨老组成的村议会、互助会等。容观复从物质、制度、精神三个层面来解释瑶族的迁徙、现代化适应以及社会变迁。他认为,经济、制度两个层面已经得到协调和认同,但深层的思想信仰层面仍然具有稳定性和生命力,蕴藏着这一族体固有的特点,充分体现瑶族的民族特性。容观复:《人类学方法论》,广西民族出版社1999年版,第52页。

② 容观复:《我国瑶族早期历史问题的文化人类学考察》,《中南民族学院学报(哲学社会科学版)》1991年第6期。

③ 麻国庆:《容观复:为人与为学的楷模》,《中国民族报》2018年7月14日。

就越来越受限,重新定义人类学的功能、推动人类学融入世俗社会的学科使命就越来越迫切。

二、区域研究与族群文化

中山大学民族学的人类学化,集中体现在其研究重心向汉人社区的转向及相关研究成果上。这一转向大致是在黄淑娉担任系主任时期开始取得突破的。今天,面对中山大学人类学人的丰硕成果,笔者赞叹之余,更增加了探知其知识生产之路的愿望。"宝剑锋从磨砺出,梅花香自苦寒来。"2017年春,笔者访谈中山大学人类学系部分中青年学者后认识到,要想真正体认这一转向的复杂性和艰巨性,就必须了解其知识生产的丰富社会语境。凭借新发现的一些20世纪90年代的通信材料,笔者试图探索其端倪。其中部分信件对黄淑娉的学术工作给予了极大肯定,是评估《广东区域与族群文化》学术价值的宝贵材料。对这些通信资料的考察,以及对相关学者的访谈,使笔者逐渐置身于当时学术探索的历史语境。

(一)体质人类学的传承与创新

冯家骏是中山大学体质人类学教研室主任,1984年任人类学系主任。[①]他于1953年从中山大学医学院毕业,先后在广西医学院及中山大学任教授和研究生导师。他长期从事人体解剖学及体质人类学教学科研工作,主要论文有《中国人长骨与身高相关回归方程》《国人头面部测量与防毒面具设计》《以人类颅骨厚度分区模式》《从牙齿推断年龄》等。1985—1986年,在他担任系主任期间,林超民去广州访问他,他办公室的人骨、标本给林超民留下了深刻的印象。借鉴中山大学四大分支的经验,林超民从昆明医学院引进了张实等人作为体质人类学教员。[②]

2017年春节过后,笔者拜访了中山大学人类学系体质人类学实验室负

---

① 2024年12月初,笔者访问周大鸣时获此信息。不过李法军否定了冯家骏做过系主任的说法,这里保留疑义。这一疑义与笔者未能查找中山大学人类学系档案有关。

② 笔者对林超民的访谈,访谈时间:2016年8月,访谈地点:云南大学。张实:《体质人类学》,云南大学出版社2003年版。

责人李法军教授。他热情地带领笔者参观了体质人类学实验室,并介绍他正在进行的考古发掘和体质检测工作。较之于依赖四大分支重构研究体系的人类学学科重建时期,体质人类学的主要方法已经发生了极大变化。如今骨骼生物力学、几何形态测量学和三维重建技术等已成为体质人类学新的研究方法,研究对象也扩展到人类宏观进化与微观演化、生物考古学及基因型和表型等新的研究领域。①尽管如此,李法军的实验室里依然保留了体质人类学团队20世纪80年代使用的滤纸、剪刀、手动钻孔器和档案等,这些工作器具被他们称为"历史之窗"。作为一个常年依靠民族志工作的文化人类学学者,面对由骨骼、基因和三维影像构成的体质人类学研究氛围,笔者无疑受到一种强烈的冲击,由此笔者也可以想象当年林超民进入冯家骏的办公室时,面对扑面而来的尸骨气息所产生的震撼。

李法军从事人类学研究已经30多年了,他对笔者详细讲述了中山大学体质人类学科研团队的组建过程,以及他和中山大学体质人类学的渊源——他是在冯家骏的带领下开始着手研究工作的。从他的讲述中笔者了解到,梁钊韬的知识构成与考古有着深厚渊源,作为学科带头人,梁钊韬的这一研究取向也影响到系所人才布局的筹划与运作。梁钊韬几乎是在一片"净土"上搭建整个学科架构的,并把具有不同学术背景的研究者整合成一个符合自己理念的人类学团队。

> 当时正值人类学系复建,梁钊韬先生到广西医学院(也就是现在的广西医科大学)找到了冯家骏。冯家骏是医科出身,他的老师是吴汝康。20世纪50年代初,为了给高等医科机构培养解剖人才,国家委托大连医学院解剖学系组织中央卫生部高级师资进修班,简称高师班。学员于1952年9月报到,1953年8月毕业。冯家骏参加了该班,吴新智比他报到的时间晚。吴汝康是解剖学系主任,负责教学,冯家骏就跟着他学习。培训结束后他们就各自离开高师班,其中冯家骏去了广西医学

---

① 需要说明的是,体质人类学的这一转向很早就开始了,中山大学的体质人类学动态只是其中一个表现。

院,吴新智留在了大连医学院。①

梁钊韬有考古学的背景,他对于古人类化石也有一定的认知,参与了马坝人识别。所以要说中山大学有体质人类学传统,其实是因为它有一个良好的人类学和考古学基础。因为梁钊韬有这样的知识背景,所以他才有了在人类学系发展体质人类学方向的想法。

我觉得一个学科带头人本身的知识结构和一个研究团队的研究取向关系非常密切,引进人才的标准也与此相关。当时梁钊韬已经是副院长,他为学科发展做了大量工作,先后引进冯家骏和黄新美。冯家骏组建了体质人类学实验室,全部是按照医学院的标准设置的,包括专业课程的安排、学生训练的组织等,都非常全面。1984—1988年,中国科学院古脊椎动物与古人类研究所和日本东京大学、筑波大学、东京外国语大学的人类学家合作进行"海南岛少数民族人类学考察",中方团长是吴汝康,黄新美在调查的第二阶段参与进来,负责测量。②相较于黄新美,冯家骏老师跟我们很熟,算是老前辈了。因为我来这儿就是他一直手把手带出来的。

由于教学需要,中山大学体质人类学主要研究的是与人体的现代活体、人体的形态发育等相关的方面。黄老师和冯老师有意识地把重心放在培养下一代研究者方面,正好陈华是中山大学生物学系毕业的,也希望能够在这方面,以及有关人类进化的研究方面有所发展,于是他们就把他也引进过来了。很长一个时期,这三位老师是体质人类学的核心教学与研究力量。陈华的主要领域是灵长类学,和我相似,也遇到知识转型的问题。他编写了体质人类学教材,也包括带领学生做民族学调查、活体测量等。不过,长期以来体质人类学科研团队相对还是偏重现代人体质形态研究。冯家骏后来也开始涉及与近现代相关的专题研究,比如清代虎门的一些守军将士的遗骨后来被发掘出来,他们也参与研究,借鉴法医人类学的方法,对性别、年龄等因素进行确定,然后鉴

---

① 有关高师班详情,参见席焕久、牛志民:《以澄净的心灵与远古对话——吴新智传》,中国科学技术出版社2021年版。

② 此次调查成果结集出版。吴汝康、吴新智、张振标、杨东亚、李愉:《海南岛少数民族人类学考察》,海洋出版社1993年版。感谢杜靖补充黄新美的体质人类学调查背景。

定他们的身份。

长期以来,中山大学的体质人类学因为受到客观条件限制,没有办法接触到考古材料,也没有办法接触到古化石材料,所以尽管他们有古人类研究的能力,但是无法真正涉足这一领域,这就导致黄新美等人的研究方向主要偏重人体发育、牙齿形态等方面,当然也解释了一些考古学的问题。①

2004年,我博士毕业前一年过来找工作,正好陈华老师去了加拿大一年,导致他开的课开了天窗,黄新美老师又刚好那年退休,所以他们的系主任周大鸣总问我能不能代半年课,实际上也是互相了解一下。代课的那半年里,每次我上课时,冯老师都会来到教室,坐到最后一排,拿着小本子认真听课。每次上课之前,特别是实验课的时候,冯老师都会提前来到实验室(当时实验室在二楼),调好显微镜,放好切片,并告诉我怎么去讲。我讲完课的时候,他告诉我哪里讲得比较好,哪里还应该注意。就这样一直陪伴了我半年时间。老先生如此敬业,这一点让我甚为感动,我觉得这个地方值得来。②

20世纪80年代以来,体质人类学教学科研团队几十年的发展历程中,陈华一直是体质人类学向生物人类学转化的重要参与者。他曾于1986年到广东乳源必背瑶族村寨进行人类学田野调查,并在1997年参与黄淑娉主持的岭南文化研究课题,负责对广东客家人、潮汕人、广府人进行体质人类学的调查与研究。他注意到,除高校外,"各医学院人体解剖学和公共卫生学方面的学者也成为体质人类学研究的一支重要力量"③。据此,他积极拓展体质人类学的应用性研究,并最终发展出医学人类学的研究方向。

不同于陈华的医学人类学的研究趋向,黄新美将体质人类学运用到与考古学、民族学和语言学相关的方面,由她编著的《体质人类学基础》可以看

① 笔者在厦门大学访问期间,和胡荣谈起她的研究,她也提到化石材料匮乏、不易接触的研究困境。笔者对胡荣的访谈,访谈时间:2016年7月5日,访谈地点:赤溪。
② 笔者对李法军的访谈,访谈时间:2017年3月6日,访谈地点:中山大学体质人类学实验室。
③ 陈华:《中国体质人类学百年回顾》,《现代人类学》2013年第1期。

作此类研究的较早蓝本。[1]她强调人类学具有自然科学和社会科学的双重属性,体质人类学侧重从生物角度研究人类的体质变化,但并不意味着文化人类学的偏废,体质人类学的发展同样可以推进文化人类学的研究。20世纪80年代以来,黄新美和民族考古学前辈张寿祺多次到海南岛对黎族和苗族进行研究,此外还深入珠江口地区,对水上居民(疍民)进行研究(她当时采用的是"蛋民"说法)。在这些研究中,他们都采用了将体质人类学与民族学、民俗学和统计学等学科相结合的方法。通过对疍民体质特征的观测与测量,他们发现"珠江口地区水上居民属于蒙古人种中的华南人类型"[2],并得出结论,认为当今珠江口的水上居民,"由于他们靠打渔为生,捕捞各种海产为活,浮家泛宅,在江面、海面随处流动、随处靠岸停泊。这样便使得他们在各处不断地聚合,不断地分散,散布于南方各江河间,散布于闽粤海边沿岸各处,构成一个极为松散的大群体。他们属于中国汉族的一个支群"[3]。此外他们还发现,长年海上风吹雨打容易使水上居民在眼睑内侧患上翼状胬肉病。通过这些研究,黄新美肯定了体质人类学对民族学研究的价值:"对民族的识别、民族的体质变化与文化经济的关系,以及民族政策的运用等等均极有好处。"[4]由于新考古学的影响,以及研究条件的改善,李法军革新了自己的研究领域,在华南考古资源框架下发展生物考古的研究方向,将人体形态测量的体质人类学与以DNA为核心的分子人类学结合起来,扩大生物概念的外延,勾勒出华南地区人类演化的历史进程,重构华南地区古人类的生活方式、生活习性及他们的文化组合。但他并没有放弃活体测量的传统体质人类学方法,因为它仍有一定的科研和教学训练的价值。对此他曾告诉笔者:

> 对一个体质人类学家来说,一个重要的研究任务就是追踪和记录人类的演化过程。就此而言,活体测量也有它的意义。虽然我们没放弃它,但它确实已不是我们最重要的内容,它只是为现代人测量提供参

---

① 黄新美编著:《体质人类学基础》,科学普及出版社广州分社1983年版。
② 黄新美、张寿祺、韦贵耀:《珠江口水上居民体质特征的研究》,《人类学学报》1988年第3期。
③ 张寿祺、黄新美:《珠江口水上先民"疍家"考》,《社会科学战线》1988年第4期。
④ 黄新美:《简论体质人类学在文化人类学中的应用》,《广西民族研究》1995年第2期。

照值,从而使我们更好地了解古人类的生活环境与生活方式,这是其科研价值。此外,它还有教学价值。因为我们的学科传统一直有现代活体测量的研究,所以我要保证学生有这方面的训练。

就活体测量在具体研究中的运用,笔者还向李法军请教了一些相关问题,下面是笔者对他访谈时的一些对话:

马:那么您在贵州荔波水族的活体测量中发现了什么?①

李:按照以往的民族学家、体质学学者,以及一些医生的研究,水族从体质上来说是一个血缘单一的群体。可是我做完58个活体测量,发现它并不是单一的,而是一个混血的群体,除了有着典型的华南人特征外,还具有整个云贵高原的北方族群类型特征,这就是我的第一个结论。第二个发现是通过构建牙齿磨耗与饮食结构的互动关系,确立了现代与古代二者的对照标准,通过牙齿磨耗的方式来推测他们的生活方式。通过这项研究,可以确定他们的生产方式是属于农业类型的,还是属于狩猎采集类型的。当然,牙齿损耗只是这一研究的一个方面。整个研究需要构建一套完整的标准,并建立一个庞大的数据库。这样我们才能对古代的社会生活状况进行推测。因为古人不会说话,我做的骨骼生物力学,运用CT技术重建骨骼截面的力学参数,从中了解这些人的活动习惯和其他社会信息。通过对收集到的数据进行分析,可以得出结论:具有不同体质特征的人群共同参与了现代水族的体质构建。

马:您认为您有关水族的这两个学术发现的学术意义是什么呢?

李:我们可以确定水族这个人群,不是像我们想象的那样,生活在一个封闭的环境中。其体质特征的非单一性——即杂交性——反映出族群互动和联姻的密切关系,而族群互动、联姻则是文化交流的一种体现。

这项研究是我和研究水族的民族学家张振江合作完成的。张振江负责文化方面的调查,我专注于体质方面的考察。当然,我们也会在一起讨论。他发现水族有赛马的习俗,这是北方的文化因素,华南地区是

①李法军、李云霞、张振江:《贵州荔波现代水族体质研究》,《人类学学报》2010年第1期。

没有的。我从体质形态上也发现了其鼻型、面型、身高方面和其他南方族群存在显著的差异，很明显，在体质上水族是具有杂糅性的。

张振江的民族调查也发现水族的文化因素是多元的。以往学者认为水族是从广西地区迁徙至黔南的，但事实并不尽然，古代水族有一个北方迁徙的文化烙印，通过通婚、文化互动及周边交流与当地民族融合。现代水族的混合体质就是一个文化互动的例证。体质人类学与民族学文化调查的研究成果再次可以得到相互印证。

我们现在做活体测量的目的有二：其一，是可以与现代文化的溯源分析相互印证；其二，也是最重要的，是我想为我们未来的考古学的解释，积累信息、积累数据、积累标准。①

体质人类学团队能够建立在一个大的人类学框架里，同时又与民族学、人类学有密切的互动与合作，这是中山大学体质人类学的一个显著特色，与梁钊韬始终强调的人类学是一门综合学科的观念有密切关系。跨学科研究有其必要的门槛和边界，梁钊韬坚持的综合学科有其理想性成分。相较于文化人类学向自然科学跨的学科难度，跨越体质人类学与考古人类学的边界，对于体质人类学家而言却相对容易实现，这是因为后者具有打通学科的学术背景。同时，在新考古学的影响下，体质人类学的知识领域和体系也得到极大的扩展，考古学和生物考古技术被大量地吸纳进来，这意味着李法军这一代人推动的体质人类学的知识结构，与冯家骏、黄新美等前辈相较，已经发生了极大的转变，产生了某些代际差异。这种代际差异和他们在学徒期学习的古代墓葬人骨、灵长类等专业知识又发生呼应。但毫无疑问，中山大学人类学系体质人类学与民族学调查、人类学调查的合作传统，不仅没有随着作为综合学科的人类学的研究领域拓宽、研究视野扩大而消失，反而展现出更大的灵活性。

（二）《广东族群与区域社会研究》带动的学科起飞

作为一位有着参与少数民族社会历史调查经历的女性，黄淑娉的学术

---

① 笔者对李法军的访谈，访谈时间：2017年3月6日，访谈地点：中山大学体质人类学实验室。

经历可以用人类学北派与南派的融合来概括。①在接受徐杰舜的访谈时,黄淑娉展现了不惧政治运动影响,敢于坚持自己学术研究的性格。"到了世纪末回顾过去,我想走的学术之路很坎坷,大体上还是坚持在既定的范围内做我原来想做的事情。"②笔者访谈黄淑娉的时候,她还能清晰地回忆起当年在中央民族大学跟随吴文藻读书的情景。

> 吴先生身体不好,躺在床上拿出99张卡片给我讲,我在一旁记笔记。③

黄淑娉于1987年调入中山大学。这一时期区域文化研究受到学术界的普遍关注,学者们力图从地域角度对中国传统文化进行研究,考察文化的地方性特征。区域研究的视角为文化研究提供了新的观察维度。在这方面,中山大学又起到了开时代之先的作用,而这和黄淑娉竭力推动人类学向汉人社会的研究转向是分不开的。由于黄淑娉等学者的持续耕耘,中山大学的区域研究体现出鲜明的特色,这集中体现在其20世纪90年代的三个重要研究领域:①人类学理论方法的研究。②汉族的研究。③结合广东社会实际的研究。

独具特色的区域研究模式的确立,肇始于学术观念的转变。就此而言,黄淑娉的学术观念体现了浓厚的从民族学到人类学、从异文化到本文化的过渡色彩,同时她也身体力行,致力于在研究实践中实现从异文化到本文化的转型。

黄淑娉认为,民族学是以民族为研究对象的科学,研究民族共同体发生、发展和消亡的规律,以物质文化与精神文化为主要研究内容。④她认为中国的民族学与西方使用的民族学或人类学是具有一定相似性的学术术

---

① 黄淑娉:《从异文化到本文化——我的人类学田野调查回忆》,庆贺黄淑娉教授从教50周年暨人类学理论与方法学术研讨会论文集,2002年,第23页。

② 徐杰舜、黄淑娉:《走向深处:中国人类学中国研究的态势——人类学学者访谈录之三十六》,《广西民族学院学报(哲学社会科学版)》2005年第5期。

③ 笔者对黄淑娉的访谈,访谈时间:2017年11月27日,访谈地点:黄淑娉寓所。

④ 黄淑娉:《黄淑娉人类学民族学文集》,民族出版社2003年版,第159页。

语。①当前民族学的任务包括:①继续民族识别工作;②继续开展少数民族社会性质的研究;③对民族现实问题的研究;④民族经济发展与文化差异之并存状况的研究。黄淑娉认为,虽然民族学拥有丰厚且宝贵的资源,但是如果缺少正确的指导思想和方针,同样会面临危机。对此,她提出坚持马克思列宁主义的指导思想。②黄淑娉批驳了西方学者对五种经济形态的质疑:"有些西方人类学家问我们,改革开放是否使中国民族学者放弃了马克思主义的五种社会经济形态,答案当然是否定的。"③她认为民族学学者的研究方向包括:①汉族的研究;②中华民族及文化的研究;③民族学的应用研究;④民族学、人类学的理论研究。

黄淑娉在为马林英的著作撰写的序中,指出了凉山彝族社会的性别不平等。"'男性是家支的根',女性经其一生也摆脱不了不平等的命运。"④黄淑娉在转向汉族社区研究之前,有过四十多年的民族地区调查经历。20世纪80年代,黄淑娉跟随林耀华到凉山回访昭觉县彝族公社时,发现与曾经目睹过的奴隶制社会相比,凉山已换了人间。原始社会、血亲组织和婚姻制度是她的研究专长。她的这一研究取向对何国强的影响很大,何国强在新的时代条件下重申马克思主义人类学主张,致力于民族地区的田野调查,并专门发表译文《保卫恩格斯——〈家庭、私有制和国家的起源〉的美国版导引》。⑤

20世纪80年代中期,民族学界产生了研究对象是民族还是文化的争议。90年代以后,认为民族学的研究对象是文化,或者说是民族、族群及其文化的观点逐渐占据了上风。⑥黄淑娉就持这样的观点。黄淑娉批驳了斯大林民族概念的四大标准:共同地域、公共经济生活、共同语言、共同心理素质。她认为构成民族特征的因素应包括共同语言和共同文化特点,且共同文化

---

① 黄淑娉:《黄淑娉人类学民族学文集》,民族出版社2003年版,第151页。
② 黄淑娉:《黄淑娉人类学民族学文集》,民族出版社2003年版,第160页。
③ 黄淑娉:《黄淑娉人类学民族学文集》,民族出版社2003年版,第163页。
④ 马林英:《彝族妇女文化》,四川民族出版社1995年版。
⑤ [美]埃莉·诺珀柯·利科克:《保卫恩格斯(一):〈家庭、私有制和国家的起源〉的美国版导引》,何国强译,《青海民族研究》2015年第2期;[美]埃莉·诺珀柯·利科克:《保卫恩格斯(二)——〈家庭、私有制和国家的起源〉的美国版导引》,何国强译,《青海民族研究》2015年第3期。
⑥ 王建民、张海洋、胡鸿保:《中国民族学史》下卷(1950—1997),云南教育出版社1998年版,第322—323页。

特点是构成民族的最根本的特征,一个民族有别于其他民族的最本质的特征就是文化。①接着,黄淑娉又提出了界定民族特征的第三个因素——民族自我意识。

这在她的《广东族群与区域文化研究》中有深刻的体现。她认为民族识别的工作已经基本完成,民族学应当转入新的发展阶段。在新的发展阶段,民族学需要把注意力集中在学科自身的发展逻辑,这就要转向民族学的本体。那么就民族学本体而言,应当重点关注哪些问题呢? 黄淑娉认为民族识别工作对于发展民族学有两点启示:

(1)在新的发展阶段,民族学的研究中心应当由社会形态研究转向文化研究。文化是民族的根本特征,因此,以民族为研究对象的民族学,其研究的中心课题也应当是各民族的文化。她指出,此前的少数民族社会历史调查着重于经济方面,缺乏对文化资料的解读。这一转向给民族学学者提出三点要求:①加强对西方民族学理论的研究;②更新自己的知识结构,改变原有的思维方式;③加强民族史研究中对于共同文化发展的研究。她认为民族史研究的内容、结构都需要进行调整。

(2)加强民族学的理论研究。加强理论研究对民族学的实践和学科发展都具有重要意义。这一点也是民族学在它发展的第二阶段中取得建树的关键。②

黄淑娉认为,中国人类学、民族学在方法论方面有可以贡献于世界人类学、民族学之处,即:①重视研究现实问题是中国人类学、民族学的长处;②历史研究与现状调查结合的方法是中国人类学、民族学的良好传统。

黄淑娉对中国人类学的发展史进行了梳理,并将改革开放后学科重建的情况总结为以下七个方面:①总结和整理了少数民族历史调查的成果;②撰写出版学科理论专著;③开展原始社会史的研究;④推进文化的研究,尤其是制度文化的相关研究;⑤开展实地调查;⑥编纂出版辞书类工具书;⑦翻译引进大量西方人类学著作。难能可贵的是,黄淑娉认识到,马克思主义不能取代专门学科的理论方法,人类学有自己的研究对象、研究任务和理论

---

① 黄淑娉:《黄淑娉人类学民族学文集》,民族出版社2003年版,第175页。
② 黄淑娉:《黄淑娉人类学民族学文集》,民族出版社2003年版,第183页。

方法,应兼收并蓄国外人类学有用的东西,并结合中国的国情,研究中国的问题,逐步建立中国的人类学学科体系。①这一观点体现了中山大学学者鲜明的学科自主意识。黄淑娉认为,对西方人类学理论全盘否定,会使国内的人类学研究处于一种自我封闭的状态,给学科发展带来不利的影响。②她反思道,由于民族工作的需要,民族学集中于少数民族研究,对汉族的研究还不够深入,人类学则可以弥补这一缺陷。黄淑娉对民族的共同文化特点进行了进一步的论述,指出它有稳定性。③

1999年,"广东族群与区域文化研究"课题组的研究成果《广东族群与区域文化研究》和《广东族群与区域文化研究调查报告集》相继出版。④课题组以人类学系的师生为主,同时吸纳了经济系、社会学系等学科的成员,组成了跨学科的研究团队。在广东17个县市进行实地调查的过程中,先后有30多人参与其中。这一课题研究是采取多学科结合的综合研究方法的一次有效尝试。⑤她整合学科资源,其出色的组织领导力得到曾昭璇等学者的普遍肯定。⑥在巨大压力之下,她吸纳年轻学人参与课题调查。笔者访谈黄淑娉的时候,她做了简短回应。

　　　　书记很支持我,书记的作用很重要。课题获得了岭南基金会的资助。⑦

《我的人类学人文观》一文是黄淑娉对《广东族群与区域文化研究》一书

---

① 黄淑娉:《黄淑娉人类学民族学文集》,民族出版社2003年版,第238页。

② 黄淑娉:《黄淑娉人类学民族学文集》,民族出版社2003年版,第242页。

③ 黄淑娉:《黄淑娉人类学民族学文集》,民族出版社2003年版,第261页。

④ 黄淑娉主编:《广东族群与区域文化研究》,广东高等教育出版社1999年版。与这本书配套的还出版了调查报告集,反映了集体调查成果。黄淑娉主编:《广东族群与区域文化研究调查报告集》,广东高等教育出版社1999年版。

⑤ 黄淑娉:《广东族群与区域文化研究——多学科综合研究方法的尝试》,《广西民族学院学报(哲学社会科学版)》2001年第1期。

⑥ 华南师范大学地理专业的学者曾昭璇,于1999年给黄淑娉发来贺信,称赞她资源整合和社会动员的影响力,对"您能发动这么多人共同奋斗,表示钦佩",并肯定了她是"广东区域和族群文化研究"课题最有组织力的领导者。

⑦ 笔者对黄淑娉的访谈,访谈时间:2017年11月27日,访谈地点:黄淑娉寓所。

的完整陈述。她对民族意识做了进一步论证,指出民族意识是基于该民族成员所具有的共同文化特点而形成,并可升华为族群性格。这种族群性格表现为一种包含族群意识、价值观念、兴趣爱好、性格品质、社会心理等文化因素的人文精神。这种人文精神是涂尔干所谓的集体意识所赋予的,来源于传承下来的固有文化因素的那种人文精神,在广东经济迅速发展中起着重要作用。①

黄淑娉主编的《广东族群与区域文化研究》一书,有四方面内容非常值得关注:

第一,将人类学四大分支的理论综合性地运用于区域文化研究,并取得了丰硕的成果。这一时期,人类学四大分支的设立和合作研究,远远超过了梁钊韬把民族学、考古学和历史学结合起来的科际综合研究体系,也拓展了容观夐将人类学运用于民族史问题研究的发展空间。

第二,族源问题不再是民族史的研究重心,社会形态研究也不再占据研究核心位置。这一时期,学者们着重关注的是宗族适应社会、稳定秩序的功能,世仆制被看作是宗族的附属制度或依附性存在。②语言差异、文化差异、地域差异、社会变迁等文化内容与社会现实成为田野调查的中心问题。

第三,中山大学的学者将民族识别运用于汉人社会研究,并成功地发现构成民族特征的三大标准:①语言,②共同文化特点,③民族自我意识。这不仅适用于少数民族地区,而且也适用于广东地区的三大群体:广府系、潮汕系和客家系。

第四,使中国宗族研究与国外宗族研究接轨,吸纳国外相关研究成果,并与之发生互动。与汉人社会研究相关的国外成果包括20世纪六七十年代英美学者对香港宗族的研究,以及20世纪80年代西方部分学者对广东地区的田野调查和研究。西方学者起初试图以香港代表中国,进行实验室性质的田野调查。而后他们又向内地挺进,并恢复了在中国内地的田野调查工作。中山大学的学者及时与这些英文国家的学术同仁进行对话、形成反馈,进而提出自己独立的学术见解。

---

① 黄淑娉:《黄淑娉人类学民族学文集》,民族出版社2003年版,第270、274页。
② 杜靖提醒笔者,世仆制研究是黄淑娉最为瞩目的学术贡献之一,可惜笔者没有展开。

总体而言,《广东族群与区域文化研究》实现了民族学的两个突破,即致力于汉人社会研究,以及把研究重心由民族转向族群。中山大学的学者们力图借此对文化差异等问题进行关注,进而建立了多元化的文化研究格局。

《广东族群与区域文化研究》出版后引起了极大的反响。笔者以若干封书信为基础,并结合相关材料,说明黄淑娉的学术成果是对于她这一代参与过民族识别的民族学学者、民俗学学者的鼓舞和激励。

广西民族研究所研究员黄钰给黄淑娉的来信中,赞叹黄淑娉、龚佩华二人是“女强人”,他深受二人学术成就的鼓舞。他在信的后面还附上自己的“瑶学研究1956—2000年编写计划”,希望“为你们提供资料目录”。

中国社会科学院民族研究所詹承绪给黄淑娉的来信中,称赞《广东族群与区域文化研究》一书是一部“科学著作”,并称赞她本人“年届古稀而精力充沛”“令人敬佩”“也值得我学习不少”。

浙江师范大学的陈华文在给黄淑娉的来信中,情真意切,称赞该书是她的著作当中“最有深度,最有个性,也必然是最有学术价值的一本,必将对今后这方面的学术研究发掘,产生积极的和深远的影响”。

2011年元月,蔡家麒从昆明给黄淑娉写信,在信中表达他收到黄淑娉寄来的传记的感触:“我认为您是同新中国民族学一起成长的知名学者。20世纪50年代以来,您亲自参与、经历并见证了新中国民族学发展的曲折路程,请接受我崇高的敬意。”

蔡家麒1960年毕业于北京大学历史系世界史专业,之后到中央民族学院进修。他听了黄淑娉老师的课才去内蒙古搞鄂伦春族、鄂温克族的调查。龚佩华1952年进入中央民族学院学习,本科毕业后继续读研究班(当时的名称,与后来的研究生班有所不同)。那时,年轻的黄老师任研究班的班主任,并兼了该班的一两门基础课,所以黄老师是龚佩华和蔡家麒的老师和班主任。[1]

黄老师从燕京大学毕业后正赶上教育部实施的院系调整,燕京大学不存在了,各院系分解组合,黄老师连同吴文藻等来到1951年成立的

---

[1] 笔者对何国强的访谈,访谈时间:2017年3月6日,访谈地点:中山大学。

中央民族学院。20世纪60年代初期，中央民族学院承担了许多办班的任务，这些"短、平、快"的班都是为了各地少数民族识别、少数民族社会历史调查这两次运动的遗留或继续深化的工作。有一次黄老师见我在看《早期传教士进藏活动史》，就说译者伍昆明是她的学生，我才知道伍昆明在中央民族学院历史系读本科时，黄老师教过他。由此可见，许多搞民族学或民族史的人都听过她的课，包括蔡家麒。黄老师在教学上比较得力，男教员中可圈可点的是宋蜀华、王辅仁等，黄老师则是女中人凤，她与宋蜀华、王辅仁都是燕京社会学系毕业的，都是吴文藻的弟子，宋蜀华是1946年毕业的，王辅仁和黄老师同年（1952年）毕业。"文革"中，工宣队、军代表驻校，军代表治下的中央民族学院遵从"三结合"政策，其中之一就是结合知识分子，黄老师既是知识分子，又是女性，双重身份，所以结合进校领导班子去了。[1]

对于用文化视角解读民族学问题的研究方法，中山大学内部也存在一些不同看法，如何国强曾对当地"契哥"风俗的兴盛进行解释，并委婉地否定了《广东族群与区域文化研究》中有关小婚的观点，维护了武雅士对小婚的主张："其实，自然因素同文化因素是密不可分的，很大程度上服从生物学规律，虽然文化因素常常表现为压倒性的优势。"[2]同时，他又将"宗族势力薄弱"等因素看作是"契哥"风俗兴盛的社会原因。

张振江曾是"广东族群与区域文化研究"课题的参与者，对他来说，印象最为深刻的是课题经费给予了研究者外出调研的机会，对于当时工资只有一百多元的年轻人而言，这是一种难得的学术资源。他用"腿长"来形容这种来回奔波的状态，对这次机会的珍惜让他格外节俭，晚上只住在五元一晚标准的简陋旅馆里。珠江三角洲发达的商品化程度对语言的影响，给他留下深刻印象。

---

① 何国强的补充笔谈，时间：2024年11月5日。
② 何国强：《"契哥"风俗与宗族原则的适应弹性：以丰顺县八乡为例》，载周大鸣主编：《当代华南的宗族与社会》，黑龙江人民出版社2003年版，第301页。

每次出去之前都是提前选好点。比如说我去蛇口，是因为那里聚集了客家人、广府人、潮汕人。调研期间我发现会有小姑娘站在饭馆门口招徕食客，打扮得漂漂亮亮的，看客人就喊要不要吃饭。我说这个看起来有意思，因为我是从事语言人类学研究的，我就会留意他们到底怎么说话。我就假装自己是来吃饭的，听他们怎么点菜。每个地方走个十多天，大概把当地的语言适应频率和优势语言弄清楚了。调研期间还会发现很多新的事情，比如洋泾浜英语。[1]

课题组另一位成员张应强，受到田野调查的训练，撰写调查报告，并被收入《广东族群与区域文化研究调查报告集》。他讲述了自己参与调研的一些情况。

20世纪90年代，我在做珠三角都市化的研究，对其中的历史文化过程，体验蛮深的。我们看到广东近郊和远郊，与珠江三角洲边缘的都市化进程很不一样。它们都在变，这个是没问题。但是为什么会有这样一个变化，里边有哪些差别？想去做解释的时候，其实遇到一个很大的问题，如果仅仅依靠田野调查手段，例如对正在经历都市化的乡村做资料收集，好像还不能很好地说服我自己，现代化的表述还是太浮于表面，太一般化。我非常不满，又不知道应该怎么样去突破，后来慢慢地会有一点点感觉，其实是这些不同地方的历史很重要。我们跑到黄埔去，我不知道黄埔的历史是什么样的，我们又到虎门去，或者到肇庆、江门那里去，我对当地的历史几乎一无所知，或者说至少没有很有意识地去了解和发掘，这使得我后来开始对历史有了一点点感觉，包括我后来去历史系研修，经历稍微多了一点之后，我发现南方的传统对于人类学而言，从来都是历史学。[2]

---

[1] 笔者对张振江的访谈，访谈时间：2017年3月4日，访谈地点：中山大学。在黄淑娉编写的《广东族群与区域文化研究》中，他参与撰写的语言章节探讨了生活语言在商业化环境中的创造性应用，充满了生活气息，得到了庄孔韶的肯定和赞许。

[2] 笔者对张应强的访谈，访谈时间：2017年3月3日，访谈地点：中山大学。

历史意识涌动在区域族群调查面向当下的"共时"时态中，这种意识是继族群与乡村都市化两大研究领域之后而产生的。西南视野的历史人类学悄然崛起，张应强从少数民族社会历史调查积累的西南少数民族研究成果中汲取营养，并回返入中山大学人类学系重建者梁钊韬的学科传统中。梁钊韬在张应强等人读本科时就告诉他们，人类学有两个车轮，一个是世界史，一个是中国史。在人类学南派的历史传统中，不同的研究领域再次合流，并形成某种学科共识。

三、乡村都市化

"中山大学人类学系重建至今，已经有28年了。在梁钊韬之后，冯家骏、黄淑娉及苏建灵先后担任系主任，2000年，周大鸣被任命为人类学系主任。他们继承和发扬了杨成志、梁钊韬的办系理念，将中山大学人类学系发展成为具有鲜明华南地方研究特色的教研单位，中国南方人类学的重镇之一。"[1] 这是周大鸣回顾中山大学人类学系复办历程所做的总结。笔者在中山大学人类学系访问期间，了解到黄淑娉卸任之后人类学系在变动中寻求变革的契机与背景，以及推动人类学学科基础走向纵深的现实动力。

黄淑娉1990年当选系主任，1993年评上博士生导师。卸任系主任之后，黄淑娉坦言："长期七八年，遇到许多困难、磨难，之所以能够忍辱负重，坚持抗争，只是因为我有一个坚强的信念——为中国人类学。"[2] 胡鸿保评价她"为中山大学人类学系的发展起到了承前启后的作用"[3]。黄淑娉卸任之后，中山大学人类学系经历了系主任的频繁更迭。1995年下半年，乔晓勤做了半年系主任。1996—1997年，苏建灵任系主任，副主任是刘昭瑞。1998—1999年，代理系主任为陈运飘。1999年1月—2000年1月，陈运飘做代理系

---

① 周大鸣、吴宁：《中山大学人类学系与中国人类学的发展》，《中山大学学报（社会科学版）》2009年第6期。

② 王天玉：《从黄淑娉教授的学术生涯看杰出女性学者的个人发展与成长规律》，《青海民族大学学报（社会科学版）》2020年第1期。

③ 胡鸿保：《诲人不倦 师恩如山——重读黄淑娉先生来信感言》，《青海民族大学学报（社会科学版）》2020年第1期。

主任期间,副主任是王宏任。①到2000年1月周大鸣任系主任的时候,乔晓勤、苏建灵等人均已出国。频繁的人事更迭给学科建设带来了不小影响。对此,1987年和黄淑娉同一天入职的张振江曾对笔者表述过当时的状况:

> 副书记李平召集大家开会,讨论这个系还要不要继续存活下去。我们的意见是坚持办下去。再说了,一个单位几十号人,把系撤销了,这些人的饭碗问题怎么解决?副书记一看大家这样坚持,也就同意保留了。于是我们就在逆境里熬、熬、熬。到了2000年前后,中国高校迎来了转折,中山大学人类学被评为重点学科基地,资金多了起来。虽然钱不是一切,但是有了资金确实缓解了好多。②

20世纪90年代初"出国热"的大潮下,乔晓勤急于把系主任的位置让出来,因此极力动员苏建灵早日来广州就职。苏建灵受邀从云南大学调来后,或许是体会到系主任的难当,也放弃了这一职位,决定出国。乔晓勤出国后在哈佛大学图书馆谋得了一份教职工作,拿到了绿卡。苏建灵出国后经过艰苦打拼,在澳大利亚学术界谋得一席之地。

周大鸣本科时期在考古系学习,最后半年才转入人类学系,是参与人类学重建的亲历者之一。他在人类学系做了梁钊韬的助手,本来想跟随梁钊韬攻读考古学博士,但因梁先生去世不得不作罢。他在与笔者的访谈中,对当时的情况进行了描述:

> 由于黄淑娉带领的博士点团队师资力量不足,学术委员会给中山大学博士点红牌警告,停招两年。后来常务委员会委员徐俊中提议把人类学改为民族学。我拿的学位都是民族学博士学位,就是那时候改

---

① 1986年、1988年、1989年、1996年、1998年、2000年、2002年、2003年,陈运飘作为带队老师,先后组织并参与民族班本科生到广东等地的社会历史调查。2005年是他最后一次带队,组织本科生在云南广南进行壮族社区调查研究,之后就再也没有参加。值得注意的是,从2005年开始,以往的民族班本科生转变为人类学班本科生。以2002级人类学本科生为标志,中山大学人类学系经历了十余年"民族的人类学化"努力,这是否说明2005年是其打造人类学学科基础得以实现的时间节点?
② 笔者对张振江的访谈,访谈时间:2017年3月4日,访谈地点:中山大学。

的。1994—1995年，人类学学科点改为民族学学科点，人类学博士改为民族学博士，我和何国强是那个时候招生进来的，是黄老师第一次招生。①

1987年梁钊韬病重，中山大学人类学的学科建设不可避免地受到了一些影响。此外，周大鸣还指出了学科建设受阻的另一个原因，就是原来这些同事的太太们都安排在一个地方工作，例如系资料室，太太之间的矛盾就很容易升级为同事之间的矛盾。周大鸣做系主任后吸取教训，解决家属工作改为与其他学院建立交换关系，让家属到不同的地方工作，"把太太们分开"。这虽然有一点黑色幽默，不过对现实确实产生了微妙的影响。周大鸣回忆梁钊韬的音容笑貌："梁先生脾气暴躁，学生不听话，一生气，就把帽子一摘，给人印象深刻。"

20世纪90年代，中山大学人类学系处境一度跌入低谷。黄淑娉在给胡鸿保的信中也曾直言，没有大家的支持，她扛不动人类学系这面大旗。②人类学系的艰难处境与职称评定制度有直接关系。1987年11月25日，冯家骏请陕西省考古所刘呆运转交李松生一封信。从信件中得知，当时李松生等人带队去西安考古实习，对接单位是陕西省考古所。当时中山大学人类学系的系主任是陈启新。冯家骏在信中表达了对实习队伍业务思想双丰收的祝贺，并叮嘱道："关于你们回城的安排，经陈启新主任与考古教研室商量，已由他们把意见复告你们，想已收到。"③在接下来的信件内容中，他专门告知李松生的职称材料已经上报，应该是李松生询问他评审情况如何，冯家骏特意去信答复。他是这样说的：

松生同志：

本月初学校布置，继去年的职称评定工作，现还有少数高级职称名额可申报，我系得一名额，我们已将你早已准备好的材料代填好各种表

---

① 笔者对周大鸣的访谈，访谈时间：2017年3月3日，访谈地点：中山大学。

② 胡鸿保：《诲人不倦 师恩如山——重读黄淑娉先生来信感言》，《青海民族大学学报（社会科学版）》2020年第1期。

③ 参见冯家骏给李松生的去信。

174

（格）上报，聘请校内外同级专家写评审意见也已办好，评审工作正常地顺利进行中，顺此告上。

冯家骏

1987 年 11 月 25 日

从"还有少数高级职称名额可申报，我系得一名额"这句话中，能够感受到当时职称评定对于个体是多么重要，而职称与博导资格是稀缺资源，在激烈竞争中能拿到名额就更加难得。[①]亲历者对这段历史说法不一，但都不想"重蹈覆辙"。

> 我们这一代人深受其害，不想再继续老一辈的悲剧。道理很简单，把船都弄没了，自己还能活吗？船都沉了，还搞什么学术事业。前辈在一两年之内全部退休了。不过他们有一个好榜样，就是退休后再也不掺和系里的任何事情，甚至连过年过节的慰问活动都不参加。俗语"扶上马送一程"，但前辈们之前因纷争顾不上扶我们，退休后彻底放手，让我们得以施展拳脚，这种做法很明智。[②]

周大鸣从美国访学回来后的半年正是系里人事更迭，"人类学历史上最糟糕的时候"。周大鸣回忆道：

> 1993 年我从美国回来，快回国之前打算将葛学溥在凤凰村做的研究继续下去。但回国读书面临的最大问题，就是系里老师矛盾多、派别多，我原来无门无派，倒也落得个清静。回来后我准备考博士，顺便把

---

① 国务院学位委员会规定，博导的最后一届博士培养出来两年后，如果还没有新的教授当博导，所负责的学科点就要取消。这一严酷的现实加剧了职称评定的人事竞争。梁钊韬去世后博导位置空缺，学科点岌岌可危，直到黄淑娉 1993 年评上人类学博士生导师，1994 年开始招生才得以改变。1993 年以后博导评定权力逐步下放，才改变了地方高校学科点的命运。何国强评价道："正是这样一位饱经风霜的女性，搭上了遴选博导的末班车，指导了 8 位博士研究生。"何国强：《态度决定成败——小议黄淑娉先生的精神财富》，《青海民族大学学报（社会科学版）》2020 年第 1 期。

② 来自笔者 2017 年春在中山大学的田野访谈资料，受访者做匿名处理。

博士论文的田野点也定好了。其实那时候我已经是副教授了。①

同时，他在职称晋升方面也遇到很多坎坷。关于他的教授职称申请过程，周大鸣本人是这样诉说的：

> 1995、1996年，我连续两年申请教授，但都没有评上。1997年，校科研处在全校范围内做了1990到1997年的科研量统计，我的科研量排第一。按照惯例，申请教授的候选人要到全校级别的学术委员会上进行答辩，科研量排全校第一给我帮了一个大忙，这次答辩顺利通过了。所以实力还是最重要的。1998年，我被评为博士生导师，不过那年我没招生，因为我在哈佛大学访学。②

2000年周大鸣接任人类学系主任，"当时人类学系是最低潮时候，面临被解散，博士点被红牌警告并暂停招生，师资队伍不齐整，考古专业开课都困难"③。在周大鸣的带领下，人类学学科团队进入平稳发展时期，学科环境与刚重建时相比，已经大为改观。首先，在制度方面，职称评定的条件放宽，职称评定的自由裁量权增加，青年学者的待遇也有所提高。其次，中山大学人类学在2002年获批成为国家重点学科，学科资源获得了极大的丰富，几项重要的工作相继得以开展：出版老一辈学者的文集，带领学生开展大规模的田野调查，申报民族学一级学科博士点等。学科建设步入正轨，学科内部的多样化局面也有助于学科本身的稳定与发展。④最后，周大鸣的学术地位有了显著的提升，无论是在学术资源的扩充上还是学科建设的维护上，都获得了更多的主动权。

区域研究的丰硕成果深化了中山大学人类学系同仁对学科自主意识的认同。随着自主意识的提高，以人类学视角介入身边事物和社会生活成为

---

① 周大鸣：《漂泊的洞察——我的学术研究之路》，《西北民族研究》2018年第1期。
② 笔者对周大鸣的访谈，访谈时间：2017年3月3日，访谈地点：中山大学。
③ 周大鸣：《后记》，《梁钊韬先生评传》，社会科学文献出版社2011年版。
④ 周大鸣、肖明远、粟红蕾：《立足田野，求新求变——中山大学社会学与人类学学院博士生导师周大鸣教授访谈》，《社会科学家》2021年第10期。

一个新的学术增长点。2014年1月1日,张应强任社会学与人类学学院院长。笔者访谈他的时候,他谈及学科传统在学术整合中的重要作用。时下,人类学经常被当作为社会学、民族学服务的理论工具,当笔者询问他如何调和理论导向的差异、夯实自身的学科本位时,张应强提出,对"西南"区域的研究可以帮助人类学突破作为二级学科的不利处境。他坚信,区域研究不仅具有整合学科资源的潜力与形成共识的吸引力,还可以对理论研究产生实质性的影响。

> 我在学院刚成立的时候就想,怎么样把人类学系的传统找回来,将当下与传统连接起来,以及未来如何发展等问题。可能从那时起,就开始对学科有一种概念和理解。
>
> 中山大学的优势或者学术取向主要还是华南地区、西南地区这样区域研究的观念,慢慢清晰起来。因为学生的本科实习要分组,带队老师的研究领域则大多在西南地区,所以西南地区成为最多的田野考察点。这也是我想表述的一种方向感,是大家集体努力的方向。后来就这样一路做下来,包括我们建立的一些学科保障机制,在探索中也越来越清晰。
>
> 我们在传统的西南地区研究已经有了多年积累,也许可以去做一些理论上的提升,尝试在某种意义上丰富中国特色哲学社会科学的话语体系。我们在理论提炼上的努力还不敢说能形成流派,但是起码在国际对话的过程中,我们的声音会被重视。①

中山大学地处开改革开放风气之先的广东,其人类学研究充分体现了紧扣时代脉搏的特点,强调对当代社会问题的关注。周大鸣推动的乡村都市化研究集中体现了这一点。

周大鸣对乡村都市化的研究始于20世纪80年代末。当时,顾定国到中山大学交流访问,除了向梁钊韬了解中国人类学的历史与发展近况外,还希望对中国乡村都市化过程进行调查和研究。这就需要寻找学术上的参与者

---

① 笔者对张应强的访谈,访谈时间:2017年3月3日,访谈地点:中山大学。

与合作者。对当时的中国人类学界来说,这一领域几乎还是一个无人问津的新事物。周大鸣却以敏锐的学术洞察力,看到了这一学术研究的发展前景,毅然成为其乡村都市化研究的坚定盟友。正如周大鸣的同事所言:

> 后来顾定国来到中山大学,找几个人帮他做调查。当时的学术氛围是:第一,大家相对比较守旧;第二,大家认识不到(这个研究的价值)。因此顾定国很难找到合作者。在这种情况下,周大鸣的选择就独具慧眼了,他抓住了一个难得的发展契机。当时的环境还提供了一个有利的条件。20世纪80年代最后几年,因为好多老师调走了、病故了、退休了,突然没人来上课了。周大鸣就在这个时期占据了大片教学阵地,具备一定的学科条件,为这一学术新观念的发展铺平了道路。这样其乡村都市化的研究转向,就在较少既有羁绊的状态下,获得了长足的发展。①

虽然周大鸣的选择在事后得到了认可,但由于固有学术理念的影响,这一新的研究模式在当时是颇受质疑的。周大鸣在自述中坦言:"我和研究团队在1987年开始做都市人类学的课题时,仍算人类学中的'异类'。"②

周大鸣又提及族群概念在当时的前瞻性:

> 我们做"现在"(研究),当时阻力很大的。顾定国跟我在这里办学习班,遭到系里老师的反对,他们认为人类学做什么都市研究,当时在这里讲都市、讲族群,没人听的。好多人反对,就连黄淑娉老师都反对"族群"。但后来变化很大。黄老师到美国访学回来后接受了"族群"这个概念。1999年开"庆贺容观夐教授从教50周年暨族群与族群关系学术讨论会"时,大家开始接受这个概念。③因此开设的"现代人类学"课程教学影响很大。我尽量找一些比较生动的例子,贴近实际、深入浅

---

① 笔者对何国强的访谈,访谈时间:2017年3月6日,访谈地点:中山大学。
② 周大鸣:《三十而立——中国都市人类学的发展与展望》,《思想战线》2019年第4期。
③ 1999年12月13日—19日,"庆贺容观夐教授从教50周年暨族群与族群关系学术讨论会"在中山大学召开,会议就族群、族群关系、宗教与族群关系,以及全球化与族群和族群关系进行了讨论。

出，学生也容易听懂。我那个时候比较勤奋，每天都熬到深夜。①

　　周大鸣的勤奋没有白费，1990—1991年，周大鸣与乔晓勤合著的《现代人类学》《都市人类学》先后出版，展现了面向现代社会认识都市社会复杂性的理论意识和方法论的思考。1996—1999年，周大鸣又连续出版乡村都市化研究的多种专著，并与顾定国合作在国外发表相关主题的英文论文。在对乡村都市化进行研究时，周大鸣摆脱了中山大学区域文化研究中根深蒂固的"历史"研究传统，把着眼点转向现代社会，关注城市化进程中涌现的种种社会问题。他的这些研究揭示了与乡村都市化相关的一系列社会变迁，并基于乡村都市化的中国经验夯实研究基础。此外，他提出的"移民社会"概念，推动了地域性文化研究向移民文化研究的转型。鉴于"互联网带来的流动性使得数字中国应运而生"，他进一步提出了"互联网人类学"，以应对新时代的变化。在互联网的链接与重构下，城乡的界限趋向模糊，城乡文化也在发生变化，在这样的背景下，对在"城乡文化融合的拼接"中新出现的"快手"等直播平台的研究也被提上日程。②

　　乡村都市化研究的过程中始终伴随着质疑声，而这种质疑声似乎也仅是人类学不断迈向现代化的过程中产生的诸多争执的一部分。一个学科的发展过程中少不了产生分歧和争执，但分歧与争执被解决的过程，往往又会给学科带来新的发展契机。当然，新老学术观念的争执不免会涉及研究资源上的竞争。就此而言，作为系主任的周大鸣采取做了许多有利于学科团结的举措。他将充满学术分歧的学者团结起来，并把大量的精力和资源投入到学科建设上来。用他的话是，抹去记忆，创造传统。这里所说的"创造"指的是重新诠释历史。

四、区域研究的突破与扩张

　　笔者以区域文化为主线，探索中山大学人类学系的发展与演变，并认为

---

① 笔者对周大鸣的访谈，访谈时间：2017年3月3日，访谈地点：中山大学。
② 周大鸣：《流动与链接——人类学研究的转变与进路》，《广西民族大学学报（哲学社会科学版）》2021年第5期。

这是一个很有价值的概念,也是中山大学人类学系的核心概念。这里的每个人不仅是人类学学者,而且也是区域文化研究的专家。梁钊韬、黄淑娉、周大鸣、张振江、何国强等人都开拓出了自己的研究区域,并取得了令人瞩目的学术成果。1997年,王筑生开拓出"泰国北部金三角的云南人"的研究课题,青年一代人类学学者延续了这一课题,并开拓出"东南亚华人"这一研究领域,拓宽了研究视野。[1]段颖在云南大学读本科时,曾参与尹绍亭主持的云南民族文化生态村项目。在侨乡和顺做田野调查时,他发现该地区具有悠久的缅甸经商史。当了解到改革开放后旅泰、旅缅的海外华人省亲、修缮宗祠的热闹场景后,他对海外华人流动研究产生了浓厚的兴趣。[2]顺着这条线索,他以泰国北部的云南人为例,完成硕士论文,并经过完善后正式出版。[3]

　　段:我做人类学研究,是机缘巧合。1997年云南大学校庆时,王筑生给我们做了一个题为"文化与生存"的演讲,讲述他因一个偶然机会和泰国北部的云南人有了接触,发现该研究大有作为。他当时提出多重认同和离散的一些看法,鼓励年轻学子在这个领域深耕并往前推进。

　　马:王筑生对你的影响是什么?

　　段:其实我跟王筑生老师的研究领域是完全不一样的,因为继《泰国北部的云南人——族群形成、文化适应与历史变迁》之后,我开始做国际移民和海外华人的研究,现在又转到区域和边境研究,这些新方向是王老师当年没有做的。他对我的影响我觉得主要是老师对学生的影响:一个是老师能不能给学生提供一个新的路径;另一个是精神力量,

---

　　[1] 林超民:《闪亮的流星——追念王筑生教授》,载《林超民文集(第三卷)》,云南人民出版社2010年版。

　　[2] 笔者对段颖的访谈,访谈时间:2017年3月6日,访谈地点:中山大学。

　　[3] 段颖在其著作中讲述了国民党"孤军"在泰国北部活下来并发展出三代人的生活经历,以及其对族群身份认同的变化。该书主张,讨论族群、国家这样抽象概念的时候,要落实在具体的个体身上,只有转变为一个个具体的个体故事,才能够在这些人的人生际遇中发现隐藏的概念或者创造概念。在这一追求之下,叙事成为强有力的概念的经验支撑力量。段颖:《泰国北部的云南人——族群形成、文化适应与历史变迁》,社会科学文献出版社2012年版。

就是我们经常说的薪火相传。①

作为青年人类学学者，段颖提出了对"世代"关系的思考：从师承入手，认识当下，关乎人类学的未来。时代的巨大变迁需要人类学学者对世界有新的理解，包括克服代沟对理解新世代文化的障碍。②

在拓展区域研究的同时，中山大学还在探索新的学术增长点，这就是作为新的分支学科的影视人类学。③邓启耀主张将"Visual Anthropology"译为"视觉人类学"，并以此来探索影视媒介在呈现西南民族审美特质方面所具备的独特表现力。④邓启耀在云南省社会科学院民族文学研究所工作时，参与了郝跃骏、范志平等人的影视民族志拍摄和解说工作，这一经历对于他后来走上影视人类学道路来说，可以看作是一次"触电"般的开始。⑤1998年，他接任创刊于1980年但已濒临停刊的《山茶》杂志的主编，将其名称改为《山茶：人文地理》。《山茶：人文地理》从以"作品"为中心的民间文学杂志转型为新型的民俗学活态文化杂志。⑥2000年邓启耀入职中山大学人类学系，重点发展视觉人类学。他之所以强调广义的视觉而非狭义的影视，与其早年经历分不开。他曾在访谈中提道：

因为杂志没钱，一年只有5万块钱，已经面临死亡。《山茶》是民间文学杂志，封面都是少数民族美女，和那些时髦的美女放在一起肯定很边缘化。我就说反正都要死了，我就换一种死法，把办杂志一年的钱砸在一期上面，做出一个我们很满意的人文地理杂志。当时第1期叫作"中

---

① 笔者对段颖的访谈，访谈时间：2017年3月6日，访谈地点：中山大学。
② 段颖：《转向中的人类学：世代更替与可见之光》，《上海书评》2018年1月17日。
③ 在中山大学人类学系成果展示橱窗的前言部分，有如下介绍："人类学系复办以来，经过多年努力，已建成文化人类学、体质人类学、考古人类学、语言人类学、历史人类学、影视人类学等多个分支学科体系，在继续保持现有的教学和科研领先地位的同时，人类学力争在国际学术界进入一流行列。"
④ 邓启耀：《视觉人类学学科建设架构初探》，《民族艺术》2015年第1期；徐杰舜：《视觉人类学与图像时代——中山大学邓启耀教授访谈录》，《民族论坛》2015年第3期。
⑤ 笔者对邓启耀的访谈，访谈时间：2017年3月7日，访谈地点：中山大学。
⑥ 张多：《从民间文学调查到民族志书写——百年云南民族民间文学范式转换的启示》，《赣南师范大学学报》2020年第4期。

国文化人类学",出刊以后引起巨大反响,于是就有探险协会和美术界的朋友资助我们办刊,主题慢慢地落到了人与自然上,并最后定位在人文地理上。

但靠资助不是长久之计。后来我们就更加放开了,搞股份制,有人投入钱,我们就共担风险、共享收益。这样一改制,马上就有人投钱了。后来我们就坚持了下来。"民族文化的自我传习与保护"项目获得哥伦比亚大学美中艺术交流中心资助,1995—2000年这五年我带着一个团队——"田野考察群"到处考察。[1]一部分考察成果发表在杂志上,一小部分经费拿出来资助杂志,维持它的生存,所以我当时整个精力都投入到了里面。[2]

《山茶》杂志转型的成功是邓启耀界定视觉人类学容纳图像含义的一个印证,也是视觉人类学发展的巨大推动力。此后,中山大学便结合自身特点发展出了颇具特色的影视人类学发展道路。对此,邓启耀在访谈中曾作出相关表述。

马:《山茶》杂志的经历对你有什么意义?

邓:《山茶:人文地理》是一个图文杂志,其实也为影视人类学的视觉文学提供了一个展示平台,这也算是视觉人类学的一个侧面。

马:中山大学人类学系的视觉人类学与云南大学的影视人类学团队相较,有何不同?

邓:中山大学人类学系的影视团队相对较弱,不像云南大学那样系统化。比如我开设影视人类学课程的时候,只是要求学生田野调查的时候顺带拍一点回来。甚至我把设备借给他们,出资金让他们去拍摄。去年我还带学生在中缅边境做了一个月的田野实习,也把摄影机借给他们,结果拍出来的东西仍然不够。这项工作目前主要依靠个人兴趣

---

① 邓启耀在接受徐义强的访谈中详细讲述了"田野考察群"这一跨学科团队的组建。邓启耀:《云南吾师》,载尹绍亭主编《我们这一代——滇云人类学者访谈集萃》,学苑出版社2020年版。

② 笔者对邓启耀的访谈,访谈时间:2017年3月7日,访谈地点:中山大学。

在推动。

马：如果说实践薄弱是一个不足之处的话，您觉得您的作为是什么？

邓：也许云南大学不足的地方恰恰是中山大学这边在主张的地方。他们盯住了影视，这还是传统的影视人类学的核心，我觉得很有必要，也很好，只是还不够。我觉得我们和云南大学的不同就在于我们提倡关注视觉，而不仅仅是影视。这样，学生的视野就打开了，会对中国图像叙事的传统有所感知，并把田野调查与视觉结合起来。①

就区域研究而言，梁钊韬已提出明确的区域文化研究大纲和构想。他把人类学看作是一门综合的学科，提出民族考古的研究方向，并按照人类学四大分支架构来进行人类学学科规划。黄淑娉担任系主任期间，将区域文化的概念在理论阐释与具体的田野考察方面做了进一步的探索。周大鸣则致力于在族群与区域文化方面拓展其研究内涵，他在国内最早运用族群和族群关系理论开展区域文化研究，打破单一族群的研究视角，以族群互动为核心，立足珠江流域，从区域的角度讨论族群与族群关系，将珠江流域的区域文化上升为一个整体性的学术概念，构建了一种理解区域文化的方法论体系。2000年以后，周大鸣还为这一研究模式的进一步发展建立了机制性基础，并以中山大学人类学系为依托建立"中国族群研究中心"。何国强同样从事区域文化的研究。他的少数民族区域的研究集中于青藏高原的卫藏地区和川、青、滇、藏四省（自治区）的交界地带，主要研究当地藏、怒、独龙、纳西、傈僳等民族的社会文化制度；其汉族区域的研究则集中于广东省和云南省昆明市郊区，主要关注点是客家、福佬、广府、昆明等方言群的生计方式、村落文化层面的事物。②张振江则着手对贵州水族进行研究，他将田野

① 笔者对邓启耀的访谈，访谈时间：2017年3月7日，访谈地点：中山大学。
② 坚赞才旦、许韶明：《青藏高原的婚姻和土地：引入兄弟共妻制的分析》，中山大学出版社2013年版；许韶明、何国强：《整体稀缺与文化适应：三岩的帕措、红教和民俗》，中山大学出版社2013年版。何国强鼓励青年学者加强英语训练、出国访学，充分利用国外丰富的人类学资源，并将其翻译过来。何国强本人也做了大量的人类学理论和民族志成果的译介工作。他主张重新认识吴泽霖先生的学术传统和学术价值。笔者就在教学中参考他组织翻译的《田野调查技术手册》，并将亲属关系谱系方法运用到教学中。

实习与个人的研究结合起来,在水族地区的各个田野点进行了长达十年的田野调查,形成田野与学术相互结合的累进发展模式,从而打开了水族文化区域研究的新局面。①张应强对本科生的田野实习和研究生的田野调查制度做了详尽解释。就此,他曾有相关表述:

> 我们要求硕士研究生的田野调查时间不能少于3个月;博士研究生不少于8个月,平均则要达到10个月。因此,学生的调查周期长达一年的情况也变得比较正常,但中间需要回来参加开题等事宜,因此还不是一个连续的考察。作为一种学术训练,我觉得我们坚持田野调查的传统是很有价值的,老师们的服务意识也比较强,大家都愿意承担一些工作。人类学学生最多的时候达到60多人,如果平均8个人1组的话,差不多需要8—10个老师带队,这样,田野实习就变成了一个固定的教学工作,不过好在大家都去承担。这是在明确学术发展方向之后,在学生培养方面我们所要坚持的一点。②

作为带队老师,在水族聚居地耕耘十年有余的张振江讲述了带学生在贵州荔波开展田野实习的具体工作条件。第一年他带学生下去,因地制宜地解决住宿问题。山区多蛇,出于安全考虑,所有同学晚上都不得外出。一旦被毒蛇咬伤,就有性命之忧。

> 张:我们实习一般都是七八月份,住老乡家不方便,住宾馆又远,考虑到晚上要集中整理白天调研与访谈的田野资料,学生都是在当地的学校入住。学校有很多教室,借用人家的教室,把课桌一拼,男女生中间隔个帘儿。后来又改成了这间教室是女生宿舍,而那间教室是男生

---

① 张振江的水族研究论著包括:张振江、姚福祥:《水书与水族地方社会》,中山大学出版社2009年版;张振江主编:《荔波水尧水族——贵州荔波水尧乡调查与研究》,知识产权出版社2008年版;张振江、代世萤:《当代背景下的少数民族文化保护:水族个案研究》,《广东技术师范学院学报》2013年第2期。张振江、代世萤的这篇文章讨论了水书、水歌和马尾绣不同的保护方式产生的不同效果,静态的保护是可能的,但不是根本出路,而是要有效地传承文化,要改变的是"积极的传承状态"。
② 笔者对张应强的访谈,访谈时间:2017年3月3日,访谈地点:中山大学。

宿舍。这就是第一年我们在荔波的田野工作状况,一共实习了46天。我带学生实习的第一个时期平均是两个半月。从专业上来讲,两个月左右是要好一些。但是对现在的孩子而言,一个月已是他们的极限。

马:您带队的两个半月做什么呢?

张:我们以前实习的时候,分三部分。首先住上一段时间,半个月到20天左右吧,主要进行全村普查,让大家对村貌有大致的了解。第二个阶段,在此前基础上,同学们可以选择自己感兴趣的事物——如婚姻、传统医疗等——进行进一步研究,这和个人在村里的发现相关。大家可以进行分工调查。第三个阶段是撰写报告,最后再进行复查。

马:晚上学生们的集体讨论是怎样安排呢? 它的作用是什么呢?

张:晚上分两部分,一部分是汇报,听学生讲自己干了什么,讨论一下,教师适当提示。例如做婚姻调查的同学在一户人家发现一个族谱,虽与自己的研究无关,却可能会对其他人有所帮助。相互之间交流一下,彼此都有所收益。因为实习时间短,需要时间做资料整理,还要解决洗漱等杂事,因而每个人的汇报大概也就一两分钟,汇报完就可以干自己的事情了。晚上一定要集中起来,要在一个较大的场所讨论,这也是为什么我们一般选择住学校的原因。一个学生可能就没那么上进,田野工作又容易使人产生惰性,但是在集体的熏陶下,个体会被带动起来。而且在田野资料整理的过程中,大家又会相互交流、查漏补缺。①

笔者将中山大学区域研究和乡村都市化研究的学术生产脉络进行了一个梳理。在梁钊韬先导性研究的基础上,黄淑娉大大推进了民族学的人类学化。周大鸣继任中山大学人类学系的学科带头人后,以族群与文化区域观念着手探索人类学研究的现实价值。他们二人之间的工作有着重合与延续,只不过周大鸣面向当下的意识更加强烈,关注现实问题的取向更加鲜明。周大鸣将应用人类学的工具价值渗透入梁钊韬、黄淑娉等人坚持的综

---

① 笔者对张振江的访谈,访谈时间:2017年3月4日,访谈地点:中山大学。从对张振江的访谈中了解到田野实习的报销是一个难题,因为农村没发票,不符合财务处的报销标准。后来变通为收据或白条,附上对方的姓名、身份证复印件,请村委会盖章,才勉强被接受。

合性研究这一人类学学科理想的学理价值之中,强调学科的实用性,推动学科的世俗化。在新生代的推动下,海外民族志的实践意识异常活跃,东南亚的田野考察也突破了民族国家的研究主题,借由对跨境流动和全球身份重塑文化的考察,人类学研究找到了新的学术增长点。2004年9月,曾经是容观夐1986级硕士研究生、1989年又留校工作两年的麻国庆调回母校中山大学人类学系,进一步继承和发扬费孝通的学术遗产。麻国庆沿着费孝通"多元一体"的理论思考,提出跨区域社会体系的理路,结合了华南地域的特色,并突破了地域的实质内容,提倡以华南为方法,作出富有想象力的扩张与整合。①他首先将华南与东南亚社会的研究作为一个完整体系,纳入从社区到区域再到国家或国家之间合作的空间中加以整合考虑。其次采用整合区域社会结构、族群历史脉络和文化变迁过程的"系统性观察"方式,解读环南中国海区域社会文化交流的时空过程。跨区域社会体系跨越了家族、社区、民族、国家等不同层次的社会单位。网络化的跨区域社会体系则构成区域社会研究的整体性方法论基础。②麻国庆在中山大学工作期间,曾经提出人类学系的研究重点应该是"上山(南岭走廊)、入江(珠江)、下海(南海)"。③由此,通过海域人类学的构想,麻国庆将"'和而不同'的全球社会""迈向人民的人类学"的学科自觉落实到具体的全球社会文明共生的研究当中。④

　　同时,由麻国庆主持的华南农村研究中心将研究重心放在了"三农"问题上,并开展实践项目,在学术探索的同时,也使其研究具有鲜明的应用研究取向。随着人类学研究与社会学研究互动的日趋紧密,社区调查的社会问题意识渐强,人类学研究也与"三农"问题等社会现实进一步地联系在一起。这一研究动向与燕京学派的社区传统相呼应。"早期以吴文藻为核心的燕京学派或北方学派从一开始就形成了自己的特点:人类学有很强的社会学取向。"⑤这一研究动向在某种意义上与黄淑娉回顾中山大学文学院20世

---

① 麻国庆:《作为方法的华南:中心和周边的时空转换》,《思想战线》2006年第4期。
② 麻国庆:《跨区域社会体系视角下的区域国别研究》,《学海》2022年第2期。
③ 麻国庆:《流动社会 家国情怀——我的学术经历与感悟》,《广西民族大学学报(哲学社会科学版)》2022年第6期。
④ 麻国庆:《全球社会与21世纪海上丝绸之路》,《广西民族大学学报(哲学社会科学版)》2015年第5期;《跨区域社会体系:以环南中国海区域为中心的丝绸之路研究》,《民族研究》2016年第3期。
⑤ 麻国庆:《中国人类学的学术自觉与全球意识》,《思想战线》2010年第5期。

纪30年代时提到的人类学研究趋向遥相呼应,黄淑娉认为"颇具岭南特色的社会学传统"①。

2007年11月,在华中科技大学跟随吴毅、贺雪峰攻读社会学博士的谭同学,进入中山大学人类系的博士后流动站,出站后留在中山大学人类学系任教。在政治学与社会学的知识背景下,谭同学对人类学、民族学的知识系统产生一系列反思,同时对人类学南派的学科传统有了不同的理论思考。

> 刚进入中山大学人类学系时,我受到的冲击比较大。比如说亲属制度和宗教领域,我原来很少去关注,只是将其作为农村的社会问题来看待,而我关注的是农村经济领域,至于文化对经济的影响却不太关注。来到这里之后,对我造成的知识结构上的冲击还是很大的。中山大学人类学系虽然发展出多个分支学科,但还是有一些重要问题研究力量不够,也没有办法赶上。我将其概括为两个方面。
>
> 一方面,是杨成志、梁钊韬等人开创的研究南方少数民族的南派传统,到我们这一代,几乎没有人像上一辈民族学学者那样,对作为整体的南方少数民族有如此丰富的知识储备。
>
> 另一方面,是与现实密切相关的、新出现的民族现象和民族问题,我们还没有主动回应的能力。整体而言,学界对于民族地区现状的研究,让人感觉现实感太弱。现在面对层出不穷的问题,反而是实际工作部门——例如民族宗教事务局的干部们——走在学界前面,他们也做研究,但是他们做的是直接的应用性研究,他们想的是怎么解决问题,而不去考虑系统性问题。如此看来,中国民族学可能还是得做一些调整。
>
> 因此在吸收人类学最新成果的时候,还是要注意到民族学与人类学这两个学科之间的区别,最根本的一点是民族问题往往需要从多个学科角度去切入。民族学并非通常意义上的一门学科,而应是一个学科群。我为什么感受这么深,刺激特别大呢？因为之前我们研究农村政治的时候,让人很焦虑的就是"三农"问题。我认为民族现象和民族

---

① 黄淑娉教授手迹:《中山大学人类学系、社会学系隆重纪念复办三十周年》,载田东江:《和黄淑娉师的一次长谈》,"中山大学社会学与人类学学院"公众号,发布时间:2024年4月29日。

问题也是一个问题域,单纯用人类学、经济学或者政治学去研究民族问题是不行的。①

随着多学科背景的新鲜血液的注入,以及在当代学术意识驱动下,中山大学人类学系在继承前辈学科思想的基础上,学术创新的勇气和魄力更加强烈。由于梁钊韬等前辈学者对自己学科自主意识的坚持,以及多年来的研究与实践,中山大学不仅成为全国高校中唯一未曾中断地维持人类学四大分支构架的院校,同时还始终保持自身独有的人类学南派特色。在坚持学科传统的同时,历任学科带头人并未被传统束缚,而是不断突破束缚,敢于面对新问题,尝试新方法,抓住机遇,进行自我重塑。虽然这一创新的勇气和魄力有时候要经受传统学术观念的质疑,但这并没有阻碍中山大学人类学学人探索的步伐。当然这种探索也有其内在矛盾,维系学科传统与打破学科传统本身就构成一种张力。人类学发展的社会学化在2008年以后渐渐呈上升趋势。中山大学2008年成立"社会学与人类学学院"的初衷是:"人类学是社会学的二级学科,将两个系合在一起,是想为社会学申报一级学科的重点学科。"②在服务社会学与民族学之间,人类学就像是一个钟摆,当它距离学科传统过于远时,就会有一股力量又将其拉回来。在周期性摇摆的过程中,又有海外人类学的实践发展,试图打破这种平衡。随着学科导向的变化,是否要坚持学科本位的问题就凸显出来。"任何一个学科都要尽可能地多吸收其他学科的有益之处,进而获得启发,无论这种启发是方法、理论,还是见解、问题,都可以,这种借鉴和渗透永远没有尽头,但是有一条重要的原则就是要维护自己,不能把'我'变成'你'。"③

随着应用人类学地位的上升,人类学四大分支的学科框架发生了很大变化,周大鸣给教育部提交"人类学一级学科"的文本当中提出新构想。④笔者访谈他时,与他提到这一新构想的矛盾,他披露了自己对主张人类学为本位的现实困境与相关思考,以及人类学学科发展不可避免要处理的与民族

① 笔者对谭同学的访谈,访谈时间:2017年3月6日,访谈地点:中山大学。
② 来自笔者2017年春在中山大学的田野访谈资料,受访者做匿名处理。
③ 来自笔者2017年春在中山大学的田野访谈资料,受访者做匿名处理。
④ 周大鸣:《关于人类学学科定位的思考》,《广西民族大学学报(哲学社会科学版)》2012年第1期。

学的学科关系问题。

　　我现在支持这样一种想法，就是把社会学变成一个学门，人类学、社会学和民族学均是一级学科。要把能在三个学科间互通的人找出来，例如费老(指费孝通)就是这样互通的人。它的确应是一个学门，这是自然形成的。看这些高校学位点申请材料的时候，我突然觉得这恐怕是一个更好的折中方式，还符合费老"三科并立"的框架。如果民族学的学科渗透力更强一点，我还不至于一定要主张人类学做一级学科。但我每年评项目时感到，要做学科评估，学科就不能太不规范，否则重复太多，政治味道太浓，民族学这样办下去，部分机构是有责任的。应该加强民族学的学术性和学科规范性，把它办好。但是现在民族学的学术规范性没法跟其他学科相比，与社会学相比，民族学发展得太参差不齐了。因为要想办成功的话，一定要在985院校生根，不进入主流大学的话，能做出来吗？还有一个重要的原因，是民族学专业会对学生就业产生一定影响，我之所以把民族学改为人类学专业，一部分原因就是为了就业。人家一听到民族学，就感觉是与民族地区相关的。实际上不是的。1995年，费老在北京大学讲习班上就提到不要刻意去寻找田野，田野就在你身边。否则就会把自己的研究道路逐渐堵死。如果民族学能把学术研究规范点，又在985院校生根，民族学面临的招生困难就会缓解。中央民族大学如此，厦门大学也是，第一年不分(专业)，彭兆荣这些教授拼命去讲课，吸引学生选人类学专业。人类学就业前景相对好一点，跨国企业咨询等工作就会比较受欢迎，民族学则让人觉得是搞少数民族研究的，而且其确实也局限在少数民族研究中，这就把自己的学科之路搞得比较狭窄了。这是两种说法。如果人类学作为一级学科，会比民族学要好招生一些。①

由此可见，人类学的生存困境与"语用学"术语的选择是息息相关的，它对人类学的影响是深远的，至少我们现在还身处其中。在访谈的最后，周大

---

① 笔者对周大鸣的访谈，访谈时间：2017年3月3日，访谈地点：中山大学。

鸣提出了他的反思。

> 我们中山大学做的田野调查是很多，民族志实践也不少，在每个地方都搞出了好多种村落研究，出了好几十本专著，云南大学也搞出了几十个民族村专著，广西的高校、中国社科院等情况皆是如此。但要怎样获得理论提升、怎样从学科规范层面获得提升等方面，做得还是不够。积累了这么多成果，却没有好好分析，没有提出像费老那样的具有普遍性贡献的理论。如果我们这代人再不做就来不及了。要想改变这种局面，学术史方面的研究就必不可少，但这一层面的研究是需要一定功力的。至少应该召集一部分人，招一些博士，做好(文本的)分析工作。①

笔者从周大鸣的反思中感受到的是他对同辈和后辈学者的期望。这两种期望略有不同，对同辈的期望是想从宏观上搞清楚其参与了近三十年的学科重建道路到底取得了哪些成就，还面临哪些问题；对于年轻人的期望则是鼓励一部分后辈学者从事民族志的分析工作，从事经验的理论化工作，获得理论层面的提升与学科规范的提升，这无疑会使人类学实践获得一种深刻的反思性和理论层面的提升。

---

① 笔者对周大鸣的访谈，访谈时间：2017年3月3日，访谈地点：中山大学。

第六章 民族学与人类学的双轨制
——云南大学人类学系"新星"陨落始末

走入云南大学,需要把民族学放在人类学前面。①在西南这块土地耕耘不辍的人类学学者和民族学学者,孕育出一个较为统一的行动理念:以田野调查为根本的实践道路。不同的实践理念与方法,也给人类学的学科发展注入了不同的思想,进而呈现出多样化的实践道路。笔者建议在断裂与连续的辩证关系中,关注云南大学人类学恢复三十多年来走过的这条实验性色彩浓厚的学科道路。

其实采取民族学与人类学并列的方式并不是一个最佳的表述方式,民族学与人类学指的是同一个学科、学术对象,但是又不尽然。1987年,云南大学人类学专业在历史系设立。1997年,云南大学成立人类学与社会工作系。2005年,人类学系撤销,当时几家机构合并成立了民族研究院。2009年,民族研究院单独成立人类学教研室,挂靠在民族学与社会学学院名下。②

云南大学人类学的历史传统有两条线索:一是战时人类学、民族学的边疆田野调查与社会科学研究,以"魁阁"为代表。它是燕京学派在西南边疆的开拓,是费孝通秉持农村工业化的社会改良意识向云南内陆地区的延伸,在此基础上,"魁阁"共同体成员在边疆民族地区进行了大量的田野调查,例如田汝康的《芒市边民的摆》,许烺光的大理喜洲调查等。此外,几乎全部都是汉人农村和工厂、矿山,当时云南大学社会学系师生其实还很关注劳工福利,社会学 / 人类学是主导。二是以方国瑜为代表的西南边疆 / 民族史的

---

① 笔者对于云南大学人类学学科发展状况的调查开始于2016年夏,调查报告完成于2016年秋。调查得到了张海超、刘永青、何林、马翀炜、林超民、何明、尹绍亭等云南大学同仁的斧正和帮助。
②《云南大学民族研究院人类学教研室简介》。

研究传统。1942年,西南文化研究室创立,方国瑜被聘为主任。战后"魁阁"骨干大部分离开了云南,1947年杨堃受聘于熊庆来校长,任教云南大学。"因费孝通、许烺光等教授的离开,云南大学社会学系的发展进入暂时的低谷,杨堃教授的到来使这个学系的发展出现转机。这个时期的研究工作出现了很明显的转向,对农村和工厂的研究依旧继续,但对少数民族社区的研究开始成为新的转向。"①江应樑1948年受聘为社会学系教授。1949年中华人民共和国成立以来,杨堃、方国瑜、江应樑三位先生组成一个研究团体,开创中国民族史专业,民族史与民族学、田野调查融合在一起,以文献和田野研究结合的研究方法为特色。通过教学、培训和组织民族识别调查队伍,云南大学培养了一大批民族学专家,他们当中有黄惠焜、詹承绪、邵献书等。奠定云南大学民族史的全国学术地位的是由林超民牵头主编、撰写的《中国民族史》五卷本,该著作是在方国瑜、江应樑和杨堃已有工作的基础上进一步完善和完成的,②中间经历了将近三十年曲折与坎坷。

一、云南大学民族学、人类学三十年

2016年,"云南大学人类学与民族学七十年回顾展"在云南大学人类学博物馆三楼展出,这一学科史展览信息丰富、资料翔实,许多宝贵的一手资料在这里披露。正如其在结语中所说:"云南大学的人类学和民族学所走过的70年历史,交织着辉煌与沉寂、徘徊与振兴、焦虑与创造,演绎着中国人类学与民族学波澜起伏的历史进程,积淀了深厚的学术传统,提供了丰富的学科资源。"

民族学与人类学的关系错综复杂,在云南大学的历史长河中构成数个层次的融合状态。从云南大学社会学系引导的社会人类学调查方向、社会学问题意识,以及杨堃、江应樑接手社会学系后,从社会学转向民族学调查,再到新中国成立后民族史占据主导地位,就可以看到,人类学与民族学是相互交替的关系,呈现出阶段性的导向作用。历史的遗留,给民族学、人类学在20世纪80年代的重建提出了老问题、新思路的要求。江应樑主导了西南

---

① 引自云南大学人类学博物馆"云南大学人类学与民族学七十年回顾展"。
② 方国瑜:《云南民族史讲义》,云南人民出版社2013年版。

边疆民族历史研究所的重建工作,并任所长。他主张民族史与民族学相结合建构完善的学科体系,为了推动民族史与民族学结合,他主张人类学与民族史结合,因为人类学与民族史的研究内容是一致的。[1]除了民族史课程,研究所还开设"中国民族学""民族学调查方法"等课程。

林超民按照人类学的四大分支申报人类学,并着手进行学科规划的落实。随着民族学学科地位的提升,民族学与人类学发生了研究对象的分工。人类学向社会变迁、城市化、全球化等现代化浪潮靠拢,民族学的民族政策指向与民族政策咨询角色越来越活跃、越来越清晰。[2]

布展当中,杨堃留法期间使用的生活物品、档案资料,以及他在云大的家庭生活照、他和葛兰言的通信都尤为珍贵,其生活物品包括一套西餐刀叉、一副眼镜、一支钢笔、一件白衬衫等,还有一张法国里昂的地图。在国内的信封当中,经常有这样的字样:"杨象乾先生台启"。杨象乾是他的另外一个名字。他在法国的民族学研究所学习民族学。受到涂尔干和莫斯的影响,人类学在法国通常使用的名称是民族学(Ethnology)。杨堃的著作也多是社会学与民族学领域。从这一意义上,民族学与人类学相互替换。

2000年初,云南大学140多名师生组成的跨世纪云南民族调查组,对云南省人口在5000人以上的25个少数民族村寨进行了全面、系统的调查,形成了多个专题研究报告和1份综合研究报告。云南大学党委书记高发元主抓"跨世纪云南民族调查",建立"民族学学科群",主张多学科交叉。

> 调查的内容有12个方面(历史、人口、经济、家庭婚姻、文化艺术、宗教、遗传、生态环境等),许多内容是20世纪50年代调查时所没有的,调查的手段和方法也多种多样,包括问卷、访谈、录音、摄像等,不仅做到了入村还做到了入户,调查相当深入。这次调查不仅有文科多学科的参与,也有理科如生态学和遗传学学科的参与。遗传学的专家和师生在民族调查中克服种种困难,采集了云南25个少数民族的1200个血样。[3]

---

[1] 刘彦:《江应樑人类学民族学跨学科方法及其新时代意义》,《广西民族大学学报(哲学社会科学版)》2019年第6期。

[2] 笔者对王越平的访谈,访谈时间:2016年8月8日,访谈地点:云南大学。

[3] 徐杰舜、高发元:《为了民族的生存和发展——人类学学者访谈录之十三》,《广西民族学院学报(哲学社会科学版)》2001年第6期。

2003年,云南大学将"云南少数民族村寨调查"扩展为"中国少数民族村寨调查",涉及全国15个省区、32个县、60多个自然村。整个调查历时近两年,力图超越过去"广泛的面上调查",而转入以"典型""代表"的村寨为对象进行的"综合调查",是一种新的尝试。①2006年,云南大学将调查资料及其所形成的成果以丛书的形式出版,共计63册,2000余万字。②

由于规模大、时间紧,民族村寨调查出现了若干问题。抱着不解和困惑,段颖与民族研究院院长何明进行了交流。

> 我很委婉地指出需要做一些理论积累或者其他工作,他当时讲的一句话我觉得很重要。他说:你说得完全没错,但是我们不能去等,我们不能等着某个理论形成、生长出来,我们只能以现在的基础去做,先行动起来。这一点我是完全同意的,因为在学科体系不完善和理论对话不充分的前提下,不实践先行的话,就真的会止步不前。这一点我很佩服他。③

笔者访问了何明,他指出,民族村寨调查最大的意义在于推动民族学从文献到实践的转型。

> 调查首先意味着一个转型,民族学理论知识的来源,将从以文献为主的史学传统,通过基地的不断投入,向田野调查转型。作为基地建设的负责人,就是要保证基础设施的建设,没有田野调查的制度基础,田野调查怎么实现可持续性? 民族村寨调查作为第一次调查,不仅仅是具体的调查,还牵涉到民族学课程的改革,同样是从教条向实践转型。当时云南大学开设了很多课程,服务于调查本身的课程不多。甚至田野调查课中,学生连相机的操作都没有掌握,下去做田野,带着相机照

---

① 熊艺:《中国人类学的发展》,https://mip.zsdocx.com/p-5100637.html。

②《云南大学:与中国民族学人类学一同走来》,《中国民族报》记者采访云南大学民族研究院党委书记张跃,2009年7月7日,http://www.yn.xinhuanet.com/topic/2009-07/17/content_17195060.htm。

③ 笔者对段颖的访谈,访谈时间:2017年3月6日,访谈地点:中山大学。

了一个多月，结果胶卷一个没挂上，让人哭笑不得。那时候的相机不像现在的数码相机这样方便。[1]

2003年以后，怎么进一步拓展民族学研究，就变成了一个亟待思考的问题。人们都感受到城市、村落发生巨大的变迁，应该成为重要的研究问题。变迁现象背后的变迁过程、变迁动力是什么，一种风俗文化怎么消失了等，这就为后面的民族学研究提出了问题，需要长期的田野跟踪才能有所回答。[2]何明开启了"云南十村"牵头的调查。马翀炜、孙信茹等著有《云南第一村：红塔区大营街的人类学考察》。他开始关注到哈尼菁口梯田、土家摆手舞等文化事象。[3]

何明在与笔者的访谈中讲述了他的学科规划思路。他强调，学科方向、学科目标对于学科团队每一个成员的生活目标都会产生潜移默化的影响。

2004年以后，外界就有说法，把我的工作叫作"后高发元时代"。云南大学的民族学、人类学怎么走，我一直在思考这个问题，探索实践的路子。从2005年人类学系撤系，到2009年再恢复，摊子散了，年轻学者的生活浑浑噩噩，迷茫无措，每天早上起来，不知道今天要干嘛，无所事事。为什么会这样过日子，因为你没有给他目标，没有给他任务，也没有给他资源来做事儿。

从我来讲，除了理论对话，最为重要的是规划。要根据所属的机构和团队优势，规划出一个可行的方向，发挥优势特色。在我看来，云南大学民族学的优势特色一个是西南民族志，另一个是东南亚民族志，它们二者连起来很重要，因为实际上它们是一个整体，需发挥理论框架对于搜集材料、处理材料等实地工作的辐射影响。其中理论框架的核心就是佐米亚（Zomia），与斯科特不同的是，东南亚民族志发现国家的影响处处存在，国家给边境人民的生活带来安全、福利和发展的机遇。[4]

---

① 笔者对何明的访谈，访谈时间：2016年9月4日，访谈地点：上海。
② 笔者对马翀炜的访谈，访谈时间：2016年7月14日，访谈地点：云南大学。
③ 马翀炜、孙信茹等：《云南第一村：红塔区大营街的人类学考察》，民族出版社2009年版。
④ 笔者对何明的访谈，访谈时间：2016年9月4日，访谈地点：上海。

2007年何明任民族研究院院长以来，将调查研究与调查基地建设结合起来，在云南省内完成了10个民族调查研究基地及示范基地建设，在彝（阿细支系、撒尼支系）、白、傣、哈尼、纳西、回、苗、傈僳、怒等9个民族的10个村寨建立了田野调查工作站。后又追加第二批，建立了4—5个田野基地。他的总体指导思想是民族调查向民族学调查转变。这就意味着民族学需要摆脱田野资料汇编的状况，加强理论对话、增强问题意识、加强学科意识，同时由浅描向深描转变。在他的推动下，2009年田野调查国际暑期学校创办。云南大学以富有共识与对话意识的人类学、民族学团队力量引人瞩目，"艺术人类学"丛书相继出版，"村民日志"也是"写文化"的成果。这种动向也发生在影视人类学领域，由村民拍摄民族志电影，尝试平等的合作。陈学礼用近20年时间进行乡村影像的尝试，他拍摄的影片《上图村影音日志》就是这批作品之一。他尝试让村民拿起摄像机拍摄，穿插入村民拍摄过程中主体身体姿势发生的微妙变化及机位、镜头的运用差异。值得注意的是，影片制作人是他和两位村民拍摄者的联合署名，"合作"在内容和署名权上实现了统一。这种实践给他带来的思考是"是否可以提供另外一种思考的可能性"。①

二、勐海县曼腊村田野基地实训记录

都说昆明四季如春，来到昆明才有所体会。2016年，第八届民族学／人类学研究生田野调查暑期学校在昆明开学了。五天的讲座安排紧凑，到了第三天晚上，就是各个田野小组的讨论。176名学员按照自己的意愿，分散到10个田野点，一个田野小组少则12人，多则17人。讨论由带队老师组织。这10个田野点有些是比较成熟的田野基地，有些则是新建的，还有的是未开垦的。比如笔者所在的曼腊村基地建于2013年，接待过两届暑校，以及云南大学研究生的实习。曼腊基地的主要负责人是毕业于中山大学人类学系的张振伟副教授。

---

① 2020年11月20日，上海大学社会学院放映陈学礼的影片《上图村影音日志》，观影后陈学礼与观众做了现场交流。

　　拿到这张申请田野点的表格,笔者惊讶于云南大学民族学与社会学学院强大的田野辐射力。田野基地最早可追溯到江应樑任职西南边疆研究所期间提出的田野规划:"在少数民族地区选一两个点建立工作站,经常轮流驻站作深入调查,这样可能有所发现。"①这10个田野点是目前比较活跃的基地,还有一些老基地创办得早,后来慢慢荒废了。何林负责的田野基地——丙中洛就是这种情况。从他讲述的丙中洛基地缘起和废弃的过程,我们可以大致了解早期田野基地的运行状况以及田野调查的指导模式。

　　何林于2001年在云南民族大学攻读民族学硕士,导师是何少英,2003年在云南大学民族研究院攻读民族学博士。2008年,何林出版了他的博士论文《阿怒人:同一屋檐下的不同宗教信仰》。②他之所以选择去丙中洛,和"云南民族村寨调查"在丙中洛完成的田野著作有很大的关系——《云南民族村寨调查·怒族——贡山丙中洛乡查腊社》。③何林就是带着这本书来到田野点。当时正是云南民族村寨调查、中国民族村寨调查出成果的时候,他的田野经费充足,基地给他一年一万多元的经费作为支持。进入田野后,前三个月几乎是耗费过去的。④"田野计划没用,找到状态用了很长时间"。田野展开后,他反复对照少数民族社会历史调查和民族村寨调查的怒族调查成果,他发现这些田野调查的成果虽然有它的抢救资料贡献,但是存在诸多问题,他花了很长时间对其进行了详尽的针砭,将这些漏洞修正过来。

　　他的调查主题最后定在少数民族社会历史调查时期形成的经典议题之一:婚姻与家庭。在博士论文的基础上,他发表了论文《多元宗教背景下的少数民族婚姻:以云南贡山怒族为例》,展现了他著作当中有关婚姻的部分重要发现。⑤某种意义上,民族村寨调查对后来者的深入田野作业发挥了资料性和功能性作用。

---

　　① 刘彦:《江应樑人类学民族学跨学科方法及其新时代意义》,《广西民族大学学报(哲学社会科学版)》2019年第6期。

　　② 何林:《阿怒人:同一屋檐下的不同宗教信仰》,云南大学出版社2008年版。

　　③ 赵美主编、怒族调查组编写:《云南民族村寨调查·怒族——贡山丙中洛乡查腊社》,云南大学出版社2001年版。

　　④ 笔者对何林的访谈,访谈时间:2017年8月1日,访谈地点:何林寓所。

　　⑤ 何林:《多元宗教背景下的少数民族婚姻——以云南贡山怒族为例》,《云南民族大学学报(哲学社会科学版)》2009年第6期。

2008年,丙中洛组与傈僳族组合并。2009年,何林带领1个博士,2个硕士和6个本科生在丙中洛进行田野实习。进入田野之前,要进行田野准备,包括文献资料准备和药品等户外应急装备。进入村子的第一个星期是"放野马"。在进入村子的前一个晚上,他们师生一行住了一晚宾馆,吃了"大餐"。次日进入村子之后,何林的带队方法是"不着急",不急于催促学生开始田野调查。头两天,他先带学生熟悉环境,自己像导游一样,带学生在丙中洛一带旅游,偶尔在村里混个"下午茶",然后回基地一起煮饭吃。晚饭一起做,早餐、午餐则由何林给大家做。第三天一大早,吃过早餐,何林宣布:午饭自己解决,晚饭回来吃。试验下来,还真的有学生没有在村里"混"到午饭,饿着肚子一直到晚饭。第四天依旧如此,晚饭做得很晚,还是有学生饿着肚子一直到晚餐。第五天开始,基地只供一顿早餐,其余全靠自己在外面"混"饭吃,目标是"活下去"。何林深知,丙中洛地区偏远,2004年时村民基本上没有余粮,但2009年生活有了极大的改善,温饱问题已能解决,所以学生到村民家里"蹭饭"(当然不是白吃),是能够吃得上饭的。就是这种靠"自己混饭吃"的环境,逼迫学生与村民建立关系、打成一片。

这一次,参与调查的一个女大学生,不但混不上饭,而且很长时间无法融入田野,田野对她来说简直是煎熬。何林对她略有失望。但是很有意思的是,2011年她为了毕业论文,第二次再去丙中洛做田野调查的时候,情况有了变化。由于需要到外地开会,何林不能够带她去田野,她只好一个人前往。出于担忧,何林为她买了最贵的保险,当然何林不会告诉她,而且鉴于她第一次的不良表现,何林很担心她的田野存活能力。第一星期,她几乎每天都发短信来问哪天可以回家;第二星期,她说在村里再"熬"一周就返回;第三星期没来电话(没有消息就是好消息),第四星期,何林实在忍不住了,给她打了个电话,电话那头,那个原来娇小的声音变得"粗壮"了许多,说她待得很"痛快",问不回来可不可以……学校开学的时候终于见到她了,她已经晒得很黑,似乎对毕业论文也很有底气了。她做了很扎实的田野调查,完成了质量较高的调查报告,并写出了不错的毕业论文。何林这才放了心。

还有丁爱华的故事也特别有趣。她师从何明攻读民族学研究生,考虑到她是音乐专业出身,何明建议她考察丙中洛阿怒人丰富的艺术资源,于是2008年左右,她跟着何林来调查丙中洛的民歌。他们合作完成丙中洛的民歌研究,何林对民歌进行艺术形式、内容以及意义等民族学、人类学调查,丁爱华对民歌的音乐形式进行考察,包括乐谱、旋律以及民族音乐学的特点与价值等。①初入田野,丁爱华几乎是寸步不离地跟着何林,不停地问他。相对于问村民,她似乎更喜欢"访谈"何林。何林对丙中洛的村民评价甚高,说他们是最标准的"不厌其烦"的报道人。他在做博士论文的时候,已经问过很多村民问题了,等到学生来这里的时候,学生又问了一遍当年他问过的问题,但是村民不烦,他们反而很有乐趣地去就同一个问题回答不同的人。丁爱华在村子里考察的时候,喜欢打着一把伞,不管是否下雨、出太阳还是不出太阳,在村里"非常醒目"。所以何林要找她的时候,只要问问村民:你们看见那个打伞的在哪里? 村民就会把她"抓过来"。后来,丁爱华不得不一个人再到丙中洛做田野调查去了,何林心里犯嘀咕,不由得担忧起来。事实证明,这些担忧对于"单飞"的学生来说往往是多余的。丁爱华在丙中洛独立完成三个月的田野调查,还"超越式"地去了藏族聚居的迪麻洛河谷(阿怒民歌"可汝"的重要来源地),民歌的民族音乐学调查有了极大的进展。她把何林搜集的大部分民歌用五线谱谱了曲、分了节拍,对民歌的音乐形式与田野形态进行了细致深入的研究。这样他们的调查随着音乐合作关系的建立就有了研究性的推进,而且是一次实验性的跨学科交流的合作。

　　这两个故事放在这里并非边角料的花絮,在笔者看来,发生在这两位研究生身上的判若两人的田野变化,是何林独特的田野指导模式下发生的潜移默化的作用。这种田野指导模式看似"放野马",但是又有所羁绊,且不对学生自由探索田野方法造成束缚,从而使其在自由的环境中找到自己建立田野关系的方法,完成为自己厘定的研究主题服务的田野调查。

　　作为基地研究生带队模式的补充,从2010级开始,云南大学民族学、人类学专业的本科生需要在大学三年级完成田野实习,基础设施相对完善的基地是良好的实习地点。王越平在笔者对她的访谈中强调了田野调查中问题导向的重要性。

---

　　① 何林、丁爱华:《丙中洛阿怒民歌》,云南人民出版社2009年版。该书纳入何明组织的"非物质文化遗产的田野图像"书系。

人类学、民族学专业的老师有60多人,我们将本科生分为若干小组,一位教师带队七八个同学,完成不少于20天的田野调查。要求学生们每个人必须有独立专题,根据这个专题完成调查之后,每个人要完成一份不少于2万字的田野调查报告,他们的带队老师会根据他们的田野表现及报告最终完成情况,对他们的成绩进行一个评定。运行较为成熟的13个基地成果不错,例如马翀炜负责的元阳哈尼箐口村已经产出了丰硕成果,出了3篇博士论文,还有相关硕士论文。通过这种方式将学生的教学培养给带动起来了。

基地发挥了产、学、研的综合功能。由于以民族志为主体产出了一大批科研成果,甚至地方政府部门在进行申遗论证的时候,这些成果被转化为论证基础,例如元阳哈尼梯田,这是当时可能没想到的。不少老师十多年来长期在他/她耕耘的基地进行研究,当梯田开发出现破坏梯田景观等问题时,研究者及时"上书"政策咨询意见,使这些问题得到遏制,没有再继续出现大的生态问题,保护了地方生态系统。[1]

回到第八届暑校的田野点,第三天,各组的讨论在田野点带队老师的组织下有序进行,讨论的主要目的是让每个成员确定自己的研究主题。以笔者参与的曼腊组为例,田野导师张振伟首先让12名成员进行自我介绍。其次让学员阅读前两届暑校成员完成的13份曼腊村调查报告,了解曼腊村的大致状况,提出自己感兴趣的问题。每个人发言后,教师做回应,指出该问题有可能在实际的田野调查中遇到的困难,以及如何调整自己的问题,帮助学生捋清自己的思路。笔者看了以往的部分调查报告,发现这些报告总体质量不错。

第五天暑校课程结束当晚,曼腊组一行13人就踏上了去往西双版纳的路途。乘坐长途大巴,并在车上睡了一晚,7月17日早抵达勐海县汽车站。7月18日是关门节,7月17日进入全村狂欢的前奏。田野基地是位于曼腊村"深山老林"的茶厂建立的"小别墅":一幢木结构的傣家阁楼,阁楼下面放了一张茶桌,闲暇时,工人或者茶厂朋友就聚集在茶桌周围泡茶聊天,茶叶来源于茶厂。茶厂还住着工人,老伯常年在茶厂值班。在茶厂大门旁边建有

---

① 笔者对王越平的访谈,访谈时间:2016年8月8日,访谈地点:云南大学。

一间会议室,会议室里面配有一间卧室,可安排2到3位学员入住。木阁楼中5个房间安置了10个女生。安顿好住处稍事休息后,带队老师张振伟让大家到村子里转转。晚饭将近,好几家村民邀请学员去他们家吃饭。第一家的主人是岩庄,他同时也是"村民日志"记录员;第二家是玉光,她是茶厂员工;第三家是岩文,他在茶厂位于勐海的茶叶零售店工作,和销售总经理林总一起跑普洱茶产地、跑市场。茶厂由销售总经理林总和厂长岩光合伙开办,林总负责茶叶销售与市场,厂长岩光负责茶叶生产与加工。暑校成员虽然是陌生人,但是能够在田野第一天就得到村民的礼遇,和张振伟等人长年在这里耕耘学术和培植田野的关系分不开。从饭局离开,晚上大概九点钟来到缅寺,参加村民在缅寺的文娱活动、零散的祭拜仪式,十点多大佛爷从外面回来,开始念经。进行到十一点多,学员陆续回基地,因为第二天凌晨五点半还要参加关门节最重要的仪式——滴水仪式。

对于没有基地建设的田野点小组,例如普米族菊儿组,带队老师朱凌飞组织村民大会,告知村民:"我们来了,请帮助我们。"

7月19日晚10点,曼腊组在会议室召开第一次田野讨论。讨论之前,每个人要完成2000字的田野日志。这是每天晚上十点讨论的规矩。讨论开始,每个人依次发言,带队老师与发言人交流妥当,再换下一个。每位学员要完成一篇给"人类学之滇"微信公众号供稿的田野日志,通常由教师指派每天的供稿人,给公众号的邮箱发稿。午饭和晚饭在基地的厨房解决,玉亮掌勺,为师生服务,12个人分成6组,轮流帮厨,学员洗菜、烧火、洗碗,有时候会做两道菜。早餐在村里的一家米线铺解决。

暑校田野形成一种专题调研导向的模式。所谓专题调研导向是指学员尽快确定自己的研究主题,并且迅速获得研究主题的观点、发现与理论化。调查时间短也发挥了间接的作用,不鼓励学生在田野"晃来晃去"浪费时间。由于以学员的身份全程参与了暑校田野,笔者把这种专题调研导向的田野模式称之为"密集化作业"。调查前的资料准备、调查开始后的教师指导,包括自己作为调查主体的研究选择,无不推动研究问题多样化,形成研究领域的分类与分工。研究领域分类首先与个人的兴趣有关,研究领域分工是指领域相关或者领域重合的学员可以结伴调查,按照生活整体进行领域分类,这些研究领域整合起来就可以大概呈现整体民族志的面貌。不过实践和理念完全不同。在讨论的时候,笔者发现其他学员基于其他社会生活领域的调查收获,很难与自己的调查产生关联,因此很难形成关联性交流氛围,田野导师与学员的一对一引导关系成为压倒性的主线。单一化的讨论氛围和密集化作业的影响也有关系。于是就产生了一个方法论的思考:整体主义的民族志是以个人为调查、写作单元实现的范本,还是倾向于集体分工调查/个体化的专题写作? 这个问题伴随笔者参与调查、讨论的过程,笔者深有体会,不过并没有得到满意的回答。集体分工调查有它的长处,例如村寨图的绘制与分享、村寨历史和演变的背景知识储备,以及调查资料的全面和翔实等方面。虽然笔者在借鉴和吸纳其他学员的发现与收获方面寥寥,不过此次调查还是发现了它的理论价值,这一理论化工作仍旧是在田野导师与学员的交流和指导过程中完成的。

例如A学员研究傣族社会崇老的传统是怎样形成的。她发现曼腊村与"空巢社会"不同,老人的地位很高,当地有"赕老人"的节庆与传统。年轻人通常不出去打工,而是守望家园。大部分年轻人完成中学教育之后就不再上学,而是在家种植茶叶、甘蔗,结婚、养育孩子。老人反倒出去打工,但是也并不会离开村寨太远。B学员研究傣族村寨的汽车消费。她发现,曼腊村100户人家几乎家家有汽车。开始她还以为是攀比心理作祟:你有,我也要有。但经过几天的深入调查,她发现并非如此,而是因为在曼腊村,汽车是身份、地位的象征符号。张振伟通过与每位学员的讨论交流,发现了A、B两位学员研究的关联性,在接近调查尾声时,他向两位学员提出了约稿邀请:"能否用平均主义的理论来解释曼腊村的崇老习俗和汽车消费? 你们二位以平均主义理论为切入点,解释各自的田野经验与现象。我们可以组一组稿子。"平均主义理论初见于田汝康的《芒市边民的摆》,田汝康认为是人做摆,将财富转化为布施,奉献给神,积累功德,从而避免了村寨的两极分化,凝聚了村寨的整体团结。①

曼腊村的傣族与瑞丽、芒市的傣族不同,但均受南传佛教体系的影响。缅寺是村寨公共生活和宗教仪式的中心,并渗透到家户成员生活之中。曼腊村以"赕"的方式表达人与佛、人与人之间的尊敬和礼仪关系,礼仪维系了

---

① 田汝康:《芒市边民的摆》,福建教育出版社2016年版。

社会关系的等级、宗教的等级。赕既可以赕佛,也可以赕老人。当地人认为,大佛爷是宗教世界人与神的媒介,老人是世俗社会的人与神的媒介。宗教生活与世俗生活之间并无绝对的边界,宗教维系了当地老人的权威,也影响了当地的家庭结构。面对市场化等外界力量的冲击与影响,傣族社会形成了独特的保护性屏障。当地家庭结构就是其保护性屏障的民众基础:年轻人留守在家园,即使打工也是当天出去当天回。老年人反而成为可以离开家园的流动的劳动力,参与到更广泛的市场经济中。汽车消费与其说是家户的大宗消费,不如说是平均主义的体现。当汽车成为家户的必需品时,反倒从形式上拉平了家户的收入差别,遏制了财富的两极分化。对崇老习俗和汽车消费案例的研究,回应并论证了平均主义理论应用于曼腊傣族社会的合理性与有效性。当然,平均主义理论还会帮助其他研究领域的调查人员从整体的理论视角理解傣族社会,理解自身参与的局部经验。这是笔者所见证的理论产出的讨论场景,正是由于全程参与暑校田野,笔者才有幸观摩到密集化作业的田野教学的理论产出背后的田野转化过程。

如果说密集化作业颇有苦行的色彩,那么田野调查间歇,张振伟带领学员参与当地人的闲暇活动则进入一种欢乐的集体氛围。这些田野调查间歇的闲暇活动,既是对学员多日辛苦劳作的犒劳,也是一种对茶厂朋友、村民多日接待、帮助的微薄感谢。

虽然没有花费更多的笔墨全面报道曼腊小组的田野活动与田野动态,但是笔者想通过工作与闲暇两个场景,来展示云南大学田野调查传统的延续与演进。基地早期阶段何林的带队模式,"放马山坡"的自由关系虽然让一部分人成为不适应的人,但是这种无为而有为的初衷要经过第二次、第三次重返田野的实践才发挥了它潜移默化的作用,让"不适应的人"转化为积极的田野调查主体。到了田野基地与学位制度结合的体制化阶段,受到各种因素的影响,如田野成本的上升、田野资源的耗费、基地合作关系的波动等等,"密集化作业"乃是短时期田野调查的一种田野模式,它的特点是目的指向性强,它的要求是高产出。看似散漫实则坚持自由精神的田野带队模式渐渐地退却,军团化的调查小分队适应密集化作业的需求渐渐显现出来。不过早期的田野自由并没有完全消失,它在闲暇活动当中悄然保留,与密集化作业互补。倘若没有这些师生与村民共同参与的闲暇活动,例如烧烤、喝茶、受村民之邀去他们家吃饭、转酒等,调查者在短时间内找不到更好的途径融入村民的生活当中,"成为当地人"。基地连接了调查者和茶厂经营者、在茶厂工作的村民的关系,增加了田野调查的受访角色。每一期暑校结束后,对茶叶感兴趣的学员会去茶厂在勐海的店铺购买一些茶叶带回去。从产学研的角度来看,曼腊基地这样的"企校合作"联盟颇为成功。

作为"村民日志"记录员,岩庄的经历颇为丰富,他年轻的时候做过一年的大佛爷,还俗后成家立业。他平时在家务农,兼在村委会服务。"村民日志"记录员的委派,让岩庄也在悄然发生变化。他留心观察村里发生的社会变迁,例如家庭K歌的兴起。学员第一天到曼腊村,受邀到他家吃饭,那正是关门节前一天,家家户户的音响、人声响彻全村。说到家庭K歌的兴起时,岩庄突然给大家翻译正在唱的这首傣语歌的意思:"在城里找小姐,得了艾滋病,奉劝诸君不要轻易地受诱惑,否则得了艾滋病就像他一样悲惨、后悔莫及。"众人当时没反应过来,随后哄堂大笑。他善于表达,"村民日志"记录员的身份加上写作的锻炼,让他成为研究生田野实习的理想报道人。在语言不通的情况下,岩庄和缅寺的大佛爷岩叫,几乎是学生"集体抓捕"的对象,远远望去,学生们就像是尾随报道人的一群生物。临走的时候,岩庄到会议室专门找到笔者,抱怨这一届学生问他问得不勤快,他怅然若失,回想上一届暑校,研究生们都围着他转,很多问题都询问他。

"村民日志"从2004年左右开始策划,已经陆续出版了10本,列入云南大学"211工程""云南少数民族村寨跟踪调查与小康社会建设示范基地"项目。《流动的信仰——贡山县丙中洛查腊村怒族村民日记》就是何林所在的丙中洛田野基地的产出,里面收录了3位"村民日志"记录员的日记。岩庄执笔、张振伟修订的田野日志也陆续出版,曼腊田野基地伴随这本书出现在公众视野中。[①]

三、东亚影视人类学研究所的缘起

20世纪50年代开展社会历史调查时,云南大学民族调查队收集到了丰

---

① 赵美主编:《流动的信仰——贡山县丙中洛查腊村怒族村民日记》,中国社会科学出版社2009年版。张振伟主编、岩庄记录:《让我听懂你的语言——勐海县勐海镇曼腊村傣族村民日志(2015—2017年)》,学苑出版社2020年。

富多样的民族器物。这些器物堆放在历史系资料室,可惜保管不善,损失殆尽。自人类学专业建立后,林超民就筹划建立人类学博物馆。他向表哥——美籍华人伍达观募捐,伍达观捐资八十万美元(当时汇率约为1:8)。云南大学人类学博物馆得以建设。2003年建成后,伍达观建议用他太太伍马瑶的名字命名。林超民请台湾人类学家李亦园院士题写馆名。

(一)人类学专业的草创

林超民一开始介绍他自己时就说:"我是一个承上启下的人。"他是方国瑜、江应樑的学生。江应樑冥诞110周年纪念会暨学术研讨会于2019年5月27日在云南大学举办,林超民在整理前辈的学术文献、继承学科历史传统方面做出了实实在在的工作。

1985年8月,林超民被任命为云南大学历史系副主任后,民族学学科建设被提上日程。

> 1985年8月,我被任命为历史系副主任,江应樑先生就说云南大学应该把民族学搞起来。因为他擅长的是田野研究,他一起家就是民族调查。他对我说:"田野调查是民族学/人类学的基本功。没有调查就没有发言权,就不能写出好的民族志。"后来他在20世纪50年代也参与了民族识别。到了1980年的时候,他提出要把民族史、民族学和考古学结合起来,做好民族研究。后来我当历史系副主任,他提议我在云南大学恢复民族学,或者成立民族学专业。1983年左右,云南大学成立了中国云南边疆民族历史研究所。当时方国瑜先生还在。第一任所长是江先生,第二任所长是尤中,第三任所长是我。1986年我提出建立人类学专业,1987年批下来了。1988年我们招收第一批本科生。[1]

1986年,林超民提出云南大学要成立民族学专业,上报至学校后,上级担心民族学专业会和云南民族学院"撞车":"云南民族学院的院长马曜,在

---

[1] 笔者对林超民的访谈,访谈时间:2016年8月3日,访谈地点:云南大学。

那里办民族学专业,云南大学就不要办了。"①林超民建议改为人类学专业。当时学校领导、教务处的负责人都不知道什么是人类学专业。于是林超民通过书面和口头等方式,给有关领导和教务处专业建设的工作人员讲解人类学学科的研究领域(对象)、理论框架、知识体系、社会功能等。

郭净认为20世纪50年代的民族调查,实际上是在一批改换了专业的社会学/人类学家领导下展开的,调查的名称叫作"社会历史调查",隐含着某种深意,而且参加调查的老师和学生又在调查中积累了丰富的田野经验,这就为这门学科的复兴埋下了伏笔。江应樑嘱咐林超民要把考古、民族史与民族学结合起来,这就是以前的社会学/人类学传统被重新唤醒的征兆。②援引郭净的说法,"社会学/人类学的因子"就这样依靠传承人在困顿中不挫的学科信念保存、复苏乃至茁壮成长。

林超民对人类学的专业设置及论证依据以人类学四大分支为中心。人类学是一个综合学科的概念,它的涵盖面比民族学要广得多,民族学只是人类学的其中一个分支。他指出人类学专业在云南大学创办有五大优势:①人才优势。②传统优势。两大机构分别是吴文藻创办的社会学系,以及以魁阁为代表的社会学工作站、方国瑜创办的西南边疆研究所。③(民族)资源优势。云南有52个民族,人口在五千人以上的26个,人口在五千人以下的26个,特有民族17个。④地缘优势。⑤政府支持优势。人类学为国家的民族政策提供咨询和建议,有利于民族团结进步,有利于边疆治理。1987年获得批示,1988年云南大学历史系招收第一批人类学专业本科生。为了完善师资力量,林超民从昆明医学院医疗系招聘妇产科硕士张实作为体质人类学的教员。他把张实送到中山大学人类学系进修体质人类学。招聘张实的过程并非一帆风顺,林超民回忆道:

> 当时招聘体质人类学教员,除了张实,还有其他几个人有意向,其他几人考察一番后认为云南大学历史系的经济待遇不好,收入不高,没

---

① 笔者对林超民的访谈,访谈时间:2016年8月3日,访谈地点:云南大学。
② 有关郭净访谈林超民的详情,参考郭净、徐菡、徐何珊编著:《云南纪录影像口述史》(第一卷),云南人民出版社2013年版,第22、48页。

有什么创收,所以都放弃了,只有张实来了。当时张实跟我说好像她有点晕血,而且她母亲是医生,希望女儿从事医疗事业,对她的这一选择很不乐意。不过最后张实还是铁下心,愿意到我们这儿来。[①]

林超民引进中山大学毕业的研究生马京担任语言人类学教员,希望马京主抓民族语言教研工作,同时引入博物馆和考古专业的人才若干。这样,作为综合学科的中山大学人类学系就有了基本的师资力量,成为继厦门大学人类学专业之后中国设立的第二个人类学专业。

民族识别时期,云南积累了丰富的民族纪录片拍摄与创作的资料,配合拍摄还附有为电影脚本服务的田野调查以及调查报告。[②]在林超民接受郭净的访谈中,他说:"我们发现单是传统的人类学不行,必须有影视人类学。"历史系有给学生放映民族纪录片的传统,1980年前后就放映过摩梭人的走婚,佤族、傣族的农奴制等民族学科教电影,后来给人类学的学生上课,在课上也放映这一批片子。"影视非常直观、生动,我们应该向他们(影片拍摄者)学习,在新的条件下搞新的民族志电影。"[③]

(二)影视人类学的缘起

1990年前后,林超民访问美国,接触到一些影像资料,在俄亥俄州立大学图书馆人类学系的资料室看过他们的片子,他从使用照片、录音、录像和电影等视听手段制作民族志的做法中受到启发。1991年回国后,他一直在想这件事情,在筹划过程中接触到郝跃骏、范志平。郝跃骏是云南大学历史系毕业生,当时在云南省社科院工作,主要影视人类学作品有《普吉和他的情人们》《拉木鼓》《山洞里的村庄》《最后的马帮》等。范志平是云南电视台导演,导演的《雨林中的孩子》获骏马奖。20世纪90年代,他转入影视人类学领域,拍摄哈尼族、佤族、拉祜族、基诺族、独龙族、傈僳族、摩梭人等民族的影视人类学纪录片。

---

① 笔者对林超民的访谈,访谈时间:2016年8月3日,访谈地点:云南大学。
② 徐志远:《佤山行——云南西盟佤族社会调查纪实(1956—1957)》,云南大学出版社2009年版。
③ 郭净、徐菡、徐何珊编著:《云南纪录影像口述史》(第一卷),云南人民出版社2013年版,第25页。

1991年,林超民在历史系人类学专业高年级班率先开设"影视人类学"选修课程,聘请云南省社科院多年从事这一学科研究和富有实际编导、摄影技能的专业人员兼职授课。一批又一批学员,通过影视人类学基础理论的学习和深入民族地区进行实地拍摄后,绝大多数都受到学校和社会需求单位的好评。①云南大学由此成为中国最早设立影视人类学课程的高校。②

1993年通过郝跃骏的介绍,林超民认识了德国学者兼文化经纪人瞿开森。瞿开森是德国社会人类学、媒体与影视学学者。他的博士论文是对20世纪50年代"少数民族科学纪录片"的研究。1993年七八月份,他只身进入云南。所谓经纪人的角色指的是他与中国社科院达成一个协议,拿到了这批片子的非商业性版权,以非商业性版权的价格全部转给了哥廷根科教电影研究所。他建议林超民与德国哥廷根科教电影研究所合作,共同申请德国大众基金,该基金会每年资助一个亚洲项目。于是,林超民等人与范志平、郝跃骏一起商量,决定跟瞿开森合作申请这个项目。郝跃骏说:"没有瞿开森,云南的影视人类学事业可能还会往后拖10年。对瞿开森用怎样高的评价都不为过,没有一个人能够把中国这个不断在摸索中的学科引向世界,否则,我们可能还要自己慢慢摸,还要很长很长时间。"③

20世纪80年代伊始,录像进入家庭,风靡一时。各大电影公司逐渐转向发展家庭影院路线,把影片做成录像带,在市场贩卖,供家庭租用。当时出现大量的录像厅,播放香港武打片、枪战片、色情片,大受欢迎。香港美亚影视公司就是迎合了这一制片路线,从大陆赚了丰厚利润。美亚娱乐信息集团成立于1984年,1993年于香港联合交易所挂牌上市。多年来,美亚集团业务规模庞大,包括电影及录像激光光盘产品制作、发行,以及电影版权贸易等众多领域。其业务网络遍布中国大陆、中国香港、中国台湾及日本、菲律宾、欧美等国家和地区,可以说,只要有华人的地方就有美亚集团的各类影

---

① 刘达成:《影视人类学在云南》,《民族艺术研究》1996年第2期。刘达成发表的这篇论文的附录是具体的影视作品,他按照云南多家拍摄单位,对他们在1984年以来拍摄的作品进行了整理和分类。

② 张海:《云南大学影视人类学教学实践之路》,《电影评价》2020年第18期。

③ 郭净、徐菡、徐何珊编著:《云南纪录影像口述史》(第一卷),云南人民出版社2013年版,第126、130页。

音产品。郝跃骏、范志平拍摄的民族志电影引起影视公司的重视,他们愿意做民族影视试试。林超民、刘达成、郝跃骏、范志平于1994年成立了"东亚影视人类学研究所",与美亚影视公司合作。

所谓民族影视,就是民族风情片。受到民族风情片的影响,郝跃骏在《生的狂欢——哈尼族奕车人节日》的后期制作过程中,邀请邓启耀为片子配解说词。邓启耀撰写的解说词辞藻华丽,富有主观色彩:"本片是'文革'之后,中国民族志电影重新启动的代表作。在中国民族志电影的拍摄中首次使用了纪实拍摄的方法。"①邓启耀在接受笔者的访谈时,详实地讲述了"配解说词"的过程。尽管邓启耀自谦地批评自己的文案工作混合了原始生殖崇拜与摩尔根《古代社会》发展阶梯论的价值倾向,不过他从节日中阐发生命狂欢的母题,对于节日的知识生产仍旧有持久影响力。②

　　邓:第二次就是跟郝跃骏一起合作的,因为当时他们拍的是胶片,也比较省,拍了以后没办法剪,就来找我帮忙。当时没有同期声,没有长镜头就是没有故事,但这两个又不能浪费,怎么办呢?就只有靠解说词来串。

　　这是当时比较流行的一种做法,现在我们觉得是不妥当的,但是当时就靠那个办法。"哈鲁哲""矻扎扎"是哈尼族奕车人的节日,反映了他们的生殖崇拜,是祈求丰收,也是以人的生育来促进土地的生产,所以觉得用"生的狂欢"主题是挺合适的,我用马克思两种生产理论,就是人的生产和物的生产来串词。他们觉得文笔还不错,然后就这样剪辑了,基本上没有浪费的。但是现在来看,我是害羞的,因为我一个人在那喋喋不休地说,人家当事人怎么说是没有同期声的。但受技术限制,没办法。

　　马:当时您设计的解说词充满了人文气息,可能也受"文化热"的影响,所以很诗意,很浪漫。

　　邓:当时这种做法是一个通病,就是没注意当事人是怎么说的,而

① 参见郝跃骏影视作品主页中,他本人对该片的评价。http://www.haoreal.com/index.php?s=/Show/index/cid/24/id/57.html。

② 陈树峰:《激情与狂欢——哈尼族奕车人"矻扎扎"狂欢探析》,载何明主编:《西南边疆民族研究》(第21辑),云南大学出版社2016年版。

是研究者"瞎解释"，这个也是我们在人类学（重建）初期的一个毛病，自己主观的东西太强。[1]

1988年，郝跃骏、王清华、于晓刚首次将国外的"Visual Anthropology"这一名称翻译为"影视人类学"，将学科在国外的发展情况介绍到中国，并提出了在我国发展这一学科的构想。[2]需要补充的是，田广也在同一时期对影视人类学进行了介绍与传播。1984年，他在《中央民族学院学报》发表了《电子录像与民族学》。[3]1987年，他着手翻译卡尔·海德的《民族志电影》（Ethnographic Film），1989年以《影视民族学》的名称出版。

郝跃骏回忆道："1991年，通过范志平，我认识了一个叫肖锋的人，他原来是福建省委宣传部外宣办的一个处长。后来我游说肖锋，肖锋又来游说香港投资人李国兴，让他给云南大学的林超民老师投资，成立东亚所。肖锋又游说广东'俏佳人'的老板，'俏佳人'成了肖锋的第二个投资人。包括我们1994年去德国的国际机票钱都是'俏佳人'老板提供的。真的，没有这些人，就没有中国影视人类学的复苏，后面的很多事情都无从谈起。1995年在北京召开第一届'中国影视人类学学会'的资金三分之一是肖锋出的。肖锋是推动影视人类学在中国发展的一个重要人物。"[4]林超民对肖锋的背景做了补充。

香港美亚公司的创办人叫作李国兴，福建晋江人，十几岁时到香港推销录像带，抓住商机，从开录像带出租店开始，白手起家。他在广州办了一个分公司，肖锋被任命为分公司经理，负责公司在广州的销售工作。肖锋原来在部队服役，后从部队转业到了福建省文化厅，他自己独立单干。肖锋是福建人，和李国兴是同乡，因为有这层关系，他就进入了李国兴的公司。[5]

---

① 笔者对邓启耀的访谈，访谈时间：2017年3月5日，访谈地点：中山大学。

② 郝跃骏、王清华、于晓刚：《影视人类学的历史、现状及其理论框架》，《云南社会科学》1988年第4期。

③ 田广：《电子录像与民族学》，《中央民族学院学报》1984年第2期。

④ 郭净、徐菡、徐何珊编著：《云南纪录影像口述史》（第一卷），云南人民出版社2013年版，第117、124页。

⑤ 笔者对林超民的访谈，访谈时间：2016年8月3日，访谈地点：云南大学。

东亚影视人类学研究所是"三无"单位(不要编制,不要办公场所,也不列行政级别),自负盈亏、自谋生路,属于民间组织。美亚影视公司一年给研究所五万元,支持他们拍片。之所以叫"东亚",用意有二:①地处亚洲东方。②云南大学的前身是东陆大学。

1994年7月,郝跃骏带着瞿开森到了云南民族学院,后来又给云南大学林超民打电话询问,林超民说:"欢迎!"7月20日,郝跃骏和范志平把瞿开森带到了林超民那里。林超民对瞿开森说了一番话,大意包括:学者就应当有学者独立的人格,学者需要有前瞻性,应当做一些超前的事,并承诺"只要我在,就要把这个事一直做下去"。两人一拍即合!①

1995年4月,首届国际影视人类学研讨会在北京举办,中国影视人类学学会成立。这次讨论会,东亚影视人类学研究所所长与德国哥廷根电影研究所所长在北京进行了初步磋商,拟定双方共同在云南大学成立一个影视人类学研究所,培养影视人类学人才。会后,林超民又邀请瞿开森来昆明考察,进一步商谈合作事宜。

1996年5月30日至6月6日,云南大学东亚所举办了为期7天的影视人类学学术讲座。这次讲座特邀美国伊利诺伊大学芝加哥分校影视人类学教授、美国《影视人类学》主编保罗·霍金斯(Paul Hockings)主讲,云南大学副校长林超民、东亚影视人类学研究所所长王筑生主持。讲座先后以电影史前史、民族学影片历史、人类学和电影、电影拍摄技巧、人物传记影片、影视人类学六个专题进行讲授,并放映了十余部影视人类学的经典影片,如《印加》《北方的纳努克》《马林诺夫斯基》等。该讲座使大家把握住了影视人类学这个学科当时在国际上的最新发展动态,从而密切了云南乃至中国影视人类学界与国际影视人类学界之间的联系。②

1996年12月,林超民作为中方代表参加了德国大众基金会在哥廷根举办的专家论证会,答辩通过,合同生效。德方联络人是瞿开森,中方联络人

① 郭净、徐菡、徐何珊编著:《云南纪录影像口述史》(第一卷),云南人民出版社2013年版,第119页。
②《云南大学东亚影视人类学研究所举办影视人类学讲座》,《思想战线》1996年第6期。

是王筑生。1998年底，双方正式签署合同。培训班全英语教学，第一期培训班出来的学生获得双学位：云南大学民族学硕士学位与国际东亚影视人类学专业硕士学位。笔者询问合同的具体内容是什么，双方达成的协议是什么，林超民做了明确回答：

> 第一，双方联合向德国大众基金会申请经费。第二，经费由德方负责，聘请教学团队的全部费用由德方负责。全部的影视器材设备由德方负责，"购置了当时世界上最先进的索尼掌上摄像机、录音和灯光设备，以及非线性后期编辑系统"①。云南大学负责三件事，第一是提供场地。第二是组织教学，第一期的教学目标是培养10名学生，拍摄不少于5部纪录片。第三是做一本中、英、德三种文字的影视人类学词典。后来我们又增加了一项，制作一个影视人类学网站。②

影视人类学的特殊性在于拍摄设备的配置上。虽然要引入设备是一个常识，但设备如何从海外引入、如何落地云南大学影视教学场地，却存在现实操作问题。由于德方从日本采购的设备体积庞大、价值昂贵，在入境的海关审批环节出现了意外。如果器材不能保证，就会影响第一期培训班的顺利开班。在筹划影视人类学基础设施建设的过程中，作为项目中方负责人的林超民为这批器材的落地承受了巨大压力。

> 林：这一批设备被海关扣住了，说要上税，最后我去跟海关沟通，告知对方这是教学用的，对方回复："教学用的必须教育部批。"那时候管理很严格，云南大学出面不行，云南省教育厅都不行，可是我们马上要开班，整个科学馆都已经等待启用这批设备了。在万般争取下，最后由云南大学拿出50万元做抵押，这50万元的支票送到后海关才放行。
>
> 马：后来钱收回来了吗？
>
> 林：设备落地后，我们就要把钱收回来，海关规定支票收回来需要

---

① 张海：《云南大学影视人类学教学实践之路》，《电影评介》2020年第18期。
② 笔者对林超民的访谈，访谈时间：2016年8月3日，访谈地点：云南大学。

一个教育部红头文件的批示。那个时候我是副校长，我就认为文件没有问题，就找到了当时的教育部副部长，他说没有问题，但是半年也没有办下来这个事情。

马：这么棘手？

林：后来我又找了教育部分管设备的副部长，也是他到云南大学来考察我们的"211工程"项目。他来考察的时候，我当面和他讲，也和他的秘书讲，他也答应了，但还是很长时间没有解决。

马：当时云南大学给你压力了吗？

林：没有，云南大学没有给我压力，但是50万元对我来说是一个很大的数目。我绞尽脑汁多方打探。最后弄清楚了，原来红头文件的批示是高教司下属设备司的一个处长负责，要通过他，他说的话才算。当时不知道，如果早知道就把他请到云南大学来，请他来实地考察中德合作项目，了解具体情况，他就会批示了。最后我们辗转疏通，这件事才彻底解决。①

美亚影视公司给研究所每年资助5万元，连续资助五年。五年以后因为引入德国专业项目，他们就终止了资助。在美亚影视公司的大楼里，至今仍有一间工作室的门口挂着"云南大学东亚影视研究所香港美亚办事处"的牌子，林超民也被美亚影视公司聘为学术顾问。

四、人类学与社会工作系的成立

经过参加影视人类学国际合作项目和承办1997年人类学高级研讨班，人类学教研室教学科研团队有了一定的积累。1997年，云南大学院系大调整（当时全国都在进行院系大调整，建立校、院、系三级体制），历史、中文、新闻等多系合并成立人文学院，人类学也依托东亚影视人类学研究所从历史系分出来，成为人文学院下属的一个系，东亚影视人类学研究所成为人类学

① 笔者对林超民的访谈，访谈时间：2016年8月3日，访谈地点：云南大学。

系的一个研究所。①

　　1997年11月，人类学与社会工作系成立，王筑生担任第一任系主任。王筑生是20世纪90年代中国影视人类学学科发展的重要推动者，他教导学生，"民族志是人类学的根本，没有民族志就没有人类学"，启发学生探索影像在人类学领域的应用。②在王筑生等人的努力下，人类学系先后获得民族学硕士学位与民族学博士学位授权点。③其中，王筑生和陈庆德是人类学系较早的民族学博士生导师。不幸的是，1999年春，处于事业井喷期的王筑生病逝。

　　人类学系步入正轨之前，人类学专业在社会上的接受度极低。顾士敏在接受罗宁等人访谈时回忆了他担任人类学系班主任时的冷落情形。

　　　　事情发生在1994年我做人类学系班主任的时候，当时在东二院三栋有个招生的桌子，那个时候我坚持每天守在那张桌子前面等学生。别的老师会觉得有点奇怪，但是我跟他们说我这么做是有自己的道理的。当时送学生到这边来的家长最关心的问题就是什么叫人类学。家长第一句话总是问我，这个学科是做什么的？是不是搞计划生育的？可见人们对于人类学理解上的空白。④

　　王筑生是时任云南大学副校长林超民引进的，由于牵涉到王筑生和云南民族学院的工作关系，引进的过程颇为周折。

　　　　林：人类学专业我一直在管，到了1995年，我担任云南大学副校长，工作比较忙，人类学这边需要一个人来接力。而且人类学当时只是历史系的一个专业，我希望能够把人类学专业独立出来成立一个系，因此迫切需要一个合适的人负责人类学系的事务，这个时候王筑生出现了。

_____

　　① 刘永青提供，2016年8月10日。
　　② 和渊：《影像书写民族志之可能性》，《电影评介》2020年第18期。
　　③ 对于云南大学人类学系未能建设人类学专业博士点而是取得了民族学专业博士学位授予权的做法，胡鸿保评价其为"借鸡下蛋"，是在新的学位点没有批准下来时的权宜之计。胡鸿保编：《中国人类学史》，中国人民大学出版社2006年版，第189页。
　　④ 顾士敏：《终是不忘读书心》，载尹绍亭主编：《我们这一代——滇云人类学者访谈集萃》，学苑出版社2020年版。

马：那个时候王筑生是一个什么样的情况呢？

林：王筑生毕业于云南大学外语系俄语专业，"文革"期间自学英语、《资本论》等。平反后考取了云南民族学院经济研究室的经济学研究生，以总分第一的成绩轰动云南民族学院。轰动之处在于他的英语试卷，阅卷老师在评卷的时候找不到错误，按理说要给他满分，但是觉得不妥，最后给他96分，勉强扣了4分。他回国后从中央民族大学调入云南民族学院，在历史系教授专业英语。

马：看来王筑生回国后郁郁不得志。

林：我有一个同学叫顾士敏，顾士敏曾和王筑生在云南民族学院共事，就向我推荐他，我就有了这个意向。当时云南民族学院的人听说我要引进他，很多人劝说不能调他，说这个人脾气太怪。我不为所动，就看中他身上三点：一、他是一位真正的人类学博士，在美国接受了八年扎实的专业训练。二、他对景颇族的研究有特点、有创见。三、他是一位国际学者，具有国际化的眼界和格局。我认为人都有一点个性或者脾气，如果没有个性没有脾气，也不会有志气，在外人看来脾气大是缺点，但在我看来是耿直。所以我就想把他调来，把人类学专业建设的任务交给他。我请顾士敏问他愿不愿意，他一听马上就愿意了。于是我就到他家里面去了。

王筑生调来云南大学的时候，云南民族学院提出几个条件：第一，他全家从北京到昆明的机票费用全部由我们报销。第二，因调动，他要赔偿云南民族学院为引进他付出的经费。第三，云南民族学院分给他的住房要交出来。第四，他的夫人杨慧必须一同调走。那个时候我担任云南大学的副校长，负责人才引进，因此由我出面给云南民族学院支付了将近5万块钱，给王筑生提供了一套人才房，杨慧和他一起来云南大学工作。来了之后王筑生担任人类学教研室主任，因为那时还没有系。[1]

在王筑生的精心组织下，1997年1月6日至20日，"国家教委第二期中国社会文化人类学高级研讨班"在昆明成功举办。来自国内外的74名中青年

---

[1] 笔者对林超民的访谈，访谈时间：2016年8月3日，访谈地点：云南大学。

学者参加了研讨班,还有60多名非正式的旁听学员。"这是20世纪中国人类学/民族学最大的一次盛会。"①通过和林超民交流,笔者了解到这届研讨班的更多详情。筹备会议期间,林超民因为远赴德国参加哥廷根项目答辩,不在国内,所以研讨班的联络、运行工作由王筑生全权统筹。

> 林:1995年费孝通先生组织国家教委第一期人类学高级研讨班,王筑生作为闭幕式上的学员代表发言,发言非常精彩,引起大家的重视。事后王筑生告诉我,他认为正是因为自己是以云南大学代表的身份进行发言,才获得了国内民族学、人类学同行的赏识。或许在当时的情境下,云南大学的学术背景及其发言所展现出的专业素养等因素,共同促成了同行对他的关注。北京主办方决定将第二期研讨班放到云南大学来。
>
> 1996年,我们申请了福特基金,得到了福特基金会的资助,我们举办了国家教委第二届人类学高级研讨班。会议规模盛大,林耀华、庄孔韶、宋蜀华等大陆学者,李亦园、庄英章等台湾学者参会,王筑生还邀请了国外专家,萨林斯也在列。
>
> 马:据说当时还闹出笑话,一些参会者跑过来问王筑生,萨林斯是谁,隔阂程度可见一斑。
>
> 林:1997年初研讨班的成功推动了人类学系从历史系独立出来的进程,1997年底人类学与社会工作系成立了。
>
> 马:终于有独立的人类学系了,不容易。②

同一时间在德国参加答辩的林超民也取得了哥廷根项目合作签约的关键性成功。

> 那个时候第一期的经费200万马克还没有拨下来,需要在德国开一次论证会,请亚洲项目的负责人来评审。瞿开森为我购买往返机票,我

---

① 林超民:《闪亮的流星——追念王筑生教授》,载《林超民文集(第三卷)》,云南人民出版社2010年版。
② 笔者对林超民的访谈,访谈时间:2016年8月3日,访谈地点:云南大学。

到哥廷根参加答辩。瞿开森请了一位中国台湾留学生为我做德语翻译。我就在那一次会议上陈述云南大学打算怎么样发展影视人类学，包括把正在建造的科学馆的三楼作为影视人类学研究所中德项目的场地。汇报完毕后，德国大众基金会负责人和专家轮流对我提问，由我一个人完成答辩。这一次答辩非常成功，德国大众基金会决定与我们签约。厚厚的一叠合同精简为三页纸，这意味着我们双方合作的事情确定了。德方负责人是哥廷根科教电影制片厂的厂长，也就是哥廷根科教电影研究所所长。中方负责人是云南大学的林超民。

人类学系的架子搭好了，亚洲第一个影视人类学研究所即将成立，王筑生接手了。①

段颖是云南大学人类学系培养的第一届本科生。他在缅怀王筑生的文章中描述了按照人类学四大分支安排的本科教育。"在教学中，王老师承续美式传统，主张全面介绍西方人类学的历史发展、概念理论、研究方法、分支学科等，因此，学系开设了美国人类学四大分支课程……我还有幸参与观察了一次考古发掘……在体质人类学课程中，我们第一次见到人体骨骼、器官标本；而宗教人类学、经济人类学、都市人类学等分支课程则使我们从横向了解到人类学的发展……"②在接受笔者访谈的时候，段颖谈及王筑生组建的人类学系制度框架及其怀揣的更大的人类学学科梦想。

马：去香港之前，你大学本科四年和云南大学关系密切，应该比较清楚当年的一些情况。

段：1997年11月15日，人类学与社会工作系正式成立。人类学专业从历史系分出来，是在王筑生的安排之下才有了一个相对比较好的学科编制。王老师的知识结构主要受美国影响，因此他期望依照人类学四大分支来构建人类学系，在这一点上，他与创始人林超民的想法是一致的。王老师承担的本科教学任务较少，工作重心放在研究生教

---

① 笔者对林超民的访谈，访谈时间：2016年8月3日，访谈地点：云南大学。
② 段颖：《十年风雨忆先师》，来源："生如夏花"新浪博客，发布时间：2010年4月30日。

学及学科重建的基础筹备工作上,比如填补学位申请等关键制度指标方面的缺项。①

除了中规中矩的学科训练体系,考虑到云南的地方特点,王筑生、杨慧夫妇提倡发展旅游人类学、影视人类学以及西南的少数民族研究,这三个板块是王筑生认为比较重要的方面。

马:王筑生人类学思想的理论遗产是什么?

段:关于王筑生人类学思想的理论遗产,我认为最主要的是他的学科规划思想,有一部分美国的人类学信念自不必说,他到了云南以后,还有更加具体的规划,比如说他认为我们现在实际上是缺民族志,我们很多时候写出来的民族志偏向于田野报告式的写作,缺乏理论对话点或者理论关注点。

他设想花10年到20年时间,在云南25个少数民族的聚居地至少完成25本像样的民族志、有理论贡献的民族志,这是他的一个宏大愿望。然后在这一民族志基础上,开放式地研究中国西南地区。它可能会变成一个区域,也可能是一个跨越族群边界、发生族群互动、涌现跨国疆域的理论框架。但是这些设想都没有展开,很可惜。②

王筑生将人类学、民族学放在并立的位置,他认为人类学:①强调长期的、扎实的田野调查。文化人类学的田野工作及收获的民族志,是这一学科的安身立命之本。②中国人类学要走出封闭,走向世界,关键还在于"反思"。③新世纪的中国人类学更应该是一门面向世界的学科,一门国际学问。④中国人类学要走出封闭而不赶时髦,在五彩纷呈的社会变迁中展现文化的多姿多彩。在脚踏实地的田野调查和理论探索中证明人类学的价值,是中国人类学学家、民族学学家的使命。③病榻上的王筑生和前来看望

---

① 1997年,由王筑生主持的向国务院学位办申报的民族学硕士点获得批准,招收了第一届民族学硕士生。1997年10月,王筑生作为主要学术带头人再次向国务院学位办申报民族学博士点。民族学硕士点和博士点的申报成功,是云南大学民族学研究生计划的零的突破。

② 笔者对段颖的访谈,访谈时间:2017年3月6日,访谈地点:中山大学。

③ 王筑生、杨慧:《人类学的文化概念与人类学理论的发展》,《广西民族学院学报(哲学社会科学版)》1998年第4期。

他的段颖继续长谈学业。

> 王老师实际上工作时间很短,我差不多每个星期都去医院看他,互相不说话也很无聊,但他也不愿意多谈病情,因此我们就会零零散散地聊一些学术上的事情,从而了解了他的一些学科规划思想。我认为至少他规划的两个方向是做到了,一个是旅游人类学,一个是影视人类学,后者通过跟德国哥廷根项目合作,先后培养了两期学员,有了云南大学自己的人类学根基。①

王筑生带病参加人类学第二期高级研讨班。因为忙于工作,耽误了最佳治疗时机,1998年检查出来时已是肝癌晚期。林超民回忆了他带王筑生看病的伤感往事。

> 医生建议他到广州去做肝移植,他本人已经完全同意了,学校也同意出所有费用。那个时候要将近一百万元的费用,我们同意了,但是要等找到适合的配对器官,而且医院不能保证成功。他确信已无治愈的可能后,十分绝望。他吟诵陶渊明的诗句:"纵浪大化中,不喜亦不惧。应尽便须尽,无复独多虑。"
>
> 王筑生住院期间,他从讲师破格评为教授,我们一起申请的民族学博士点被国务院学位委员会批准,王筑生也被评聘为民族学博士生导师。当我把博士研究生导师的聘书送到他病床前时,他已奄奄一息。

当时人类学与社会工作系刚成立,王筑生去世后,由新加入的瞿明安代理系日常事务,但没有正式职务。瞿明安在笔者的访谈中回忆了与王筑生共事的片段。

> 他家亲戚不在的那天,我在医院,我就在他旁边,他说,明安你这个

---

① 笔者对段颖的访谈,访谈时间:2017年3月6日,访谈地点:中山大学。

暴脾气怎么办？他骂得我笑了。他人非常好。①

上文段颖谈到的王筑生未竟的25个民族村寨调查计划,其实王筑生与林超民充分交换过意见。

  林:我和王筑生提出的一个口号叫作重回田野,走前人的路,用同一个村子的变迁体现出20世纪50年代到90年代的社会变迁。
  马:那个时候你和王筑生就讨论过田野回访计划?
  林:当时我们的设想是去民族识别时期的少数民族聚居区田野点,比如说在同一个村子,就像老一辈民族学学者一样"同吃同住同劳动"至少半年,理想状态是一年,沿着他们的路再走一遍。通过重回田野,诠释这50年的社会变迁,产出一部新的民族志。这就需要实践,我们当时希望到2000年可以开启新民族志的创作,一步一步地按照学科的规律来做,扎扎实实地做民族调查。②

  "云南大学民族学经历过两次大的转折:一次就是王筑生他们的回归,另一个就是尹绍亭的到来。"③1999年12月尹绍亭上任前,云南大学将人类学系与社会工作系分开,各自独立。由于兼任东亚影视人类学研究所所长的林超民副校长工作繁忙,所以东亚影视人类学研究所被纳入人类学系管理。2004年,尹绍亭等学者组织召开了世界影视人类学大会。徐菡回忆道:"这也是德方和中方合作的一个既定项目,尹老师让我们筹备这个会议。当时请了好多机构,我们负责发邀请函,记得那次会议庄孔韶带着他的《虎日》来放映。"④
  21世纪初,庄孔韶进入凉山彝族地区拍摄了人类学电影《虎日》。这部

---

① 笔者对瞿明安的访谈,访谈时间:2016年8月4日,访谈地点:昆明。
② 笔者对林超民的访谈,访谈时间:2016年8月3日,访谈地点:云南大学。
③ 顾士敏:《终是不忘读书心》,载尹绍亭主编:《我们这一代——滇云人类学者访谈集萃》,学苑出版社2020年版。
④ 郭净、徐菡、徐何姗编著:《云南纪录影像口述史》(第一卷),云南人民出版社2013年版,第269页。

纪录片再度揭示了传统文化资源对于当代的意义:云南彝族人民借助民间结盟仪式戒毒成功。①自1989年拍摄《端午节》以来,庄孔韶始终没有停止探索影视人类学表现手法的脚步。2003年,笔者还在北京师范大学民俗学人类学研究所读研时,所里邀请庄孔韶放映了他的作品《我妻我女》,映后庄孔韶和观众做了讨论。这是笔者第一次见到庄孔韶及他的影视作品。2016年借福鼎开会间隙,笔者对庄孔韶做了简短访谈。当时他谈及他携宋雷鸣等人筹拍《金翼山谷的冬至》过程的一些创作手法感悟,时隔很多年,笔者才意识到庄孔韶探索影视表征的创新方法的价值所在。

> 我舅舅玩摄影,我对影视的兴趣来源于舅舅。谈到拍电影,我们要把一个新的手法融入纪录片中,比如拍一个节日时忽然引入一个传说,但传说没法拍出来,虚幻的神话怎么处理? 就这个问题前些天我在杭州请教过一位年轻有为的电影哲学教授,他马上想到《人鬼情未了》,里边有一个镜头据说受了某个人类学镜头理论的影响。他说我们是不是可以设计一个森林里的传说,摄影师扛着摄像机进入森林,往里走、往里走,不就一片漆黑了吗? 一片漆黑之后,出现一个地方剧团演戏,就很自然了。我原来想过三种表现手法,均不太满意,和他交流之后,与电影戏剧理论的发展建立链接,这样学术点就出现了。创新就是在已有的电影理论基础上,实践从理念到方法的全方位突破与拓展。我拍完这部电影(指他当时正在拍的《金翼山谷的冬至》),马上就会撰文,讲述纪录片在学术上的特别之处,这就是创新变革。②

2004年,庄孔韶参加云南大学人类学系组织的世界影视人类学大会,与云南大学结缘。2009年,他受聘为云南大学民族学与社会学院"魁阁"学者和文化人类学首席专家,延续了这份影视人类学之缘。

刘永青是人类学与社会工作系成立伊始招聘过来的外语人才。林超民在接受郭净的访谈时说道:"跟德国人打交道,需要将大量中文资料翻译成

---

① 杜靖、张杰:《庄孔韶:中国人类学重建的一代旗手》,《中国社会科学报》2023年5月24日。
② 笔者对庄孔韶的访谈,访谈时间:2016年7月10日,访谈地点:福鼎。

英文、处理英文文件等,必须有一个英文好的工作人员,我们从外语系招聘过来刘永青。她成为非常好的秘书,是东亚所第一个专职工作人员。那时候有一个机会,要一个人去德国学习半年,费用全部是德国人出,回来就当老师。我叫刘永青去,但王筑生不同意,她已经是王筑生的得力助手。第二个人是杨静,她代替刘永青去德国学习半年,在德国拍了一个片子。杨静回来后为影视所的设备进口、教学、培训等工作做出了贡献,现在在云南大学艺术学院从事影视人类学教学与研究。第三个人是白志红,她来读王筑生的硕士。她是搞公共外语教学的,对人类学有兴趣。她从公共外语学院调到人类学系,在中德合作、培训人员中做出了成绩。她现在不做影视了,专做社会性别、妇女与社会等问题的研究和教学,并取得显著成绩。这三个人在我们所里起了很重要的作用。"①

刘永青自述道:"1995年我毕业留校时,人类学专业是属于历史系的,历史系的系主任是林超民老师。当然我刚留校时,林老师也刚升任云南大学的副校长。而且就是在这一年,林老师牵头在历史系建立'东亚影视人类学研究所',急需一个外语秘书,我才有机会进入人类学这个圈子。我是最早到东亚影视人类学研究所做秘书的,白老师和杨静老师是1997年以后来的,当时研究所已经申请到基金,要正式开始培养学生,有大量工作要做。"②

王筑生离世后,刘永青师从杨慧攻读人类学硕士,她和王筑生、杨慧伉俪结下深厚感情。刘永青的研究领域主要是性别、旅游,田野调查地点集中在泸沽湖摩梭人地区。她关注摩梭女性在旅游开发过程中所扮演的角色及所发生的变化。2003年,她和导师杨慧合作撰写了论文《民族旅游与社会性别建构——以宁蒗落水村摩梭妇女为个案》。该文敏锐地发现了摩梭人在参与民族旅游过程中所发生的性别不平等,并比较了摩梭女性和西双版纳傣族女性参与旅游经济的差异。③2009年后她开始转向医学人类学与儿童

① 郭净、徐菡、徐何珊编著:《云南纪录影像口述史》(第一卷),云南人民出版社2013年版,第36—37页。
② 笔者对刘永青的访谈,访谈时间:2016年7月31日,访谈地点:云南大学。
③ 杨慧、刘永青:《民族旅游与社会性别建构——以宁蒗落水村摩梭妇女为个案》,"第一届人类学高级论坛",2002年5月1日。

健康。①她关注杜杉杉的性别研究。后者是基诺族的识别者、云南省社会科学院的民族学前辈杜玉亭的女儿。杜杉杉研究拉祜族的文化。她发现拉祜族的神是"一对儿",当地人也印证了这一说法。她以"雌雄同体"为切入点,深入了解拉祜族的性别、行为与思维方式。她的英文专著经过刘永青等人的翻译,在国内出版。②

白志红是第八届国际暑校双柏县李方村的田野带队老师。在动员大会上她走上去介绍田野点的情况,她对一百多名学员发布了一个特殊的任务:参加这一组田野调查的学员,需要配合她拍摄田野教学片的工作,如果不愿意配合拍摄,那么就不要加入这一组。田野教学片是对学员在田野点的实际活动,例如调查、访谈、讨论、交流互动的全程跟拍,剪辑制作之后,作为人类学方法论课程的教学片储备或使用。参加李方村调研的学员既是调查主体,又是被拍摄的调查客体。由于田野教学片的拍摄需求,田野点的选择就放在次要的位置。从这一点来看,白志红对于影视人类学依旧是情有独钟。

笔者在访谈刘永青的过程中,询问王筑生去世后人类学系的去向,作为亲历者,刘永青评价道:"王筑生先生去世了,云南大学的人类学还在继续。尹绍亭将人类学推向了一个新的阶段。"③作为人类学系草创的"承上启下之人",林超民再次表现出寻找卓越继任者的独特慧眼。当然,过程并非一帆风顺,留法回来的蔡华、留美回来的谭乐山均引进未果,这个时候,在云南民族博物馆任职的尹绍亭与林超民再次邂逅。

尹绍亭年少多艰,家庭成分不好,少时做过玉器店学徒。他的伯父尹明德曾经担任民国政府的外交部专员,参加过20世纪60年代的中缅边界谈判,新中国成立后一直在云南省政协文史委工作。他建议尹绍亭学一门技术。在伯父的建议下,尹绍亭先后考取了昆明汽车中等工业学校和汽车厂工业大学。他毕业的时候"文革"已经开始,他被分配到云南汽车制造厂。在汽车制造厂当工人期间,他的岳父和伯父教他

---

① 笔者对刘永青的访谈,访谈时间:2016年7月31日,访谈地点:云南大学。

② 杜杉杉:《社会性别的平等模式——"筷子成双"与拉祜族的两性合一》,刘永青译,云南大学出版社2008年版。

③ 笔者对刘永青的访谈,访谈时间:2016年7月31日,访谈地点:云南大学。

日语,粉碎"四人帮"后,他的日语已经很好了。后来他考取了杜玉亭的研究生。杜玉亭是云南省社会科学院的副院长。尹绍亭的答辩是在云南大学举行的,他的硕士学位也是云南大学授予的。毕业后他就留在云南社科院社会学所。机缘巧合之下,他到云南民族博物馆主持筹建工作,担任副馆长一职。

1987年,我有一次接待从事中国农业史研究的日本学者渡部武,渡部武是来云南考察农业生产发展情况的,但中文不是太好,我就请尹绍亭做翻译。后来尹绍亭翻译了《稻米之路》这本专著。通过这次翻译陪同,我问他是否愿意来云南大学,他婉拒了。多年后我再次跟尹绍亭谈,问他能不能来云南大学接替王筑生,这次他同意了。他没有提任何条件就愿意把王筑生未竟的事业全盘修复起来。我当时很高兴,我们很快就办手续。他在云南民族博物馆是副馆长,来到云南大学是人类学系系主任,也就是一个处级干部,但他并不在乎这些行政级别的高低。就这样他担任了人类学与社会工作系第二任系主任。①

林超民讲述,尹绍亭毕业后留在云南省社会科学院社会学研究所,确切地说,社会学研究所是由尹绍亭带头筹建起来的。笔者访谈尹绍亭时,说起2003年梁永佳等人的云南田野回访系列,他提到一个插曲。1987年,他派几个年轻人专门前往北京拜访费孝通先生,费孝通提出做"云南三村"的问题。"我们主要解决的问题是研究所的方向问题,还来不及去做'云南三村'的回访。但是我当时记住了这个事情。"②回顾尹绍亭的学术工作,无论是研究所、博物馆的筹建,还是学科点的重建与继续,在他身上高度统一的是开疆拓土的实干精神。他身上这种从无到有的开拓精神与回避矛盾、逃避争端的性格矛盾地结合在一起。支撑矛盾统一体的是他对个人学术的坚持,其中最为瞩目的是他对刀耕火种的系统研究,他也借此赢得了不小的国际声望。③

---

① 笔者对林超民的访谈,访谈时间:2016年8月3日,访谈地点:云南大学。
② 笔者对尹绍亭的访谈,访谈时间:2016年8月4日,访谈地点:尹绍亭寓所。
③ 参见笔者对尹绍亭刀耕火种的比较研究。马丹丹:《"生态艺术"与"逃避艺术":尹绍亭、斯科特关于刀耕火种的"对话"》,《中央民族大学学报》2017年第6期。值得说明的是,该文发表前得到张海洋老师的悉心修改,帮助提高了成文质量。

尹绍亭第二次婉拒林超民的邀请后,事情发生了转折。

> 又过了一年时间,台湾研究院的魏捷兹见到我就劈头盖脸问,林老师叫你去,你为什么不去?你不在高校,我们的交流、合作都会受到限制。为了我们,你也要去。受到这些朋友的影响,我的念头发生了转变。1999年,我从云南民族博物馆调到云南大学,担任新成立的人类学系的主任。对于行政级别,我们是学者,这些不重要。①

学科发展之际,东亚影视人类学研究所的地位逐渐边缘化,范志平向刚走马上任的尹绍亭倾诉了自己的苦闷。

> 林超民与范志平负责东亚影视人类学研究所的前期工作。我去云南大学接任王筑生人类学与社会工作系主任的时候,范志平很委屈,他参与做的工作都不甚提。我只好安慰他,你做的事我记着就是。②

担任系主任期间,尹绍亭将工作重心放在了提升教学质量和突出学科优势上。"那一时期,是我校人类学学生最多、质量最好的时期,也是生态人类学、象征人类学、女性人类学、影视人类学、经济人类学和旅游人类学这些优势学科发展势头特别好的时期。2000年民族学获得国家一级学科,2002年获得国家重点学科。"③在接受耿言虎的访谈时,他对培养学生做了较多介绍。"我开设了'生态人类学''田野调查研究''中国西南民族研究''博物馆学'等课程,并指导本科生进行田野调查和撰写毕业论文。2000年主持申报'民族生态'博士学位授予点获得批准,至2006年出国停止招生,培养了一批博士、硕士研究生。为鼓励年轻学者早出、多出成果,同时为了学科建设,近三年来与何明教授共同主编'生态人类学丛书',丛书尚未完成,还将继续做

---

① 笔者对尹绍亭的访谈,访谈时间:2016年8月4日,访谈地点:尹绍亭寓所。
② 笔者对尹绍亭的访谈,访谈时间:2016年8月4日,访谈地点:尹绍亭寓所。
③ 陆萍、尹绍亭:《阅尽山林求学问——人类学学者访谈之四十五》,《广西民族大学学报(哲学社会科学版)》2007年第3期。

下去。"①

如果说王筑生强调反思传统,推动学科突破固有局限,那么尹绍亭则在尊重历史的基础上重新审视传统。首先,他致力于整理、理解老一辈民族工作者为后人留下的宝贵的理论和学术遗产,为学科发展筑牢根基。其次,他提出通过"物质"研究"非物质文化"的思想,清晰阐释了物质与非物质文化不可分割的关系。再次,尹绍亭提出中国人类学、民族学的教学必须进行改革和创新,如果教学仍旧以古人和洋人为主导,远离中国的现实,远离社会主流,那么其边缘、冷落的状况不可改变,学生的来源和就业都会成为问题。最后,在研究方面,他大力提倡、鼓励原创性和应用性研究。②

云南大学民族学获批"211"工程重点建设项目,为民族学学科建设获得千万资金,由云南大学党委书记高发元牵头,组织了全国民族村寨调查。"这次调查达到了为民族学研究提供大批丰富鲜活材料,为国家完善民族政策、做好民族工作提供决策参考,以及为将来跟踪调查提供样本三个预期目的,其价值和意义将随着时间的推移凸显。"③民族村寨调查是继20世纪50年代全国民族调查后又一次规模较大的民族调查,雄厚的学术资源支持带来了巨大的社会动员效应。尹绍亭以维持大局为重,保证人类学系的日常运转。他略有感慨地总结人类学系注重学科建设、向前推进的成绩。

> 我们从申请民族学一级学科,到后来申请国家级重点学科,为什么能申请成功?是因为大局工作的维持。在苦心经营下,系的大局是正常运转下去的,培育了科研和教学等多个强项,我们抓得非常好。97级、98级、99级、20级,这连续四届学生都非常强,招生规模也大。这种发展势头几乎与中央民族大学齐头并进。④

---

① 尹绍亭、耿言虎:《生态人类学的本土开拓:刀耕火种研究三十年回眸——尹绍亭教授访谈录》,《鄱阳湖学刊》2016年第1期。

② 尹绍亭:《云南百年民族题材照片的人类学解读》,《云南师范大学学报(哲学社会科学版)》2015年第5期。

③ 高发元:《云南大学:从"211""特色""冠军"到振兴》,"四川文化网"2023年4月13日,https://www.scgoo.cn/article-29992-1.html。

④ 笔者对尹绍亭的访谈,访谈时间:2016年8月4日,访谈地点:尹绍亭寓所。

伍马瑶人类学博物馆的筹备工作在即,尹绍亭又一次辞去了系主任职务,接替者是马军,直到2005年人类学系被撤销。2008年尹绍亭从日本访学回来后,在接受徐杰舜的访谈中仅仅用四个字形容撤系的心情:"非常遗憾。"①

五、影视人类学实验室的体制化

1999年3月23日,德国大众基金会资助的中德合作项目第一期培训正式开课。"我们用德国大众基金会给的经费聘请了顶尖的影视人类学家——英国的保罗·亨利、美国的霍金斯、德国的芭芭拉·艾菲。"②2000年2月,第一期培训结束,完成学业的有9人,共拍摄了5部片子,有4部被选中参加2000年德国哥廷根民族志电影节,其中1部影片获得学生奖二等奖。第一期学生拍摄的影片被中山大学等教学单位用作人类学教学影片。

> 第一期结束,我和东亚影视人类学研究所副所长杨慧去哥廷根汇报第一期的工作。汇报第一天,就给德方请来的专家送审学员创作的5部影片。专家看完后一致叫好,甚至有一个专家问这些片子能够在中国公开放映吗?我说能,这些片子记录了中国改革开放以来的当下真实情况,反映了中国当下的社会问题。每一部影片都有英文字幕,是学生和芭芭拉、刘永青都助制作的。由于题材紧跟时代,拍摄真实鲜活,这5部片子很快就在欧洲打响知名度。③

2001年9月,第二期培训开始,至2003年结束。第二期培养了11名学生,共拍摄了11部片子,在德国电视台放映时很受欢迎,在欧洲颇有影响。其中有3部入选了英国皇家人类学会国际民族志电影,荣莉的《文化秀》荣获学生单元第一名。这些片子的创作者结合自身经历,部分题材来源于自

---

① 徐杰舜:《"大器晚成"——云南大学尹绍亭教授访谈录》,《民族论坛》2014年第1期。

② 郭净、徐菡、徐何珊编著:《云南纪录影像口述史》(第一卷),云南人民出版社2013年版,第31页。

③ 笔者对林超民的访谈,访谈时间:2016年8月3日,访谈地点:云南大学。

身的生活环境,都带有一定的自传性。①

　　第二期结束后,德国大众基金会就不再支持研究所。他们认为通过两期的资助,中国已经建立了一个一流的影视人类学研究所,培养了20名影视人类学硕士研究生,达到了预期目标,德国大众基金会需要改为支持其他项目。这样,影视人类学的项目就开始进入本土化进程。已经培养的影视人类学人才除了一两位学生改行外,绝大多数都在从事影视人类学的研究、教学,以及人类学影片的拍摄等工作。作为"211工程"项目的一部分,影视人类学实验室不同于东亚影视人类学研究所的民间属性,它具备编制、经费和场地,"有了这个实验室,才有钱有人有地位。"②

　　2002年,云南大学科学馆改制,所有的办公室、教室、会议室都实行"有偿服务"(缴纳租金)。影视人类学研究所没有资金支付租金,被迫搬离科学馆。2003年,伍马瑶人类学博物馆建成后,林超民把东亚影视研究所所有的设备和资料全部搬到二楼。三楼的一部分给影视人类学实验室。林超民找了谭乐水经营东亚所,林超民依旧是挂名所长。从此以后,在谭乐水的努力下,东亚所进入自己找项目、找经费、培养人才、拍摄影片的自主经营阶段。③谭乐水坚持举办影视人类学培训班,在2012年的招生简章中,他对影视人类学学生培养的目标是:"培养中国的新一代影视人类学高素质的人才,能够胜任制作大型纪录片的能力,以记录正在巨变的中国,抢救即将消失的传统文化,建立中国的影视人类学的专业团队。"从中德项目培养出来的影视人类学人才,如徐菡、李昕还被邀请为学生授课。④

　　参加中德合作项目第一期的学员有陈学礼、李建钦、易思成、鲍江等人。陈学礼论述道:"第一期和第二期学员的毕业作品有所不同的是,第一期项

---

　　① 笔者对林超民的访谈,访谈时间:2016年8月3日,访谈地点:云南大学。
　　② 郭净、徐菡、徐何珊编著:《云南纪录影像口述史》(第一卷),云南人民出版社2013年版,第35页。
　　③ 值得注意的是,谭乐水是谭乐山的弟弟。谭乐水接手东亚影视人类学研究所后,拍摄了13部少数民族文化主题的影片,颇受好评。当时统战部很重视这些影片,拨款资助他们拍摄了更多少数民族题材的影片。
　　④《云南大学有个"影视人类学"研究所,圈内享有盛名却没人没钱》,http://tieba.baidu.com/p/1216579382。

目的学员是两个同学合作完成一部民族志电影。"①

2003年，云南大学筹建伍马瑶人类学博物馆和影视人类学实验室。此两项需白手起家的事业落到尹绍亭的肩上，他辞去人类学系主任职务，带领一批学者全身心地投入这两项事业。经过两年多的努力，博物馆于2006年5月初步建成并开馆。作为大学的博物馆，虽然伍马瑶人类学博物馆规模小、资金少，但尹绍亭通过各种途径，动用博物馆信息资源，征集到丰富的具有民族特色的文物。尹绍亭将博物馆与影视人类学实验室相结合，与云南民族文化生态村的"6+1"项目相结合，提高数字化程度，形成博物馆一大特色。尹绍亭回顾了他创办影视人类学实验室的艰辛过程。

> 因为有"211"专款支持，影视人类学实验室由我牵头做起来，有了编制，可以引进人才了。招兵买马的工作由我负责，留住两届培训班涌现出来的优秀学员，把他们调过来，组成一个稳定的教学机构。创造条件，争取办公室，提供活动经费，协助召开国际会议，支持年轻人组织电影沙龙。比如第三届国际影视人类学会议就在我们这里召开，会议以影视人类学实验室为承办单位。
>
> 当时我们和国外优秀的人类学家联系，希望他们能够支持我们的实验室，没想到国际友人赠送了几百部影片，所以我们影视人类学实验室的影像库存资料是非常丰富的。②

陈学礼、张海、徐菡、朱凌飞等人成为实验室教学与科研的主力。他们大多数人的英语基础较好，其中比较突出的是张海。

> 张海原本是德宏州最为优秀的外语类学生，之后被招入云南大学附属中学就读，后来又毕业于云南大学附属外国语学校。他考到我们云南大学人类学与社会工作系后，因为外语好，就进入了影视人类学培

---

① 有关两期培训班的学员详情和作品详情，参见陈学礼：《云南大学的影视人类学教育》，载郭净、徐菡、徐何珊编著：《云南纪录影像口述史》（第一卷），云南人民出版社2013年版，第460页。
② 笔者对尹绍亭的访谈，访谈时间：2016年8月4日，访谈地点：尹绍亭寓所。

训班,最后留校。①

尹绍亭注重学科资料传统,依托人类学博物馆建设三个数据库之一的中国人类学家数据库,用不多的经费采访了以宋蜀华等为首的老一辈学者,并拍摄了约60部影视片。他说:"这些工作虽然尚处于起步阶段,然而却实现了几代人类学家的夙愿,做了他们想做而没能做的事情。"②2016年笔者访谈尹绍亭的时候,他补充了一个细节:当时他组织全国著名人类学家的访谈,一行人到北京访问、拍摄老一辈人类学家,中央民族大学给予了大力支持。对云南大学"211工程"民族学重点工程实验室旗下的影视人类学实验室进行工程验收时,杨圣敏是评审专家之一,他看了多个数据库成果后对尹绍亭说:"尹老师做了很多工作,影视人类学我们想做却没有做成的,你们用不多的经费做成了。"③

参与人类学家拍摄的徐菡在接受郭净的访谈中回忆道:"我跟张海拍过王敬骝老师、马曜老师。尹老师还叫我们翻译影视人类学的著作,喊刘永青牵头。拍非物质文化遗产,张海他们去拍了一批,拍出来以后他们没人剪,我去帮他们剪片子,剪了一个《瓦猫》,但听说那个片子烂在电脑了。这批东西成了影视人类学实验室最早的资料。"④

值得注意的是,2009—2011年,何明牵头组织"非物质文化遗产的田野图像"课题,延续了尹绍亭的一部分人类学设想,例如非物质文化遗产的抢救工作,尤其是成果转化方面,课题和项目资源发挥了积极的支持作用。

2008年,林超民与陈学礼一起开设全校性素质选修课"影视与中国民族",选课的人数达到200人左右,在大教室里上课,将大教室变为类似电影院的公共空间,上课效果轰动。后来林超民逐渐退出,由陈学礼和徐菡继续合开这门课。⑤2009年9月,影视人类学实验室开设了"课程纪录片创作与实践",作

---

① 笔者对林超民的访谈,访谈时间:2016年8月3日,访谈地点:云南大学。
② 紫萍:《"只有改革创新,学科才能健康发展"——人类学家尹绍亭教授访谈录》,《今日民族》2007年第1期。
③ 笔者对尹绍亭的访谈,访谈时间:2016年8月5日,访谈地点:尹绍亭寓所。
④ 郭净、徐菡、徐何珊编著:《云南纪录影像口述史》(第一卷),云南人民出版社2013年版,268—269页。
⑤ 笔者对林超民的访谈,访谈时间:2016年8月3日,访谈地点:云南大学。

为云南大学民族研究院硕士研究生的一门选修课,主要招收民族研究院二年级的硕士研究生。每周9个课时,大约7个月时间。该课程要求学生在接受纪录电影的历史与理论、拍摄技能等训练后,在10天的田野作业基础上,拍摄自己的影视素材,作为结业作品。最后是影片展播,要求作品在每周三晚上举行的"纪录影像论坛"及"民族学纪实影像沙龙"放映。还有一个特殊的放映环节就是在地放映。学生在田野地完成影片拍摄与剪辑,在田野地放映,当地民众是影片的第一观众,收集反馈意见后再来修改。陈学礼、李昕一同带了2009届和2010届,李昕教了三届,张海和徐菡带了2011届和2012届。李昕认为"这门课程是东亚所结束后做的最实质的行为。那时刚好何明来当民族研究院的院长。他在这方面非常支持"①。2011年,陈学礼探索出设备简洁、条件成熟的本科教学模式,需要1.7万元资助。何明予以支持。购置3台小摄像机,学生分组,做出6个短片。何明看完短片很欣慰,他说,我们的本科生每个星期上3节课,也可以把片子拍到这种水平。②

截至2012年,依托本科生和研究生开设的影视人类学相关制作课程,影视人类学实验室与民族研究院人类学教研室作为推动力量,一共收获了46部由学生拍摄的民族志影片。来自云南艺术学院的李俊是2010年课程学员,她的作品《I, Filming》(又名《田野十日》)入围2012年5月哥廷根国际民族电影节,并获得学生单元提名。在云南大学新闻系工作的张静红在接受郭净的访谈时,对该片稍作介绍。片名是李昕帮李俊取的。这个片子讲的是陈学礼和李昕带着10多名学生去一个地方拍片子,李俊也参加了,她是带着质疑去的,拍摄了师生做田野的全过程,并且加入了她的画外音,表达她对人类学田野调查与拍摄的真实看法。"这个片子很多人都喜欢,它太有反思性了。"③

徐菡、张海联合开设影视人类学相关课程,分别是"民族志技术与影视人类学理论""纪录片制作与实践""纪录片与民族志电影分析与评论"。

---

① 郭净、徐菡、徐何珊编著:《云南纪录影像口述史》(第一卷),云南人民出版社2013年版,第333页。
② 郭净、徐菡、徐何珊编著:《云南纪录影像口述史》(第一卷),云南人民出版社2013年版,第238页。
③ 郭净、徐菡、徐何珊编著:《云南纪录影像口述史》(第一卷),云南人民出版社2013年版,第377页。

在接受徐菡、李昕的访谈中,芭芭拉·艾菲评价两期培训班的学生,她说:"我的第一班学生确实有电影学的知识。他们放映过如此之多的影片,他们谙熟于国际民族志电影作品。第一班学生的电影学知识非常强,他们所有人对电影充满热情。"①

六、结语

林超民在他担任历史系副主任的时候,申请设立人类学专业,将人类学按照综合学科进行设置与规划。1995年在他任云南大学副校长的时候,与郝跃骏、范志平等人合作,创办东亚影视人类学研究所。他进而又竭力促成中德合作合作项目,推动东亚影视人类学研究所进入国际影视人类学的交流领域。中德合作项目结束后,云南大学影视人类学研究进入本土化阶段。东亚影视人类学研究所采取"两条腿走路"的办法,既坚持中德项目培养影视人类学人才的路子,又保留了自负盈亏、自主运营的方针。2009年伊始,影视人类学实验室恢复了影视人类学教学所衍生的影片生产功能,还引入了"田野教学"的新形式。相较于东亚所早期的两届培训班以田野调查者个体为主体并主导的田野作品的拍摄方式,新恢复的田野作业的概念发生了很大变化,形成了新的田野调查和成果产出模式。

林超民具有敢闯敢拼、知人善任的学科建设魄力,同时还有他难能可贵的人类学学科观念:中文系、历史系可以撤销,因为即使撤销了,全国还有999个中文系、历史系存在,但人类学系撤销了,就不会有这块园地了;要建一个系何其艰难,人才的培养不仅艰难而且需要很长的时间,要培养一个人类学家,要十年、二十年的工夫。这使人类学系能够奇迹般地在云南大学播种、开花、结果。林超民联合杰出的电视媒体人,从香港"招商引资",引入来自德国影视人类学的国际学术乃至技术支援,培养了一批影视人类学人才并留校任教。在尹绍亭的带领下,云南大学人类学才真正将学科优势发

---

① 郭净、徐菡、徐何珊编著:《云南纪录影像口述史》(第一卷),云南人民出版社2013年版,第309—310页。

挥出来,"因为在当时,只是将民族学作为做民族调查的一个工具"①。在"211"工程建设项目的资金投入下,通过建立与完善影视人类学实验室,尹绍亭推动了影视人类学的体制化。林超民、王筑生与尹绍亭等人类学系创办参与者注重田野调查的理念,由继任者何明推动到一个有更大影响力的平台。正是由于秉持田野调查这一核心理念,云南大学的人类学、民族学保持了它的实践生命力与理论批判力。

人类学系历任参与者对地缘优势的强调,让人类学与民族学能够在各自领域找到最佳契合点,例如王筑生对景颇族的研究、尹绍亭对刀耕火种的研究。在田野调查的实际工作中,人类学与民族学谁涵盖谁的争论逐渐变得空洞。因为能否树立理论对话意识、确保资料系统性、坚持问题导向,才是决定民族志撰写质量、推动田野调查有效开展的首要考量因素。学科带头人的实地调查成就与学科构想相得益彰,他们的实验性探索道路给人类学学科的自主性发展留下了宝贵财富。

在云南大学人类学系存续的不足十年间,影视人类学发挥了奇妙的催化作用,在港资与德资的支持下,云南大学人类学系投入到国际影视人类学培训体系的建设中。借助这一体系,云南大学人类学系在专业化与国际化道路上迈出关键一步,开启全新征程。在创始初期,人类学系依靠东亚影视人类学研究所储备学科独立力量,并成就了云南大学人类学系以田野调查为行动指向、以民族志为基础的人类学学科发展的春天。

---

① 顾士敏:《终是不忘读书心》,载尹绍亭主编:《我们这一代——滇云人类学者访谈集萃》,学苑出版社2020年版。

第七章 "介入"孕育"参与"的萌芽
——以云南民族文化生态村为例

云南民族文化生态村于1997年开始筹建,作为云南省委主导的"云南民族文化大省建设"发展战略的重点项目,受云南省民族文化发展基金会和福特基金会的资助,由尹绍亭发起并组织实施。2003年尹绍亭主持马伍瑶博物馆筹建工作,将项目与博物馆建设结合起来。

《云南民族文化大省建设实施方案》关心的是如何将民族文化资源转化为旅游业、民间工艺品等能够为社会经济发展带来新活力的有效财富。[1]发展以民族文化特色产业为依托的民族文化旅游,同时保护脆弱的自然生态环境,本身就是绿色产业,是西部发展的新的增长点。[2]政府考虑文化产业化、旅游增收等问题,不甚看重"村民参与"。民族文化生态村以"村民主导"为保护民族传统文化的核心任务,也充分意识到"村民主导"是民族传统文化保护与传承的根本保证。然而在"社区参与"的评估框架上却出现了截然相反的事实认定和结果评价。学界评价为"学者引导型"[3],而"村民主导"的实施效果也不尽如人意,成为孤军奋战的"学者行为"。[4]项目结束已经十多年,学界对项目积累的"村民主导"方面的宝贵经验依然认识不足,而在旅游、发展的评估中依然误解重重。

民族文化生态村项目以村民主导、学者指导和政府引导为指导思想。

---

[1] 关尔:《希望扎根在田野上——关注云南民族文化生态村建设》,《今日民族》2002年第1期。

[2] 王亚南:《造就一种"绿色"产业——写在云南民族文化生态村调研之后》,《今日民族》2002年第1期。

[3] 艾菊红:《文化生态旅游的社区参与和传统文化保护和发展——云南三个傣族文化生态旅游村的比较研究》,《民族研究》2007年第4期。

[4] 尹绍亭:《民族文化生态村——当代中国应用人类学的开拓:理论与方法》,云南大学出版社2008年版,第84页。

村民主导首先明确村民是项目运行和管理的主体,除了文化主体性的确认,它还有另外两个含义:①村民是博物馆、传习馆以及文化展演活动的策划者与组织者,发扬主人翁意识。②权利。村民是权利的所有者和享有者。它意味着旅游带来的利益要为村民所享有,而不是作为景观卖给旅游公司。民族文化生态村项目"提倡文化的就地保护,即主张文化不脱离其产生、培育、积累、发展的环境,不摆脱其创造者和拥有者,使文化在根植的生态环境中,由当地人进行文化的利用、保护、传承和发展"①。

尹绍亭认为,民族文化保护必须重视发展经济,他用朴素的语言来形容经济与文化的关系:"经济是基础,只有经济发展了,吃和穿有了保证,才有条件很好地进行文化保护。"②政府角色在云南民族文化生态村建设五个试点中的表现和所发挥的作用存在很大差异,由此产生了不同的效果,充分说明"政府在场"以及"强政府"干预的重要意义。就此,尹绍亭表达了他个人的深切认识:"政府引导支持与村民主导为民族文化生态村建设的两大核心问题。"③

社区参与是一个理想目标,如何实现才是最具挑战性的,也是极为困难的。这方面,"民族文化生态村"项目组在呵护这一脆弱理想的过程中做出了极其宝贵的经验探索。他们的实践知识触及了文化持有者保护传统文化、强化自我认同的自主性以及社区建设与管理的自治性问题。项目组通过观念灌输和行为培训等多种手段来实现"村民主导",即"村民主导"的自觉并非自然而然的状态,这需要知识分子的启蒙与介入。当观念和行为整合的文化体系重建之际,知识分子视野中的"民族文化生态村"的愿景才有可能移交到文化持有者的手上。在这一文化创造的过程中,孙九霞所说的"无序的社区参与"无时不在,它构成的现实力量使学者清醒地认识到,文化拥有者对待自身文化的态度及自我的定位均受到市场、资本和行政干预的渗透。④文化创

① 尹绍亭:《什么是文化生态》,载《民族文化生态村——当代中国应用人类学的开拓:理论与方法》,云南大学出版社2008年版,第38页。
② 尹绍亭:《民族文化保护的含义》,载《民族文化生态村——当代中国应用人类学的开拓:理论与方法》,云南大学出版社2008年版,第54页。
③ 尹绍亭:《组织和运行网络》,载《民族文化生态村——当代中国应用人类学的开拓:理论与方法》,云南大学出版社2008年版,第85页。
④ 孙九霞:《社区参与的旅游人类学研究:阳朔遇龙河案例》,《广西民族学院学报(哲学社会科学版)》2005年第1期。

造并不一定是"理想型"的,恰恰相反,它有可能是国家资源开发版图中的"搭便车"者,沦为朱晓阳所描述的不伦不类的村庙景观。①这就需要对介入和参与之间的唤醒和催生条件进行充分的认识和思考。

一、从介入到参与:应用人类学的发展

应用人类学的宗旨并非纯然追求学术的理论建树,而是将他们为之服务的当地人的需求放在首位。马林诺夫斯基在墨西哥田野中关注到社会变迁,这让他开放地看待非洲社会的变迁与流动,这种思想体现在《文化变迁的动力》中。他认为"所有的理论都是应用的"②。拉德克利夫-布朗虽然积极参与人类学应用于殖民管理方面的事务,但是对应用有保留,而主张理论先行,因为他看到行政官员不了解地方风俗、习惯法而擅加干涉给当地造成的破坏性后果。③美国的应用人类学肇始于帮助美国政府应对印第安土著的管理,以及第二次世界大战期间对日本、德国等外国人战后管理提供战时政策咨询。④1941年建立应用人类学学会(SfAA)。第二次世界大战后美国人类学界积极地推动人类学应用于行政管理事务,尤其是在"美国对外援助"项目中给第三世界国家输入现代化的过程中大展拳脚。其中伯纳特(Barnett)主张用更加积极的措施干预社会变迁,提出发明理论,也就是引入新技术、施加行政管理等多种干预措施,来促进当地的文化变迁。⑤这一主张一改应用人类学在殖民时期仅限于描述文化变迁的自然过程,维持现状,而让应用人类学转变为社会工程学(engineering),它面对的是实操性规则、术语和协商能力,在"象牙塔"之外,站在大转型时代的门槛上,涉及和官员打交道的技术、迅速回应他人需求的技术、决策制定等实务知识,伯纳德

---

① 朱晓阳:《小村故事:地志与家园(2003—2009)》,北京大学出版社2011年版。

② Regna Parnell. Applied Anthropology: Disciplinary Oxymoron? *Anthropologica*, 2015, 27(1): 4.

③ A. R. Radcliffe-Brown and Adam Kuper. Science and Native Problems: How to Understand the Bantu, *Anthropology Today*, 1986, 2(4): 19.

④ Willis E. Sibley. Applied Anthropology: Problems and Prospects, *Journal of Applied Sociology*, 1984, 1(1): 98-99.

⑤ Will Michaels. Applied Anthropology As The Second Road, *Practicing Anthropology*, 1993, 15(1): 28.

(Russell Bernard)称其为人文实效科学。①秉持人类学介入计划发展和变迁是学科能力的基本问题。②20世纪50到60年代,应用人类学家开始思考"谁的利益被考虑",委托者(clients)的利益进入应用人类学的伦理范畴。20世纪60年代末70年代初,实践人类学被介绍进来,其在殖民时期帮助执政者避免严重莽撞、类似救火队员的角色定位得到了深刻的反思,面向美国社会的本土项目增多,展现出强调社会责任的激进人类学面向。③传统的应用人类学态度最大的变化是强调土著的市民权,从应用性事务范畴涉入政治经济权利的全面主张。20世纪80年代美国援助项目(USAID)扩大,20%的毕业生在政府等非学术机构工作,肯塔基大学还专门设了"应用人类学档案项目"④,应用人类学作为一门职业开拓了学术之外的就业渠道。从事应用人类学的学者甚至将自身投入的事业与学术分开,因为要保证项目运行而更有"企业家"的意识,与学术渐行渐远。不过他们在呈现当地人的声音和边缘经验方面更有血有肉,实践知识与当地人的生活需求融为一体。⑤伴随第三世界国家的独立,国家整合成为人类学家20年的工作,涉及市民权、义务、责任与民族认同的调查计划,民主作为国家整合的工具,其核心是基于平等参与,刺激地方发展。⑥由此,参与在应用人类学的干预中提升到一个更高的层次,它包含研究者与当地民众双方为了实现市民权、文化资源可持续发展、族群冲突、社会混乱等实质议题而要求更深入的参与,它包含了研究者的责任感,确认参与者的主体性。⑦它指向研究者的行动,包含希望的承诺、渴望和实现人性的价值,"未来的应用人类学不仅仅是为了社会,而且是社

---

① H. Russell Bernard. Issues In Training In Applied Anthropology, *Practicing Anthropology*, 1982, 4 (3/4): 15.

② A. F. Robertson. Applied Anthropology: A Problem of Disciplinary Competence, *The Cambridge Journal of Anthropology*, 1975, 2(3): 31.

③ Michael M. Ames. Applied Anthropology in Our Backyards, *Practicing Anthropology*, 1979, 2(1): 7.

④ John Van Willigen. An Archive Collection Of Applied Anthropology Materials, *Practicing Anthropology*, 1983, 5(3): 24–27.

⑤ M. N. Gemein. On the Other Side of the Fence: Serving Native Communities without Academic Agency, *Current Anthropology*, 2009, 50(6): 757.

⑥ Gonzalo Aguirre Beltrana. Applied Anthropology in Mexico, *Human Organization*, 1974, 33(1): 5.

⑦ 笔者将engage、engagement翻译为"参与",而没有使用"担当",虽然"担当"强调责任意识,不过放在应用人类学的框架里,"参与"更能体现区别于介入(intervention)的含义。需要说明的是,这仅仅是笔者为了行文方便而使用的译法。

会做主的社会科学,只有介入全部过程才能理解替代的行动路线"①。2009年在日本大阪的国立民族学博物馆举行的应用人类学工作坊上,马丁(David Martin)提出参与人类学(Anthropology of engagement),很多参加会议的人类学家发现该术语用于当时的日本人类学恰如其时。②参与人类学(engaged anthropology)是2010年以来逐渐成熟和显著的概念,根据2013年美国人类学会(AAA)定义,"从社区目标和人类学研究之间的互动中兴起的,参与人类学承诺支持社会变化努力"③。

因此在参与的理论框架和方法论方面,应用人类学和参与人类学就有了微妙的区分,后者更加强调行动者和参与成员之间是平等的伙伴关系。不过介入与参与并非水火不容,相反,在笔者看来,恰恰是应用人类学的实践孕育了参与,在推进民主的道路上,介入是循序渐进的铺路石,它的成熟形态即参与。在这一点上,云南民族文化生态村的同行们在项目结束后还在以乡村营造的方式继续探索实质民主的方式,并在实践知识上取得了来之不易的成果。建筑学出身的施红针对村寨建筑规划就讨论了村民"被规划"的境遇,源于"自上而下"的规划模式。④"自下而上"的村民自主规划思想应运而生,这一民主主旨在大曼糯还是难以实现,研究者难以摆脱专业优越感、城市优越感。在纳卡村的规划设计中,民意基础被放在规划首位,而且是通过多渠道的沟通方式获得民意,通过文字、图画等多元表达传递的"家园"心声,研究者意识到委托人是对自己的家园有明确愿景的村民群体,设计出体现村民意愿的纳卡村规划草图。⑤在洛特老寨则不仅是停留在规划草图阶段,而且是"进入地方",研究者开展人类学调查,了解地方习俗、亲

---

① B. K. Roy Burman. Applied Anthropology Today and Tomorrow, *Indian Anthropologist*, 1982, 12(1): 27.

② Sachiko Kubota. From Applied Anthropology to an Anthropology of Engagement: Japanese Anthropology and Australianist Studies, in Yasmine Musharbash and Marcus Barber (eds.), *Ethnography & The Production of Anthropological Knowledge*, ANU Presss, 2011, p. 130.

③ American Anthropological Association. What is Anthorpology? Accessed December 2, 2013, http://www.aaanet.org/about/whatisanthropology.cfm.

④ 施红:《云南民族村庄规划面临困境的人类学分析》,《思想战线》2011年第4期。

⑤ 施维克、施红、王冬:《社区参与式民族村寨规划的相关因素分析——由傣族村寨纳卡村规划所引发的思考》,《〈规划师〉论丛》2011年第00期。

属关系和仪式、信仰,学习当地营造知识。[①]在此基础上,施红进一步提出乡建人才培养的重要性,例如培训有地方建筑知识的小伙子,建造符合村民意愿的住宅,参与乡村营造。在她看来,乡村营造是处理道和器关系的工作。[②]基于"自下而上"的主位立场,施红所在的乡村营造团队探索长时段的社区参与办法,它和快速调查不同,需要研究者和村民在长时间的深入了解过程中建立信任关系。主位理解的核心是明确谁是主体:需要做决定的是村民,而不是人类学家,顾问同不同意他们的选择,是无关紧要的。[③]乡村营造和民族文化生态村在"村民主导"方面有延续性而且执行得更深入,但是也提出了供后者反思的问题:以保护乡村传统文化为核心的村寨博物馆是不是村民的需要? 如果它不是村民的需要,那么替代博物馆形式的体现村民民意的文化遗产是什么? 又该如何保护等等,均是触动民族文化生态村项目得与失的思考。

二、"事实之后":"核心文化"思想的形成

尹绍亭筹备生态村项目,既有学理的考虑,又有伦理的考虑。众所周知,他在基诺山从事刀耕火种的定点研究,以及从基诺山扩展至云南其他区域的比较研究,取得了卓越的成就。他出版的刀耕火种的一系列著作均在阐明一个信念:虽然刀耕火种这一生产方式正在消失,但是与刀耕火种生产方式相连的生产技术、知识和社会组织、农耕礼仪,展现的是一个惊人的、丰富的人与自然的对话世界。面对刀耕火种消逝过程中更加迅速的生态恶化,例如大面积种植橡胶对于生态的破坏,他是这样说的:

> 对于一个人类学学者来说,学术理论就像一坛甘醇的美酒,百饮而

---

① 王冬、施红:《"三"村论道——从"大曼糯"到"纳卡"到"洛特"》,《西部人居环境学刊》2015年第2期;马若予、施红:《基诺族传统民居营造技艺调研方法探讨——以云南省版纳州景洪市基诺山基诺乡洛特老寨为例》,《华中建筑》2016年第4期。

② 参见施红在"改革开放以来中国人类学重建四十年"研讨会议的发言:《认识与行动——西双版纳傣泐乡建人才及其推动的生态文化村建设探讨》,上海,2020年11月21—22日。

③ Laura Thompson. The Challenge of Applied Anthropology, *Human Organization*, 1979, 38(2): 118.

不厌,趣味无穷。而作为一个中国的知识分子,却不能忘记在学术之外尚有经世致用的传统与道义。人类学学者比较其他学者,特别注意从被调查对象中获取知识,但是只有单方面的索取是不公平的,尤其是当你感到你是在向一群面临诸多困难的人群不断索取的时候,自然会想到回报,自然会思考应尽的责任与义务。[1]

曾经他在刀耕火种的研究中挖掘了基诺族集生产、采集与狩猎于一身积累的丰富的动植物知识,欣赏、肯定基诺族的"文化适应"能力,但是在经历巴卡小寨的生态村项目重蹈贵州梭戛生态博物馆覆辙、难以为继的局面后,当他发现仅有少数老人对文化危机深感忧虑,而大多数人却对此无动于衷时,他对基诺族的文化表达了痛彻心扉的认识。

> 山地民族的文化生态,一方面造就了基诺族淳朴善良、勤劳勇敢、坚韧不拔的品质,另一方面也形成了基诺族封闭、内向、保守、自卑、散漫的文化特征。目前一些基诺族老人和专家惊呼基诺族文化变了,快消亡了,这多半是指表象的文化,而作为一个山地弱势族群的心理和性格等深层的文化,其实并没有根本的改变。原因何在?就在于文化——他们从娘肚子里就没有带来外向开拓的遗传基因,而只有山地文化善于与动植物打交道的那些独特丰富的知识。[2]

污名性认同深深地困扰着基诺族巴卡小寨,政府、村民均接受了社会赋予基诺族的"原始落后"的标签。政府期待经济投资和旅游项目开发,追赶现代化,改变贫穷落后的面貌,对于民族文化生态村以"保护民族文化"为宗旨的文化保护项目没有真正的兴趣,当然不会予以支持和扶助。这种消极的态度影响到了村民,基诺族民众"感觉自己及自己所拥有的文化无所适从,也就采取了随波逐流的态度,而在信息化的今天,基诺族和其他人口较

---

[1] 尹绍亭:《文化生态与物质文化》,云南大学出版社2007年版,第105页。
[2] 尹绍亭:《民族文化生态村——当代中国应用人类学的开拓:理论与方法》,云南大学出版社2008年版,第152页。

少民族的文化也日趋卷入现代化的浪潮中,逐渐找不到了自己的位置"①。无论是地方政府还是村民,抑或年轻的村庄精英,均处在他者对"现代化的渴望"中,这就让项目组陷入尴尬的处境。随着项目组带来的有限资源渐渐耗尽,出现了项目组成员最不愿意看到的结果:"竹篱笆腐朽了没人愿意再修,泥泞的道路召集大家修整,没人响应,没人愿意出来做义工。"②虽然朱映占将失败的原因归结为项目组的努力对于社会舆论的负面影响而言犹如杯水车薪,不过正可以清楚地看到尹绍亭所言的生态村项目是一个"超前性的、创造性的、实验性的、倡导性的应用性科研项目",尤其是当巴卡小寨的日常生活呈现出村民置身于追求电视、摩托车、时髦着装等现代化物质的常态,媒体却争先恐后地采访长老,请长老讲述"过去的"基诺族生活的画面,鲜明的对比让其中"超前性"包含的文化价值的落差显现无遗。

尽管有如此多的失落与嗟叹,不过伴随生态博物馆的落成,失落很久的仪式在这个并非仪式举行时间的日子里,竟然在村民的争议中恢复了,这使笔者看到了生态村项目以一己之力为基诺族点燃一束亮光的可能。这一仪式就是"特懋克"。该仪式的再现并未按照"真实"的仪式过程进行,不过它漏洞百出、"错误"丛生的仪式表演依旧给参与仪式的长老和村民带来了愉悦与快感,某些仪式行为,尽管是象征性的表演,例如博物馆即卓巴房,聚集卓巴房,举行朵拉仪式分肉的场景,让人们依稀领略到过去的基诺族氏族维系的长房社会。虽然只能让人去体会和想象,但有意味的是,"顺序颠倒,丝毫没有不适的感觉"③。在仪式进行的过程中,项目组专家已经完全蜕变为被动的参与者,主导者和组织者是仪式专家,由仪式专家指导村民完成复杂的仪式内容。"祭鼓仪式之后,接着举行修铁房、打铁仪式。喝过酒后,风箱抽了起来,炉火燃了起来,不久铁块被烧红,用火钳取出放在铁砧上,一人抢起打铁锤,开始打铁,铁花四溅,人们又见到了久违的情景。因为现在大家

① 朱映占:《民族文化生态村——当代中国应用人类学的开拓:巴卡的反思》,云南大学出版社2008年版,第111页。
② 朱映占:《民族文化生态村——当代中国应用人类学的开拓:巴卡的反思》,云南大学出版社2008年版,第81页。
③ 朱映占:《民族文化生态村——当代中国应用人类学的开拓:巴卡的反思》,云南大学出版社2008年版,第63页。

用的铁制工具都是从市场上买回来的,打铁在基诺人的现实生活中已基本消失,就像这次举行打铁仪式用的风箱都是临时赶制的。"①仪式的表演与实践蕴含了农耕礼仪的丰富信息,弥补了尹绍亭在刀耕火种的著作中对于技术、知识、社会组织详尽的调查与论述依旧停留于"仪式文本"范畴的遗憾:对于农耕礼仪缺乏对仪式生命本体的活态展现与诠释。农耕礼仪调适手段的仪式理论的价值也就包含在仪式的表演和实践中。

不仅仅是项目组成员和长老在现代化的边缘试图留住对后人有意义的某些文化价值,仪式也在某个特殊时刻里点燃了它自身的文化能量,这一特殊时刻恰恰是生态博物馆带来的"火种",虽然它燃烧的火焰正如"远逝的山火"一样无法在日常生活中留存,不过,当人们慢慢意识到自己的民族文化的价值,像追赶现代化一样追赶生态村项目的文化"超前性"时,生态博物馆迟早会焕发光彩。

尹绍亭在最近的生态村项目反思中,提出了核心文化的概念,他动情地说道:"只要卓巴在,作为文化圣地的'卓巴房'在,卓巴房内的神鼓在,基诺族的文化秩序就会正常运转。鼓是神灵的象征,卓巴是一切仪式的统领者。逢年过节,祭祀和生产仪式都要先在卓巴房举行。于是,随着仪式进行的过程,创世史诗、族规礼俗、歌曲舞蹈等皆整合于其中,老人们虔诚作为,少年儿童耳濡目染,这就是核心文化的功能,这就是传统最有效的文化传承方式。所以说卓巴文化是基诺族的核心文化,只要这个核心文化存在,基诺族的文化根基就存在。如果根基不在了,那么这个文化就濒临消亡,即使传统建筑、服饰、歌舞还有保留,也无济于事。"②他已经走出了过去对基诺族"等靠要"依赖思想的批评阶段,相反,他正在从民众潜移默化的思想和行为变化中找回文化的信心。

启蒙不会一蹴而就,相反,有可能经过漫长的过程才能够将启蒙转变为民众自身的反思和觉醒。借用格尔茨的比喻,笔者将启蒙与文化自觉的时间差称之为"事实之后"。

---

① 朱映占:《民族文化生态村——当代中国应用人类学的开拓:巴卡的反思》,云南大学出版社2008年版,第66页。
② 参见尹绍亭在上海大学社会学院做的讲座的部分录音整理,以"尹绍亭论核心文化"为题在"历史与民族志"公众号发布,2017年3月19日。

三、隐形组织的显化——月湖实验

陈学礼硕士论文的田野调查受益于生态村项目。硕士论文开题时,他正在为拍摄资金犯难,尹绍亭建议他来生态村试点之一——石林附近的月湖村看看。2000年4月,他在村里住了27天。这是他的第一次田野调查。第二次田野调查他开始尝试找人,开始学语言。到2001年6月答辩,他在村子里面住的时间一共是半年,撒尼话学了40%,其间只拍了密枝节、公房和舞蹈。生态村项目让他安心踏实地完成毕业论文。他回忆道:"尹老师当时有句话说得非常好,他说像陈学礼他们这些年轻人,我把他们放到我的项目里面,他们可能不一定能够把项目的事情做得多好,但是他们有足够的时间待在这个村子里面,完成他们的田野调查,我觉得这个东西足够了。"①

陈学礼也是月湖项目的负责人,他对于学者角色的理解是致力于"为创造一个村民保护文化的有益环境出谋划策"②。学者要做到有所为:"在民族文化没有适应外界环境的情况下,政府和学者必须'有所为',而不是闪到一旁,作壁上观。"有所不为:"避免用学识形成的'权威'对村民文化发展形成的方向横加干涉。"他反复强调学者在村民、政府和学者之间关系的定位:"找到自己的合适位置,尽力促成村民自主完成建设工作的理想环境。"③正是这种角色定位,使得生态村项目组入驻月湖以来,利用福特基金会的资助,为创造村民保护传统文化的环境主要承载的是"搜集、记录、整理传统文化":①月湖影视资料拍摄。例如拍摄密枝祭祀《撒尼男人的盛典》等影片。②协助村民完成"传统知识在我心"绘画,请村民用绘画的形式反映自己懂得的传统知识以及月湖在自己心中的形象。绘画内容分为九类,绘画形式多样,既有生产活动的象征性表达,例如水稻生产节令图、乳饼制作图,又有撒尼人食物、工具的分类方式,从中表现出某些个体承载了传统文化的某些关键内容。③在项目组的促成下,六位退休老教师完成了物质文化遗产普

---

① 郭净、徐菡、徐何姗编著:《云南纪录影像口述史(第一卷)》,云南人民出版社2013年版,第227页。
② 陈学礼:《民族文化生态村——当代中国应用人类学的开拓:传统知识发掘》,云南大学出版社2008年版,第21页。
③ 陈学礼:《民族文化生态村——当代中国应用人类学的开拓:传统知识发掘》,云南大学出版社2008年版,第126页。

查工作并编撰了乡土教材。项目组对退休老教师进行了简单的物质文化遗产普查培训,强调注意按照统一的格式进行编号并登记。为了帮助他们,"项目组专门组织了关于人类学田野调查方法的培训,目的在于从技术、理念、眼光培养的角度来对退休教师进行培训,但不涉及调查内容。有了这样的培训,他们不久就能尝试着操作诸如参与观察法、深度访谈法等人类学的经典调查方法"[1]。

项目组把传承看作是保护传统文化的重要机制。他们发现了多种传承形式:①隐形组织的传承。这些隐形组织按照年龄、性别可以分为老人会、妇女互动与串联。②家庭传承。③乐社。他们围绕多种传承形式进行相关活动的设计:①将隐形组织转化为显性组织,先后组织老年协会、"月湖妇女之家"等。这些组织不同于行政级别的老年协会、妇女组织的含义,而是以传统文化的承载主体为单位,例如老年协会在项目组离开后,主动为月湖传统文化保护申请项目和资金,虽然未果,"但是他们的不断努力和尝试是值得肯定的"。"月湖妇女之家"以刺绣为切入点开展刺绣活动,虽然最终没能持续下去,不过项目组引导和支持的"养殖技术培训和民族文化保护知识培训等活动却开展得有声有色"。②选择若干集中承载传统文化的家庭,作为家庭传习建设的试点。这一设想建立在传统文化虽然为全部人所享有,但是却是集中于"相对特殊的知识和技能"的人身上,以代际关系实现知识的传承与创新,家庭依旧是传承的基本单位。③组建月湖民间文艺队。项目组筹措资金购置大三弦等乐器,组织老人开展乐器培训等活动,在短短几年的时间里,月湖竟然组建了8支民间文艺队,发掘了优秀的乐器制作人普兆光,并为他拍摄了影片。

在这三种传承方式中,隐形组织是一个重要的发现。笔者以为,它为英国皇家人类学会在《田野调查技术手册》积累的线索认知有:①关联性。以文化整体性为指导,关注各个文化要素之间的关联性。②隐形历史。"历史同样也分为显性的历史和隐形的历史。这方面,神话、传说就集中承载了关于远古时候的时间记忆的价值,兵器、仪式用品、圣物等物品也凝结了远古

---

[1] 陈学礼:《民族文化生态村——当代中国应用人类学的开拓:传统知识发掘》,云南大学出版社2008年版,第49页。

时候的讯息。因此需要多重证据来揭示隐形的历史"①。相较于神话、传说、仪式用品等物品,月湖项目组发现了一个承载历史记忆的新线索——活着的仪式。"给新生婴儿举行'祝米克'仪式时,村里德高望重的老人都会被请到主人家,以年龄大小为顺序,在主人家房屋正堂坐下,享受主人家奉上的食物。随后,主人家请求每个老人给婴儿取一个名字,这些老人所取的名字中,有一个将来会成为小孩的大名。"②妇女承担着刺绣、纺织、家庭畜禽饲养等传统知识的延续和传承。"按照年龄、性别、拥有传统知识等隐形的标准连在了一起;在特定的时候,一些无形的规则、准绳把这些具有相似特点的人集中到一起,形成临时性的组织,处理村寨事务,或进行传统知识的传承。"③

虽然《田野调查技术手册》提及了年龄组、秘密社会等相似的隐形组织,不过并没有提及老人、妇女等多样化的隐形组织,似乎更加拘泥于与军事相关联的男性群体。因此,隐形组织的概念在月湖生态村项目组成员的努力下不仅形成而且有意识地付诸实践,为村民赋权并加以组织化,这一行动的"超前性"也就体现出来,行动的"失败"并不能抹杀它在学理上的贡献,隐形组织为"线索民族志"的认识论在关联性和隐形历史的基础上又增加了一个依据。

从时间的推移来看,前两种传承方式随着项目组的撤离均陷于沉寂,反而是第三种传承方式,月湖民间文艺队保持了超乎期待的生命力,这才出现了"2005年正月初二,一个由全部来自月湖村的300多人组成的文艺队在昆明市政府到小西门街头表演歌舞的景象",尹绍亭惊喜地将其形容为"于无声处听惊雷"。音乐、歌舞等艺术传承方式,在巨大的社会变迁影响下,呈现出越来越瞩目的地位,这恐怕是始料未及的,同时也促使学者意识到艺术与民族认同的密切关系。

尽管月湖的传统文化保护项目在项目组离开后处处碰壁,陷于沉寂,不过"墙里开花墙外香",参与月湖生态村项目的政府官员(当时作为村寨指导

① 英国皇家人类学会编:《田野调查技术手册》,何国强等译,复旦大学出版社2016年版,第29—30页。

② 陈学礼:《民族文化生态村——当代中国应用人类学的开拓:传统知识发掘》,云南大学出版社2008年版,第89页。

③ 陈学礼:《民族文化生态村——当代中国应用人类学的开拓:传统知识发掘》,云南大学出版社2008年版,第90页。

员参与生态村项目)借鉴了月湖的失败经验,找到了大糯黑村的民族文化保护与传承道路。2004年,大糯黑村被正式确定为云南大学"云南少数民族调查研究基地",基地建设项目组聘请了两位村民做村寨日志记录员。2007年,大糯黑村被列为"第16届人类学、民族学世界大会"的田野考察点。地方文化精英创办的影视室、家庭传承展示点竞相涌现,月湖实践的保护传统文化的多种传承路径在大糯黑村均变为现实。①2016年夏,月湖是云南大学民族学与社会学院第八届国际暑校指定的数十个田野基地之一,月湖组带队老师是陈学礼。②

四、不彻底但真实的知识

卡豪恩(Craig Calhoun)在为哈勒(Charles Hale)《参与冲突》(Engaging Contradictions)一书编写的序言中说道,"基于社区"的参与是形成、检验、提高知识的过程,是一种做科学的方式(a way of doing science),是知识形成过程与解决实践问题、行之有效的工作之间解不开的相互缠绕的结果。③在参与范畴,知识不再是"纯粹的"知识、普世的(general)知识,反而是具体的知识,面向实践——解决实践问题,因此它又是实践智慧(phronesis),即实践选择思考的能力。④学术积极分子通过具象化的知识实践方式所产生的知识,在他看来,是不彻底但真实的知识。

尹绍亭提出的"核心文化价值"概念与索尼娅(Sonya Atalay)在她的文化遗产参与项目的经验中得出的"核心部落价值"不谋而合。索尼娅认为,核心部落价值才是研究进程跟进的中心所在。⑤"位育"包含了物质、象征、精

---

① 以上参见陈学礼对大糯黑村的经验介绍。陈学礼:《民族文化生态村——当代中国应用人类学的开拓:传统知识发掘》,云南大学出版社2008年版,第155—159页。

② 笔者参加了2016年的云南大学田野暑期学校,田野结束,在学员汇报的大会上,陈学礼打破常规,代表学员进行了月湖组的汇报发言。

③ Craig Calhoun. "Foreword", in Hale, Charles R. (eds.), *Engaging Contradictions: Theory, Politics, and Methods of Activist Scholarship*, University of California Press, 2008, xvii.

④ Craig Calhoun. "Foreword", in Hale, Charles R. (eds.), *Engaging Contradictions: Theory, Politics, and Methods of Activist Scholarship*, University of California Press, 2008, xxiv.

⑤ Sonya Atalay. Engaging Archaeology: Positivism, Objectivity and Rigor in Activist Archaeology, in Sonya Atalay, Lee Rains Clauss, Randall H. McGuire, and John R. Welch (eds.), *Transforming Archaeology: Activist Practices and Prospects*, Left Coast Press, 2014, p. 52.

神和价值的和谐,提供了让人们安居乐业、人心安定的生态和基础设施建设等综合指标构成的"宜居"空间。它包含了人们生活的富足、对自我价值的肯定、对社区文化的肯定。因此尹绍亭的建设性反思又面临一个老式的矛盾:在现代化谱系中落后的边缘如何平衡自身的经济、物质条件? 这一问题也是费孝通在20世纪80年代小城镇思考中反复萦绕的书生"苦恼"。①费孝通给参与人类学项目提供了知识分子介入的启发。如果说"核心文化价值"牵动了社会整体的感知,是一个整体性概念的具体延伸,那么又如何在传统社会稳定结构激烈瓦解的过程中实现自身的"位育"? 在笔者看来,学术积极分子对这一命题的跟进包含了知识的真理价值。②

参与人类学不仅仅是为当地民众生活得更好而寻求多样化合作的工作方式,而且还致力于与当地民众合作,研究"过去是什么",从历史中寻找记忆、叙事和经验,书写地方史的过程也是创造历史。"基于社区"的口述史项目更加关注家庭史和地方史如何完整地再现,遭遇了哪些问题。斯塔赫尔(Ann Stahl)在班达跨越十多年的田野回访围绕"制作班达历史"的"班达研究项目"中,深深地体会到"基于社区"的口述史所遇到的表征政治和学术位置的重要性所在。她1982年进入田野,参与"班达研究项目",1986年、1989年、1994年、1996年在不同的时间,她不断地返回,走访不同的家庭,搜集地方史的资料。1989年,她在田野回访的过程中开始和村民合作编写一本"蓝皮书",记录班达的家庭史和地方史,为当地人分享,回报当地人。但是在这个编写蓝皮书的过程中,酋长权力发挥了作用,引导斯塔赫尔和她的学生组成的调研团队编写酋长所支配的地方史,排斥其他家庭的记忆和经历,并抹除其他家庭的存在。关于到底书写什么样的班达历史,在不同的地方,就酋长争议而产生了老人之间的争吵甚至青年之间的暴力冲突。酋长权力不仅有书写的支配权,而且也的确在安排研究者的起居和访谈计划方面起到了支持作用,在这种情况下,她选择了"妥协",她把蓝皮书大量地印刷,发给参与口述的村民,但大部分蓝皮书被酋长据为己有。不过随着后来研究项目

---

① 费孝通在他的小城镇相关文章中经常提及当地人在致富过程中需要卡车怎么办? 需要投资怎么办? 他有一部分给报刊投稿就半充当了"广告"功能。

② 能否称呼尹绍亭和其他参与生态文化村项目的学者成员为"学术积极分子",他们自己是否愿意这样称呼自己? 这一问题还需要细致处理。

的继续和资助状况的改善，斯塔赫尔等人开始重新界定学者在书写地方史当中的位置，摆脱酋长政治（politics of chieftainy），试图保存沉默的声音，描写一个接近历史事实的蓝皮书。她认为，尽管历史书写是部分的、受制于立场的，但是寻求"历史制作的对话的、辩证的特征"还是学术应为的，她质疑"多音位"带来的民族志矛盾，多音位宣称在不同的观点中没有整理的基础，把不同的声音仅仅看作是故事，这就转移了民族志对结构的不平等的注意力。她认为，为了超越酋长政治，项目应该对形塑班达人过去社会生活的历史进程、活着的过去如何成就了班达人今天的生活特征，进行持续而又严密的关注。①

反观生态村项目结束后，引人瞩目的是，当"核心文化"意识在落潮之际突然迸发出来，当村民意识到文化的根和魂的意义与价值时，失传多年的宗教仪式和祭祖仪式又重现了。让人意想不到的是，随着文化空间的赋予与创造，文化的创造也涌现出来。例如项目组购置了毕摩的法衣和法铃等物。"项目组根据村民提供的神祇形象，雕刻成2米高的石像，另外还雕刻了衔剑石吞口、石猫等。如此，仙人洞彝族的宗教文化有了载体，既满足了村民的精神生活，也为游客增添了观赏之物"。尹绍亭记述道，"石像造好之际，毕摩专门为神像做了仪式②，"从此，该村又恢复了被取消了多年的宗教祭祀活动，村民们又找回了诉求信仰和表达崇拜的舞台"。③笔者以为，生态村项目在发明和创造方面做出了瞩目的实验效果。项目组成员帮助村民搭建了仪式舞台，仪式展演的主体和创造仪式的主体均是传承宗教传统的委托人。换言之，生态村项目将神圣空间的修复转变为工程学，而发明的动力无一例外地返回到村民自身，这一遣返模式积累了文化资源可持续发展的经验。

尹绍亭发展民族文化但不排斥市场化和经济效益，这是他"守住文化根基"的开放性思想所在，也是他对"文化离开本土，脱离滋生的土壤，对文化主体不利、不能达到有效保护传承的目的"相似意见的批驳，他认为文化遗

---

① Ann Stahl. *Making History in Banda: Anthropological Visions of Africa's Past*, Cambridge University Press, 2014, p. 81.

② 参见尹绍亭在上海大学社会学院做的有关民族文化生态村的报告，时间：2016年12月25日。

③ 尹绍亭：《文化传习展示中心的建设》，《民族文化生态村——当代中国应用人类学的开拓：理论与方法》，云南大学出版社2008年版，第122页。

产的适当开发是可取的,它的"异地"加工、挪用、创新和营销,有助于打开艺术市场,越走越广,促成"本土文化的活化、传承和繁荣"。[①]笔者以为,"核心文化价值"这一主张可能受到了田丰"农民音乐根文化"的启发,是宗教信仰层面的文化表达与实践。正是宗教的存在,让外在于参与主体精神的仪式表演,从一种仪式感的体验转化为内在的习得,这是极大的转变,意味着宗教修复了个体在碎片化世界当中所依赖的自我与他人的联结关系,意味着宗教整合的力量正在复苏。尹绍亭在长时段的历史变迁中,从文化遗产的"向内"转变中所获得的切身体会,与斯塔赫尔书写地方历史的最大区别在于,项目组没有真正参与巴卡小寨的历史书写,即兴性色彩浓厚,放弃了长时段的参与。他者在长时段的文化遗产实践中书写出来的历史,偶然走上舞台映入了"撤退"的项目组成员的视野,民族文化的根基思想,是研究者对社会变迁的自然观察和抽象概括,这和20世纪50年代应用人类学家积极介入地方、推动文化变迁的工程学又有了微妙的区分,反而和功能结构主义学派拉开距离记录文化变迁的过程有着更多的相似,这一点在陈学礼对月湖试点的撒尼人公房变迁以及男女婚恋方式改变的长时段观察中,更具自然主义的方法论特点。[②]结合仪式空间的工程学实施,可以发现生态村项目在彻底介入与不彻底介入之间的摇摆性,这当中透露出项目组成员在实践"村民主导"主旨过程中的犹豫和不确定性,然而时刻跳动的自我批判意识和主动探索意愿,使其意外地收获了"文化自觉"的主体思想发轫。

五、参与的方法论比较

民族文化生态村项目运作十年,形成了具有本土特色的基于社区的项目方法论收获,笔者以为,这笔方法论财富需要结合国际同行的方法论心得,通过比较获得理论知识的提炼。

结合"基于社区"(community-based)项目中学者训练和教育当地民众掌

---

① 尹绍亭:《魂系"原生态"——田丰和他的云南民族文化传习馆》,《中央民族大学学报(哲学社会科学版)》2018年第5期。

② 陈学礼:《从"拖"到拖:石林县彝族恋爱方式中时空区隔的维系和失范》,《云南社会科学》2014年第4期。

握专业知识的经验,索尼娅提出"编织知识"的概念,指的是知识在复杂的社会关系中生产出来,但是依靠的是学者的考古学知识和当地民众积累的遗产保护知识共同的"编织",同时保护这种知识免于被剥削和剥夺。因此这样的知识生产更加趋向平等和互惠。她在参与的项目中不断地积累和概括"编织知识"的方法论经验。"编织知识"的概念引导她更多地关注民众从祖辈那里传承的知识和技术,及其在文化遗产保护当中的应用和作用。她发现,当地民众对健康知识的理解是整体性的(hostitality),健康是身体、情感、精神与知识相互联系和平衡的状态。由此,编织是多元方式的,她提出把知识学习带到具身化实践(embodied practices)中。由此,她更关注本土知识是如何改变学术制度、提高研究被执行的方式的。①这一反向的知识生产效应具有三重意义:①不仅仅是参与项目的社区成员受益,设计、介入项目的研究者也从中受益。②这一反向的知识再生产推动了社区成员对文化遗产的所有权诉求,通过"遣返"和"恢复"模式,激发并且有意识地投入其中。③从更大的背景来看,"遣返"项目是去殖民化的一部分。如何"编织知识"? 她提出的方法是"讲故事"(storywork),主权、主体和积极地介入,在社区成员已经流传的文化遗产相关的故事中,以"知识动员"的方式获得了"恢复"和认同。

反观新平南碱村创建的"花腰傣文化传习馆",难道不是"编织知识"的一种方法吗? 通过学术积极分子和村民共同建造一座传习馆,实现"编织知识"的建筑与文化交融的形态。一开始项目组负责人孙琦去村子里征集展品,村民还说"传习馆是你们的",而且困惑这些没人要的古董有什么好的。但随着征集工作的进行,情况发生了变化,村民指挥孙琦搜集这个、搜集那个,产生了对文化展品强烈的参与兴趣。什么应该搜集? 搜集上来的展品如何分类? 如何布展? 文化传统在村民的惯习和劳动经验中储存的知识和智慧,转变为物质分类的概念,进而形成文化传统的定义。村民在布展中因地制宜,大胆创造。由于石莲子穗饰不大常见,孙琦还给妇女们布置了制作石莲子穗饰的"作业"。传习馆落成并开放给公众,村民还需要向外人讲解

---

① Sonya Atalay. Braiding Strands of Wellness: How Repatriation Contributes to Healing through Embodied Practice and Storywork, *The Public Historian*, Vol. 41, No. 1, February 2019, p. 82.

这些"古董"的用处和特别之处。①从建造传习馆到传习馆的落成,学术积极分子和参与成员并肩作战,实现了团队建设。这次尝试宣布了参与成员对文化所有权的拥有。这次尝试也拆解了物质文化分类的专家话语权,尤其是博物馆、文化局等机构性组织对物权的盗用和剥夺。因此从更大的背景来看,遣返项目是去殖民化的一部分。不过略为缺失的是,学术积极分子参与项目是否受益、如何受益这一问题并没有得到思考。换言之,学术积极分子,例如项目负责人,不仅仅是作为传习馆建设的教师或志愿者,同样也需要思考传习馆的共享目标是什么。

月湖试点的学者在介入"保护民族文化"的时候,从"村民主导"的意识形态灌输,不知不觉地开始探索主体性的表征可能,主体身份、权利、行为框定与文化的主体性是密切相关的,其中文化的主体性不乏激进的实验,从有限的尝试到全面的授权,困扰民族志书写权威的问题,正在通过文字、影视等多种民族志记录手段转移到他者的手里。②例如举办"传统知识在我心"绘画活动,项目组对学生进行了培训,把握自己的协助者角色定位,尽力为村民提供绘画的各种条件和方便。村民的绘画语言呈现了一个与学者记录文化方式不同的表征方式,接近一个表征实验,其特殊之处在于人类学学者发现了被调查者的表征可能与人类学学者的"主位"观察视角之间的距离——平等的对话有可能从表征实验中展开。问题是这些被挖掘出来的表征创造力为何没有转化为可持续发展的创造力,具有文化产品开发功能?以索尼娅主持文化遗产参与项目的经验为例,通过学术积极分子和村民的合作,村民的"讲故事"口头传统财富转变为可视的连环画、戏剧表演等体裁,具有治愈功能,表达了村民对健康的憧憬和期盼。她还把这些材料拿到课堂上来,和学生分享,让学生对材料进行分析、命名,从而形成"地方性知识"向高等教育延伸的学理知识。③从月湖项目的实际执行情况来看,这些

---

① 孙琦、胡仕海:《民族文化生态村——当代中国应用人类学的开拓:生态村的传习馆》,云南大学出版社2008年版,第40—46页。

② 陈学礼:《民族文化生态村——当代中国应用人类学的开拓:传统知识发掘》,云南大学出版社2008年版,第49页。

③ 索尼娅在伯克利人类学系的学术讲座中,具体地呈现了"编织知识"的多样性,探索一个更加广泛的幸福的认知和理解。Sonya Atalay, Braiding Strands of Wellbeing: Recaiming Healing, and Sending Knowledge Into Future, 2018年10月9日。

文化创造活动只是在项目组介入的时候才涌现,在项目组撤离后并未形成可生长的制度性、组织性的文化表达,而这些创造也并未返回到人类学教学的课堂进行分析、整理,形成实践智慧的概念。因此,出现多样化的民族志记录手段,并不意味着书写文化的作者权真正转移到他者手里,反而暴露出学术积极分子对"基于社区"项目的参与不足与合作不足。

民族文化生态村运行十年,在学术评价体系当中以"失败"告终。然而笔者并不这样以为。笔者认为,既然基于社区的项目是为了社区福祉,那么成功或失败就需要参与成员参与评价。所以索尼娅所说的成功标识,"一个项目要有阶段性的成功的标识,要让参与民众定义成功",对于民族文化生态村项目就至关重要。遵照内心对成功的定义,循序渐进,才有可能实现一个宏大社会工程的"质变"。纵观项目的5个试点,阶段性的成功标识整体上是缺失的。引人瞩目的是,民族生态文化项目尽管遭遇个人利益、经济发展和现代化的巨大挑战,无法抵御旅游开发的诱惑,不同程度出现"滑坡"的结果,甚至很有可能在民族文化生态村项目开始之际,就连参与成员对于阶段性成功标识都不甚清楚,但是经过否定之否定,当"核心文化"概念被参与成员理解之时,项目拥有了一个真正成熟的起点。在这一新的起点下,阶段性标识才有可能被项目成员清晰地设定,由此,循序渐进,直至一个宏大社会工程的"质变"。笔者作为外来者,对项目的反思仍旧需要和参与项目的学者进行意见交流之后,才有可能具有参考价值。

六、建立数字化档案的可能

斯塔赫尔除了参与"班达研究项目",还参与了从1982年开始长达三十年的回访,一直到2016年的数字化档案项目:"从过去汲取教训提高非洲未来",简称IAfF。项目目标是创造数字遗产展品,研究的新形式和社区、学者以及更广大公众相关的知识动员。该回访项目不但以照片、录像等数字化手段再现了班达地区田野点经历的巨大社会变迁,而且运用这些资料开启了村民参与进来的口头传统、歌舞、家庭代际传承的歌谣、农业生产知识等系统的、已经过去的传统的再现与记录。项目组会把村民过去使用的锅作为展品放在村口空地,然而有意思的是,村民对摆在锅前面的展板更加感兴趣,他们簇拥在展板前,热烈地讨论着这些器具的样式和用法。项目组出示了拍摄于20世纪80年代的社区照片、家庭照片,激发了活着的当事人或当事人子女的回忆,从未经历过这些过去的第三代人在老人的叙事、歌舞和解释中,了解了自己的传统。笔者和斯塔赫尔在她的讲座现场交流了云南民族文化生态村的经验,提出了两个问题:①寻求什么样的合作?为什么不建造文化传习馆而仅是依赖照片这样略显薄弱的方法?②如何看待旅游?对于村民自发的旅游需求和旅游招徕行为,应该如何看待?她回应道,数字化档案项目以"偶然"的档案所具有的遗产价值为本,通过可支付的数字化遗产来让当下生动活泼,通过可持续档案来建设数据库,以及数字化图书馆。这些是数字化档案项目所做的。至于是否建造文化传习馆,是否发展旅游,取决于文化持有者自己的决定。①经过相互交流,笔者以为,非洲的数字化档案项目对云南民族文化生态村同样有所启发、有所借鉴。民族文化生态村在"村民主导"和"专家引导"之间的边界方面仍旧有混合的倾向。启蒙主义、意识形态的灌输可以取得一时的成效,但是和个体意志仍旧有本质的区分。"村民自决"意味着将"村民主导"理念所倡导的知识的有限民主转化为实质民主,其动力反而是给学者提出持续不断的参与式调查评估的要求,学者需要寻找进一步参与的策略与途径,扎根社区,与当地人共事合作,为提高社区福祉而运用自身知识储备与优势。正如赫茨菲尔德所说:"'有担当'决定了社会与文化介入的深度,也在一定程度上决定了民族志研究的高下低劣。"②学者坚持学术本位,例如搜集材料,扩大材料范围,建立社区的历史档案。当这些档案和村民的记忆对应起来的瞬间,过去就"复活"了。项目组引入资源、资金虽然能够起到支持作用,但是归根结底,如何对待自己从祖辈那里传承下来的文化遗产,又如何创造新的活力,其思考主体仍旧是传承和创造文化遗产的后人们。③

---

① 2019年2月25日,笔者在加州大学伯克利分校人类学系举行的讲座中与斯塔赫尔进行的现场交流。Ann Stahl. From "Woman Weeding" to "Ma Mnama"——The Power of Anthropology's "Incidental Archives" in Community-Engaged Heritage Initiatives, Spring 2019, Department of Anthropology.

② 刘珩:"导言",《迈克尔·赫茨菲尔德:学术传记》,生活·读书·新知三联书店2020年版。

③ 斯塔赫尔的班达社区参与项目就有一位年轻女孩要求参加,她拿起摄像机,拍摄乡村生活和她认为有趣的文化活动。

　　陈学礼是影视人类学参与生态村项目的主力之一，陈学礼带队的月湖小组和村民合作拍摄了当地宗教仪式的影片，包括再现月湖村密枝祭祀的影片《撒尼男人的盛典》①，叙述撒尼青年男女公房习俗的影片《撒尼人的公房习俗》等。2004年项目组拍摄仙人洞彝族文化生态，共拍摄素材10个小时，重点拍摄了民间艺人张玉先的从艺之路。②如何将影视人类学与社区参与项目结合起来，斯塔赫尔的数字化档案项目无疑具有借鉴价值。2002年巴卡小寨的基诺族博物馆落成典礼，陈学礼全程拍摄。2018年该片在巴卡放映，"这是村民第一次看这个片子，有个奶奶哭了"。这是2018年春访问巴卡和南碱村现状的郑兢加告诉笔者的。从中也可以看到项目施行过程并不甚看重"村民参与"，在吸纳村民对阶段性工作的评价和反馈方面是滞后的。生态村网站建设的负责人曹津永有意识地运用多媒体技术制作网页，在试点村寨的网页中放入具有当地村寨特色的民族音乐，记录当地社区的手工艺品制作过程的视频，拍摄完成后上传到网站。③不过音乐和影像资料的运用在网站建设中还是边缘性的存在，和数字档案馆的展演目标还相去甚远。很遗憾的是，关于如何利用生态村建设期间各个试点拍摄积累的庞大影视资料，使其作为"独立成为传统知识展示及研究的文本"，以及学术力量后续如何介入等问题，伴随项目结束而陷入沉寂。值得注意的是，这批影片时隔十多年显现出档案价值，它记录了当时当地的村民生活状态，而今成为"历史"。陈学礼在影视人类学的本土化研究路径中探讨了影片作为档案的重要性。④

　　民族文化生态村项目结束两年多，尹绍亭对传统与发展的关系有着切身体会。他说："仅仅守住传统是不行的，还必须积极吸收现代的优秀文化，

---

　　① 感谢陈学礼老师的分享，笔者得以观看《撒尼男人的盛典》，影片完整地记录了2000年鼠年鼠日"祭密枝"从密枝头占卜选出、祭品准备到密枝毕摩主持仪式、村民"共餐"的过程，包括毕摩对密枝节的解释。仪式伴随着大量的经文诵念、歌调、咒语等，陈学礼和姜卓志翻译并做成字幕帮助观众理解语义。

　　② 王国祥：《民族文化生态村——当代中国应用人类学的开拓：探索实践之路》，云南大学出版社2008年版，第82页。

　　③ 曹津永：《民族文化生态村——当代中国应用人类学的开拓：走向网络》，云南大学出版社2008年版，第16—17页。

　　④ 参见陈学礼在"改革开放以来中国人类学重建四十年"研讨会议的发言：《中国影视人类学的当前境况》，上海，2020年11月21—22日。

还必须发展文化,进行文化的再创造。"①就研究者的角色而言,"基于社区"的应用项目给民族文化生态村的最大启发可能是需要从拉开距离的介入、对文化变迁的自然观察,转换为积极的参与、共同的合作,探讨更多的地方文化的创造样式。介入孕育参与,其催化剂的成分在于研究者不仅仅是"退后一步"持续关注当地文化的复苏与生长,就像是把种子扔在泥土里,任由它自身在雨露风雨变幻的自然气候中存活,还应该充分融入其中,扮演雨露阳光泥土的滋养成分,在合作中给予地方文化更适合生长的人造生态气候。人造生态条件是一个小型实验,也是合作的前提和机制。应用人类学家找到了他的实验室:设计实验,管理执行,控制变迁的能力,增加变迁的知识。②从这一维度看,民族文化生态村项目仍然在从介入到参与的转化阶段,研究者将会在合作形式的探索中找到知识的相对价值,包括学术的专业性和学术积极分子的作为。

七、结语

回顾马克思所言"哲学家只是在用不同的方式解释世界,而问题的关键在于改造世界",民族文化生态村项目成员怀揣勇气,在改造世界的尝试中迈出了一小步,这一小步体现在修路、铺设电网、"户户有沼气、家家有便所"的民居改造,以及农业收入增长、拓展旅游创收等基础设施建设方面的共建努力,这些微观生活世界的改造对于村民而言却是重要的环境改善,也是文明成果的分享。生态村项目组成员从本土知识分子保护传统文化的使命感延伸到扶贫、建房、修路、农业知识培训等影响当地民众生活质量的环境建设中,使传统民族文化保护的文化使命转变为"牵一发而动全身"的社会工程,与20世纪50年代应用人类学主张的工程学有息息相通之处。"康奈尔—秘鲁"实验(Conell-Peru)致力于提高印第安贫困农民的生活,在改良农业、修建新学校、发展教育、改善医疗条件等多方面做出了"自下而上"的努力,

---

① 尹绍亭:《文化的保护、传承、创造和发展——民族文化生态村的理论探索》,载云南省文化厅、云南省文物局主编:《云南省首届文化遗产保护与经济社会发展论坛论文集》,云南科技出版社2011年版,第291页。

② Editorials. Applied Anthropology, *Human Organization*, 1950, 9(3): 4.

研究者将其定义为"参与性介入",涉及如何在混血儿(mestizos)、印第安土著和农场主之间的不平等阶级(族群)关系中争取农民参与的基础,尤其关注在工作组撤离后,村民是否依然为能够过上更好的生活而努力。[①]进一步,生态村项目又可以看作民族识别时期注重少数民族政治权利平等、民族文化特性挖掘,与改革开放时期注重少数民族经济状况改善(脱贫)、求发展、实现现代化目标的混合,[②]更注重从文化维度给民族文化承载者"赋权"。"康奈尔—秘鲁"项目擅长利用工头(foremen)这样的中间人物参与政治协商,其他应用项目强调邻居组织或多元族群,[③]依情况而定。生态村项目则发掘了参与权力、宗教和文化展演等多边事务的村主任、毕摩、社头、老人乐社、"妇女之家"等多元组织,擅长激活传统,将隐形组织转化为显形组织。[④]和西方应用人类学同行相较,参与生态村项目的学者在"有所为"之余更加渴望行政力量的支持。学者扮演了参与式乡村评估与行政权力干预之间的嫁接角色,通过学者的穿针引线,为实践知识分享打造可对话的平台。例如2000年6月26—30日,由联合国教科文组织与云南大学人类学系联合主办,在云南大学召开"中老泰越苗族/蒙人服饰制作传统技艺传承国际研习班",会后安排了6天的短期田野考察,其中"仙人洞文化生态村民族服饰传习赛装会"是田野考察的最后一站。[⑤]学者可能起到约束政府的不作为与"瞎指挥"、纠正村民"等靠要"观念等作用。虽然不可夸大学者批评的有效性,但是不得不承认,他们的知识参与带来民主的新鲜空气,他们在"可作为"与"不为"的边界维系中不断历练自知之明,从"象牙塔"迈向应用人类学的这一小步是如此弥足珍贵。

---

① John Collier and Mary Collier. An Experiment in Applied Anthropology, *Scientific American*, 1957, 196(1): 37–45.

② Guan Jian and John Young. Introduction to The Investigation of The Present Situation and Development of Ethnic Minorities in China: A Reflection on Changes in The Last Ten Years in The Field of Anthropology in China, *Practicing Anthropology*, 2002, 24(1): 3–5.

③ Malka Shabtay and S. Zev Kalifon. Introduction: Applied Anthropology In Israe, Practicing Anthropology, 2006, 28(3): 2.

④ 英国皇家人类学会编:《田野调查技术手册》,何国强等译,复旦大学出版社2016年版,第29–30页。

⑤ 张实、李全敏、朱凌飞:《云南省文山州苗族服饰调查报告》,尹绍亭主编:《中、老、泰、越苗族/蒙人服饰制作传统技艺传承国际研习班:田野调查报告》,UNESCO(联合国教科文组织)编印2000年版,第20页。

结　语

　　学科重建后的民族志实践和人类学学科建设密不可分,同时又受到国际学术交流的广泛影响。笔者以人类学南派学科史的发展为主,穿插田野回访牵动的南北三大高校主导的多元回访路径、人类学本土化运动发酵,以及伴随人类学学科发展始终争议不断的学科独立与应用的矛盾,结合民族志生产的诸多外部环境,以期从不同角度综合揭示民族志知识生产的多重网络生态,形塑民族志所需的智识性基础(intellectual basis),还原南派人类学从发轫到不同程度受到重创的早期历史。

　　笔者致力于从不同的角度尽量清晰地揭示形塑民族志的一般知识条件。田野调查是人类学知识生产的重要载体之一,人类学的学科发展与田野调查的活跃条件、民族志成文质量息息相关。学科重建之际包含的独立还是有用的矛盾性格、集体田野调查的端倪、传统与现代化以及后现代的复杂定位,都影响到人类学后来的成长和发展,笔者试图不断地在学科重建的原初条件与学科建设所引发的众多当代议题之间建立历史性的联系。变与激变的学科争议又将学科重建的历史语境带到了当下。笔者尽可能探索南派人类学的轮廓、发现富有新意的当代意识。人类学南派在人类学重建过程中扮演了先锋角色,对人类学的学科自主性的坚持与维护,以及对因地制宜发展策略的选择与探索,为人类学学科独立的曲折道路留下了宝贵经验与启发。

　　如果聚焦知识生产的核心问题,笔者以为草创时期的南派人类学做出的巨大努力是将人类学从民族学支配的理论范式与民族识别奠定的民族志体例框架中解放出来,人类学的挣脱努力同时也包含民族学阵营内部的反思与转变。西方人类学理论在中国的传播、影响及回应,对中国人类学产生了深远的影响。①在童恩正、何少英等人的努力下，民族识别支配的民族史范式悄然松动。容观夐强调精神信仰对族源的重要性，黄淑娉在广东区域调查中提出新识别标准，关注文化功能，均是对民族学理论与概念的修正，这意味着时代给人类学提出了新的命题。尽管笔者反复指出南派人类学努力走出原始社会史，柔化马克思主义民族学的支配性影响，通过民族学的人类学化，确立自己的位置，不过马克思主义及进化论奠定的原始社会史研究，仍旧是人类学重建合法性的来源与旗帜，"社会历史调查"孕育了社会学／人类学的因子。张海洋指出，那些如今看来颇为陌生的原始社会史学术用语，实则蕴含着亟待解读的语言学符码。在民族国家建设进程中，它是促使人类学、民族学实现学科转向的制度性力量，为人类学依据时代需求重建学科话语体系腾出了空间。②彭兆荣也表示，坚守马克思主义人类学理论阵地是厦门大学人类学重建的依据与支点。

大岞村调查对于学科重建的意义在于孕育了民族志的胚胎，试图突破民族识别的社会文化调查模式，给予并承认文化相对独立的地位。《崇武人类学调查》以人类学的四大分支贯穿始终，是陈国强组织田野调查的组织框架的体现。这一组织方式的形成，和人类学试图创造出区别于民族学的学术传统有间接关系。体质人类学通过对研究对象的活体测量增加族属的实证依据。这些结论驳斥了民族学对族群源流的部分假说和拟构。体质人类学的参与帮助人类学突破民族识别支配的社会历史调查范式，确立体质人类学的生物测量与社会文化考察相结合的论证合理性。随着人类学与民族学在现代化建设中发挥的作用成为竞争焦点，关于民族史的辩论减少，体质人类学与文化人类学的关系渐行渐远。中山大学体质人类学学科团队始终没有切断与人类学合作的传统，不过在知识范畴发生了生物考古学的转型。民族村寨调查部分恢复了体质人类学在其中发挥的民族识别作用。正在恢复厦门大学人类学四大分支学科建制的张先清，清醒地认识到这一学科设置在落地过程中往往会遭遇理想与现实的落差，尤其涉及学科内部如何调

---

① 笔者在西方人类学理论史的教材编写中跟踪了理论史的动向。马丹丹：《西方人类学史在中国人类学教材的书写演变与选择》，《徐州工程学院学报（社会科学版）》2017年第2期。

② 张海洋在笔者组织的"改革开放以来中国人类学重建四十年"会议上的发言。会议时间：2020年11月21—22日，地点：上海大学。

和配置不均衡的紧张关系。①

厦门大学人类学同仁对"民系"的概念进行了检讨与反思。基于民族史导向存在的研究僵化问题,黄向春提倡"过程民族志",尤其是客家社会形成及其变迁中的"文化发明"过程,展现传统中国社会的运作机制。②"共同体—群"的概念确立了族群认同、人群和流动／迁徙的关键因素。③余光弘淡化族源、族属的论证,将田野调查的方向设定为以亲属关系为核心的社会组织和社会结构,是走出民族史的相似努力。④民族史的断裂是新方向的开始,与个人的研究背景与契机分不开。

人类学兴起的契机和汉人社区的研究转向有密切关系。汉人社区的田野调查推动部分从事民族识别研究的民族学学者向人类学学者转变,以大岞村调查、广东族群与区域文化调查为先声,以20世纪80年代后期复兴的田野回访为主体,大大加快了人类学学科恢复的步伐。但这些早期调查仍旧打上了民族识别的烙印,仍旧带有百越民族史的习俗残存,诸如蛇狼君的传说、从妻居、镶牙、赤足冒首等。⑤尽管如此,研究者还是提出了有意义的汉人社区的组织概念,例如宗族、祖厝、世仆制。由此学者们展开了关于宗族、扩展式家庭和民间宗教的经验考察。同时,燕京社会学派的社区范式复苏,有助于学者们把人类学放回英美脉络的理论位置,并对之进行考察。他们急切地希望从经验反思中修正已有的理论,并探索建立"中国化"话语体系的可能。随着石峰对"汉边社会"概念和理论化工作的推进,注重异文化传统的南派民族史与燕京社会学派之间又发生了交集,超越汉与非汉的中华民族认同得到了提升。⑥

无论是民族学的人类学化,还是民族学与人类学的双轨制,抑或东南与西南在区域研究的竞争,它们既构成人类学从民族学框架和束缚中解脱出

---

① 张先清在笔者组织的"改革开放以来中国人类学重建四十年"会议上的发言。会议时间:2020年11月21—22日,地点:上海大学。

② 彭兆荣等:《边际族群:远离帝国庇佑的客人》,黄山书社2006年版,第26页。

③ 彭兆荣等:《边际族群:远离帝国庇佑的客人》,黄山书社2006年版,第287—288页。

④ 周大鸣:《漂泊的洞察——我的学术研究之路》,《西北民族研究》2018年第1期。

⑤ 辛土成:《浅释福建若干特异之民俗》,载《人类学研究》编委会:《人类学研究(试刊号)》,中国人类学学会内部印刷资料1985年版,第120—121页。

⑥ 石峰:《瑞羽:一个汉边社会的组织、仪式与认同》,中国社会科学出版社2021年版。

来、获得学科独立的契机与策略,又构成阶段性的权宜之计。笔者认为,在国家战略发展需求和社会变迁的影响下,人类学从学科属性的界定向语用学范畴的转变,塑造了中国人类学"与时俱进"的品格,可以满足时代变化和国家需求,尤其是突发性的紧急需求,但总是会因为应用不够、实用价值不足或者其他理由成为被取缔或被撤销的对象。经过草创时期的困顿和折戟,再恢复起来的人类学专业或系所建设,更加接近"是社会学还是民族学"的二级学科的位置调适,和草创时期的学科范畴界定与规划发生了大的改变,项目资源的"指挥棒"作用对学科的影响越来越显著,草创时期理想主义的学科定位纷纷面临改弦更张。学科弹性,指的是学科易帜和学说跟随理论思潮转换而兼容并包的灵活性,近似于学科建设与学术政治相互参与的底层逻辑。一个悖论是,越是培植学科弹性,人类学独立的学科意识就越是模糊。无论是人类学与民族学之"争位置",还是学者个体实践的灵活性,采取在不同场景中使用不同名称的办法,积极从两个饭碗中寻找可能得到的资源,①均可以看作是学术权力干预与个体学科认同的相互作用使然。

从民族识别到贵州"六山六水"民族调查,民族学调查经历了从政治到经济的转移。随着经济发展,作为经济增长点的边疆旅游业普遍得到开发,调查焦点又进一步向旅游和景观转移。在城市化的背景下,地理单位进一步演进,族群嵌入都市环境,族群认同焕发了生命力。在全球化的背景下,艺术对于族性有重要的建构意义。艺术从仪式与宗教信仰、日常生活和艺术的舞台化、商业化这三种形态中,彰显出族群认同的建构力量。②由于民族识别标准的变化,黄淑娉提出文化研究的转向:从社会形态研究转到文化研究。从文化转向到艺术转向,经过了十多年的时间,同时也是西南民族地区从知识结构维度上对民族识别根深蒂固的学术传统进行的深刻反思。迈向"艺术建构经验"的艺术人类学是对民族识别的深刻回应,因为支持民族识别理论的民族地区的田野调查现实条件已经发生了变化——跨际

---

① 王建民、张海洋、胡鸿保:《中国民族学史》下卷(1950—1997),云南教育出版社1998年版,第481页。

② 2011—2012年,何明陆续推出"艺术人类学"丛书,由社会科学文献出版社出版的有《田野中的艺术》《仪式中的艺术》和《走向市场的民族艺术》。书评参见马丹丹:《艺术对于族性的建构意义——评何明主编的〈艺术人类学〉丛书》,《思想战线》2017年第4期。

流动是主要的变迁动力。

当代社会一个最为显著的特征就是所谓的"移动性"。①相较于传统民族志，彭兆荣指出旅游人类学的民族志研究的两个前提条件已经发生根本性变化：①游动性。社区已经被改造为景区，东道主与游客的关系成为研究对象。②旅游现象具有"万花筒"的特点。②由于这两个条件发生了变化，旅游作为社会变迁的唯一动力加速了地方社会变迁的时候，"流动—移动"本身成为一种现代社会的属性。现代旅游和旅游产业正是这一属性的社会表现。③

与移动性相较，尹绍亭提出"核心文化价值"概念表达瞬息万变的时代与社会变迁之下不变的文化的灵魂，与"根"的隐喻呼应。联系费孝通晚年对心态的关注，这些概念在精神层面又有相通之处。费孝通对心态的认识，是回到差序格局的思考中。费孝通进一步表述道："如果我们能够静下心来，坐下来，潜心梳理这些传统的宝贵遗产，真正在这方面获得一些突破，将是社会发展的一个重要的跃进。"④尽管这些精神概念的创造具有启蒙意义，但尚未对人类学的田野调查产生制度性响应。而在实际研究中，除了制度响应方面的问题，还有可操作性问题。这些关注人的生命状态的分析概念，如何在民族志的经验轨道中探索它们的具体呈现方式，依旧是一个有待深入研究、充满探索空间的领域。

一、人类学南派的草创时期回顾

回顾这段早期历史，笔者以为它的意义首先在于，不管人类学学科点以各自怎样的方式实现资源整合、找到自己生存和发展的道路，有关人类学学科恢复和重建的道路探索的最大价值还是它的实验性，摸着石头过河，找到

---

① 彭兆荣早先对旅游的经济一体化背景采取了马克思的批评，沿用的是马克思对金钱的著名批判语言："金钱是神。金钱是娼妓。"彭兆荣：《"东道主"与"游客"：一种现代性悖论的危险——旅游人类学的一种诠释》，《思想战线》2002年第6期。但是到了《旅游人类学》，则引用阿帕杜莱的全球化观点，来论述旅游建立的普遍商品交换关系，淡化意识形态的色彩。

② 彭兆荣：《旅游人类学》，民族出版社2004年版，第60页。

③ 彭兆荣：《旅游人类学》，民族出版社2004年版，第38页。

④ 费宗惠、张荣华编：《费孝通论文化自觉》，内蒙古人民出版社2009年版，第233页。

人类学的实践路径和焕发田野活力。这是人类学南派敢闯敢拼的精神,无论是理论思想还是方法论均有原创性贡献。其次是参与学科草创的人员,除了主将,还有一大批正在读书的本科生、研究生,他们成长为第二代人类学振兴的主将、旗手,人类学的早期历史和他们还稍显稚嫩却又躁动的青春思想一样,记录了还在青年期的人类学学者的懵懂与锋芒。第三是记录这段历经坎坷的早期历史,价值在于铭记那些曾经参与人类学重建的前辈,笔者以为不仅仅是拙文里提及名字的前辈,还有大量默默无闻地为人类学恢复奔走相告、奋力相助的没有提及名字的前辈。笔者以为体质人类学界为人类学恢复重建做出的工作是不应该被忘记的。这段早期历史记录了他们携手同行、相濡以沫的友谊。笔者尽可能描写参与人类学重建的国际友人的援助与投入。改革开放伊始宽容、包容的国际环境,保证了学术交流的开放。犹记得王筑生在病榻上念念不忘"泰国北部的云南人"田野项目,谁能想到若干年后何明带领的东南亚民族志团队以兵团作战战略迅速占领了东南亚田野点,产出一批海外民族志呢?

第一代领头人前仆后继开拓学科事业中值得后人传承的品质,笔者以为有三点:①学科独立的信念。他们始终坚信人类学不同于民族学,包容人类学的应用价值,却将其限制在语用学范畴。尽管他们在学术观点和理论主张方面有分歧,不过统一于人类学的学科意识。人类学在草创时期相比于社会学、民族学处于弱小地位,缺经费、缺认可、缺支持,人类学学会是民间学会性质,挂靠在人类博物馆,这些资源匮乏的情况反映出人类学的贫弱处境。人类学不同于民族学,这是学科重建的参与者克服困难、铸就学科轮廓的核心思想。费孝通的"三科并立"思想为人类学的学科独立带来努力的希望。②走入田野,为扎根田野做了准备条件。坚定不移地践行田野调查的方法,是南派人类学先锋活力的突出特色。不过在田野调查的质量方面参差不齐。③确立并强化人类学学科主体的多元策略。不仅仅是学科独立的信念,还要找到从民族学束缚中解脱出来的突破口,确立自己的实践风格与特色。笔者对细化到田野关系、田野技术及文化分类等民族志构成要素进行了检视。

在厦门大学人类学系的惠东人研究从集体调查进入专题研究的时候,汉人社区的田野回访才徐徐拉开序幕。中山大学的都市人类学打破民族学的"过去时",将人类学的时间意识放到当下的社会变迁动向,而且不同于民族学范畴的都市人类学视野——关注迁移到都市的少数民族和民族关系,周大鸣关注农民工,关注都市的流动与联结,他一步步地探索从都市边缘群体向都市主流社会乃至超大都市转移的可能性,改变学科的边缘性存在意识,为人类学打开一个与当代社会连接的多触点平台,接纳技术的革新,追随技术革新带来的新社会视野,突破人类学理论瓶颈,将其引入语用学范畴。这里所说的语用学指的是人类学与当下社会生活紧密联系的程度,其突出特点在于从实用主义出发,对人类学的价值进行世俗化改造与国家认同的强化,与应用人类学的概念——推动社会变迁的社会工程与相对应的实操参与,既有区分又有联系。笔者以为,开发人类学的世俗价值,是都市人类学的突围所在。

与之相反,云南大学民族文化生态村项目的落地,反倒具备应用人类学的经典含义——"介入"孕育"参与"的萌芽。应用人类学的实践是真正意义上突破人类学语用学范畴的学理矛盾、停留于口号式"应用"而"迈出的一小步"。应用人类学部分地解决人类学毕业生的就业问题,毕竟高校教学科研人员的岗位有限,硕士研究生教育应该考虑人类学学生的就业方向,输送人类学毕业生给政府管理部门、非政府组织(NGO)项目、企业责任、商业咨询等广泛领域,实现学科服务价值。虽然民族文化生态村项目还只是学院派介入村政给文化保护倾斜的开始,但通过和国际同行的相似工作反复比较和借鉴,它展示了应用人类学在更广泛意义上的村政民主、创造社会福祉、社会制度改良、就业前景等方面的无数可能性。笔者将"这一小步"看作是宝贵的开始。

如果说民族文化生态村项目的落地是应用人类学的尝试,那么影视人类学则是带领刚刚诞生的人类学专业向人类学系起飞的引擎。影视人类学带动人类学系的羽翼效应在1991—1995年形成,它以"三无单位"东亚影视人类学研究所的成立为标志,由美亚影视公司和德国大众基金会先后注入资金,渐渐走向影视人类学的规范化训练体系。影视人类学是云南大学人类学实现从民族学框架束缚中突围的实践策略,也是用视听语言整合云南民族资源最直观的表达方式与表现手法。这一点得到了两任系主任——王筑生和尹绍亭的认同与支持。云南大学人类学系采取民族学与人类学并行的方式进行学科建设，通过影视人类学开创学科当代视野、增加与国际影视人类学同行接轨的英语赛道，建设民族学的硕士学位点、民族学一级学科以及民族学重点学科，"两年实现三级跳"。通过两手抓的方式，将民族学纳入人类学的学科体系。而一开始申报人类学专业颇有偶然性，仅仅是为了不与云南民族学院的"民族学"重复，而改用"人类学"。

在人类学体例上，厦门大学、中山大学、云南大学表现出惊人的一致，均采取了人类学四大分支的学科体系进行人类学的恢复与重建。这一统一思想并非偶然，而是南派三大高校于学科创建伊始在专业人员培养与流动方面就有师承关系的积淀。林惠祥奠定了厦门大学"系馆所"三位一体的制度结构；梁钊韬先后受教于林惠祥、杨成志；杨成志培养了江应樑等人；江应樑将民族学的种子播撒到云南大学，后转到民族史，在他筹建西南边疆民族研究所时，他又以人类学之名行民族学之实。在共享南派传统的基础上，人类学四大分支的搭建成为人类学学科恢复时期的标准与范式。①厦门大学、云南大学人类学系的裁撤不仅仅是高校的发展战略调整所致，1997年人类学被从本科专业目录中拿掉对人类学系的生存更是一大重创。王建民等评价道："这是对近20年来众多学者以人类学名称积极努力取得的学科发展在一定程度上的否定，对许多力图在中国发展人类学的人来说，并不能看成是一个好消息。"②人类学与民族学学术定位模糊的尴尬境地，某种程度上反映了政府职能部门内部的管理分歧。国家教育委员会、国务院学位委员会和国家标准局分别采用三套学科的分类标准。1997年，国务院学位委员会和国家教育委员会颁布了新修订的《授予博士、硕士学位和培养研究生的学科专业目录》，其中，民族学依然作为一级学科保留，其下属二级学科中有民族学

---

① 胡鸿保对四大分支在人类学学科点的落地困难做了讨论。他解读陈国强的观点，即中国人类学此前三十多年(1949—1981)被称为"分科蓬勃发展"时期，此乃"皮里阳秋"手法，实际上是指这段时间不存在美国架构的"四大分支"的人类学。重建四大分支的理想和重任要依靠长期专搞某一分科的学人来奋斗和实现，有实际困难。因此他认为，美国传统"四大分支"式的体系恐怕难以成为中国人类学今后发展的主要的效法模式。胡鸿保编：《中国人类学史》，中国人民大学出版社2006年版，第181、186、188页。与胡鸿保的观点略有不同，笔者以为，人类学南派依靠四大分支的学科框架及田野调查，融合多学科的方法论基石，确立了自身的学科位置，尽管时间短暂，却展现了理想与现实统一的可行性。

② 王建民、张海洋、胡鸿保：《中国民族学史》下卷(1950—1997)，云南教育出版社1998年版，第340页。

理论与方法,但文化人类学不再和民族学放在一起,而是和民俗学一起作为社会学的二级学科出现。[①]等到裁撤后的人类学系再恢复之际,民族学与人类学的学科关系趋向复杂,在以民族学为重点学科的资源倾斜下,在都市人类学的推动下,人类学的工具价值更为凸显,国家民族事务委员会整合民族学与人类学的行政领导力更加凸显。王建民指出,"民族学"更名为"社会文化人类学",可能会被看作是一个不太务实的学科。"放弃民族学似乎也有疏远我国民族学、文化人类学界与国家民族事务部门等机构长期建立的紧密联系的嫌疑。二者关系复杂化的情结是探求学术真谛的中国学者和力求制度化学科的学术管理机构创造的学科历史及学术体制。"[②]潘守永指出,一个尖锐的现实是,高校人类学、民族学博物馆长期发展停滞,20世纪七八十年代的物质文化研究及考古学成果还未充分吸纳到人类学的学科建设中来。[③]在这一背景下,尹绍亭灵活筹备云南大学伍马瑶人类学博物馆的节省办法就值得借鉴。

大岞村调查、崇武镇调查保留了厦门大学同仁将民族识别应用于东南"少数民族资源"调查报告的田野惯习:田野时间一个月左右,依靠村主任、村支书等主要报道人获取资料,通过地方政府辐射的史志办等官方渠道进入田野,直接将官方统计数据纳入民族志的经济民生板块。这种调查模式与进化论的理论氛围、进步主义的价值观相互契合,在温和的进化论商榷氛围中,象征与符号的理论主张虽然尚处边缘,不过在不断的商榷尝试中,文化决定论的理论意识抬头,算是坚持"社会与文化同一"的马克思主义人类学阵营发出微小声音的分歧与争议。

集体田野调查的制度化是厦门大学传承的优良传统,经过不断改良和探索,形成较为稳定的田野训练模式:以49天为一个田野周期;学生吃住包给村落接待的餐馆个体户;白天学生结伴自由开展调研,晚上回到餐馆吃饭

---

① 王建民、张海洋、胡鸿保:《中国民族学史》下卷(1950—1997),云南教育出版社1998年版,第448页。

② 王建民:《论中国场景下民族学与人类学的关系》,载王建民、汤芸编:《学科重建以来的中国人类学》,中央民族大学出版社2008年版,第77页。

③ 潘守永在笔者组织的"改革开放以来中国人类学重建四十年"会议上的发言。会议时间:2020年11月21—22日,地点:上海大学。

的时候,田野教师在饭桌上与学生简单交流、适当提醒。由此周而复始。体
质人类学的训练应用到田野的实际人体测量中,笔者从这些细节辨认出草
创时期生成的基因。厦门大学学生经过一个多星期的入户走访,联合制作
出精良的亲属关系谱系图,长度可达三米。这一技能的传承,可能要上溯到
"闽台社会文化比较"项目对厦门大学人类学系课题成员绘制亲属关系谱系
图的规范化,它关系到社会结构的基础,包括宗族生产、婚姻与收养、继承以
及性别关系。

在厦门大学人类学系重建、撤销再到重建的反复过程中,国际化与人类
学的南方传统犹如两个钟摆,当学科建设过于远离南方传统的时候,纪念传
统的仪式又会召唤回来。随着人力资本不断追加、学术资源不断覆盖,有时
候历史的负荷束缚了行动的自由,有时候弥散的分支学科和个体化差异分
化了传统积蓄的民族史学科特色。从大岞村调查开始,陈国强等人在当时
田野调查条件不足的情况下,寻找到与地方政府合作的路径,将田野调查与
政府旅游、文化宣传有机地结合起来,这样既补充了部分经费,又能够借助
村委会等支持力量,顺利进入田野。中山大学人类学系在学术争议与分化
中维系学科共同体的过程中,向社会学靠拢与向民族学靠拢构成一组张力,
当学科传统束缚了人类学与时代接轨的脚步时,社会学的实践力量就彰显
出来,①当社会学的认同太过远离学科传统之时,区域研究意识又会被强烈
地激发。在社会学与民族学的学科张力之中,梁钊韬坚持的人类学作为综
合性学科的学科理想,依然具有现实的感召力。

广东族群与区域文化调研吸纳了中山大学人类学系大批师生参与,黄
淑娉展现了将不同田野资料整合在民族识别并应用于广东区域的新标准范
式的革新力量。通过新标准的革新,民族向族群演化,原始社会史向现代社
会与文化意识演进,尤其是广东地处改革开放的前沿,现代化经济发生日新
月异的变化。广东族群与区域文化课题组将进化论嵌入到区域文化的差异
格局当中,按照文化观念与经济面貌的一致性对人群进行分类。这一处理

---

① 中山大学田野回访团队选择广州近郊鹭江村为田野点,与杨庆堃对中山大学社会学系的支
持也有关系。1981年,中山大学社会学系复办,杨庆堃先生为学校捐赠藏书、引荐人才,积极推动社
会学系的国际交流与合作,为中山大学社会学系的发展做出重要贡献。

方式尽管仍旧有进化论痕迹,不过文化对商品经济的适应活力已经与田野调查产生共振,例如张振江的语言人类学调查。中山大学人类学学科建设给予田野调查极大的资源倾斜,周大鸣发动校友募资,自己也捐款两万元。在学位制度与田野实习相结合的严格训练下,中山大学人类学博士研究生投入学位论文田野调查的时间累计达半年,甚至个别优秀硕士论文的田野调查周期都可以达到半年。社会需求与时代变迁也反映到田野调查的选题倾向中,落实到个体层面,这种倾向表现为扎根田野的独立研究风气,而这和区域研究学科骨干成员的深耕、田野调查制度化与指导教师的锚定作用分不开。笔者以为,如同广东族群与区域文化调查的课题领导人黄淑娉发挥的资源整合作用一样,从事区域研究的指导教师借助学位制度对学生的培养,也完成了这样一个知识再生产过程。这种学术继替关系包含传承与反叛,而当代意识的不断涌现推动着学术持续前行。中山大学对人类学世俗化取向的改造,一方面使人类学始终嵌入时代话语,与当下生活紧密联系,另一方面也会衍生出人类学的“近视”偏好,即太过于紧跟时代、与时代无法拉开距离的时候,有可能进一步加深人类学成为××人类学的“万灵药”魔幻效应。快速评估方法鼓励新型的快速融入他者生活的方法,这种适用于世界银行扶贫项目的高效率方法在学科其他领域蔓延开来,它的背后,人类学成为满足地方政府宣传旅游经济、非物质文化遗产等需求的工具。

云南大学创立的人类学专业、人类学系以人类学涵盖民族学,采取人类学与民族学的双轨制,消除了人类学与民族学在名称上的差别,坚守人类学、民族学共通的田野事业。“云南学派”是一个非组织化的笼统称呼,这些学者的共同特征是在海外接受系统的人类学训练,在云南做田野调查,具备双语写作能力。由外籍、本土交织的人类学学者群体建立的“云南学派”在学术上以田野为本,鼓励理论对话。[1]王筑生的景颇族田野研究开启了理论对话的风气,到施传刚、蔡华、翁乃群等学者进行摩梭人研究时已形成了成熟的理论对话关系。与学院派主导的田野调查范式相互交织的是,民族识别的后续力量崛起。民族村寨调查将民族识别覆盖的大规模调查聚焦到村庄

---

[1] 与刘永青交流所得,笔者将她提出的“云南学派”按照自己的理解进行了修正和调整。笔者对刘永青的访谈,访谈时间:2016年7月31日,访谈地点:云南大学。

和家庭，笔者认为，这次民族村寨调查借鉴了社区研究的方法。民族志的概要类型为以后更加详尽的聚焦式田野调查打下基础，哪怕这些详尽调查指出了前期调查中的诸多错误。不过这些快速产出的田野报告也有其学术价值，即全景式地披露了当时民族村寨民众的生存状况与发展渴求。

笔者作为学员全程参与了云南大学第八届国际暑校，见证了抽象理论从经验现象中诞生的过程。通过访谈何林等同行，笔者渐渐了解云南大学田野调查体制化建设的过程：从放手的"独行侠"模式，向密集型田野调查模式转变。前者有放任的成分，默许时间的浪费，但放任并非放任自流，而是循序渐进地放手，从放羊式宽泛训导到赋予学生主导权的远程守护，这给了"不适应的人"转变为独行侠的机会和可能；后者建立了一对一的紧密指导关系，尊重学生的兴趣，鼓励学生自由观察，帮助新手尽快适应田野、尽快地产出。密集型田野调查一般以两个星期为一个周期，学生要在规定时间内完成一系列任务：撰写调查报告、撰写田野日记、为学院公众号供稿、报道田野动态、通过入户调查联合制作村落的家户分布图。学生的住宿由田野基地安排，早餐在村子的早餐铺解决，午饭和晚饭安排学生与基地工作人员轮流帮厨。食宿的半动手参与做法，和厦门大学在赤溪的外包制略有不同，可能和乡村的商品化程度差异有关。田野调查的时间短、任务重、目标导向强，意味着每天工作时间的延长，晚间的师生会议常常要进行到深夜十一二点。受密集型田野调查模式的影响，影视人类学实验室也在探索更有适应性的教学模式和降低拍摄成本的方法，形成了以十天为一个周期的田野工作模式。密集型田野调查模式也延伸到东南亚田野的"兵团联合作战"中。笔者以为，密集型田野调查模式在影视人类学、海外人类学中的蔓延并非偶然，它和缩短田野调查时限、降低田野调查成本、降低拍摄剪辑等器材设备成本消耗等现实因素有密切关系，也和书系的出版计划有关。

密集型田野调查模式与厦门大学人类学系师生参与的"闽台社会文化比较"项目的田野状态截然不同。后者有充足的经费支持，在完成平均每人100份调查问卷的规定任务之后，还有大量的时间从事自己感兴趣的社会文化现象的研究。武雅士倡导以问题为导向，进行分散在一个区域十多个点的大规模梯队调查，开展建立在调查问卷基础上的量化统计，以及推导与确立影响文化差异的正相关因素的社会科学研究方法。①姑且可以把武雅士设计的"闽台社会文化比较"项目看作是大数据、多学科合作的先锋，它有缜密的问题意识和解释变量的多角度思路。民族村寨调查在大规模梯队调查上投入的人力物力远超"闽台社会文化比较"项目，但远不如"闽台社会文化比较"项目田野调查时间的宽裕和田野调查条件的宽松。民族村寨调查资料汇编的初期做法与贵州"六山六水"民族调查近似，但村寨样本的选点比贵州"六山六水"民族调查的区域更加弥散；后期进入理论对话的自觉和民族学优势特色的打造阶段，其突出特征是田野调查基础设施的投入与维护，改变了田野调查者形单影只、单打独斗的弥散状态，削弱了遭遇的传奇和冒险色彩，强化了田野关系可持续维系的制度保障。云南民族文化生态村项目的成功有两大主要原因：一方面有福特基金会的支持，经费充足；另一方面和总负责人尹绍亭的时间理念相关，他努力给试点的调查者充足的时间，确保至少留出学习当地语言的时间。②在田野调查投入的密度和长度之间，显然更为重要的是重温马林诺夫斯基创造的参与观察范式所依赖的方法与技术。田野回访不失为一个弥补田野调查密度与长度之不足的权宜之计。田野调查与历史相结合已经成为中国民族学、人类学的优势方法，也是历史学派的特色。尽管田野工作者愈来愈自觉地运用文献和档案进入历史与现实相互交织的语境，不过马林诺夫斯基对直接观察的重要性的论述依旧对人有启发。"我过往工作的另一个重大失误是相较于我所看到的东西，我说得太多了。这次调查中……我所获得的关于基里维纳捕鱼者的知识要比之前从所有谈话中听到的还多。这也是一种更有吸引力却并不一定更容易的工作方法，但，这就是方法。"③麻国庆坚持中山大学体质人类学的学科传统，重视人类的生物属性研究。他强调以灵长类研究为核心的生物人类学对于人类学专业的主干基础课程的重要性，尤其是他对长期观察研究个体的重

---

① 在武雅士给霍弗的回信中已经明确，这种大样本统计和访谈相结合的大型田野调查，是建立在单个村落田野调查基础上的，他在一个村落生活、调研四年，仍旧感到有很多方面无法捕捉到。

② 学习异文化语言非常困难，需要极高的时间成本。马林诺夫斯基在岛上耗费了很长时间学习土著语言。米德在进入萨摩亚田野点之前在她滞留的海地宾馆里聘请老师学习语言。就连格尔茨也是在宾馆里学习印尼语，直到项目负责人逃离，等了又等忍无可忍的大家才一起下到田野去。

③ [澳]迈克尔·扬（Michael Young）：《马林诺夫斯基：一位人类学家的奥德赛，1884—1920》，宋奕等译，北京大学出版社2013年版，第534页。

视,对于目前人类学研究过于依赖访谈、忽视对研究对象进行长期观察的现状,具有弥足珍贵的补充作用。[1]

从南派三大高校的田野调查模块来看,核心理论价值的选择与辐射对学科团队田野调查的实践产生影响,例如东南亚民族志对佐米亚理论的批判与"找回国家"的努力;广东区域族群调查项目对进化论做了柔化处理,将其改造为按照商品经济的发展程度进行文化分类的现代化理论;大岞村调查团队对长住娘家主题的开掘,其调查动力很大一部分来自民族史与功能结构主义等其他理论之间的交锋与竞争。这些观点争议的背后一致的是进步主义的意识形态。这些理论导向与理论根基基于内部逻辑、研究案例积累所实现的自我成长之间,在研究侧重点、发展路径上既有联系又有区别。尹绍亭的刀耕火种研究依凭长期田野考察与分析传递出反进化论的理论信号,具有理论前瞻性;但由于局限于他个人的研究行为,这方面的生态人类学学科共识尚不明晰。王建民指出,学派是一种科学赖以发挥作用的社会条件和支持,包含理论方法论、话语表达方式、学术领袖和团队成员、研究规范、系列学术作品、专业教学设计及模板等。[2]在学术发展的光谱中,混于不同理论色块间的调和色彩亦不可忽略。中山大学、厦门大学、云南大学等高校,凭借深厚的历史传统,在学术版图上占据稳固地位。与之形成对比的是,人类学的诸多新兴分支学科,如同其他高校新设的人类学专业一般,因缺乏学术积淀,正面临从理论构建到学科认同的全方位挑战。

三大南方高校在新的田野条件下开拓的田野调查制度多元模式,既是基于现实状况的务实抉择,也是在学科资源因"211工程"等大力投入而骤然充裕后的顺势拓展。学科资源的倾斜与持续注入保证了学科建设的不断发展,但也在学科话语重组上为行政干预提供了便利,给学科传统的延续带来不稳定和不确定因素。[3]在学科资源再分配不均衡格局被强化的前提下,在

① 麻国庆:《另外一个他者:灵长类社会研究在人类学中的价值》,《广西民族大学学报》(哲学社会科学版)2011年第6期。
② 王建民在笔者组织的"改革开放以来中国人类学重建四十年"会议上的发言。会议时间:2020年11月21—22日,地点:上海大学。
③ 耗费大量学科资源构建的标识性学科话语体系的可持续性有待观察。笔者以为,在学科认同薄弱之际,人才培养暴露的诸多问题不会得到足够的认识。在学科资源有限且竞争激烈的背景下,学科资源再分配机制运作的顶层逻辑,并非聚焦于学科认同构建、学科资源整合等关乎学科共同体公共福祉的事项,而是着力维系一种在资源分配不均、各方竞争失衡状态下勉强维持的脆弱平衡。

学科交流、人员流动加速的人际现实中,人类学南派这一概念是否还有它的
有效性、如何保持它的区分度,显然需留待未来。

二、从客位到主位的转移

通过对大岞村的田野重访,笔者发现《崇武大岞村调查》等文本制作的
背后,主体声音被消音的问题。尽管文化丛的解释在一定程度上凸显了文
化的重要性,例如文化丛构成了惠安风俗与文化当中稳定的文化力量,但在
文化丛的外围,对于文教、卫生和疾病的论述,依旧采取客位视角,对疾病当
中不科学的现象进行抨击和批评。从村民的主位出发,当地人对疾病的分
类、对疾病治疗的方法、对身体的认知等知识和感知的传递,在强大的科学
主义导向下,存在感微乎其微。

在全面调查向专题调查演进的过程中,涌现出诸多学术问题,人类学的
问题意识开始在调查报告中显现,并转化为重新解释的动力。然而,文化元
素之间的关联尚处在松散状态,未能刺激更深入的田野调查。能够体现主
体声音的综合性分析方法让位于学术传统延续的舒适地带,主位解释的进
一步探索戛然而止。

在余光宏的带领下,厦门大学集体田野调查团队对医药、草药、疾病等
领域包含的丰富地方性知识做了理解的努力,相较于大岞村调查等系列调
查对地方性知识理解所呈现出的端倪,客位向主位的转移前进了一大步。
与这种动向相似,云南大学、中山大学的影视人类学先行者也意识到,“画外
音”以研究者的进化论理论倾向,遮蔽了文化承担者的声音。这一客位解释
虽然有支配表征的不对等权力关系因素,也有技术限制的因素。随着先进
影视器材的引进和录音机、数码相机的普及,为主体表征“赋权”的多样化实
验逐渐开展,更多田野合作的可能性探索涌现出来。

后现代社会的文化表述与叙事,就像是在一个大的玻璃镜面上,将那些
支离破碎的生活现象与叙事反映出来。①后现代主义这一混杂的理论思潮

---

① 彭兆荣:《后现代性与移动性:生态环境所面临的挤压——兼论旅游人类学视野中的“旅游文
化”》,《河南社会科学》2007年第6期。

在影响作为个体的研究者的过程中,体现出多棱镜一般的不确定反应。表征危机以复杂迂回的多样化形态从南向北蔓延开来,①与高校具体的专业制度环境结合,充满变异、延迟效应。②与表征危机具有相似的覆盖式影响力的,无疑是肇始于2002年,2012年形成集体气候,在"一带一路"推动下处于上升期的海外民族志,不过它的演进方向是从北向南。③

田野工作者离开田野基地,在漫长的时间里缺乏记录与观察怎么办?田野基地挑选合适的记录人,委托对方(包含雇佣关系)观察和记录他/她看到、思考的村落现象与社会变迁。委托人是在田野基地长期蹲点的田野导师,通过与记录人建立稳定的对接关系,督促、维护、保障田野笔记的进行,由此,"村民日志"项目依托田野基地诞生。笔者以为,"村民日志"书系彻底实现"文化单元的持有者"的主体书写可能性,④可以看作是对实验民族志的催生之作。2015年春节过后,在徐杰舜教授从教50周年的纪念会上,笔者发现一个新的动向,即本土人类学学者正在培养田野报道人成为有意识的研究者。二者本来是偶然性的合作关系,但是在合作关系真正建立后,本土人类学学者依赖的田野报道人从本土人类学学者那里得到了研究反馈,使自我文化的对象化成为可能,这种田野关系的变动,正在形成一股促使人类学

---

① 2002—2010年间,后现代主义对高校产生了巨大的影响,"表征危机"成为一个流行词汇,有的高校甚至专门开设了《作为文化批评的人类学》课程。

② 以上海大学的人类学硕士论文生产为对象进行分析,笔者发现,继2010年理论高峰期之后,田野调查自2013年起逐渐"缩水"。民族志理论萎缩、民族志作为"志"的本体削弱,是否可以称之为上海大学人类学硕士论文生产的表征危机? 同时又透露出中国人类学在快速经济发展中暴露出来的发展短板和社会科学的调查功利心作祟是否存在某种联系? 显然,1986年出版的《写文化》《作为文化批评的人类学》肇始的表征危机,与中国人类学局部的表征危机的含义迥然不同,从这一意义上,可以称之为"情境化理论"(situated theory)。从事学科史研究,提醒笔者,在关注理论传播和接受的变化之余,要注意到中国人类学面对的具体问题。有关上海大学人类学专业状况参见笔者2019年完成的未刊文:《田野调查的自由化及其人类学学科史微观动向——以上海大学人类学硕士论文样本群为例》。

③ 在从北向南蔓延的主线之外,比较例外的是云南大学2008年发起的东南亚民族志行动,以及更早时期段颖在泰国北部的田野调查。笔者主要考虑的是北京大学、中央民族大学等北方高校在海外民族志方面发挥的核心领导作用,并非有意忽视其他高校,南方当然也有其他高校或研究机构在海外民族志领域有所建树,只是在整体发展脉络中呈现出不同的特点。

④ 何明:《文化持有者的"单音位"文化撰写模式——"村民日志"的民族志实验意义》,《民族研究》2006年第5期。

领域原本不平等的田野关系趋向合作的潜流。①贵州屯堡地戏的田野调查是这种对话动态之一。②日常生活的散漫、混乱与人口流动,弥漫在田野基地为当地人搭建的供表演的舞台周围。不可控的田野遭遇与不可预期的插曲随时跳动在叙事中。笔者以为,重构替代马林诺夫斯基模式的元方法,包含不完全概念、合作、接受三个因素,其核心指向的是重新思考、再功能化田野遭遇的条件。③在这一意义上,村民日志是审美物质材料的刺激源,需要田野工作者在自己的田野笔记、日记与民族志等专业记录文本和村民日志的接缝处,寻找资料衔接的契机和可能。不仅田野工作者的田野笔记与日记之间可以互补,村民日志与田野工作者的田野笔记也有可能形成互补关系。马林诺夫斯基在田野调查中展现的画面调度技艺,在其对日记内容的细致分类中得到锻炼。田野笔记揭示了马林诺夫斯基下细致功夫的超卓能力。在他的田野笔记中,没有什么细节是微不足道的,在空白处和行与行之间,到处都可以看到地方术语的闪现。为了使民族志研究具备自然科学般的精确性(如同物理与化学),马林诺夫斯基强调系统性观察的重要性。在田野工作中,研究者面对的是原始、混乱的经验材料。这些材料本身并非现成的科学事实,它们转瞬即逝,只有通过持续观察、深入解释,并把握其内在本质,才能将其转化为可靠的民族志数据。马林诺夫斯基为抛弃经验主义"收集式"工作法的田野工作提供了认识论基础。④

田野工作应以田野工作者的在场为必要条件,以遭遇为媒介,切实进入田野工作者与他者交流的具体情境。重温马林诺夫斯基的田野工作范式,或可为当前的民族志实践提供某种反思视角。在追求理论体系化的过程中,田野工作者难免需要对复杂经验进行必要的梳理与提炼,但若过度强调

---

① 田野报道人秦发忠从地戏面具的制作者成长为屯堡地戏的研究者。2005年,第三届中国人类学高级论坛在中南民族大学召开,秦发忠发表了关于屯堡文化的演讲。会后,论坛秘书长徐杰舜说:"秦发忠是一个独特的农民学者,他对屯堡地戏文化有独到的研究。"
② 熊迅:《从客位到主位:成为"被利用"的民俗影像制作者》,《广西民族大学学报(哲学社会科学版)》2019年第1期。
③ 马丹丹:《当代著名学者乔治·马库斯"合作人类学"元方法论述》,《广西民族大学学报(哲学社会科学版)》2020年第1期。
④ [澳]迈克尔·扬(Michael Young):《马林诺夫斯基:一位人类学家的奥德赛,1884—1920》,宋奕等译,北京大学出版社2013年版,第461页。

知识的结晶化,可能导致现场观察的即时性与丰富性被简化,以目的论代替事实的描述与分析,即认识论"前置"做法。①马林诺夫斯基的田野工作范式所强调的直接观察原则,或许有助于平衡理论建构与经验事实之间的张力。

　　由于"闽台社会文化比较"项目的问题导向是小婚,调查员在谙熟设计者意图的前提下,有意识地混淆长住娘家与大婚。②而在《崇武大岞村调查》等作品群中,长住娘家现象作为研究对象和主题,在惠东人系列调查中愈加凸显,其问题导向被民族史的学科传统及受限于学科资源的民系概念所占据。或者说厦门大学人类学团队干脆舍弃了"闽台社会文化比较"项目的统计资料,在新的框架里重新搜集资料。两种不同的处理方法展现了田野材料的可塑性,与格尔茨前后处理同一批巴厘田野材料的解释差异的处境极为相似。③虽然厦门大学人类学系进入田野的问题导向与格尔茨参与莫佐库托项目受到的现代化理论导向完全不同,但二者都彰显了认识论叙事(epistemological narrative)的一般影响。认识论叙事指的是理论的亚文化手段,具体来说,是"将自己与亚文化联系起来的一个重要方式是学习并重现有关该学科亚文化的共同历史、其目标以及整个事业的本质"④。从厦门大学人类学团队的田野工作实践可以看出,在学科发展过程中,本土实践与外来理论、研究方法的碰撞无处不在。这一现象背后,正是人类学本土化与国际化关系的具体呈现。笔者以为,人类学本土化的趋势与国际理论话语的互动是一个互相寻找契合点的过程,在此过程中,以人类学本土化为本,国际理论话语可视为一个刺激源。二者的互动看似充满偶发性,实则是依据自身需求进行调整与改造的嵌入的过程,也是排他的过程。笔者以为,中国人类学在理论对话的英语文献嵌入与国际化包装的诉求下,收获了视角

---

　　① 有关认识论"前置"意识的讨论,参见笔者对大理喜洲的民族志批评工作。马丹丹、刘思汝:《模棱两可与理解差异——喜洲的文本及回访文本阐释》,《青海民族研究》2018年第5期。

　　② 笔者在伯克利访学期间对"闽台社会文化比较"项目中的惠安原始资料做了分析,参见笔者的未刊稿:《长住娘家的"去问题化"批判——来自"闽台社会文化比较"项目的惠安调查资料的再发现》。

　　③ Brigata Hauser-Schäublin, From Homo Politicus to Immobilized Icon Clifford Geertz and Shifts in Anthropological Paradigms, *Bijdragen tot de Taal-, Land- en Volkenkunde*, 2015, 171(2/3).

　　④ Joel Isaac. Tangled Loops: Theory, History, and the Human Sciences in Modern America, *Modern Intellectual History*, 2009, 6(2): 414.

主义的认识或观念,这种情况在一定程度上挤压了人类学学者对文化相对主义的秉持与践行,甚至削弱了参与观察的经验基础,出现"理论过剩"。①

人类学重建早期流淌着一种无拘无束的田野自在感,例如云南大学影视人类学中德合作项目的两期学员,通过摄像机对中国改革开放"当下"粗粝、躁动的社会质感的敏锐再现;邓启耀重磅打造改版后的《山茶:人文地理》杂志,带领"田野考察群"到各个地区考察民族风情,抓拍文化现象扑面而来的瞬间,甚至在受到商品经济冲击、人文学科不景气的20世纪90年代悄然实践股份制。笔者以为,结合问卷调查等量化统计方法,注重文化唯物主义对物质世界的描述与把握,对于民族志的写作训练是有裨益的,它回应了文化转向在生产和习俗变迁、新业态性别劳动乃至受限于生态的社会活动等方面暴露出来的一系列解释偏向问题。在人类学重建初期,那种不受理论束缚的田野活力颇具启示。无论是英戈尔德强调的田野流动中的即兴感知,还是格尔茨早期在印尼社会研究中发展的不连续系统模型,都比格尔茨后期以"文化的解释"为代表的符号阐释理论,更值得当前中国人类学界借鉴。

2014年,以叙事为中心的"民族志:理论与范式"专题学术研讨会以"后现代实验民族志之后民族志如何前行"为主题,将表征危机、主体性反思和实验民族志等议题成功地引入中国人类学的讨论范围。②笔者以为,实验民族志在此次研讨会上"百花齐放"的状况,是1995—2007年本土化运动式微之后,"写文化"掀起的狂澜,本土化意识再次以新的诉求注入实验民族志的方法论体系中。朱炳祥是主体民族志的原创者与践行者,在串联"三个主体"的理念中,朱炳祥强调了民族志作者集搬运者、创造者和自律者三个角色于一体的状态。③主体民族志将主体性反思纳入民族志叙事视野。朱炳祥

① 笔者发现参与观察的方法论在直播电商产业链研究领域中遭受极大挑战,访谈的比重大幅度上升,参与观察的投入被压缩至田野调查周期的五分之一。

② 刘海涛:《民族志理论和范式专题学术研讨会综述》,《民族研究》2014年第4期。

③ 有关主体民族志的评价,笔者的认识一再发生变化,笔者逐渐意识到对主体民族志的批评有失公允。马丹丹:《实验民族志在中国——朱炳祥教授的主体民族志探索》,《青海民族研究》2021年第1期;孔文婷、马丹丹:《田野提纯与文本切割:朱炳祥主体民族志的再思考——兼论田野工作者的"媒介"角色》,载崔应令、徐嘉鸿编:《第三叙事:"主体民族志"批评》,中国社会科学出版社2024年版。

告诉笔者,他的《对趾人》六卷本均始于1987年10月18日的思想觉醒。①当代人类学学者的职责,就是通过田野工作为不同文化、不同地区的人类提供相互理解、相互尊重、相互接纳的渠道,为"人类共同体"的整体觉醒创造条件。②

从目的论的意义而言,人类学经历的认识论启蒙不应仅仅满足于知识分子的知识愉悦,更应在"接受危机"驱使下迈向实践,直面社会现实新议题的挑战与磨砺。③中国人类学恰恰到了缩短"写文化"时差、面对社会转型时期复杂现实、创造新的现实主义民族志的紧要关头。④

正是在"写文化""拨乱反正"的意义上,笔者重新发现庄孔韶回归作者主体的实验价值,其核心在于他始终不放弃写的可能性,以多种方式再现、表现自我与研究对象之间构成的相互主体性的可见与能见——绘画、诗歌皆是可见与能见的形式。经过长时段的黄村回访,庄孔韶提出田野材料"不浪费"的处理方式。"不浪费"是指将学术研究与自身的生活方式紧密结合起来,除了正规的学术理论,还可以以诗、散文、小说、摄影摄像等多种方式记录研究过程,即除了经典的民族志写作表达以外,开拓诗歌、绘画等多元艺术表达渠道。⑤2024年10月14日,在上海大学图书馆馆长潘守永等人的策划下,庄孔韶携他十多年的绘画作品在上海大学举行"玄隐"人类学画展。庄孔韶谈及了此次跨界的特殊性,他进行影视人类学的拍摄时,对技术很快就驾轻就熟,但是"转战"绘画,与画家在画室里平行创作,拿起画笔的时候不免露怯。⑥这

---

① 笔者对朱炳祥的线上访谈,访谈时间:2024年10月23日。

② 朱炳祥:《太始有道——田野散记》,中国社会科学出版社2022年版。

③ 马库斯将20世纪80年代受后现代影响的表征结构与实践的激进转向与同一时期围绕美苏关系的美国外交话语联系起来,聚焦原子弹政策的权力/知识批评,探索激进变迁的条件和新假设。与中国人类学的汉人社会研究转向相呼应的是美国写文化竭力主张的"遣返模式",回到美国本土社会,例如城市研究,回到民族志者出生城市的跨文化环境,例如美国社会问题研究。George E. Marcus edited. *Critical Anthropology Now: Unexpected Contexts, Shifting Constituencies, Changing Agendas*, SAR Press, 1999, pp. 3–28, p. 337.

④ 社会转型是一个综合的转型,经济、社会、精神、宗教与文化等全方位的转型,其中心理、文化的地位明显上升。社会转型与文化转型是一体两面,对文化转型的关注则是在社会转型的研究后期才慢慢涌现的。有关现实主义民族志的探索和成就参见华智亚、马丹丹:《转型期文化转向的解释困境——记录当代乡村社会变迁的民族志批评》,《广西民族大学学报(哲学社会科学版)》2024年第2期。

⑤ 庄孔韶:《流动的人类学诗学——金翼山谷的歌谣与诗作》,《开放时代》2019年第2期;庄孔韶著/绘:《人类学绘画:旨趣、志向与实验》,生活·读书·新知三联书店2024年版。

⑥ 庄孔韶在"玄隐"画展讨论会的发言,时间:2024年10月14日,地点:上海大学。

一跨界的表征实验合作意味着他需要更长时间、更多付出的磨合,才有可能找到自身的绘画语言。这一真切感受给笔者留下深刻印象。与后现代主义始终传递的主体不安不同,庄孔韶的绘画作品有着清晰的作者意识,忠实于格尔茨始终坚持的"作者功能"(author-function)。人类学学者必须重新定义其在田野中的权威,不能再依靠"自我指派"的权威,而是需要通过与信息来源的沟通和互动来获得授权。同时"作者功能"决定了文本的组织方式和呈现内容,使研究者在文本创作中占据主导地位,进而影响对研究对象的描述和解读,塑造学科对研究对象的认知,使其能够得到科学共同体的认可和接受。①但承载作者功能的并非通过民族志写作的文本"他写",而是"他画"。徜徉于金翼山谷的婚礼与嫁妆风俗、彝族风情、新疆地毯等彰显文化多样性的绘画语言中,笔者意识到,从客位向主位的转移中,实验民族志虽然以激进的方式实现表征民主,推动主体表征的进一步"赋权",但也陷入了"过剩主体"的困境。庄孔韶通过"画文化"的方式,某种程度上为"过剩主体"提供了宣泄出口,展现了作者以符号构造世界的能力及在混乱中构筑文化多样性的秩序审美。或者说,通过类比和隐喻,一种打破社会科学与艺术边界的"模糊的文类"正在以中国本土的实践方式创造出来。在类民族志的同行规范中,中国人类学在艺术空间的审美实验上悄然超越了西方。②

三、草创时期宽容开放的国际大环境

中国人类学本土化的成就离不开对国际学术话语的征用。这看上去是一个悖论,但它们相互缠绕。国际学术环境的接触与介入,往往对本土化的发酵、意识唤醒起到外部刺激作用,对本土化征用国际学术话语来固化其自身的逻辑自洽起到"语料库"的支持作用。更加微妙的是,经过筛选的国际

① Roberto Malighetti. The Work and Legacy of Clifford Geertz: An Essay on the Interpretive Turn in Anthropology. in *Bérose-Encyclopédie internationale des histoires de l'anthropologie*, 2020, Paris, p. 37.

② 与庄孔韶的艺术实践相较,马库斯的艺术装置设想还停留于观摩、比较和讨论层面。James D. Faubion, George E. Marcus (eds). *Fieldwork Is Not What It Used to Be: Learning Anthropology's Method in a Time of Transition*, Cornell Uniersity Press, 2009. 另参见马丹丹、乔治·马库斯:《文本、民族志与在地化:关于写文化的整体理解——人类学学者访谈录之九十》,《广西民族大学学报(哲学社会科学版)》2020年第1期。

学术优势话语,为中国人类学的本土化实践"造势",中心／边缘的学术政治格局通过中国人类学的本土化得到了重新"洗牌"。

笔者试图展现中国人类学学科重建的早期阶段,国际交流带来的正向作用和价值。学术资源的再分配与国际化合作,是形塑人类学学科体制发展环境的基本因素。学术资源再分配对学科发展导向与田野调查定位等起到了支配性作用;国际化合作纽带的建立则为人类学学科发展提供了突破结构性瓶颈的可能,并使得旧有的学科结构有机会得到优化和重组,从而更符合时代的需要。

1979年,中美学术交流取得初步成果,第一批美国人类学家进入中国大陆,获得了有限的田野调查机会。他们得以细致观察中国大陆正在发生的家庭联产承包责任制改革和乡村的巨大变化。笔者惊讶地发现,在人类学创建的早期历史当中,国际交流环境相对宽松与包容。这些国际同行和南派人类学创始人共同投入一次次带有学科训练性质的合作项目中,可谓是先行者。未能到过中国却半生致力于中国研究的弗里德曼,开创了将复杂社会的理论范式应用于中国文明的方法,预示人类学中国世纪的到来。相较于弗里德曼、施坚雅等人在复杂社会理论范式上的开创性意义,武雅士、顾定国和影视人类学的经纪人瞿开森等国际友人,则是人类学南派重建过程中的实质支持者与参与者。武雅士利用鲁斯基金会的资助,建立了中国福建、中国台湾两地学术机构与斯坦福大学的合作桥梁;瞿开森帮助林超民、郝跃骏、范志平等人通过了德国大众基金会的项目遴选。1997年在昆明举行的国家教委第二届人类学高级研讨班还得到了福特基金会的支持。人类学学科地位远不如社会学、民族学,罗西代表团敏锐地发现了这一点。在罗西代表团走访南北高校的过程中,坐在观众席的王铭铭聆听了萨林斯的讲座,并在之后成为萨林斯文化决定论等核心学说的知音与传播者。①

笔者用汇聚(assemblage)来建立起同行联结,这些联结点提供了国际人

---

① 王铭铭回忆1983年罗西代表团来到厦门的场景。"据当时讲座的主持人陈国强老师说,萨林斯是从北京来到厦门的,他们那个访问团先到了北京,对于那里的学科建设情况感到很失望,说到了南方(特别是到厦门大学),才找到自己的同行。"王铭铭:《从弗思的"遗憾"到中国研究的"余地"》,《云南民族大学学报(哲学社会科学版)》2008年第3期。

类学理论和方法前沿,更推动了汇聚的实践。①在汇聚的理论视野下,笔者以为,人类学本土化作为一种话语,转化为选择性接纳或排斥外来学说的防火墙,构成了人类学系发挥排他性与可渗透性的保护屏障。本土化的反应,与费边对他者制作的批判有相通之处,即描写他者的过程实际上是自我的投射,而自我与他者并不在同一个时空。②民系是制作对象,广东族群也是制作对象。时间的屏障以各种方式建立起来,民系是异时间的制作,族群亦是异时间的制作。在共时性方面,都市人类学和影视人类学在瓦解进化论的时间宇宙方面展现了不同侧面的优势,③而应用人类学更具有信息连接的潜力。这意味着中国人类学当代意识的发轫与成熟,缩短理论时差、发生汇聚的机缘充满偶发性。

刚刚打开国门,中国人类学面临着两个关键问题:是否与国际学术理论话语接轨;在消化巨大的学术信息负荷之后,如何"轻车上路"、建立国际同行关系。这两个问题关乎中国人类学的生存与发展。不仅如此,中国实验民族志的实践也在创造一个停留于20世纪80年代"写文化"朋克氛围的西方,即作为他者的西方。由于时空的阻隔、语言的阻碍及沟通的隔阂,翻译本身就包含了误译与再创造。这种障碍感滋生了反抗—适应的殖民主义焦虑。④这种殖民主义焦虑与后殖民主义的批评氛围相混杂,作为社会科学通则的经验研究不知不觉让位于对中国经验特殊性的论证与追求,与身份意识、主体意识相互交织。随着中国全球金融影响力的提升和劳动力向全球的输出,以及国际资金共享门槛的提高,人类学学科建设逐渐摆脱了重建早期对国际资金的过度依赖,理论筛选的能动性提高。

与此同时,早期相对宽松自由的国际合作环境渐渐收紧,依靠翻译建立

---

① Aihwa Ong and Stephen J. Collier. *Global Assemblages: Technology, Politics, and Ethics as Anthropological Problems*, Blackwell Publishing, 2005.

② [德]约翰尼斯·费边(Johannes Fabian):《时间与他者:人类学如何制作其对象》,马健雄、林珠云译,北京师范大学出版社2018年版。

③ 都市人类学当中尤其是对中产阶级的经验研究,是向上研究的趋势使然,和社会学的分层研究产生竞争关系。笔者多年来关注中产阶级的田野调查动向。马丹丹、刘思汝:《中产阶层"不可统计"的生活经验——民族志书写城市的新路径和可能性》,《民俗研究》2018年第6期。

④ 有关殖民主义的具体回应参见马丹丹:《重塑人类学学科弹性与学科基础关系》,《中国社会科学报》2021年5月12日。

理论对话的路径依赖问题凸显,理论对话的对象演变为抽象在场。[①]在经历欧美理论选择、接受和消化的过程中,创造真实的学术交流空间,无论是自己走出去还是把国际同行请进来,都变得异常重要。国际会议是打造学术交流空间的桥梁之一。例如,阮西湖以都市人类学为切入点,在国际学术接触尚不充分的情况下,促进了学科的国际化接轨;惠东人研究直到20世纪80年代才恢复,而它的激活离不开乔健、李亦园等人的牵线搭桥。[②]国际同行以教员的身份在高校长期教学,是培养本土人才的一种切实途径。例如,黄树民在厦门大学举办应用人类学培训班,芭芭拉对学员的拍摄方法与技巧进行现场指导。林超民、周大鸣等学科带头人,某种程度上也具有经纪人功能,为申请国际基金和项目资助奔走周旋,就像官员"招商引资"一样,他们凭借社交才华、口才和应变能力,与港商及更广泛的社会人士打交道,为筹措田野调查资金、引入国际资源创造条件。由于之前长期的闭塞,改革开放以来第一批开眼看世界但并非人类学、民族学专业出身的外语人才,例如张海洋、蔡华、尹绍亭、王筑生,在国际学术交流中发挥的作用变得异常瞩目。

近年来,"结绳志"等公众号以翻译、约稿和专题撰稿等方式,跨越语言障碍,介绍西方人类学公共实践动态,默默做着实质性的跨文化交流事宜。这些公众号的志愿者们关注社会现实,不仅关注国外正在发生的争议与刚刚出炉的学术出版资讯,而且以化名的方式观察与记录中国当下正在发生的公共事件,不断刺激故步自封的学院派推翻这堵壁障,就像是"三无单位"东亚影视人类学研究所成立伊始,通过接纳市场竞争与学院教学的矛盾,展现出生猛的影视创作活力,以学院派的边缘位置,惠及中国人类学。

---

① 当然并不是否定翻译在传播西方人类学理论的贡献和价值。笔者在从事翻译的过程中,与原作者葛希芝进行了密切的交往和深入的交流。为了不同阶段的翻译进展,她在三年内来上海的次数达到了三次,并借浙江大学高研院访问之机,来上海大学开展了为期五天的讲座教学与交流。

② 石奕龙在笔者组织的"改革开放以来中国人类学重建四十年"会议上的发言。会议时间:2020年11月21—22日,会议地点:上海大学。

参考文献

一、著作

1. 陈国强、蔡永哲主编：《崇武人类学调查》，福建教育出版社1990年版。
2. 陈国强、林加煌主编：《建设中国人类学》，生活·读书·新知三联书店上海分店1992年版。
3. 陈国强、林加煌主编：《人类学与应用》，学林出版社1992年版。
4. 陈国强、林加煌主编：《中国人类学的发展》，生活·读书·新知三联书店上海分店1996年版。
5. 陈国强、石奕龙主编：《崇武大岞村调查》，福建教育出版社1990年版。
6. 陈国强、叶文程、汪峰：《闽台惠东人》，厦门大学出版社1994年版。
7. 陈学礼：《民族文化生态村——当代中国应用人类学的开拓：传统知识发掘》，云南大学出版社2008年版。
8. 褚建芳：《人神之间——云南芒市一个傣族村寨的仪式生活、经济伦理与等级秩序》，社会科学文献出版社2005年版。
9. 杜靖：《九族与乡土：一个汉人世界里的喷泉》，知识产权出版社2012年版。
10. 费孝通：《费孝通文集》第7卷(1979—1980)，群言出版社1999年版。
11. 费孝通：《费孝通文集》第8卷(1981—1982)，群言出版社1999年版。
12. 费孝通：《费孝通文集》第9卷(1983—1984)，群言出版社1999年版。
13. 费孝通：《费孝通文集》第10卷(1985—1986)，群言出版社1999年版。
14. [美]顾定国：《人类学逸史——从马林诺夫斯基到莫斯科到毛泽东》，胡鸿保、周燕译，社会科学文献出版社2000年版。

15. 郭净、徐菡、徐何姗编著：《云南纪录影像口述史》（第一卷），云南人民出版社2013年版。

16. 何林、丁爱华：《丙中洛阿怒民歌》，云南人民出版社2009年版。

17. 胡鸿保编：《中国人类学史》，中国人民大学出版社2006年版。

18. 黄淑娉：《黄淑娉人类学民族学研究文集》，民族出版社2003年版。

19. 黄淑娉编：《广东族群和区域文化研究》，广东高等教育出版社1999年版。

20. 黄淑娉编著：《广东族群和区域文化调查报告集》，广东高等教育出版社1999年版。

21. 黄树民：《林村的故事：一九四九年后中国农村变革》，素兰、纳日碧力戈译，生活·读书·新知三联书店2002年版。

22. 黄新美编著：《体质人类学基础》，科学普及出版社广州分社1983年版。

23. 蒋炳钊、吴春明编：《林惠祥文集》（下），厦门大学出版社2012年版。

24. [美]克利福德、马库斯编：《写文化：民族志的诗学与政治学》，高丙中等译，商务印书馆2006年版。

25. 兰林友：《庙无寻处——华北满铁调查村落的人类学再研究》，黑龙江人民出版社2007年版。

26. 李平凡、颜勇主编：《贵州"六山六水"民族调查——2016年调查专辑》，贵州大学出版社2016年版。

27. 梁钊韬：《梁钊韬民族学人类学研究文集》，民族出版社1994年版。

28. 林超民：《林超民文集（第三卷）》，云南人民出版社2010年版。

29. [美]马尔库斯、费彻尔：《作为文化批评的人类学》，王铭铭、蓝达居译，生活·读书·新知三联出版社1998年版。

30. 纳日碧力戈等：《人类学理论的新格局》，社会科学文献出版社2001年版。

31. 潘守永：《林耀华评传》，民族出版社2009年版。

32. 乔健、陈国强、周立方主编：《惠东人研究》，福建教育出版社1992年版。

33. [德]约翰尼斯·费边：《时间与他者：人类学如何制作其对象》，马健雄、林珠云译，北京师范大学出版社2018年版。

34. 容观敻：《人类学方法论》，广西民族出版社1999年版。

35. 容观夐:《容观夐人类学民族学文集》,民族出版社2003年版。

36. 阮西湖主编:《都市人类学》,华夏出版社1991年版。

37. 《人类学研究》编委会:《人类学研究(试刊号)》,中国人类学学会1985年版。

38. 厦门大学人类学系编:《人类学论丛》(第一辑),厦门大学出版社1987年版。

39. 王国祥:《民族文化生态村——当代中国应用人类学的开拓:探索实践之路》,云南大学出版社2008年版。

40. 王建民、唐肖彬等编著:《中国人类学民族学百年纪事》,知识产权出版社2009年版。

41. 王建民:《中国民族学史(1903—1949)》,云南教育出版社1997年版

42. 王建民、张海洋、胡鸿保:《中国民族学史》下卷(1950—1997),云南教育出版社1998年版。

43. 王建民、汤芸编:《学科重建以来的中国人类学》,中央民族大学出版社2008年版。

44. 夏之乾、何星亮主编:《民族学研究第12辑——中国民族学学会第六届学术讨论会论文集》,民族出版社1998年版。

45. 徐杰舜主编:《本土化:人类学的大趋势》,广西民族出版社2001年版。

46. 杨懋春:《一个中国村庄:山东台头》,张雄、沈炜、秦美珠译,江苏人民出版社2001年版。

47. 尹绍亭:《民族文化生态村——当代中国应用人类学的开拓:理论与方法》,云南大学出版社2008年版。

48. 尹绍亭主编:《我们这一代——滇云人类学者访谈集萃》,学苑出版社2020年版。

49. 尹绍亭主编:《中、老、泰、越苗族/蒙人服饰制作传统技艺传承国际研习班:田野调查报告》,UNESCO(联合国教科文组织)编印2000年版。

50. 英国皇家人类学会编:《田野调查技术手册》,何国强等译,复旦大学出版社2016年版。

51. 余光弘、蒋俊、赵红梅合编:《闽西庵坝人的社会与文化》,厦门大学出版社2008年版。

52. 余光弘、杨明华主编：《闽南璞山人的社会与文化》，厦门大学出版社 2010 年版。

53. 张实：《体质人类学》，云南大学出版社 2003 年版。

54. 赵美主编、怒族调查组编写：《云南民族村寨调查·怒族——贡山丙中洛乡查腊社》，云南大学出版社 2001 年版。

55. 赵美主编：《流动的信仰——贡山县丙中洛乡查腊村怒族村民日记》，中国社会科学出版社 2009 年版。

56. 中国人类学会编：《人类学研究（一）》，中国社会科学出版社 1984 年版。

57. 中山大学人类学系、人类学博物馆编：《人类学论文选集（三）》，中山大学学报编辑部 1994 年版。

58. 周大鸣：《梁钊韬先生评传》，社会科学文献出版社 2011 年版。

59. 朱映占：《民族文化生态村——当代中国应用人类学的开拓：巴卡的反思》，云南大学出版社 2008 年版。

60. 庄孔韶：《行旅悟道——人类学的思路与表现实践》，北京大学出版社 2009 年版。

61. 庄孔韶：《银翅——中国的地方社会与文化变迁》，生活·读书·新知三联书店 2000 年版。

62. 庄孔韶主编：《时空穿行——中国乡村人类学世纪回访》，中国人民大学出版社 2004 年版。

63. 庄英章主编：《华南农村社会文化研究论文集》，台湾"中研院"民族学研究所 1998 年版。

64. Aihwa Ong and Stephen J. Collier. *Global Assemblages: Technology, Politics, and Ethics as Anthropological Problems*. Blackwell Publishing, 2005.

65. Aihwa Ong. *Flexible Citizenship: The Cultural Logics of Transnationality*. Duke University Press, 1999.

66. Ann Stahl. *Making History in Banda: Anthropological Visions of Africa's Past*, Cambridge University Press, 2014.

67. G. William Skinner edited, *The Study of Chinese Society: Essays by Maurice Freedman, Stanford University Press*, California, 1979.

68. Hale, Charles R., (eds). *Engaging Contradictions: Theory, Politics, and*

Methods of Activist Scholarship, University of California Press, 2008.

69. Laura Nader edited. *What the Rest Think of the West: Since 600 AD.* University of California Press, 2015.

70. Laura Nader. *Contrarian Anthropology: The Unwritten Rules of Academia.* Berhahn Books, 2018.

71. Margery Wolf. *Revolution Postponed: Women in Contemporary China.* Stanford University Press, 1985.

72. Maria Heimer and Stig Thogersen edited. *Doing Fieldwork In China,* University of Hawai'i Press, Honolulu, 2006.

73. Maurice Freedman. *Sinology and the Social Sciences.* ms. 1975.

74. Rebecca Hardin and Kamari Maxie Clarke edited. *Transforming Ethnographic Knowledge.* The University of Wisconsin Press, 2012.

75. Sonya Atalya, Lee Rains Clauss, Randall H. McGuire, and John R. Welch edited. *Transforming Archaeology: Activist Practices and Prospects,* Left Coast Press, 2014.

76. Stocking, George W., Jr. *Romantic Motives: Essays on Anthropology Sensibility,* University of Wisconsin Press, 1989.

77. Tim Ingold. *The Perception of The Environment,* Routledge, 2000.

78. Yasmine Musharbash and Marcus Barber (eds.), *Ethnography & The Production of Anthropological Knowledge,* ANU Press, 2011.

二、通讯、书信、报告等

79. 陈国强、叶文程:"厦门大学筹建人类学系的初步设想",载《中国民族学会通讯》第27期,1981年8月1日。

80. 范可:"泉州回民宗族与伊斯兰:历史人类学的个案",上海大学社会学院讲座,2016年1月13日。

81. 何国强:"婚姻杂糅与理论透视:以西藏东南的田野调查为例",上海大学社会学院讲座,2020年11月20日。

82. 陈学礼:"民族志电影中软弱性的生成",上海大学社会学院讲座,

2020年11月20日。

83. 马丹丹:"希望与困境同在:'中国人类学重建四十年'会议纪实",澎湃新闻,2020年12月15日。

84. 台湾、福建两省的民族志基本调查与比较研究计划第一次研讨会议纲要,1992年3月9日。

85. 黄剑波:"人类学与中国宗教研究",上海大学社会学院讲座,2015年5月26日。

86. 徐杰舜:"学科多样性与学科公平:人类学的中国命运",上海大学社会学院讲座,2015年10月16日。

87. 王建民:"人类学与民族学是一个学科吗?——学科重建后中国人类学史的焦点问题",上海大学社会学院讲座,2015年9月17日。

88. 王铭铭:"四十年来的中国人类学",上海大学社会学院讲座,2018年12月16日。

89.《同安县新店公社溪尾大队陈塘村回族调查报告》,1984年10月。

90. 杨国桢:《闽台社会文化比较研究》,厦门大学民间历史文献研究中心网站,2017年11月21日。

91. 詹承绪主编:《民族学通讯》,第128期,中国民族学学会1995年。

92. 庄孔韶:"人类学研究的选择",上海大学社会学院讲座,2015年6月1日。

93. 周大鸣:"从乡村到都市——以东莞市虎门镇大宁村为例",上海大学社会学院的讲座,2017年4月5日。

94. American Anthropological Association. "What is Anthrpology?" Accessed December 2, 2013, http://www.aaanet.org/about/whatisanthropology.cfm。

95. Ann Stahl. From "Woman Weeding" to "Ma Mnama"——The Power of Anthropology's "Incidental Archives" in Community–Engaged Heritage Initiatives. 290 Speaker Series, Spring 2019, Department of Anthropology, Febrary 25 2019.

96. Arthur P. Wolf. Taiwan and Fukine: A Comparative Ethnographic Survey of Two Provinces.

97. Arthur P. Wolf. Tentative Outline of Luce Project Monographs.

98. G. William Skinner, Arthur P. Wolf. Maurice Freedman: In Memorium.

99. Maurice Freedman. Manuscript entitled Social and Cultural Anthropology. ms, 1975

100. Sonya Atalay. Braiding Strands of Wellbeing: Recaiming Healing, and Sending Knowledge into Future. Berkeley lecture, Ooctober 9 2018.

101. Supplementary Materials on Research in China to Aid in the Writing of Project Proposals, updated July 30, 1979.

102. The letter from Arthur Wolf and Margery Wolf to Committee on Scholarly Communication with the People's Republic of China, June 26, 1980.

103. The letter from Arthur Wolf to Danald Kennedy, December 6, 1979.

104. The letter from Social Science Research Council to Arthur Wolf, May 22, 1980.

后　记

2023年7月,书稿交付出版社之前,我脑子里浮现出"轮廓"两个字,于是书稿才有了名字。

再往前推,书稿部分章节是从50多万字的结题报告中提取出来的。一个非常逆反的事情是,我是做着做着才发现有一个形状浮现出来。这可以看作是主题,也可以说是问题意识,我没有想到,它层层叠叠地,逐渐有了层次。

回头看,一切有迹可循。2016—2017年间访问三所南方高校的旅程,构成学科史访谈与参与观察的主要来源;2018—2019年在美国伯克利访学期间,拓展了海外的对话与调研。

课题于2014年立项,拖到2019年才结题。2019年春夏之间,是我工作最为繁忙的时期。每天早上我从美国加州旧金山湾区公寓的地下车库里推出自行车,在高高低低的坡道上骑行,大概二十分钟后抵达小镇的全食超市(wholefood)咖啡区,找到自己的"工位",摆好摊儿,要上一杯摩卡,开始一天的写作。中午在超市里解决午餐,之后继续工作。时间长了,认识了几位伯克利的研究生"同桌"。有一段时间我膝盖扭伤,不得已拄着拐乘车去"上班"。有时候我会步行去公寓附近的皮爷咖啡(Peets' coffee)工作,他们家的牛角包加热后好吃极了。沿途穿过华人超市,经过一条从旧金山流过来的小溪,进入郁郁葱葱的林荫道,有一棵大树,春天它撑开了所有的臂膀,树叶在金光里晃动,我走过这棵大树,总感觉是一种特殊的标记,好像是一种等待有了结果。

课题结题报告的50多万字,叙事极其杂乱,横冲直撞,似乎手边抓到什么就是什么。这些庞杂的章节,体现了我置身英语环境中处理中国人类学学科重建四十年这样一个庞大题目时的躁动和慌乱。从加州大学尔湾分校访问马库斯回来后,我开始梳理有关马库斯多点民族志的思路,在全食超市的工位上敲字时,遇到"para-ethnography"的术语翻译。我询问旁边的伯克利研究生,他告诉我"para"是平行的意思,就像派拉蒙(paramount)钢笔,意思是上好的、不次的。这个比喻给我留下了深刻印象。有一次忘记带笔,旁边一位做机械绘图的胡子拉碴的"同学"从他的笔堆里抽了一支送给了我。临近截止时间,我终于勉强完工,把这个消息告诉正在撰写博士论文的留学生萨拉时,她也替我高兴。

在英语环境中用中文书写中国人类学学科史,与在国内略有不同的是,我无法忽略中国经验的一般理论状况和可比较的条件。刚来伯克利时对人类学系同行尝试开展访谈和交流,遭遇交流的障碍(现在也存在),这让我对高丙中描述的海外民族志的种种挑战感同身受。磕磕绊绊地慢慢适应,我终于找到了一点节奏感。伯克利的讲座应接不暇,给我印象深刻的是,有一次是一个年轻后辈的学术报告,系里的老中青同事大部分都来了,90岁的内德尔也在听众行列。伯克利流动着同行之间的联动纽带。也是内德尔邀请圣马丁大学的普莱斯(David Price)在大礼堂汇报冷战人类学的研究成果,当他说到一个学科成为梦行者(sleep walker)时,他表情严肃地停顿了几秒。

就写作中遇到的中国人类学发展"症结",在与伯克利同行的交流中,我逐渐建立了学科史的比较视角,至少它不是一个孤例,美国的人类学也有这样那样的问题,在若干点上与中国人类学类似。例如以印第安部落为对象的本土研究几乎走入死胡同;因专业应用性不强而关门大吉;公立大学私营化改革对伯克利的研究生教育造成冲击,拉比诺与内德尔联名抗议,教授们甚至采用募捐的办法筹措田野调查经费。这部分以脚注的形式说明,可以看作是中国人类学嵌入国际环境的一条副线。而我所设计的跨时空比较与对话,正是在王爱华"全球集合"理念下,将自己作为一个媒介,将个体微小的努力汇聚起来。通过这种方式,不同个体间原本孤立的努力得以突破时空限制,在更广阔的维度上相互关联、互补。

参加富布赖特在湾区组织的活动,帮助我扩大了社交范围。去圣克鲁兹探望克瑞斯(Christopher Connery)和玛丽(Mary Scott)教授夫妇,在贺萧(Gail Hershatter)组织的春节聚会中见到了在角落里不太活跃的罗安清(Anna Lowenhaupt Tsing）。去圣塔菲叶露夫妇家小住,在小镇车站等待斯托克德（Janice E. Stockard）载我驱车前往葛希芝在农场自建的小红楼,品尝斯托克德制作的秘制沙拉和葛希芝的独家发明——苹果五花肉,在厨房噼里啪啦的火炉前完成对葛希芝连续两天的性别访谈。私人友谊为单调孤单的访学生活提供了短暂而愉悦的庇护。

不过直到决定出版本书的时候,我才开始审视旁逸斜出的结题报告。2023年7月有了书稿的样子,2024年11月完成二稿。杜靖阅稿后提出若干意见,我紧锣密鼓地完成第三次修订,算是定稿。在修改过程中,主题的浮现演变为富有生命力的流动。此时距离田野现场已经过去六七年。在这六七年当中,访谈中出现的学科前辈的名字,正以一种不断减少的态势,相继告别我们。如果从抢救资料的传统意义而言,书稿可能记录了某种珍贵的声音。我就像是一个陌生的访客,叩开人类学南派的门,有时候门环没有响应,但一扇窗斜出墙来。我足够幸运,还有参与观察的机会。我坐大巴、走山路,追随在赤溪带领学生实习的张先清、胡荣和宋雷鸣,灰头土脸地见到了他们;在厦门大学守株待兔地等到了出差归来的彭兆荣;在石奕龙家里不但见到了集体化时期厦门大学调研报告的油印本,还吃到了他家的饺子。

在何明的照拂下,我参加了云南大学第八届民族学／人类学研究生田野调查暑期学校(简称田野暑校),和学员们一起听课、住宿,又在结业后抵达田野基地开启两个星期的田野实习。当然,我的任务是观摩田野实习。记得出发前我略有抵触地问过导师王建民,自以为自己是研究者,怎么能和学员一样。王老师在电话里批评了我,极力坚持就该和学员们是一样的工作方式。直到六七年后撰写书稿的时候,我才发现参与观察对于学科史的田野有多么重要,集体调查在厦门大学和云南大学表现出的不同风格,构成直观的议题,要求研究者继续探索下去。也因为我缺乏直接观察中山大学田野教学的经历,只依赖访谈资料,所以还是有隔膜,感触不深,这就让中山大学的这部分内容从学科史的视野中淡化了。

做学科史田野最考验技巧的恐怕是见缝插针。张先清在福鼎组织太姥山学术会议,在他的穿针引线下,我在会议间隙访问了王铭铭、庄孔韶。在云南大学第八届田野暑校学习期间,我"窜"到社会学与民族学院的办公室,访谈到了马翀炜。在好友张经纬的引荐下,我认识了"云南大学人类学与民族学七十年回顾展"的主要策展人张海超(现在是伍马瑶人类学博物馆馆长),他仔细讲解了近四十年发展史的布展思路。在上海召开人类学年会的时候,黄树民给了我宝贵的十几分钟,我得以了解他和厦门大学的旧情分。趁吴金光路过上海之际,我在南京路的咖啡馆邀请他回顾他和其他代表参加世界人类学民族学大会的经历。又通过吴金光了解到阮西湖家里的座机电话,借富布赖特项目在北京培训的机会,去阮老先生家里拜访。不过这种方式也有它失败的地方,就是太过冒失,勇猛有余而缺乏人际关系的引荐与铺垫,导致访谈未果。不过有时候即使有熟人引荐,登门拜访而访谈无果也并不意外。但大多数时候我都是有点"撞大运"的,可能李法军还没有反应过来,热情接待了我,详尽地介绍了中山大学体质人类学的历史与现状。在实验室,我感受到了三十多年前林超民访问冯家骏的情景。在何林家里,何林太太端出解暑的柠檬水,我听何林慢慢地讲"要么沉没要么游泳"的田野调查经典法则——其魅力就在于它的模糊。田野工作与其他学科不同的地方,在于没有老师能手把手地指导田野工作,只有成为马林诺夫斯基的复写本,以"独行侠"的角色开启属于自己的田野工作,延续孤独的民族志学者的英雄形象:"想象你自己突然卸下了缠绕着你的所有设备,独自一人站在紧挨着土著村落的炎热海岸上,直到来载你的小船或汽艇驶出视线。"①

顾定国在《中国人类学逸史》(社会科学文献出版社2000年版)中分析道:"当20世纪50年代初人类学被取消的时候,北方体制里人类学科学的苏联模式取代了西方模式,但在南方和其他地方,苏联的影响要弱一些,因此产生了一个'人类学真空',这就为80年代的复兴打下了基础。"或许三大南方高校短暂存续的人类学系,正处于这一"人类学真空"地带。这不仅意味着要传承既往的学术传统,更意味着要开启一条在理论与实践层面均充满不确定性、亟须突破思想禁锢的创新之路。关键在于,适逢改革开放之初,国际学术交流才刚重启,合作也才迈向常态化阶段,在此情境下,创新的突破口究竟何在?我越来越清晰地投入主题写作中。

在访谈三大南方高校的亲历者或参与者的过程中,他们的讲述不同程

---

① Bronislaw Malinowski, *Argonauts of the Western Pacific: An Account of Native Enterprise and Adventure in the Archipelagoes of Melanesian New Guinea*, London: Routledge, 1922, p. 4.

度地将一种命运感传递出来。面对商品经济的挑战和冲击，社会在缓慢而剧烈地变迁，人类学如何与时代共呼吸，扼住时代的咽喉？破除民族学范式支配的学科思想，他者与自我的异时空边界不断被触碰、被打破。机会需要自己去抓住，一个新的可能性甚至需要自己去创造。在这种情境下，我重温周大鸣、王筑生、尹绍亭等人的工作，发现似乎是时代选择了他们，但也有可能在一个变动的不确定的学术中心格局中，总有一些边缘或中心的人以叛逆的姿态崭露头角，这关系到人类学学者关于自我职业形象的维系，没有先例可循，而他们的性格中有一些桀骜不驯的成分。和这种气质相似，以四大分支为学科架构、以人类学系为本体的三大南方高校也充满着生猛的向外扩张的生命力，就像一只对世界保持好奇心的猫；就像一棵有脚的树，在合适的风土中汹涌生长；就像是从某个干涸地带汩汩冒出的泉眼，以迅雷不及掩耳之势，占据了人类学系的"地盘"。这便是作为结果的大峄村调查、都市人类学与影视人类学等多种战略与策略结合的实践。

我追寻这些实践力量的走向与轨迹，发现它们历经曲折，向不同程度的体制化方向演变。体制化是新兴学科谋求自我发展、寻求学科资源整合的必然趋势，就像中年人在成熟过程中逐渐褪去青涩、走向稳健，它淬炼学科规范，暴露方法论的粗糙与业余者的劣习，这是学科成熟的必经阶段。但这种淬炼也伴随着某种必要的折损。当体制化以管理逻辑重塑田野调查时，那些与环境、时代、民众血肉相连的探索方式，往往被规训为符合学术流水线的标准化产品。我们越是追求方法论的精致化，越是强调认识论叙事的合规性，以及学科监管与统一标准的完善，就越陷入一个悖论：马林诺夫斯基复写本所代表的田野灵韵，正在与体制所要求的可重复性、可验证性形成结构性紧张。体制化进程中这种规范与活力的平衡，正是拙稿中试图探讨的深层议题。

体制化的另一个趋势是田野调查的放任，"在这里"与"在那里"的割裂在部分学院派的体制改革中不仅被无视而且被加大，这一现状不容乐观。学生几乎找不到来自机构和制度的实质支持和有效指导，田野点的寻找、田野选题的厘定、田野资料的解读等涉及"在那里"的选择，全部由自己负责，就像当年贫弱的人类学的处境一样，发展靠自己。这和三所南方高校在田野调查基础设施建设方面做出的投入和引导完全不同。基础设施建设是一个具体的工程概念,涉及经费、落地、计划、方法与实践的转化等影响田野调查实际进行的复杂因素,大到人员安排,小到相机的使用,甚至还包括影视器材入关的审批通关,以及男女成员的分开住宿与集体合作的布置,当然还有令人头疼的财务报销程序。种种实操性问题越是具体明晰,就越能够感受到基础设施建设概念的真实性。拙稿试图在一个具体的环境中展现抽象的理论转向与学派脉络,将抽象的概念放在学科传统、学科导向、田野调查基础及国际交流条件等现实主义维度进行检视。为了进一步了解田野调查基础,我运用了田野回访的方法,在福建赶赴大岞村、陈埭、泉州等地,在云南赶赴大理、喜洲等地,进入田野现场。在把握"要么沉没要么游泳"的田野调查经典法则的适宜性方面,三所南方高校做出了可贵的探索。

在这六七年间,人类学发生了更多的变化,每天都有学科发展的动态发生,我曾经访问过的新生代而今都成为学术栋梁。我始终在扮演一个外部观察者的角色,回想六七年前在旅途中串联起厦门、广州与昆明等地,搭建起一个宽泛的人类学共同体。时过境迁,这种经历再难复刻。或许正因如此,托南派之名,实际不过是案例式的、融入了切身体验的学科史写作,得以保存一份独具一格的代入感。

这也涉及口述史资料是否会对学科史的工作产生偏差的争议。拙稿运用了大量访谈资料,但是并未仔细针砭口述史资料的主观倾向性,这确实影响了学科史书写的客观性。我也是到后期才意识到缺乏文献档案基础、过度依赖访谈暴露出的问题所在。同时我也想为这些访谈资料的真实性做自我辩解,由于受访人讲述的是个体真实的经历,即使有情感和好恶的主观倾向性,在学科处境与个体遭遇相互交织的表达方面极具感染力,但这些声音某种程度上传递了真实的想法。这也是我大量运用口述资料的考量。而且真正的问题还在于访谈得不够!为人类学系筚路蓝缕的创业者们在拙稿中只记述了一部分,还有大量的人物、大量的工作,由于种种原因,我没有了解到,导致叙事结构失衡等种种硬伤或遗憾。在此,我想通过后记的方式向实际参与学科建设而又被无端忽视的从业者致歉。这和我的学科史研究投入不足、认识不足有很大关系。将来有机会修订,希望能部分弥补。

拙稿的出版得到了上海大学社会学院的支持,对于自己的老东家,我在此表示感谢。拙稿的修改一波三折,苦坏了责任编辑李佩俊及出版社其他工作人员，不仅加大了审稿工作量，而且浪费了既有劳动。这份包容给予了我创作自由，在此深深致谢。

2019年5月，我的研究生方圆拖着行李箱，箱子里装着刚刚打印出来的50万字的结题报告，从上海大学西门走向行政大楼的文科处，替远在国外的我提交结项资料。日头正对着图书馆前面的那一大片空地，瘦弱的她蹒跚而行。毕业多年的她可能不记得这一义举了，以此为记。

马丹丹

2024年12月9日